[개정4판]

한권으로 끝내는

# 고소장부터 고발장, 진정서, 탄원서, 합의서 진술서, 사실확인서, 내용증명 작성까지

법학박사 · 행정사  김 동 근  저

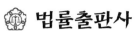 법률출판사

# 머리말

　금 번 개정판은 2021년 검경수사권조정에 따라 경찰이 고소사건에 대한 최종 수사종결권을 갖게 되었고, 그 결과 고소인의 고소사건에 대하여 종전과 달리 관련 사건을 수사한 후 수사종결권의 행사 즉, 불송치결정을 할 수 있게 되었습니다. 그에 따라 과거 검찰의 불기소처분에 대한 불복절차인 항고절차와는 다른 경찰의 불송치결정에 대한 불복절차로서 이의신청제도가 도입되었는바, 이와 관련된 이론적인 내용 및 그 불복절차인 이의신청서 양식을 새로이 첨부하였습니다.

　또한, 재산범죄의 고소 후 수사결과 만일, 그 혐의가 인정되어 기소될 경우, 법원의 재판절차 중 그 피해회복을 위하여 진행할 수 있는 형사배상명령신청 절차에 관한 이론 및 관련 서식들을 추가·보강함으로써, 고소부터 그 피해회복 절차까지 만전을 기하였습니다.

　그 외, 근래 사회적으로 많은 물의를 일으키는 사건 중 하나인 아동복지법위반사건 즉, 아동학대사건에 대한 고소장까지 추가·보강함으로써, 전편에 비해 실생활에서 더욱 유용하게 사용될 수 있도록 정리하였다는 데 그 특징이 있습니다.

　아무쪼록 본서가 각종 형사분쟁의 당사자 및 로펌 등 관련 실무종사자 그리고 독자분들께 당면한 여러 문제들의 해결에 유용한 실무서가 되기를 바라며, 혹, 미흡하거나 부족한 부분이 있을 경우 독자분들의 계속된 지도편달을 바랍니다.

　끝으로 본서의 출판을 위하여 불철주야 노력하진 법률출판사 김용성 사장님을 비롯하여 편집자 및 임직원분들께 깊은 감사를 드리는 바입니다.

2023. 8.

저자 김동근 씀

# 차 례

# 서식차례

## 제1편   고소 · 고발장 작성례

## 제2편   탄원서 작성례

## 제3편  진정서 작성례

## 제4편 합의서 작성례

## 제6편  사실확인서 작성례

## 제7편 의견서, 진술서, 확인서

## 제8편 반성문

## 제9편  형사배상명령신청

## 제10편  형사배상명령신청

# 제1편
## 고소 · 고발장 작성례

# 1. 고소

## 가. 의의

고소란 ① 범죄의 피해자 또는 그와 일정한 관계가 있는 고소권자가 ② 수사기관에 대하여 ③ 범죄 사실을 신고하여 ④ 범인의 처벌을 구하는 의사표시를 말한다. 고소권은 헌법 제27조 제5항의 범죄피해자의 재판절차진술권을 구체적으로 실현하고 있는 것 중의 하나이다. 고소는 수사의 단서이지만 피해자의 구체적 사실을 바탕으로 한 범죄사실에 대한 진술이라는 점에서 다른 수사의 단서와는 달리 곧바로 수사가 개시된다.

### (1) 고소권자의 수사기관에 대한 신고

고소는 고소권자에 의하여 행해져야 하며 수사기관에 대한 것이어야 한다. 따라서 수사기관이 아닌 법원에 대하여 진술서를 제출하거나 피고인의 처벌을 바란다고 증언하는 것은 고소가 아니다(대판 1984. 6. 26. 84도709).

[일반 형사사건 처리절차]

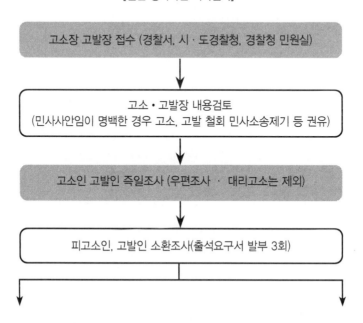

고소장 고발장 접수 (경찰서, 시·도경찰청, 경찰청 민원실)

고소·고발장 내용검토
(민사사안임이 명백한 경우 고소, 고발 철회 민사소송제기 등 권유)

고소인 고발인 즉일조사 (우편조사·대리고소는 제외)

피고소인, 고발인 소환조사(출석요구서 발부 3회)

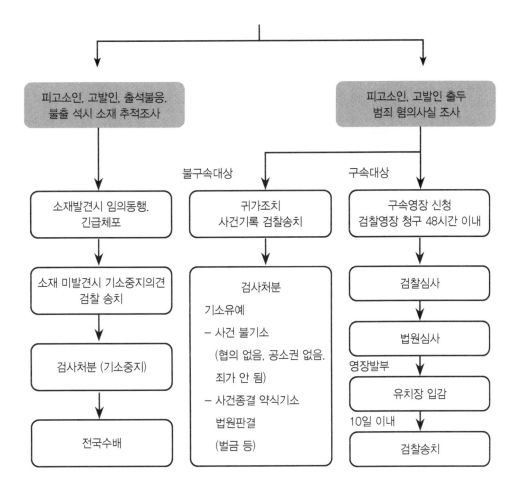

- 경찰관서 민원실에서는 고소·고발, 진정·탄원 등 민원을 접수한 경우 해당 주무 기능(수사·형사·여청·교통과 등)으로 전달, 조사담당자를 지정하여 처리한다.
- 피고소·고발인이 출석요구에 불응한 경우 피고소인·고발인에 대해 소재수사를 하게 되며, 소재수사로 소재가 확인되면 임의동행을 요구하나 동행요구에 불응하고 범죄사실이 인정되고 객관적 증거가 있으면 긴급체포할 수 있다.
- 무분별한 고소·고발로 인한 인권침해 및 수사력 낭비를 방지하기 위해 고소·고발사건 접수전에 내용을 실질적으로 검토하여 범죄혐의가 명백히 없거나 입건하여 수사할 가치가 없는 경우에 한하여 각하 등 처리한다.
- 고소·고발사건 처리기간은 형사소송법 규정에 따라 고소·고발을 수리한 날로부터 3월 이내에 수사를 완료하여 공소제기 여부를 결정한다.

[소년형사사건 처리결과]

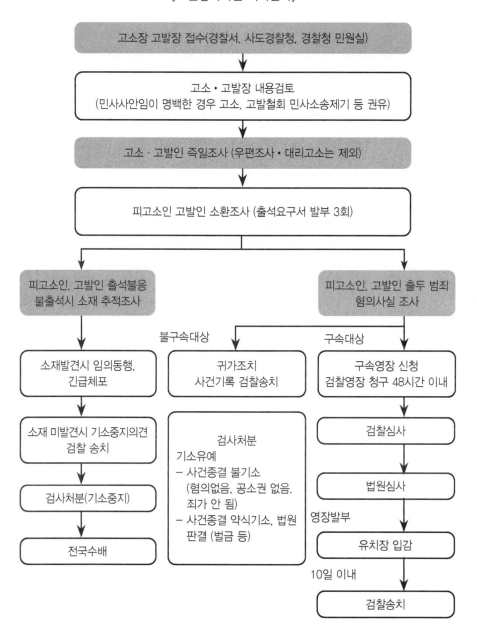

(2) 범죄사실의 신고

고소는 범죄사실을 신고하는 것이다. 이때 범죄사실의 특정은 고소인의 의사가 구체적으로 어떤 범죄사실을 지정하여 범인의 처벌을 구하고 있는가를 확정할 수 있을 정도면 족하다. 고소는 수사기관에 대한 사인의 의사표시라는 점에서 공소장에 비하여 그 특정성이 완화되는 것이다.

## (3) 범인의 처벌을 구하는 의사표시

고소는 소추를 구하는 의사표시이다. 따라서 범죄로 인한 피해사실만을 신고하고 처벌을 구하는 의사표시가 없는 경우에는 고소로 볼 수 없다.

| 고소 | 고발 | 진정 및 탄원 |
|------|------|------------|
| • 고소란 범죄의 피해자 또는 그와 일정한 관계가 있는 고소권자가 수사기관에 대하여 범죄사실을 신고 하여 범인의 처벌을 구하는 의사 표시이다.<br>• 고소는 고소권자에 의해 행하여져야 하고, 고소권이 없는자가 한 고소는 고소의 효력이 없으며, 자기 또는 배우자의 직계존속은 고소하지 못한다.<br>• 형사소송법상 고소권자로는 피해자, 피해자의 법정대리인, 피해자의 배우자 및 친족, 지정 고소권자가 있 다.(친고죄에 대해 고소할 자가 없는 경우 이해관계인의 신청이 있으면 검사는 10일 이내에 고소할 수 있 는 자를 지정)<br>• 고소는 제1심 판결 선고전까지 취소할 수 있으며, 고소를 취소한 자는 다시 고소하지 못한다. | • 고발이란 고소권자와 범인 이외의 사람이 수사기관에 대하여 범죄 사실을 신고하여 범인의 처벌을 구하는 의사표시이다.<br>• 누구든지 범죄가 있다고 사료되는 경우 고발을 할 수 있으나 자기 또는 배우자의 직계존속은 고발하지 못한다.<br>• 고발은 제1심 판결 선고 전까지 취소 할 수 있으며, 고소와 달리 고발은 취소한 후에도 다시 고발할 수 있다. | • 진정이란 개인 또는 단체가 국가나 공공기관에 대하여 일정한 사정을 진술하여 유리한 조치를 취해 줄 것 을 바라는 의사표시이다.<br>• 탄원이란 개인 또는 단체가 국가나 공공기관에 대하여 일정한 사정을 진술하여 도와주기를 바라는 의사 표시이다.<br>• 진정과 탄원은 고소 · 고발과 달리 대상에 대한 제한 규정이 없다. |

## 나. 고소권자

고소는 범죄의 피해자(형사소송법 제223조)나 피해자의 법정대리인(형사소송법 제225조 제1항)이 할 수 있다. 여기서 피해자란 직접적인 피해자만을 의미하고 범죄로 인하여 간접적인 피해를 받은 자는 포함되지 않는다. 또한 자기 또는 배우자의 직계존속을 고소하지 못하는데(형사소송법 제224조), 다만 가정폭력범죄나 성폭력범죄에 대하여는 자기 또는 배우자의 직계존속을 고소할 수 있다. 또한, 친고죄에 대하여 고소할 자가 없는 경우에 이해관계인의 신청이 있으면 검사는 10일 이내에 고소할 수 있는 자를 지정하여야 한다(형소법 228조). 다만, 검사의 지정을 받은 고소인이 고소를 제기할 때에는 그 지정받은 사실을 소명하는 서면을 제출하여야 한다.

---

### 고소방식

고소는 서면 또는 구두 진술로 가능하나, 반드시 검사 또는 사법경찰관에게 해야 합니다. 구두로 고소한 경우 수사 기관은 조서를 작성해야 합니다.

고소장은 일정한 양식이 없습니다. 다만, 고소인과 피고소인의 인적 사항, 고소하는 범죄사실, 처벌을 원하는 의사 표시가 포함되어 있어야 합니다.

피고소인의 인적 사항을 몰라도 고소할 수 있지만, 피고소인을 특정하기 위해서는 고소인이 피해당한 사실을 구체적으로 밝히고, 피해사실에 대한 증빙자료를 첨부하여야 합니다.

고소는 대리인을 지정하여 대리인으로 하여금 고소하게 하더라도, 반드시 본인의 명의로 해야 합니다.

가명이나 다른 사람의 명의로 고소한 사실이 밝혀질 경우 수사기관은 수사를 중단하고 사건을 종결할 수 있습니다.

### 고소인의 권리 · 의무

고소인은 수사기관에 출석하여 고소사실을 진술할 수 있고 사건 결과를 통지 받을 수 있습니다. 검사가 고소사건을 불기소 처분한 경우, 처분의 이유를 물을 수 있고 이의제기(항고, 재정신청)도 할 수 있습니다.

고소인은 수사기관의 수사에 협조할 의무가 있고 수사기관의 협조요청에 응하지 않을 경우 수사기관은 수사를 중단 하고 사건을 종결할 수 있습니다.

## 친고죄

고소권자의 고소가 있어야만 재판에 회부할 수 있는 범죄로, 성범죄 등이 해당 됩니다.

친고죄는 범인을 알게 된 그날로부터 6개월이 지나면 고소할 수 없습니다. 다만 불가항력적인 사유가 있는 경우 그 사정이 없어진 날짜가 시작점이 됩니다.

다만, 특별법(성폭력범죄의 처벌 및 피해자보호 등에 관한 법률)에 의해 친고죄의 고소기간이 1년으로 연장되는 경우도 있습니다.

## 고소취소

고소취소는 1심 판결 전까지 가능하고, 고소를 취소한 사람은 같은 내용에 대해 다시 고소할 수 없습니다.

친고죄의 경우 공범이 있다면, 고소인은 공범의 일부에 대해서만 고소하거나 취소할 수 없고, 일부에 대해서 고소하거나 취소하더라도 나머지 공범에 대해서도 고소하거나 취소한 것과 같은 효력이 생깁니다.

## 고발

고발이란 고소와 마찬가지로 범죄사실을 수사기관에 신고하여 범인을 처벌해달라는 의사표시로써, 고소와 달리 범인 및 고소권자 이외의 제3자는 누구든지 할 수 있고, 공무원이 직무상 범죄를 발견한 때에는 고발해야 할 의무가 있습니다.

관세법 또는 조세범처벌법위반의 경우와 같이 고발이 있어야 처벌할 수 있는 사건(필요적 고발사건)도 있습니다.

제한 규정(자기 또는 배우자 직계존속에 대한 고소금지), 방식, 취소 등에 있어서 고소에 대한 법률 규정이 고발의 경우에도 적용됩니다.

## 무고죄

신고하는 사람이 타인의 강요 없이 자진하여 허위의 사실을 신고한 이상 그 방법을 불문하고 모두 무고죄에 해당됩니다.

신고의 상대방은 공무원 또는 공무소로 형법에 규정되어 있는데, 이는 형사처분 또는 징계처분을 할 수 있는 권한을 가지고 있는 공공기관과 담당 공무원 및 보조자를 말합니다. 예를 들면 경찰 또는 검사 이외에도 임명권과 감독권이 있는 공공기관장 등을 들 수 있습니다.

법정형은 10년 이하의 징역 또는 1천500만원 이하의 벌금형으로, 무고죄의 범인은 무거운 형사처벌을 받습니다. 다만, 허위로 신고한 사람이 그 신고한 사건의 재판이 확정되기 전에 또는 징계처분이 내려지기 전에 자백 또는 자수 한 때는 그 형을 감경 또는 면제받을 수 있습니다.

### 고소 · 고발 관련 각종 서류, 고소(고발)장 · 고소(고발) 취소장

고소(고발)장은 일정한 양식이 없고, 고소(고발)인과 피고소(피고발)인의 인적사항, 피해를 입은 내용, 처벌을 원한 다는 뜻만 들어 있으면 반드시 무슨 죄에 해당하는지 밝힐 필요는 없습니다. 다만 피해사실 등의 내용이 무엇인지 알 수 있을 정도로 가능한 한 명확하고 특정되어야 합니다.

고소(고발)취소장도 일정한 양식이 없고, 피고소(고발)인의 인적사항, 죄명, 고소(고발)일시, 고소(고발)인의 인적 사항, 무슨 죄명에 대해서 고소(고발)를 취소한다는 내용을 기재하면 됩니다. 친고죄의 고소는 제1심 판결선고 전까지 취소할 수 있고, 고소를 취소한 자는 다시 고소하지 못합니다.

### 고소(고발)장 접수증명원

고소(고발)장을 접수한 사실을 증명하는 서류로서 관할 검찰청 민원실에 방문 또는 우편, 전화, 인터넷으로 신청할 수 있습니다.

## 다. 고소의 기간

단순히 수사의 단서에 불과한 비친고죄의 고소의 경우에는 고소기간의 제한이 없다. 그러나 친고죄[1]의 경우에는 국가형벌권의 행사가 사인의 처벌희망의사표시의 유무에 의하여 장기간 좌우되는 폐단을 방지하기 위하여 고소기간의 제한을 둘 필요가 있다. 이에 형사소송법 제230조 제1항 본문은 친고죄에 대하여는 범인을 알게 된 날로부터

---

1) 친고죄란 피해자의 명예보호나 침해이익의 경미성을 감안하여 피해자의 고소가 있을 때에만 공소를 제기할 수 있는 범죄를 가리킨다. 친고죄는 절대적 친고죄와 상대적 친고죄로 나뉜다. 사자의 명예훼손죄(형 제308조), 모욕죄(형 제311조) 등과 같이 신분관계를 묻지 않고 항상 친고죄인 범죄를 절대적 친고죄라 한다. 이에 대하여 절도죄(형 제347조), 공갈죄(형 제350조), 횡령배임죄(형 355조), 장물죄(형 제362조) 등과 같이 일정한 신분자 사이에만 친고죄로 인정되는 범죄를 상대적 친고죄라 한다. 2013. 6. 19부터 성범죄 친고죄 조항이 60년만에 폐지되면서 이제부터 피해자가 아니더라도 성범죄에 대한 처벌을 위한 인지수사 또는 고발이 가능하게 되었다.

6월이 경과하면 고소하지 못하는 것으로 규정하고 있다. 여기서 '범인을 알게 된 날'이란 범인을 특정할 수 있을 정도로 알게 된 날을 의미하며 반드시 그 성명까지 알 필요는 없다. 또 범죄사실을 알게 된 것만으로써는 고소기간은 진행되지 아니한다. 그러나 범인을 아는 것은 고소권발생의 요건이 아니므로 범인을 알기 전에도 유효한 고소를 할 수 있다. 또 여기에 범인은 정범, 교사범, 종범의 여하를 불문하고 수인의 공범이 있는 경우에는 그 1인만을 알아도 된다.

또한 고소할 수 있는 자가 수인인 경우에는 각 고소권자에 대하여 개별로 '범인을 알게 된 날'을 결정하고 그중 1인에 대한 기간의 해태는 타인의 고소에 영향이 없다(형소법 231조). 또 형법 제241조의 간통죄의 경우에는 혼인이 해소되거나 이혼소송을 제기한 후가 아니면 고소할 수 없으므로 이때에는 혼인의 취소 또는 이혼소송의 제기사항을 소명하는 접수증명원이나 소송계속 중에 있는 계류증명원 등의 서면을 첨부하여 고소를 제기하여야 하며, 다만 급속을 요하는 경우는 먼저 고소를 제기하고 후에 이를 보완할 수도 있다.

### 라. 고소의 방법

### (1) 서면 또는 구술

고소는 서면 또는 구술로써 검사 또는 사법경찰관에게 하여야 한다(형사소송법 제237조 제1항). 따라서 피해자가 법원에 대하여 범죄사실을 적시하고 피고인을 처벌하여 줄 것을 요구하는 의사표시를 하였다 하더라도 이는 고소로서의 효력이 없다(대판 1966. 1. 31. 65도1089). 구술로 고소를 한 경우에 수사기관은 조서를 작성해야 한다. 유효한 고소의 존재는 소송법상 중요한 효과를 발생시키므로 고소장이나 고소조서에 직접 표시되어야 하고 전화나 전보 또는 팩시밀리에 의한 고소는 조서가 작성되지 않는 한 유효한 고소라고 볼 수 없다. 그러나 고소는 처벌을 희망하는 의사표시가 수사기관에 표시되기만 하면 족하므로 반드시 독립한 고소 조서에 의할 필요는 없다. 따라서 수사기관이 피해자를 참고인으로 신문하여 조사하는 과정에서 처벌을 희망하는 의사를 표시하여 이를 참고인 진술조서에 기재하였다면 그것은 유효한 고소라고 할 것이다(대판 1966. 1. 31. 66도1089).

## (2) 범죄사실의 특정

고소는 범죄사실에 대한 신고이므로 범죄사실 등이 구체적으로 특정되어야 함이 원칙이다. 그러나 그 특정의 정도는 고소인의 의사가 수사기관에 대하여 일정한 범죄사실을 지정·신고하여 범인의 소추처벌을 구하는 의사표시가 있었다고 볼 수 있는 정도로 충분하다. 따라서 범인이 누구인지 나아가 범인 중 처벌을 구하는 자가 누구인지 적시할 필요가 없으며, 범인의 성명이 불명이거나 또는 오기가 있었다거나 범행의 일시, 장소, 방법 등이 명확하지 않거나 틀리는 곳이 있다고 하더라도 고소의 효력에는 영향이 없다 (대판 1984. 10. 23. 84도1704).

## 2. 고소사건처리기간 및 고소의 취소, 포기

### 가. 고소사건의 처리기간

「형사소송법」 제237조에 의하면 형사사건의 고소·고발은 검사 또는 사법경찰관에게 하도록 규정되어 있고, 사법경찰관(경찰서 등)에게 고소·고발을 한 경우에는 「사법경찰관리 집무규칙」 제45조에 따라 2개월 이내에 수사를 완료하지 못하면 검사에게 소정의 서식에 따른 수사기일연장 지휘 건의서를 제출하여 그 지휘를 받아야 한다.

| 기 관 | 기 한 | 비고 |
|---|---|---|
| 경찰단계 | 2개월 | 임의사항에 해당하나 연장시에는 검사에게 수사 기일 연장 건의서를 제출하여야 한다. |
| 검찰단계 | 3개월 | 임의사항에 해당하나 3개월 이내에 수사를 완료하여 공소제기 여부를 결정하여야 한다. |

그리고 「형사소송법」 제238조는 "사법경찰관이 고소 또는 고발을 받은 때에는 신속히 조사하여 관계서류와 증거물을 검사에게 송부하여야 한다."라고 규정하고 있고, 같은 법 제246조는 "공소는 검사가 제기하여 수행한다."라고 규정하고 있으므로, 모든 고소·고발사건은 검사에게 송치하여야 하고, 검사가 공소제기여부를 결정하는바, 이것은 검사의 기소독점주의의 원칙에 따른다(예외 : 재판상의 준기소절차 및 즉결심판).

| 피의자를 구속 송치하는 경우 | 피의자 신병, 수사기록 일체 및 증거자료를 검찰에 송치한다. |
|---|---|
| 피의자를 불구속 송치하는 경우 | 피의자를 불구속한 상태로 수사기록 및 증거자료 등만 검찰에 송치한다. |
| 피의자가 소재불명인 경우 | 피고소인, 피고발인 및 참고인 진술조서 등 수사기록과 함께 피의자를 기소중지의견으로 검찰에 송치한다. |

고소·고발사건의 처리기간에 관하여는 구속사건과 불구속사건으로 나누어지는데 불구속사건의 경우 그 처리기간에 관하여는 같은 법 제257조는 "검사가 고소 또는 고발에 의하여 범죄를 수사할 때에는 고소 또는 고발을 수리한 날로부터 3월 이내에 수사를 완료하여 공소제기여부를 결정하여야 한다."라고 규정하고 있다.

그러므로 검사는 고소·고발을 수리한 날로부터 3개월 이내에 수사를 완료하여 공소제기여부를 결정하여야 할 것이나 위와 같은 공소제기 기간에 대한 규정은 훈시규정에 불과하여 3개월경과 후의 공소제기여부의 결정도 유효한 것이라 할 것이다.

**구속수사**

- 피의자를 조사한 결과 범죄혐의가 인정되고 구속사유에 해당되는 경우에는 사전구속영장을 신청하거나 체포(체포영장에 의한 체포, 긴급체포, 현행범체포)한 후 사후구속영장을 신청할 수 있다.
- 구속영장이 발부되면 피의자를 경찰서 유치장에 구속하고, 기각되면 피의자를 석방하여 불구속 수사하거나 증거보강수사를 하여 구속영장을 재신청할 수 있다.

**불구속수사**

- 피의자를 조사한 결과 범죄혐의가 인정되더라도 구속 사유에 해당되지 않거나

범죄혐의가 인정되지 않을 경우에는 피의자를 구속하지 않고 수사한다.

- 피의자를 체포한 경우에도 구속수사에 해당되지 않으면 검사의 석방지휘를 받아 석방한다.

**구속사유**

- 죄를 범하였다고 의심할 만한 상당한 이유가 있고 다음 사유가 있는 경우에는 구속할 수 있다
- 01. 一定한 住居가 없는 때
- 02. 증거를 인멸할 염려가 있는 때
- 03. 도망하거나 도망할 염려가 있는 때
- 단, 다액 50만원 이하의 벌금, 구류 또는 과료에 해당하는 사건에 관하여는 일정한 주거가 없는 때를 제외하고는 구속할 수 없다

## 나. 고소의 취소 및 포기

고소는 제1심 판결선고 전까지 취소할 수 있다(형소법 232조 1항). 고소와 취소는 제1심 판결 후까지는 형사사법권의 발동이 사인의 의사에 좌우되지 않도록 하려는 취지에서 인정한 것이며, 고소의 취소도 대리인으로 하여금 하게 할 수 있고 고소의 취소의 방식은 고소의 방식에 관한 규정을 준용한다.

고소를 취소한 자는 다시 고소하지 못하며(형소법 232조 2항) 고소의 취소에 관하여도 고소불가분의 원칙이 적용되므로 친고죄의 공범 중 그 1인 또는 수인에 대하여 한 고소의 취소는 다른 공범자에 대하여도 그 효력이 발생하고(형소법 233조), 또 범죄사실의 일부에 관하여 고소를 취소하면 그 범죄사실 전체에 관하여 그 취소의 효력이 발생한다. 따라서 이런 경우에는 다른 공범자 또는 범죄사실의 다른 부분에 관하여도 고소를 할 수 없게 됨을 유의하여야 한다.

# 고 소 취 소 장

고 소 인     ○   ○   ○

피고소인     ○   ○   ○

 고소인은 피소고소인을 사기혐의(또는 ○○죄)로 20○○. ○. ○. 귀서(또는 귀청)에 고소한 사실이 있었으나 고소인은 피고소인과 원만히 합의하였으므로 이 건 고소를 전부 취소합니다.

20○○.   ○.   ○.

위 고소인 ○   ○   ○ (인)

**○○경찰서장  귀하 (○○지방검찰청  귀중)**

| 제출기관 | 사건 진행중인 수사관서 또는 형사법원 | 제출기간 | 제1심 판결 선고 전까지 취소할 수 있다. |
|---|---|---|---|
| 제출자 | 고소인 | 제출부수 | 고소취하서 1부 |

## 3. 불기소처분

### 가. 개념

불기소처분이란 고소 또는 고발이 있는 사건에 관하여 공소를 제기하지 아니하는 검사의 처분을 말한다(형사소송법 제259조).

## 나. 종류

불기소처분에는 ① 기소유예, ② 혐의 없음, ③ 죄가 안됨, ④ 공소권 없음, ⑤ 기소중지, ⑥ 공소보류 등이 있으며(검찰사건사무규칙 제69조) 그 중 혐의 없음, 죄가 안됨, 공소권 없음을 협의의 불기소처분이라고 하는데 이를 살펴보면 다음과 같습니다.

| 구분 | | | 내 용 |
|------|---|---|--------|
| 기소 | 피의자의 형사사건에 대하여 법원의 심판을 구하는 행위 | | |
| 불기소 | 피의자를 재판에 회부하지 않는 것 | 혐의없음 | 피의사실에 대한 증거가 불충분하거나 피의사실이 범죄를 구성하지 않을 때 실시하는 처분 |
| | | 기소유예 | 증거는 충분하지만 범인의 성격, 연령, 처지, 범죄의 경중, 전과 등을 고려하여 불기소하는 처분 |
| | | 공소권 없음 | 공소시효가 완성되거나 반의사불벌죄에서 범죄피해자가 처벌불원의 의사표시를 하거나 처벌의 의사표시를 철회하는 경우에 하는 처분 |

### (1) 기소유예

피의사실이 인정되나 「형법」 제51조(범인의 연령, 성행(性行),지능과 환경, 피해자에 대한 관계, 범행의 동기·수단과 결과, 범행 후의 정황)의 사항을 참작하여 공소를 제기하지 않는 것을 말한다.

### (2) 혐의 없음

피의사실이 범죄를 구성하지 아니하거나 인정되지 아니하는 경우(범죄 인정 안 됨) 또는 피의사실을 인정할 만한 충분한 증거가 없는 경우(증거불충분)에 하는 처분을 말한다. 검사가 혐의 없음 결정시 고소인 또는 고발인의 무고혐의의 유·무에 관하여 판단하여야 한다(검찰사건사무규칙 제70조).

### (3) 죄가 안 됨(범죄 불성립)

피의사실이 범죄구성요건에 해당하나 법률상 범죄의 성립을 조각하는 사유가 있어 범죄를 구성하지 아니하는 경우로 피의자가 형사미성년자나 심신상실자인 경우, 정당행위, 정당방위, 긴급피난에 해당되는 경우다.

### (4) 공소권 없음

확정판결이 있는 경우, 통고처분이 이행된 경우, 「소년법」, 「가정폭력범죄의처벌등에관한특례법」, 또는 「성매매알선 등 행위의 처벌에 관한 법률」에 의한 보호처분이 확정된 경우(보호처분이 취소되어 검찰에 송치된 경우를 제외한다), 사면이 있는 경우, 공소의 시효가 완성된 경우, 범죄 후 법령의 개폐로 형이 폐지된 경우, 법률의 규정에 의하여 형이 면제된 경우, 피의자에 관하여 재판권이 없는 경우, 동일사건에 관하여 이미 공소가 제기된 경우(공소를 취소한 경우를 포함한다. 다만, 다른 중요한 증거를 발견한 경우에는 그러하지 아니하다) 친고죄 및 공무원의 고발이 있어야 논하는 죄의 경우에 고소 또는 고발이 없거나 그 고소 또는 고발이 무효 또는 취소된 때, 반의사불벌죄의 경우 처벌을 희망하지 아니하는 의사표시가 있거나 처벌을 희망하는 의사표시가 철회된 경우, 피의자가 사망하거나 피의자인 법인이 존속하지 아니하게 된 경우 등이다.

### (5) 각하

고소 또는 고발이 있는 사건에 관하여 고소인 또는 고발인의 진술이나 고소장 또는 고발장에 의하여 위 (2)부터 (4)까지의 사유에 해당함이 명백한 경우, 형사소송법상의 고소·고발의 제한이나 고소불가분규정에 위반한 경우, 새로운 증거없는 불기소처분사건인 경우, 고소권자 아닌 자가 고소한 경우, 고소·고발장 제출 후 고소·고발인이 출석요구에 불응하거나 소재불명되어 고소·고발사실에 대한 진술을 청취할 수 없는 경우, 고소·고발 사건에 대하여 사안의 경중 및 경위, 고소·고발인과 피고소·피고발인의 관계 등에 비추어 피고소·피고발인의 책임이 경미하고 수사와 소추할 공공의 이익이 없거나 극히 적어 수사의 필요성이 인정되지 아니하는 경우 및 고발이 진위 여부가 불분명한 언론 보도나 인터넷 등 정보통신망의 게시물, 익명의 제보, 고발 내용과 직접적인 관련이 없는 제3자로부터의 전문(傳聞)이나 풍문 또는 고발인의 추측만을 근거로 한 경우 등으로서 수사를 개시할만한 구체적인 사유나 정황이 충분하지 아니한 경우에는 각하할 수 있다.

### (6) 기소중지

피의자의 소재불명 또는 검찰사건사무규칙 제74조 참고인중지결정 사유외의 사유로 수사를 종결할 수 없는 경우에는 그 사유가 해소될 때까지 기소중지결정을 할 수 있다(검찰사건사무규칙 제73조). 피의자의 소재불명을 이유로 기소중지하는 경우에는 피의자를 지명수배하게 된다. 피의자의 소재가 판명되는 등 기소중지사유가 해소되면 다시 수사를 진행해야 한다.

### (7) 참고인중지

참고인·고소인·고발인 또는 같은 사건 피의자의 소재불명으로 수사를 종결할 수 없는 경우에는 그 사유가 해소될 때까지 참고인중지결정을 할 수 있다(검찰사건사무규칙 제74조). 이 경우에는 참고인 등에 대한 소재수사지휘를 하는 경우가 있다(검찰사건사무규칙 제77조).

### (8) 공소보류

국가보안법위반 피의자에 대하여 「형법」 제51조의 사항을 참작하여 공소제기를 보류하는 것으로 「국가보안법」 제20조에 규정하고 있다.


[수사 및 재판절차 개관]
① 6대 중대범죄가 아닌 경우 → ② 경찰 고소 및 수사 → ③ 경찰 불송치 결정 → ④검찰에서 90일 기록 검토 → ⑤ 불송치 결정 위법부당 판단 → ⑥ 경찰에 재수사 요청 → ⑦ 경찰 불송치 결정 유지 → ⑧ 고소인 이의신청 → ⑨ 검찰로 사건 자동 송치 → ⑩ 검찰 수사 → ⑪ 검찰 보완수사 요구 → ⑫ 경찰 보완수사 후 송치 → ⑬ 검찰 수사 → ⑭ 검찰 기소 → ⑮ 법원
△ 경찰의 송치·불송치 결정 △ 검찰의 재수사 요청·보완수사 요구 △ 고소인의 이의신청까지 맞물려 수사가 진행될 경우 15단계 이상의 단계를 거쳐야 사건이 마무리된다.

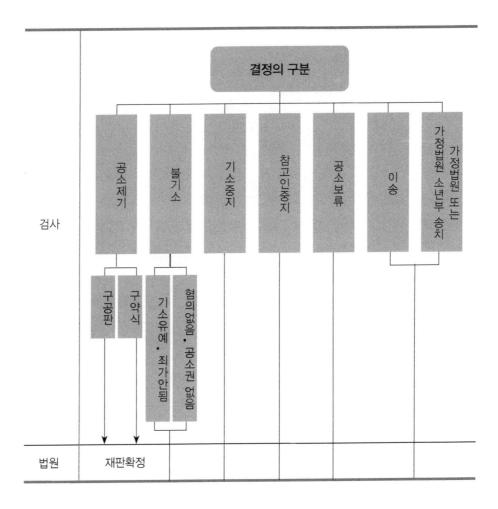

## 4. 경찰의 불송치 결정

### 가. 불송치 결정의 개념 및 경찰의 수사종결권

#### (1) 불송치 결정의 개념

2021년 형사소송법 개정으로 인해 수사 결과 사법경찰관이 범죄 혐의가 인정되지 않는다고 판단할 경우 사건을 검찰에 송치하지 않고, 불송치 결정을 해 수사를 종결할 수 있게 됐다. 경찰수사규칙 제108조에 따르면 불송치 결정의 주문으로 혐의없음(범죄인정안됨, 증거불충분), 죄가 안 됨, 공소권 없음 등을 규정하고 있는데, 이는 법 개정 전 검찰의 '불기소 결정'과 유사하게 사법경찰관 선에서 사건을 종결할 수 있게 된 것이다.

## (2) 경찰의 수사종결권

검경수사권조정에 따라 검사는 6대 주요 범죄(부패범죄, 경제범죄, 공직자범죄, 선거사범, 방위사업범죄, 대형참사범죄 등)와 그 관련 사건만을 수사하고 그 외 사기, 도박, 교통사고, 폭행, 성폭력 등 일반 범죄는 경찰이 수사하게 되었고, 관련 범죄의 수사과정에서 경찰은 검사의 지휘를 받지 아니하고 자체적으로 사건을 종결시킬 수 있는 수사종결권을 갖게 되었다.

## 나. 불송치결정

### (1) 불송치결정

경찰이 고소, 고발. 인지 등으로 통하여 일반 범죄를 수사할 결과 그 혐의가 인정되지 않는다고 판단할 경우 경찰에서 자체적으로 불송치 결정을 할 수 있다(수사종결권).

### (2) 결정통지

경찰이 불송치 결정을 하는 경우 형사소송법 제256조의6에 따라 7일 이내에 고소인, 고발인, 피해자, 법정대리인 등에게 불기소 결정서를 송달하여야 한다. 통상 증거불충분 등의 이유로 불송치 결정이 내려지고, 이에 불복하는 고소인은 수령한 불송치 결정서의 내용을 바탕으로 이의신청서를 작성하여 해당 사법 경찰관 소속 관서의 장에게 이의신청을 할 수 있으며, 이럴 경우 사건을 검찰에 송치된다. 이 경우 검사는 이를 다시 검토하여 만일 이의신청이 이유 있다고 판단될 경우 해당 사법경찰관에게 '보완수사요구'를 하고, 사건을 다시 수사하여 검찰에 송치하면 판단 후 기소여부를 결정한다.

## 다. 재수사요청

경찰이 불송치 결정을 한 이유 검사는 90일 동안 불송치 기록을 검토한 후 불송치 결정이 위법 또는 부당하다고 판단되는 때에는 경찰에 재수사를 요청할 수 있다. 이때 재수사 요청은 1회에 한정된다. 다만, 검사는 통상 불송치 기록을 배당받아 60일 이내에 검토하여 재수사 요청 여부를 결정하여야 한다. 만일, 재수사에도 불구하고 법리위반

등으로 위법 또는 부당한 사실이 시정되지 아니할 경우 검사는 사건송치를 요구할 수 있다.

참고로, 경찰은 불송치시 기록을 검찰에 송부하는데, 검사는 송부받은 날부터 90일 이내에 사법경찰관에게 반환하여야 한다(형사소송법 제245조의5 2호). 따라서, 검사가 기록을 검토하여 사법경찰관에게 반환하기 전에 이의신청을 하는 것이 효과적이다. 그 이유는 검사가 기록에 대해 위법 또는 부당함이 없다고 판단하여 사법경찰관에게 반환하면, 이의신청이 있더라도 검사가 다시 그러한 판단을 뒤집고 기소하기는 어렵기 때문이다.

### 라. 불송치결정에 대한 이의기간
현행법상 경찰이 불송치 결정을 하게 되면 사건은 1차적으로 종결된다. 만약 고소인이 이에 불복할 경우 불송치 결정에 대한 이의신청서를 제출할 수 있고, 경찰은 지체 없이 사건을 검찰에 송치해야 한다. 다만 고소인이 아닌 고발인은 이의신청권이 없다. 그러나 현행 형사소송법에는 불송치 결정에 대한 이의신청 '기간'을 명시한 조문이 없다. 이론상으로는 불송치 결정 후 언제든지 이의신청이 가능하다.

### 마. 이의신청서 기재사항
이의신청서는 검사의 불소처처분에 대한 불복인 검찰항고장 작성과 같이 경찰의 수사가, ⅰ) 증거판단에 대한 잘못이 있다는 점(채증법칙 위반), ⅱ) 사실관계를 오인한 잘못이 있다는 점(수사미진), ⅲ) 법리적용 잘못한 오류 있는 점(법리오해, 판단유탈) 등을 기재하여야 한다.

### 바. 법무부 수사준칙
[검사와 사법경찰관의 상호협력과 일반적 수사준칙에 관한 규정] 개정안 주요내용
이번 개정안에는 '경찰관이 고소·고발을 받은 때에는 이를 수리해야 한다'는 조항이 신설됐다. 문재인 정부 당시인 2021년 1월 검경 수사권 조정으로 경찰 담당 사건이 크게

늘자 일선 경찰이 미제 사건 누적을 피하려고 고소·고발장을 반려하면서 범죄 피해를 당한 국민이 제때 보호받지 못하게 됐다는 지적이 있었다. 앞으로는 경찰이 고소·고발장 접수를 거부하지 못하게 하려는 것이 개정안의 취지다.

개정안은 '검사가 재수사를 요청하면 경찰은 3개월 안에 이행해야 한다'는 규정도 도입했다. 재수사 요청은 경찰이 자체 종결한 사건 처리가 위법 부당할 때 검사가 다시 수사하라고 하는 것인데 재수사 기간에 제한이 없어 수사가 지연된다는 지적이 나왔다. 또 개정안에는 '경찰이 재수사 요청을 이행하지 않으면 검사가 사건을 송치하라고 요구할 수 있다'는 내용도 추가됐다. 검사가 재수사 요청을 했는데도 경찰이 사건을 자체 종결하는 과정에 있었던 위법, 부당이 시정되지 않으면 검사가 경찰에 사건을 송치하라고 요구할 수 있도록 하는 것이다.

개정안은 '검사가 보완 수사를 요청하면 경찰은 3개월 안에 이행해야 한다'는 조항도 신설했다. 검사는 경찰이 송치한 사건에 대해 기소를 위해 필요한 내용을 보완 수사하라고 요구할 수 있는데 지금까지는 보완 수사를 마쳐야 하는 기간에 대한 규정이 없었다. 이에 따라 보완 수사 사건 4건 중 1건은 최소 6개월 이상 수사가 지연되는 문제가 있었다.

이에 대해 경찰에서는 "재수사 사건에 대해 검사가 송치를 요구할 수 있게 하는 개정안 조항은 모든 범죄를 검찰이 직접 수사하는 근거가 될 우려가 있다"는 지적이 나오고 있다.

# 불송치 결정 이의신청서

□ **신청인**

| 성 명 | | 사 건 관 련 신 분 | |
|---|---|---|---|
| 주 민 등 록 번 호 | | 전 화 번 호 | |
| 주    소 | | 전 자 우 편 | |

□ **경찰 결정 내용**

| 사 건 번 호 | – |
|---|---|
| 죄    명 | |
| 결 정 내 용 | |

□ **이의신청 이유**

| |
|---|
| |

□ **이의신청 결과통지서 수령방법**

| 종    류 | 서 면 / 전 화 / 팩 스 / 전 자 우 편 / 문 자 메 시 지 |
|---|---|

. . .

신청인                    (서명)

**소속관서장 귀하**

210㎜ × 297㎜(백상지 80g/㎡)

# 불송치 결정 이의신청서

신 청 인 　　　○　○　○ (전화번호 ○○○ - ○○○○)

　　　　　　　　　○○시 ○○구 ○○길 ○○번지


피신청인 　　　△　△　△ (전화번호 ○○○ - ○○○○)

　　　　　　　　　○○시 ○○구 ○○길 ○○번지


위 피고소인에 대한 ○○경찰서2022고제000 업무상횡령 등 피의사건에 대하여 00경찰서 경위 000은 2022. 00. 00. 피의자에게 불송치(혐의없음) 결정을 하였는바, 이에 대하여 고소인은 이의를 신청합니다.

[고소인은 위 불송치결정통지를 2023. 00. 00. 수령하였습니다.

## 이 의 사 유

### 1. 불송치 결정요지

00경찰서는 경위 000은 ---- 대하여 불송치 결정을 하였습니다(불소치 이유 기재).

### 2. 고소사실의 재수사 필요성

### 가. 업무상 횡령에 관하여

00경찰서 경위 000은은 "임차인들이 임차받은 점용부분 및 공용부분의 사용권능은 임차인들에게 있고, 임차인들이 임대한 공용부분에 대한 임대료 역시 임차인들의 소유로 봄이 타당하다"라는 경찰 의견서의 내용을 인용하면서 임차인의 소유인 이상 횡령이라고 볼 수 없다는 판단을 하고 있습니다.

그러나, 공용부분의 사용권능이 임차인들에게 있기 때문에 임차인들이 임대한 공용부분에 대한 임대료 역시 임차인들의 소유라는 것은 부당한 법률 판단입니다.

임대차는 소유권자가 가진 사용, 수익, 처분의 권능 중 사용 권능을 임차인에게 주는 것을 목적으로 하는 계약으로서 임차인은 임대차 당시의 상태대로 목적물을 사용하고 계약이 종료하면 원 상태대로 반환하여야 합니다. 따라서 임대차 계약 존속 중 자신이 직접 임차한 목적물(전유부분)조차도 임대인의 동의 없이는 제3자에게 전대하는 것이 금지되어 있습니다. 전유부분에 대한 전대조차도 금지되어 있는 마당에 임대차의 직접적인 목적물이 아닌 공용부분을 타에 임대하고 그 수익을 임차인의 몫으로 취할 수 있다는 것은 부당한 법률 판단입니다.

또, 00경찰서 경위 000은은 "가사 공용부분에 대한 임대료가 상가구분소유자의 것이라는 특별한 사정이 있다고 하더라도, 이를 피의자가 횡령하였다고 볼 아무런 증거가 없고, 수년간 그와 같은 임대료의 수금과 사용을 구분소유자들이 합의하고 사실상 용인한 상태에서 상가번영회가 관리하여 온 만큼 횡령 범의가 있다고도 할 수 없다"라고 하고 있습니다.

그러나, 상가구분소유자들이 임대료의 수금과 사용을 합의하였거나 용인한 사실은 없습니다. 상가구분소유자들은 임차인들이 공용부분을 임대하여 그 수익을 올리고 있는지, 그 수익이 얼마인지, 그 수익이 어디에 사용되는 지에 대하여 알지도 못하고 있었습니다.

한편, 가사 과거 수년 동안의 공용부분 차임의 수금 및 사용에 대하여 상가구분소유자들이 합의 내지 용인하였다고 보는 경우에도, 2010. 1. 28. 관리단 집회에서 구분소유자들이 관리업무를 직접 수행하기로 한 이상 피고소인들은 기존에 관리하고 있던 관리비 통장 및 공용부분 임료 수익 등을 관리단에 인계하여야 하며, 과거 수금 및 사용권한에 대한 상가구분소유자들의 합의 여하에 불구하고 더 이상 수금 및 사용 권한이 없습니다.

그럼에도 불구하고 피고소인들은 계속하여 공용부분 임료를 수금하여 무단으로 사용하면서 그 인계를 거부하고 있는 바, 과거의 공용부분 차임의 수금 및 사용에 대한 상가구분소유자들의 합의 내지 용인 여하에 불구하고, 최소한 2010. 1. 28. 관리단 집회 이후의 공용부분 임료 착복은 명백히 횡령이 된다고 할 것입니다.

따라서, 이 부분을 간과한 OO경찰서 경위 OOO은의 불송치결정은 심히 부당합니다.

## 나. 업무방해에 관하여

OO경찰서 경위 OOO은, "관리단 구성의 적법성을 떠나 상가번영회에서 관리업무를 인계해야 할 책임도 있다고 볼 수 없으므로 단지 이에 응하지 않았다는 이유만으로 관리단의 업무를 방해했다고 볼 수 없다"라는 경찰 의견서의 내용을 그대로 인용하면서 불송치결정을 하고 있습니다.

그러나, 위 "관리단 구성의 적법성을 떠나 상가번영회에서 관리업무를 인계해야 할 책임이 있다고 볼 수 없다"라는 판단은 "집합건물의 소유 및 관리에 관한 법률"(이하 "집건법"이라고 합니다)과 정면으로 배치되는 판단으로 심히 부당한 법률판단입니다.

집건법 제23조에 의하면, 집합건물에 대하여는 구분소유자 전원을 구성원으로 하여 건물과 그 대지 및 부속시설의 관리에 관한 사업의 시행을 목적으로 하는 관리단이 설립되는데, 이 관리단은 어떤 조직행위를 거쳐야 비로소 구성되는 것이 아니라 구분소유관계가 성립하는 건물이 있는 경우 당연히 그 구분소유자 전원을 구성원으로 하여 성립되는 것입니다.

대법원 역시 "건물의 영업제한에 관한 규약을 설정하거나 변경할 수 있는 관리단은 어떠한 조직행위를 거쳐야 비로소 성립되는 단체가 아니라 구분소유관계가 성립하는 건물이 있는 경우 당연히 그 구분소유자 전원을 구성원으로 하여 성립되고, 그 의결권도 구분소유자 전원이 행사한다고 할 것이며…"(대법원 2005.12.16. 자 2004마515 결정) 라고 판시하고 있습니다.

고소인 상가의 경우에도, 상가 건물이 성립할 당시부터 구분소유자 전원을 구성원으로 하는 관리단이 당연 설립되어 있고, 관리업무는 원시적으로 관리단의 권한으로 귀속되어 있는 것이며 양도나 이전이 불가능한 고유권한입니다.

다만, 관리단의 업무는 관리단에서 직접 수행할 수도 있고, 관리단이 관리업체 등에 위임하여 관리단을 대리하여 수행하게 할 수도 있습니다. 후자의 경우 관리업체 등이 징수한 관리비 등의 소유권은 관리단에 귀속하는 것이고 관리단이 위임을 철회하여 직접 관리를 하겠다고 하는 경우 관리업무를 위임받은 자는 관리업무를 당연히 인계하여야 합니다.

고소인 상가의 경우 구분소유자 전원을 구성원으로 하는 관리단이 당연 구성된 상태에서 피고소인들(상가번영회)이 관리업무를 위임 받아 처리하여 온 것이고, 피고소인들은 관리단이 직접 상가관리업무를 맡을 것이며 더 이상 피고소인들에게 관리업무 대행을 맡기지 않겠다고 한 이상 당연히 관리업무를 인계하여야 합니다. 그럼에도 불구하고 관리업무를 인계할 필요가 없다고 한 OO경찰서 경위 OO O은의 판단은 집건법에 배치되는 부당한 것입니다.

한편, OO경찰서 경위 OOO은이 그대로 인용한 경찰 의견서를 보면, 피고소인들이 자신들에게 유리한 자료라면서 구분소유자 7명의 확인서(상가 관리업무를 번영회에 위임한다는 내용)를 제출하고 있는 것을 볼 수 있는데, 위 확인서들은 진정한 것이 아닙니다. 그 예로, 확인서 중 102호 김OO 명의 확인서를 보면, 김OO이 작성한 것이 아니라 그 임차인인 김O순이 작성한 것을 알 수 있는데, 이에 대하여 피고소인들은 구분소유자 김OO의 딸인 강명자로부터 김O순이 위임을 받아 작성하였다고 주장하였습니다. 하지만, 강OO는 김O순에게 그러한 위임을 한 적이 없다고 하고 있고, 또 딸인 강OO가 김OO의 일을 마음대로 위임할 수도 없을 것입니다. 김OO은 2022. 1. 28. 관리단집회 당시 관리단이 관리업무를 직접 수행하기로 하는 결의에 의결권을 행사한 자인데 이후에 그와 반대되는 내용의 확인서를 작성해 줄 리가 만무합니다.

## 3. 결론

따라서, 이 사건 경찰의 불송치결정은 마땅히 취소되어야 할 것이며, 고소인의 고소 취지에 따른 철저한 조사 및 송치가 이루어져야 할 것입니다.

2022. OO. OO.

신청인 O O O(인)

OO경찰서장 귀중

## 5. 검사의 불기소처분에 대한 불복방법

### 가. 검찰항고

#### (1) 의 의

검찰항고란 고소인 또는 고발인이 검사의 불기소처분에 불복하여 검찰조직 내부의 상급기관에 그 시정을 구하는 제도를 말한다. 검사의 불기소처분에 대한 검찰 내부적 통제수단이라는 점에서 법원에 대하여 불복하는 재정신청과 구별된다.

#### (2) 항고권자와 항고대상

검사의 불기소처분에 불복할 수 있는 항고권자는 고소인 또는 고발인이다(검찰청법 제10조 제1항). 고소인 또는 고발인 외의 제3자 또는 피의자는 항고할 수 없다. 항고는 검사의 불기소처분에 대한 불복이므로 불기소처분이 항고의 대상이 된다. 전형적인 불기소처분인 기소유예, 혐의없음, 죄가안됨, 공소권없음, 각하(검찰사건사무규칙 제69조) 이외에 기소중지나 참고인중지도 '공소를 제기하지 아니하는 처분'에 해당되어 불기소처분과 사실상 같다고 할 것이므로 이에 포함된다.1) 그리고 항고권자 중에서 ① 고소권자로 고소를 한 자와 ② 형법 제123조부터 제126조까지의 죄에 대한 고발을 한 자는 형사소송법 제260조에 따라 항고를 거쳐 재정신청을 할 수 있으며 그 대신 재항고는 할 수 없기 때문에 재항고권자는 형법 제123조 내지 제126조 이외의 죄에 대한 고발인에 한한다(검찰청법 제10조 제3항).

#### (3) 항고의 절차

##### (가) 항고장의 제출과 항고기간

검사의 불기소처분에 불복하는 고소인 또는 고발인은 그 검사가 속한 지방검찰청 또는 지청을 거쳐 서면으로 관할 고등검찰청 검사장에게 항고할 수 있다(검찰청법 제10조 제1항 전문). 항고는 불기소처분의 통지를 받은 날로부터 30일 이내에 하여야 하나(동조 제4항) 항고인에게 책임이 없는 사유로 위 기간 이내에 항고하지 못한 것을 소명하면 그 항고기간은 그 사유가 해소된 때로부터 기산한다(동조 제6항). 항고기간이 지난 후 접수된 항고는 기각하여야 한다. 다만 중요한 증거가 새로 발견된 경우에 고소인 또는 고발인이 그 사유를 소명하였을 때에는 예외로 한다(동조 제7항).

(나) 항고에 대한 판단

먼저 지방검찰청 또는 지청의 검사는 항고가 이유있다고 인정하는 때에는 그 처분을 경정(更正)하여야 한다(검찰청법 제10조 제1항). 구체적으로 ① 항고가 이유있는 것으로 인정되거나 재수사에 의하여 항고인의 무고혐의에 대한 판단이 다시 필요하다고 인정될 경우에는 불기소사건재기서에 의하여 재기수사한다. 그리고 ② 항고가 이유없는 것으로 인정될 경우에는 수리한 날로부터 20일 이내에 항고장, 항고에 대한 의견서 및 사건기록 등을 고등검찰청의 장에게 송부하여야 한다(검찰사건사무규칙 제90조 제1항).

다음으로 고등검찰청 검사장은 항고가 이유있다고 인정하면 소속 검사로 하여금 지방검찰청 또는 지청 검사의 불기소처분을 경정하게 할 수 있다(검찰청법 제10조 제2항 전문). 구체적으로 ① 항고가 이유있는 것으로 인정되거나 재수사에 의하여 항고인의 무고혐의에 대한 판단이 다시 필요하다고 인정하는 경우에 A)직접 경정을 하는 때에는 소속 검사로 하여금 사건을 재기하여 공소를 제기하게 하거나 주문 또는 이유를 변경하게 할 수 있는데(검찰사건사무규칙 제91조 제1항 2호), 공소를 제기하는 때에는 불기소처분청에 공소장 등 공소제기에 필요한 서류와 사건기록을 송부하여야 하고(동항 3호), 주문 또는 이유를 변경하는 때에는 그에 따라 처리하고 관련서류 및 사건기록을 불기소처분청에 송부하여야 하고(동항 4호), B)직접 경정을 하지 아니하고 재기수사명령, 공소제기명령 또는 주문변경명령 등의 결정을 한 때에는 항고사건결정서의 등본과 사건기록을 첨부하여 지방검찰청 또는 지청의 장에게 송부하여야 한다(동항 5호).

그리고 ② 항고가 이유없는 것으로 인정될 경우에는 항고사건기각결정서에 의하여 항고기각결정을 한다(동항 6호).

(4) 재항고의 절차

(가) 재항고장의 제출과 재항고기간

① 항고를 기각하는 처분에 불복하거나 ② 항고를 한 날로부터 항고에 대한 처분이 이루어지지 아니하고 3개월이 지났을 때에는 그 검사가 속한 고등검찰청을 거쳐 서면으

로 검찰총장에게 재항고할 수 있다(검찰청법 제10조 제3항 전문).

재항고기간은 ① 항고기각결정의 통지를 받은 날 또는 ② 항고 후 항고에 대한 처분이 이루어지지 아니하고 3개월이 지난 날부터 30일 이내에 하여야 하나(동조 제5항), 재항고인에게 책임이 없는 사유로 위 기간 이내에 재항고하지 못한 것을 소명하면 그 재항고기간은 그 사유가 해소된 때로부터 기산한다(동조 제6항). 재항고기간이 지난 후 접수된 재항고는 기각하여야 한다. 다만 중요한 증거가 새로 발견된 경우에 고소인 또는 고발인이 그 사유를 소명하였을 때에는 예외로 한다(동조 제7항).

(나) 재항고에 대한 판단

먼저 고등검찰청의 검사는 재항고가 이유있다고 인정하는 때에는 그 처분을 경정(更正)하여야 한다(검찰청법 제10조 제3항 후문). 구체적으로 ① 재항고가 이유있는 것으로 인정되거나 재수사를 통하여 재항고인의 무고혐의에 대한 판단이 다시 필요하다고 인정되면 재기수사명령, 공소제기명령 또는 주문변경명령 등의 결정을 한다. 그리고 ② 재항고가 이유없는 것으로 인정될 경우에는 수리한 날로부터 20일 이내에 재항고장, 재항고에 대한 의견서 및 사건기록 등을 검찰총장에게 송부하여야 한다(검찰사건사무규칙 제90조 제2항).

다음으로 검찰총장은 ① 재항고가 이유있는 것으로 인정되거나 재수사를 통하여 재항고인의 무고혐의에 대한 판단이 다시 필요하다고 인정되는 경우에는 재기수사명령, 공소제기명령 또는 주문변경명령 등의 결정을 한다(동 규칙 제91조 제2항 1호). 그리고 ② 재항고가 이유없는 것으로 인정될 경우에는 재항고기각결정을 한다(동항 2호).

# 항　고　장

항 고 인(고소인)　　ㅇ　ㅇ　ㅇ (전화번호 ㅇㅇㅇ － ㅇㅇㅇㅇ)

　　　　　　　　　　ㅇㅇ시 ㅇㅇ구 ㅇㅇ길 ㅇㅇ번지


피고소인　　　　　　△　△　△ (전화번호 ㅇㅇㅇ － ㅇㅇㅇㅇ)

　　　　　　　　　　ㅇㅇ시 ㅇㅇ구 ㅇㅇ길 ㅇㅇ번지


위 피고소인에 대한 ㅇㅇ지방검찰청 ㅇㅇ지청 20ㅇㅇ형제 ㅇㅇㅇ호 횡령사건에 관하여 동 검찰청 지청 검사 이ㅁㅁ은 20ㅇㅇ. ㅇ. ㅇ. 자로 혐의가 없다는 이유로 불기소처분결정을 하였으나, 그 결정은 아래와 같은 이유로 부당하므로 이에 불복하여 항고를 제기합니다.

(고소인은 위 불기소처분결정통지를 20ㅇㅇ. ㅇ. ㅇ. 수령하였습니다.)

## － 아 래 －

1. 검사의 불기소이유의 요지는 "피의자는 20ㅇㅇ. ㅇ. ㅇ. 고소인의 실소유물인 19톤 트럭(서울 ㅇㅇ다 ㅇㅇㅇㅇ호) 1대를 강제집행 목적으로 회수하여 피의자가 ☆☆보증보험(주)를 퇴사하기 전까지는 위 차량을 회사의 주차장에 보관하고 있었고 그 후 20ㅇㅇ. ㅇ월경 위 회사의 성명불상 직원들이 위 차량을 매각이나 경매하지 않고 등록원부상 소유자로 되어 있는 ◎◎중기에 반환하여 주었던 것이므로 피의자가 위 차량을 임의로 운용하였다고 단정할 자료가 없다"는 것으로 파악됩니다.

2. 그러나 위와 같은 사실은 피고소인의 진술을 그대로 받아들인 것으로서 피고소인의 진술을 뒷받침하는 증거로는 ◎◎중기(주) 대표이사의 동생인 김ㅁㅁ의 진술 및 피의자가 퇴사하기 전에 위 덤프트럭을 위 ☆☆보증보험(주)의 주차장에 주차하여 관리하고 있음을 입증하는 차량관리대장과 주차비용지급 기안용지 뿐인바, 위 김ㅁㅁ은 소유자도 아닌데 위 덤프트럭을 인수하여 이익을 본 입장일 수도 있어 그 진술에 신빙성이 없습니다.

3. 그리고 20○○. ○월경 ☆☆보증보험(주) 직원들이 위 덤프트럭을 ◎◎중기(주)에 반환하였다면 ☆☆보증보험(주)에 그 근거서류가 남아 있거나 그 사실을 누군가 알고 있어야 하는데, 불기소이유에 의하면 ☆☆보증보험(주)의 직원인 박ㅁㅁ은 자신도 위 사실을 알지 못하고 그 사실을 아는 사람이 누구인지도 모른다고 진술한 것으로 되어 있습니다.

   따라서 20○○. ○월이면 피의자가 퇴사한지 2년이나 지난 후인데, 회사직원 그 누구도 모르는 사실을 어떻게 2년전에 퇴사한 피고소인만 알고 있는지 도저히 이치에 맞지 않습니다.

4. 또한 피의자가 위 회사를 퇴사하기 전에 위 덤프트럭을 회사의 주차장에 주차하여 관리하고 있었다는 사실이 위 회사의 차량관리대장과 회수중기 보관에 따른 주차비용지급이라는 제목의 기안용지에 의해 입증될 수 있는 것이라면 위 회사가 위 덤프트럭을 20○○. ○월경 ◎◎중기(주)에 반환하기 전까지 주차하여 관리했던 사실 및 위 트럭을 ◎◎중기(주)에 반환하였다는 사실도 위 차량관리대장과 같은 문서에 의해 근거가 남겨져 있어야만 합니다. 위 박ㅁㅁ이 위 사실에 대해 모르는 것으로 미루어 서류상 그러한 근거가 남아 있지 않음이 분명한 바, 그렇다면 피의자의 진술은 거짓임이 분명합니다.

5. 그 뿐만 아니라 위 ☆☆보증보험(주) 직원들이 위 덤프트럭을 반납하였다는 ◎◎중기(주)는 위 덤프트럭의 지입회사이지 소유자가 아니며, 20○○. ○월경 당시 이미 부도처리된 회사이므로 부도난 회사에 위 덤프트럭을 반환하였다는 것도 이해가 가지 않습니다.

그리고 고소인은 고소인의 처인 고소외 김ㅁㅁ 명의로 위 덤프트럭을 고소외 현대자동차 (주)로부터 대금 76,000,000원에 36개월 할부로 구입하면서 그 담보로 위 ☆☆보증보험 (주)과 할부판매보증보험계약을 체결하였고 그 후 고소인이 위 할부금 중 38,000,000원을 납부하고 나머지 대금을 연체하자 ☆☆보증보험(주)이 위 보증보험계약에 따라 그 잔금 34,742,547원을 위 현대자동차 (주)에 대신 지급하고 주채무자인 위 김ㅁㅁ와 연대보증인인 고소인에게 구상금 청구를 하고 있던 상황에서 피의자가 채권 회수 목적으로 위 덤프트럭을 가져갔던 것이며 지금도 위 ☆☆보증보험에서는 고소인 및 고소인의 처에게 위 구상금 변제 독촉장을 보내고 있습니다.

위와 같은 경위에 비추어 볼 때, ☆☆보증보험(주)의 직원들로서는 위 덤프트럭이 지입회사인 ◎◎중기(주)의 소유가 아니라 고소인 및 고소인 처의 소유라는 사실을 명백히 알고 있었다고 하므로 위 덤프트럭을 고소인측이 아닌 ◎◎중기(주)에 반환하였다는 진술은 이치에 맞지 않습니다.


6. 또한 피의자가 위 덤프트럭을 회수해 간 후 한 동안은 위 ☆☆보증보험(주)으로부터 위 구상금을 변제하라는 독촉장이 오지 않다가 언제부터인가 다시 독촉장이 오기 시작하여 20○○. 말 경 고소인이 위 ☆☆보증보험(주)으로 찾아가니 위 회사 담당직원이 "피고소인은 이미 퇴사하였고 회사로서는 위 덤프트럭이 어디 있는지 몰라 경매도 못한다"고 말한 사실이 있습니다. 이 건 불기소이유에서 인정한 사실관계에 의하면 위 덤프트럭은 계속 위 ☆☆보증보험(주) 주차장에 보관되어 있다가 20○○. ○월경 위 ◎◎중기(주)에 반환되었다는 것이므로, 당시 위 회사 담당직원이 고소인에게 한 말과 일치하지 않습니다.

뿐만 아니라 위 ☆☆보증보험(주) 직원들이 20○○. ○월경 위 덤프트럭을 ◎◎중기(주)에 반환하였다면 그 뒤에라도 고소인에게 이를 알려 주었을 텐데 고소인은 위 회사 직원으로부터 그런 통보를 받은 사실이 없습니다.

7. 위와 같은 사유로 항고하오니 고소인의 주장을 면밀히 검토하여 재수사를 명해주시기를 간절히 바랍니다.


첨 부 서 류


1. 불기소처분 통지서                    1통
1. 공소부제기이유고지서                 1통


20○○.  ○.  ○.

위 고소인 (항고인) ○  ○  ○ (인)

○ ○ 고 등 검 찰 청        귀 중

| 제출<br>기관 | 불기소처분한 검사 소속의<br>지방검찰청 또는 지청 | 제출<br>기간 | 불기소처분의 통지를 받은 날로부터<br>30일내 |
|---|---|---|---|
| 항 고 인 | 고소인, 고발인 | 피<br>항고인 | 관할 고등검찰청검사장 |
| 제출부수 | 항고장 1부 | 관련<br>법규 | 형사소송법 260조<br>검찰청법 10조 |
| 항고기각<br>결정에<br>대한<br>불복절차<br>및<br>기간 | (재항고)<br>· 근거 : 검찰청법 10조<br>· 기간 : 처분결과의 통지를 받은 날부터 30일(검찰청법 10조4항)<br><br>(재정신청)<br>· 근거 : 형사소송법 260조<br>· 기간 : 항고기각결정을 받은 날로부터 10일 이내(형사소송법 260조 3항) | | |
| 기타 | ◦ 항고전치주의<br>  - 재정신청을 하기위해서는 검사의 불기소처분에 통지를 받은 날부터 30일 이내 항<br>    고를 하여야 하며, 이 항고에 대한 항고기각결정을 받은 날로부터 10일 이내 재정<br>    신청을 할 수 있음<br><br>◦ 항고전치주의의 예외<br>  - 항고 이후 재기수사가 이루어진 다음에 다시 공소를 제기하지 아니한다는 통지를<br>    받은 경우<br>  - 항고 신청 후 항고에 대한 처분이 행하여지지 아니하고 3개월이 경과한 경우<br>  - 검사가 공소시효 만료일 30일 전까지 공소를 제기하지 아니하는 경우 | | |

# 항 고 장

항 고 인(고소인)    ○   ○   ○ (전화번호 ○○○ - ○○○○)

ㅤㅤㅤㅤㅤㅤㅤ○○시 ○○구 ○○길 ○○번지


피고소인    ㅤㅤ△   △   △ (전화번호 ○○○ - ○○○○)

ㅤㅤㅤㅤㅤㅤ○○시 ○○구 ○○길 ○○번지



피고소인에 대한 ○○지방검찰청 20○○ 형제 ○○○○○호 사기등 피의사건에 관하여 ○○지방검찰청 검사 □□□는 피고소인에게 혐의가 없다는 이유로 20○○. ○. ○.자로 불기소처분결정을 한 바, 이에 대하여 고소인은 불복하여 항고를 제기합니다.

(고소인은 위 불기소처분결정통지를 20○○. ○. ○. 수령하였습니다.)

# 항 고 이 유

검사의 불기소 이유의 요지는 증거 불충분 등의 이유로서 피의 사실에 대한 증거가 없다는 것인 바, 기타 제반 사정을 종합 검토하면 본 건 고소사실에 대한 증거는 충분하여 그 증명이 명백함에도 불구하고 증거가 불충분하다는 이유로 불기소처분한 것은 부당하니 재수사를 명하여 주시기 바랍니다.

# 첨 부 서 류

```
    1.불기소처분통지서              1통


              20○○.  ○.  ○.
              항 고 인  ○  ○  ○ (인)

○ ○ 고 등 검 찰 청  귀 중
```

## 나. 재정신청

### (1) 의 의

재정신청이란 고소인 등이 검사의 불기소처분에 불복하여 그 당부에 관한 재정을 신청하여 법원의 심리에 의하여 공소제기여부를 결정하는 제도를 말한다. 법원의 결정에 의하여 공소제기가 의제되는 것이 아니라 검사에게 공소제기를 강제하는 제도이기에 기소강제절차라고도 한다. 검찰항고제도와는 검사의 불기소처분에 대한 불복으로 기소편의주의와 기소독점주의에 대한 통제수단이라는 점에서 같으나 검찰내부의 상급기관이 아니라 법원에 대하여 불복한다는 점에서 구별된다.

### (2) 연 혁

재정신청제도는 종래 형법 제123조 내지 제125조의 공무원의 직권남용범죄에 국한하여 고소인 또는 고발인의 재정신청에 의해 법원이 재정결정을 하면 공소제기를 의제하는 준기소절차로 운영되는 바람에 불복제도로서의 의미가 극히 적었다. 그러던 중 헌법재판소에서 검사의 불기소처분에 대한 헌법소원(헌법재판소법 제68조 제1항)이 가능하게 되자 검사의 불기소처분에 불복하는 고소인 등이 헌법소원을 청구하는 경우가 엄청나게 증가하는 비정상적인 상황이 계속되기도 하였다. 그리하여 재정신청의 대상을 모든 범죄로 확대할 필요성이 입법론으로 강력하게 주장되었고 2008년부터 시행된 개정형사소송법을 통하여 모든 범죄의 고소인과 형법 제123조 내지 제125조의 고발인이 재정신청을 할 수 있도록 재정신청의 대상범죄가 전면 확대되고, 다만 재정신청을 위해서는 반드시 검찰항고를 거치도록 하는 항고전치주의를 도입하는 등으로 재정신청제도에 전면적인 변화가 생기게 되었다. 최근 수사기관의 공소제기 전 피의사실공표 논란이 제기되는 바람에 2012년부터 시행된 개정 형사소송법으로 형법 제126조 피의사실공표죄에 대한 고발인까지 재정신청을 할 수 있도록 대상범죄의 범위가 더욱 확대되었다.

## (3) 재정신청의 절차

### (가) 신청권자와 신청대상

재정신청의 신청권자는 검사로부터 공소를 제기하지 아니한다는 통지를 받은 ① 고소인 또는 ② 형법 제123조부터 제126조까지의 죄에 대한 고발인이다. 다만 형법 제126조의 피의사실공표죄에 대하여는 피공표자의 명시한 의사에 반하여 고발인이 재정신청을 할 수는 없다(형사소송법 제260조 제1항). 형법 제123조부터 제126조까지의 죄 이외의 죄에 대한 고발인은 신청권자가 아니므로 검찰항고 이후에 재항고를 할 수 있을 뿐이다. 고소 · 고발을 취소한 자도 재정신청을 신청할 수 없으며, 피의자도 재정신청을 할 수 없다. 재정신청권자는 대리인에 의하여 재정신청을 할 수 있다(형사소송법 제264조 제1항).

재정신청의 신청대상은 검사의 불기소처분이다. 불기소처분이므로 기소유예 처분에 대하여도 당연히 재정신청을 할 수 있으며(대법원 1988.1.29.자 86모58 결정), 기소중지와 참고인중지 처분에 대하여는 ① 종국처분이 아닌 수사중지처분에 불과하다는 이유로 재정신청이 허용되지 않는다는 견해가 있으나(손동권 366면; 신양균 358면; 이은모 425면; 임동규 323면) ② 기소중지와 참고인중지가 중간처분이라고 하여도 형사소송법 제260조 제1항에서 '공소를 제기하지 아니하는 통지를 받은 때'라고 규정하여 이를 불기소처분의 통지로 본다면 기소중지 등도 이에 해당된다고 할 것이며 검찰항고의 대상과 동일하게 취급하는 것이 적절하다는 점에서 재정신청이 허용된다고 할 것이다(신동운 442면). 진정사건에 대한 검사의 내사종결처리는 재정신청의 대상이 되지 않으며, 재정신청의 제기기간이 경과된 후에는 재정신청의 대상을 추가할 수도 없다.

(나) 항고전치주의

재정신청을 하려면 검찰청법 제10조에 따른 항고를 거쳐야 하는 것이 원칙이다(형사소송법 제260조 제2항). 항고전치주의를 통해 신청권자에게 재정신청 전에 신속한 권리구제의 기회를 제공하는 한편 검사에게도 자체시정의 기회를 갖도록 한 것이다. 이에 따라 항고 이후 재정신청을 할 수 있는 신청권자는 별도로 재항고를 할 수 없다(검찰청법 제10조 제3항).

다만, ① 항고 이후 재기수사가 이루어진 다음에 다시 공소를 제기하지 아니한다는 통지를 받은 경우, ② 항고 신청 후 항고에 대한 처분이 행하여지지 아니하고 3개월이 경과한 경우, ③ 검사가 공소시효 만료일 30일 전까지 공소를 제기하지 아니하는 경우의 어느 하나에 해당하는 때에는 예외적으로 항고를 거치지 않고 바로 재정신청을 할 수 있다(형사소송법 제260조 제2항 단서).

(다) 재정신청의 기간과 방식

재정신청을 하려는 자는 항고기각결정을 통지받은 날로부터 10일 이내에 지방검찰청 검사장 또는 지청장에게 재정신청서를 제출하여야 한다. 다만 항고전치주의의 예외에 해당되어 항고절차를 거칠 필요가 없는 때에는 ① 항고 이후 재기수사가 이루어진 다음에 다시 공소를 제기하지 아니한다는 통지를 받은 경우 또는 항고 신청 후 항고에 대한 처분이 행하여지지 아니하고 3개월이 경과한 경우에는 그 사유가 발생한 날로부터 10일 이내에, ② 검사가 공소시효 만료일 30일 전까지 공소를 제기하지 아니하는 경우에는 공소시효 만료일 전날까지 위와 같이 재정신청서를 제출하여야 한다(형사소송법 제260조 제3항). 위와 같은 신청기간은 불변기간이므로 연장이 허용되지 아니한다.

재정신청서에는 재정신청의 대상이 되는 사건의 범죄사실 및 증거 등 재정신청을 이유 있게 하는 사유를 기재하여야 한다(동조 제4항). 이와 같이 재정신청서에 재정신청의 근거를 명시하게 함으로써 법원으로 하여금 재정신청의 범위를 신속하게 확정하고 재정신청에 대한 결정을 신속하게 내릴 수 있도록 하며, 재정신청의 남발을 방지하려는 취지와 재정신청으로 인하여 이미 검사의 불기소처분을 받은 피고소인 또는 피고발인의 지위가 계속 불안정하게 되는 불이익을 고려한 것이기에 재정신청서에 위와 같은 사유를 기재하지 아니한 때에는 재정신청을 기각할 수 있다. 재정신청사건의 관할법원은 불기소처분을 한 검사 소속의 지방검찰청 소재지를 관할 하는 고등법원이다(형사소송법 제260조 제1항).

(라) 재정신청의 효력과 취소

고소인 또는 고발인이 수인인 경우에 공동신청권자 중 1인의 재정신청은 그 전원을 위하여 효력을 발생한다(형사소송법 제264조 제1항). 그리고 재정신청이 있으면 재정결정이 있을 때까지 공소시효의 진행이 정지된다(형사소송법 제262조의4 제1항). 재정신청은 고등법원의 재정결정이 있을 때까지 취소할 수 있고 재정신청을 취소한 자는 다시 재정신청을 할 수 없다(형사소송법 제264조 제2항). 재정신청과 달리 재정신청의 취소는 다른 공동신청권자에게 효력이 미치지 않는다(동조 제3항). 재정신청의 취소는 관할 고등법원에 서면으로 하여야 한다. 다만, 기록이 관할 고등법원에 송부되기 전에는 그 기록이 있는 검찰청 검사장 또는 지청장에게 하여야 한다(형사소송규칙 제121조 제1항).

(마) 지방검찰청 검사장 · 지청장의 처리

재정신청서를 제출받은 지방검찰청 검사장 또는 지청장은 재정신청서를 제출받은 날부터 7일 이내에 재정신청서 · 의견서 · 수사 관계서류 및 증거물을 관할 고등검찰청을 경유하여 관할 고등법원에 송부하여야 한다. 다만, 예외적으로 항고전치주의가 적용되지 않는 경우에는 지방검찰청 검사장 또는 지청장은 ① 재정신청이 이유있는 것으로 인정하는 때에는 즉시 공소를 제기하고 그 취지를 관할 고등법원과 재정신청인에게 통지하고, ② 재정신청이 이유없는 것으로 인정하는 때에는 30일 이내에 관할 고등법원에 송부한다(형사소송법 제261조).

(4) 고등법원의 심리와 결정

(가) 심리절차의 구조

재정신청 이유의 유무를 심사하는 절차인 고등법원의 심리절차에 대한 법적 성격 내지 구조에 대해 종래 여러 논의가 있어왔지만 심리절차는 공소제기 전의 절차로 수사와 유사한 성격을 가지기는 하지만 기본적으로 재판절차라는 점에서 형사소송유사의 재판절차로 파악하는 형사소송유사설(刑事訴訟類似說)의 입장이 일반적이고, 이 견해가 재정신청사건은 항고의 절차에 준하여 결정한다는 형사소송법의 태도에 비추어 보아도 타당하다고 하겠다.

(나) 재정신청사건의 심리
1) 재정신청의 통지
법원은 재정신청서를 송부받은 때에는 송부받은 날로부터 10일 이내에 피의자에게 그 사실을 통지하여야 한다(형사소송법 제262조 제1항). 또한 재정신청서를 송부받은 날로부터 10일 이내에 피의자 이외에 재정신청인에게도 그 사유를 통지하여야 한다(형사소송규칙 제120조).

2) 심리기간과 방식
법원은 재정신청서를 송부받은 날로부터 3개월 이내에 재정결정을 하여야 한다(형사소송법 제262조 제2항). 이와 같은 심리기간은 법원에 충실한 심리를 가능하도록 하는 동시에 피의자가 장기간 불안정한 지위에 놓여 있다는 점을 고려한 것으로 일반적으로 훈시규정으로 보고 있기에 그 기간을 경과한 후에 재정결정을 하여도 위법하지는 않지만 원칙적으로 준수하여야 할 것이다. 재정신청사건의 심리는 항고의 절차에 준하므로(형사소송법 제262조 제2항) 구두변론에 의하지 않고 절차를 진행할 수 있으며, 필요한 경우에는 사실조사를 할 수도 있다(형사소송법 제37조 제2항, 제3항). 그리고 특별한 사정이 없는 한 심리는 공개하지 아니한다(형사소송법 제262조 제3항). 심리를 비공개로 한 것은 피의자의 사생활 침해, 수사의 비밀저해 및 민사사건에 악용하기 위한 재정신청의 남발 등을 막기 위한 것이다.
법원은 필요한 때에는 증거조사를 할 수 있으므로(형사소송법 제262조 제2항) 피의자신문, 참고인에 대한 증인신문, 검증, 감정 등을 할 수 있다. 증거조사의 방법은 공판절차가 아니므로 법원이 필요하다고 인정하면 법정에서 심리하지 않아도 무방하며 서면심리로도 가능할 것이다.

### 3) 강제처분의 허용여부

심리절차에서 피의자 구속, 압수·수색·검증과 같은 강제처분이 허용되는 여부에 대해 논의가 되고 있다. 학설로 ① 강제처분허용설은 심리절차가 항고절차에 준하는 절차이므로 재정법원도 수소법원에 준하는 권한을 가지고 필요한 경우에 증거조사를 할 수 있으며 증거조사의 원활한 진행을 위하여 강제처분도 할 필요가 있다는 견해이고, ② 강제처분불허설은 피의자는 피고인이 아니어서 피고인 구속에 관한 규정을 적용할 수 없으며, 무엇보다도 재정신청사건의 심리절차에서 강제처분이 허용된다는 명문규정이 없으므로 강제처분이 허용되지 않는다는 견해이다. 검토해 보면 심리절차가 항고절차에 준하고 기소여부를 판단하기 위한 증거조사에서 필요한 경우에는 강제처분도 허용되어야 하므로 기본적으로 강제처분허용설이 타당하다. 다만 이미 불기소처분을 받은 사건에 대한 심리절차라는 성격상 강제처분을 할 경우는 거의 없을 것으로 보이고 또한 피의자에 대한 구속과 관련하여서는 ① 법원의 구속기간이 공소제기시부터 기산되고 (형사소송법 제92조 제3항), ② 재정법원의 구속을 수사기관의 피의자에 대한 구속기간에 적용할 수도 없기 때문에 피의자신문을 위한 구인은 가능하지만 구금은 현실적으로 어렵다고 할 것이다.

### 4) 기피신청의 허용여부

재정신청사건에서 재정신청을 한 고소인 또는 고발인은 심리절차에서 법관에 대하여 기피신청을 할 수 있는데, 피의자에게도 기피신청이 허용되는 여부에 대해 논의가 되고 있다. ① 재정신청은 검사의 불기소처분에 불복하여 고소인 또는 고발인이 하는 것이고, 이에 따른 재정결정은 당해 사건에 대한 실체판단이 아니므로 피의자에게는 기피신청이 허용되지 않는다는 소극설이 있으나 ② 재정신청사건의 심리와 결정도 재판의 일종이므로 공정성의 확보를 위하여 형사소송법 제18조를 유추적용하여 피의자에게 기피신청을 허용할 수 있다는 적극설이 타당하다고 판단된다.

### 5) 기록의 열람·등사 제한

재정신청사건의 심리 중에는 관련 서류 및 증거물을 열람 또는 등사할 수 없다(법 제26

2조의2 본문). 이와 같은 열람·등사의 금지는 심리의 비공개 원칙과 같이 이미 불기소처분을 받은 피의자의 사생활 침해, 수사의 비밀저해 및 민사사건에 악용하기 위한 재정신청의 남발 등을 막기 위한 것이다(헌법재판소 2011.11.24.선고 2008헌마578 결정). 다만 재정신청사건의 심리 중에 증거조사를 행한 경우에는 증거조사과정에서 작성된 서류의 전부 또는 일부의 열람 또는 등사를 할 수 있다(형사소송법 제262조의2 단서). 법원의 증거조사과정에서 작성된 것이며, 검사나 재정신청인 등 이해관계 있는 자의 이익을 고려한 것이다.

### (다) 재정결정
#### 1) 기각결정

재정신청이 법률상의 방식에 위배되거나 이유 없는 때에는 신청을 기각한다(형사소송법 제262조 제2항 1호). 재정신청이 법률상의 방식에 위배된 때란 ① 신청권자가 아닌 자가 재정신청을 한 경우, ② 신청기간이 경과한 후에 재정신청을 한 경우, ③ 검찰항고를 거치지 아니하고 재정신청을 한 경우, ④ 재정신청서에 범죄사실과 증거 등 재정신청을 이유있게 하는 사유를 기재하지 않은 경우(대법원 2002.2.23.자 2000모216 결정) 등이다. 재정신청서를 직접 고등법원에 제출한 경우에는 신청방식이 법률에 위배된 때에 해당되긴 하지만 그 신청을 기각할 것이 아니라 재정신청서를 관할 지방검찰청 검사장 또는 지청장에게 송부하여야 할 것이다.

그리고 재정신청이 이유 없는 때란 검사의 불기소처분이 정당한 것으로 인정된 경우이다. 재정신청의 이유 유무는 불기소처분시가 아니라 재정결정시를 기준으로 하므로 불기소처분 후에 새로 발견된 증거를 판단의 자료로 삼을 수 있다. 검사의 혐의없음 처분에 대한 재정신청사건을 심리한 결과 범죄의 객관적 혐의는 인정되나 기소유예 처분을 할 만한 사건이라고 인정되는 경우에도 재정신청을 기각할 수 있으며, 검사의 불기소처분 당시에 공소시효가 완성되어 공소권이 없는 경우에도 불기소처분에 대한 재정신청은 허용되지 않는다.

법원은 기각결정을 한 때에는 즉시 그 정본을 재정신청인, 피의자와 관할 지방검찰청 검사장 또는 지청장에게 송부하여야 한다(형사소송법 제262조 제5항 전문). 기각결정이 확정된 사건에 대하여는 다른 중요한 증거를 발견한 경우를 제외하고는 소추할 수 없으므로(형사소송법 제262조 제4항 후문) 다른 피해자의 고소에 대하여 불기소처분이 있었고 재정신청이 기각된 이상 그 기각된 사건내용과 동일한 사실인 경우에도 마찬가지이다.

이는 법원의 판단에 의하여 재정신청 기각결정이 확정되었는데도 검사의 공소제기를 제한없이 허용하게 되면 피의자를 장기간 불안정한 상태에 두게 되므로 검사의 공소제기를 제한하면서 한편으로는 재정신청사건에 대한 법원의 결정에는 일사부재리의 효력이 인정되지 않으므로 피의사실을 유죄로 인정할 명백한 증거가 발견된 경우에도 검사의 공소제기를 금지하는 것은 사법정의에 반하는 결과가 된다는 점을 고려한 것이다.

### 2) 공소제기결정

재정신청이 이유 있는 때에는 사건에 대한 공소제기를 결정한다(형사소송법 제262조 제2항 2호). 재정신청이 이유 있는 때란 공소를 제기하는 것이 상당함에도 소추재량의 한계를 넘어서 불기소처분한 위법이 인정되는 경우라 할 것이다(대법원 1988.1.29.자 86모58 결정). 공소제기를 결정하는 때에는 죄명과 공소사실이 특정될 수 있도록 이유를 명시하여야 한다(형사소송규칙 제122조). 그리고 즉시 그 정본을 재정신청인·피의자와 관할 지방검찰청 검사장 또는 지청장에게 송부하여야 하고, 관할 지방검찰청 검사장 또는 지청장에게는 사건기록을 함께 송부하여야 한다(형사소송법 제262조 제5항). 공소제기결정이 있는 때에는 공소시효에 관하여 그 결정이 있는 날에 공소가 제기된 것으로 본다(형사소송법 제262조의4 제2항). 공소제기결정에 따라 이후에 실제 검사가 공소를 제기한 시점과는 관계없이 법원이 공소제기결정을 한 날에 공소시효의 진행이 정지되어(형사소송법 제253조 제1항 참조) 결과적으로 재정신청에 의하여 정지된 공소시효(형사소송법 제262조의4 제1항)는 계속 정지되는 것이다.

### (5) 재정결정에 대한 불복

재정결정에 대하여는 원칙적으로 불복할 수 없다(법 제262조 제4항). 이에 따라 법원의 공소제기결정에 불복할 수 없으므로 공소제기결정에 잘못이 있는 경우라도 이러한 잘못은 본안사건에서 공소사실 자체에 대하여 무죄, 면소, 공소기각 등을 할 사유에 해당하는지를 살펴서 무죄 등의 판결을 함으로써 그 잘못을 바로잡을 수 있는 것이다.18) 그러나 재정신청 기각결정에 대해서는 헌법재판소에서 형사소송법 제262조 제4항에서 규정하고 있는 재정신청 기각결정에 대한 '불복'에 형사소송법 제415조의 '재항고'가 포함되는 것으로 해석하는 한 합리적인 입법재량의 범위를 벗어나 재정신청인의 재판청구권과 평등권을 침해하는 것으로 헌법에 위반된다고 결정하였다(헌법재판소 2011.11.24.선고 2008헌마578, 2009헌마41?98(병합) 결정). 이에 따라 재정신청 기각결정에 대해서는 예외적으로 재판에 영향을 미친 헌법·법률·명령 또는 규칙의 위반이 있음을 이유로 하는 때에 한하여 대법원의 최종적 심사를 받기 위하여 재항고를 할 수 있다(형사소송법 제415조).

## (6) 비용부담

법원은 재정신청 기각결정을 하거나 재정신청의 취소가 있는 경우에는 결정으로 재정신청인에게 신청절차에 의하여 생긴 비용의 전부 또는 일부를 부담하게 할 수 있다(형사소송법 제262조의3 제1항). 또한 법원은 직권 또는 피의자의 신청에 따라 재정신청인에게 피의자가 재정신청절차에서 부담하였거나 부담할 변호인선임료 등 비용의 전부 또는 일부의 지급을 명할 수 있다(형사소송법 제262조의3 제2항). 재정신청의 대상을 모든 범죄로 확대하면서 재정신청이 남발되는 것을 방지하기 위하여 마련된 제도이지만 아직은 경고적 의미가 강하고 실효적으로 적용되고 있지는 않고 있다.

## (7) 기소강제와 공소유지

고등법원의 공소제기결정에 따른 재정결정서를 송부받은 관할 지방검찰청 검사장 또는 지청장은 지체없이 담당 검사를 지정하고 지정받은 검사는 공소를 제기하여야 한다(형사소송법 제262조 제6항). 이와 같이 법원의 공소제기결정에 의해 공소제기가 의제되는 것이 아니라 검사에게 공소제기를 강제하게 되므로 검사는 공소제기를 위하여 관할 지방법원에 공소장을 제출하여야 하며 공소유지도 검사가 담당하게 된다. 공소를 제기한 검사는 통상의 공판절차에 따라 권한을 행사하므로 공소유지를 위하여 공소장변경을 할 수도 있고 상소를 제기할 수도 있다. 다만 공소제기결정의 취지에 따라 검사는 공소를 유지할 권한만을 가지고 있다고 할 것이므로 공소를 취소할 수는 없다(형사소송법 제264조의2).

[서식] 재정신청서

# 재 정 신 청 서

신 청 인(고소인)   ○   ○   ○
피신청인(피의자)   △   △   △
　　　　　　　　○○시 ○구 ○○길 ○○

피신청인(피의자)에 대한 ○○지방검찰청 20○○형제 ○○○호 불법체포 · 감금죄 피의 사건에 있어서, 동 검찰청 소속 검사 □□□이 20○○. ○. ○. 한 불기소처분(무혐의 처분)에 대하여 신청인은 이에 불복하여 항고(200○불항○○○호)하였으나 ○○고등검찰청 검사○○○은 200○. ○○. ○○.자로 항고기각 처분하였습니다. 그러나 다음과 같은 이유로 부당하여 재정신청을 하오니 위 사건을 관할 ○○지방검찰청에서 공소제기하도록 하는 결정을 하여주시기 바랍니다.

신청인이 검사로부터 불기소처분통지를 수령한 날 : 200○. ○. ○.

## 신 청 취 지

피의자 △△△에 대한 ○○지방검찰청 ○○ 형제 ○○○호 불법체포 · 감금 피의사건에 대하여 피의자 △△△을 ○○지방법원의 심판에 부한다
라는 결정을 하여 주시기 바랍니다.

# 신 청 이 유

1. 피의자 △△△의 범죄사실

   별지기재와 같음

2. 피의자의 범죄에 관한 증거설명

   별지기재와 같음

3. 검사의 불기소 이유의 요지는 피의사실에 대한 증거가 없어 결국 범죄혐의가 없다는 것인 바, 참고인 진술과 압수한 증거물 기타 제반사정을 종합검토하면 본 건 피의사실에 대한 증거는 충분하여 그 증명이 명백함에도 불구하고 증거가 불충분하다는 이유로 불기소처분한 것은 부당하고 검사의 기소독점주의를 남용한 것이라 아니할 수 없으므로 재정신청에 이른 것입니다.

# 첨 부 서 류

1. 피의사실 및 증거내용                1통
2. 불기소처분통지서                  1통
3. 기타 증거서류 사본                 2통

20○○년  ○월  ○일

재정신청인(고소인)  ○  ○  ○ (인)

○ ○ 고 등 법 원 귀 중

| 제출기관 | 불기소처분한 검사소속의 지방검찰청 또는 지청 | 제출기간 | 항고기각결정의 통지를 받은 날로부터 10일이내 |
|---|---|---|---|
| 신청인 | · 고소권자로서 고소를 한 자<br>· 형법 제123조부터 제125조까지의 죄에 대하여는 고발한 자도 가능 | 관할 | 불기소처분한 검사소속의 고등검찰청에 대응한 고등법원 |
| 제출부수 | · 신청서 1부 | 관련법규 | 형사소송법260~264조 |

| 불복방법 | 신청기각의 결정에 대하여는 형사소송법 제415조에 따른 즉시항고를 할 수 있고, 공소제기의 결정에 대하여는 불복할 수 없음. 신청기각의 결정이 확정된 사건에 대하여는 다른 중요한 증거를 발견한 경우를 제외하고는 소추할 수 없음(형사소송법 제262조 4항). |
|---|---|
| 공소제기 결정효과 | · 공소시효에 관하여는 공소제기결정이 있는 날에 공소가 제기된 것으로 간주(형사소송법 제262조의4 제2항)<br>· 재정결정서를 송부받은 관할 지방검찰청 검사장 또는 지청장은 지체없이 담당검사를 지정하고 지정받은 검사는 공소를 제기하여야 함 (형사소송법 제262조 제6항) |
| 기타 | · 항고전치주의<br> – 재정신청을 하기위해서는 검사의 불기소처분에 통지를 받은 날부터 30일 이내 항고를 하여야 하며, 이 항고에 대한 항고기각결정을 받은 날로부터 10일 이내 재정신청을 할 수 있음<br>· 항고전치주의의 예외<br> – 항고 이후 재기수사가 이루어진 다음에 다시 공소를 제기하지 아니한다는 통지를 받은 경우<br> – 항고 신청 후 항고에 대한 처분이 행하여지지 아니하고 3개월이 경과한 경우<br> – 검사가 공소시효 만료일 30일 전까지 공소를 제기하지 아니하는 경우<br>· 형법 제126조 피의사실공표죄에 대해서는 피공표자의 명시한 의사에 반하여 재정을 신청할 수 없음 |

# 재 정 신 청 서

사　　건　　20○○형 제○○○○호　가혹행위

피고소인　　○　　○　　○ (000000-0000000)
　　　　　　　○○시 ○○구 ○○로 ○○(○○동)
　　　　　　　직　업 : 경찰공무원

신청인은 위 피고소인을 가혹행위죄로 20○○. ○. ○. 귀청에 고소하였으나 같은 해 ○. ○. 귀청으로부터 공소를 제기하지 아니한다는 불기소처분의 통지를 받았는바, 다음과 같은 이유로 재정신청을 하오니 그 사건을 관할 지방법원의 심판에 부하는 결정을 하여 주시기를 바랍니다.

# 신　청　이　유

위 고소사건에 대한 검사의 불기소이유의 요지는 "피의사실에 대하여는 사실이나 피고소인이 공직에 기여한 공이 크므로, 불기소처분을 한다."라는 것인바, 이는 고소장에 기재한 바와 같이 피고소인은 직권을 남용하여 여성의 성적 수치심을 고문 수단으로 악용하였는바, 피고소인은 누구보다 인권을 보호하여야 할 의무가 있음에도 불구하고 성적인 고문을 하여 신청인으로 하여금 자살을 생각할 정도로 영혼과 인격에 엄청난 상처를 입혔음에도 이러한 피고소인에 대하여 검사는 공직에 기여한 공을 들어 불기소처분을 하였다는 것은 검사의 공소권 행사에 있어 공정을 잃는 처사라고 할 수 있어 형사소송법 제260조에 의하여 재정신청에 이른 것입니다.

### 첨 부 서 류

1. 불기소처분통지서       1통
1. 불기소이유고지서       1통
1. 고소장 사본       1통

20○○.  ○.  ○.

위 신청인(고소인)  ○  ○  ○  (인)

**○○고등법원 귀중**

[서식] 재정신청서

# 재 정 신 청 서

사 건     20○○형 제○○○○호  사기

신 청 인    1. 오  ○  권 (000000-0000000)  (전화 :     )

(고소인)       ○○시 ○○구 ○○로 ○○(○○동)

           2. 염  ○  근 (000000-0000000)  (전화 :     )

           ○○시 ○○구 ○○로 ○○(○○동)

피신청인    김  ○  준 (000000-0000000)    (전화 :     )

(피고소인)    ○○시 ○○구 ○○로 ○○(○○동)

## 신 청 취 지

위 피고소인에 대한 20○○형 제○○○○호 사기사건에 대하여 ○○지방검찰청 검사 강○현은 20○○. ○. ○.자로 증거불충분 등의 이유로 불기소처분 결정을 하였고 이에 불복하여 항고(20○○불황 제○○○○호)하였으나 ○○고등검찰청 검사 권○는 20○○. ○. ○.자로 항고기각 처분을 하였습니다. 신청인은 이이 불복하고 형사소송법 제260조에 따라 재정신청합니다(고소인은 20○○. ○. ○. 불기소처분통지를 송달받았음).

# 신 청 이 유

## 1. 검사의 항소각하 이유

○○고등검찰청에서는 이 항고사건의 피의사실 및 불기소처분 이유의 요지는 "불기소처분 검사의 불기소처분 결정서 기재와 같으므로 이를 원용하는바, 이 건은 원심청에서 자체 재기수사한 후 불기소 처리한 사건에 대하여 다시 항고한 사안이므로 항고기각처분을 하였다."라고 하고 있습니다.

## 2. 고소인 오○권에 대한 검사의 항소각하처분의 부당성

(피의자가 이 사건 토지주로부터 매매계약해지통고를 받아 이 사건 공사를 할 수 없음에도 불구하고 그 후 고소인에게 기망행위로 투자계약서를 작성·교부한 행위)

가. 고소인은 피의자의 감언이설에 속아 20○○. ○. ○.경 및 같은 달 ○.경 두 차례에 걸쳐 1억원을 피의자에게 투자한 후 고소인은 위 투자금에 대하여 어떠한 서류를 받은 바 없기에 피의자에게 고소인이 투자한 내용에 대하여 계약서를 작성해준 줄 것을 요구하여 이에 피의자는 20○○. ○. ○.에 투자계약서를 작성·교부하였습니다.

나. 따라서 이 피의자는 이 사건 공사를 하기 위하여 토지소유자인 고소외 장○영에게 이 사건 토지의 계약금만을 지급한 이후 잔금을 지급하지 못하여 위 장○영으로부터 20○○. ○. ○. 매매계약해지 통지를 내용증명으로 받았고, 그 후 같은 해 ○. ○.경에는 피의자가 위 장○영에게 20○○. ○. ○.까지 위 토지 잔금을 지급하지 못할 경우에는 원상회복과 함께 사업을 포기한다는 포기각서를 작성·교부하였으며, 위 ○. ○.까지 잔금을 지급하지 못한 피의자는 위 장○과의 포기각서의 내용에 따라 사업자체를 진행할 수 없어 같은 해 ○. ○. 시공사인 ○○종합건설

주식회사가 위 장○영에게 공사포기각서를 작성·교부하였고, 같은 날 설계·감리업체인 ○○건축사사무소가 위 장○영에게 건축설계·감리포기서를 작성·교부하였기에 피의자가 고소인에게 작성·교부하여 준 투자계약서를 작성할 당시인 20○○. ○. ○.경에는 피의자는 이 사건 사업을 진행할 수 없었던 것입니다.

그럼에도 불구하고, 계속적으로 기망행위를 하여 이에 속은 고소인을 안심시켜 투지계약서를 작성·교부하여 주어 1억원 상당의 금전을 편취한 것입니다(피의자는 고소인이 투자한 원금은 20○○. ○.경 즉시 지급하여 주고, 나머지 이익금 7억원은 순차로 지급하여 준다고 기망행위를 하였음).

그러므로 피의자는 고소인으로 하여금 1억원을 지급받은 이후에도 기망행위로 사업이 잘 진행되고 있다고 거짓말을 하여 위 금원을 편취한 것이므로 사기죄의 범의가 있다고 할 수 있습니다.

### 3. 고소인 염○근에 대한 검사의 항소각하처분의 부당성

고소인 염○근의 불복 사유의 주된 논점은 첫째, 피의자는 고소인들이 대여한 금전을 대여금이 아닌 투자금으로 거짓 주장을 하고 있으며, 둘째, 피의자가 고소인들로부터 차용한 금전을 수목원 경매물건을 처분하여 지급하기로 한 것은 고소인이 20○○. ○. ○. 낙찰을 받아 경락대금을 완납하였으나, 그 후 토지소유자가 채무금을 채권자에게 변제하여 경매가 취하되어 고소인은 같은 해 ○. ○.경 위 경락대금을 환불받았으나 피의자는 다시 ○○사우나 공사비로 빌려줄 것을 요구하여 위 금전을 빌려주었습니다.

피의자는 위 차용금을 ○○상호신용금고에서 23억원을 대출을 받아 변제하기로 하였으나 변제하지 않았으며, 또한 수원시행사업을 한다며 계약금 10억원만 맞추면 은행에서 ○○자금이 나오니 그때 위 대여금을 모두 상환하기로 약정을 하였습니다.

당시 피의자는 처음부터 변제의사나 변제능력이 없음에도 불구하고 고소인을 기망하여 이에 속은 고소인으로부터 금 1,566,800,000원을 지급받아 동 금원을 편취하였기에 사기죄를 구성한다고 할 수 있습니다.

### 4. 결 론

위와 같이 피의사실에 대한 증거가 있음에도 증거가 없다는 이유로 불기소처분을 한 것은 부당하므로 그 시정을 구하기 위하여 항고에 이르렀으나, 검사는 가장 주된 논점인 피의자의 대여금이 아닌 투자금이라는 일방적인 주장을 수용하여 본 건 피의사실에 대한 증거가 불충분하자는 이유로 검사가 불기소처분 및 항소각하결정을 한 것은 부당하고 검사의 기소독점주의를 남용한 것이라 아니할 수 없으므로 재정신청에 이른 것입니다.

**첨 부 서 류**

1. 항고사건처분통지서     1통
1. 항고각하이유고지서     1통
1. 고소인 염○근의 불기소이유서에 대한 항변 및 증거서류

20○○.　○.　○.

위 신청인(고소인)　오　○　권　(인)
염　○　근　(인)

○○고등법원  귀중

## 6. 고소장 기재사항

### 가. 기재사항

고소장에는 ① 고소를 하는 사람과 고소 상대방, ② 범죄사실과 죄명, ③ 피고소인에 대한 처벌의사 ④ 고소사실과 관련된 사건의 수사 및 재판 여부가 기재되어야 하며 이는 누락되어서는 아니되는 필요적 기재사항이다.

이외에 범행 경위 및 정황의 정도 등 고소를 하게 된 이유, 증거자료의 유무, 관련사건에 대하여 민사소송이 진행 중인지 여부, 고소사실에 대한 진실 확약 등도 기재할 수 있으며 이는 임의적 기재사항이다.

## 나. 고소취지 작성례

**[작성례 – 사기죄]**

> 피고소인은 가정주부로서 사실은 남편의 월수입이 000원 외에 별다른 수입이 없고, 개인적인 부채도 000원에 이르고 그 이자를 매월 000원 이상 지급해야할 형편이어서 타인으로부터 돈을 차용하더라도 이를 변제할 의사나 능력이 없음에도 불구하고, 2022. 1. 1. 00:00경 서울 서초구 방배동 소재 고소인 김00의 집에서 동녀에게 금 000원만 빌려주면 월 00%의 이자로 2개월 후에 틀림없이 변제하겠다는 취지의 거짓말을 하여 이에 속은 동녀로부터 즉시 그곳에서 차용금 명목으로 금 000원을 교부받아 이를 편취한 것이다.

**[작성례 – 공갈죄]**

> 피고소인은 2022. 00. 00. 00:00경 서울 서초구 방배동 000 앞길에서 그곳을 지나가던 피해자 김00을 불러 세워놓고 갑자기 주먹으로 동인의 복부를 1회 때리면서 "가진 돈 다 내놓아라, 만일 뒤져서 돈이 나오면 100원 에 한 대씩 때리겠다"고 말하며 이에 불응하면 동인의 신체 등에 더 큰 위해를 가할 것 같은 태도를 보여 이에 겁을 먹은 동인으로부터 금 000원을 교부받아 이를 갈취한 것이다.

**[작성례 – 업무상횡령죄]**

> 피고소인은 2022. 00. 00.경부터 2022. 00. 00.경까지 서울 서초구 방배동 소재 00건설 경리직원으로서 위 회사의 자금조달업무에 종사하던 자인바, 2022. 00. 00. 00:00경 서울 서초구 방배동 소재 00금고 서초동 지점에서 위 회사의 운영자를 조달하기 위하여 위 회사 소유인 00시 00동 소재 임야 000평에 관하여 위 00금고에 근저당권설정등기를 결료하여 주고 금 000원을 대출받아 이를 위 회사를 위하여 업무상 보관 중 같은 달 00. 00:00경 위 회사 사무실에서 그 중 000원을 자신과 불륜관계를 맺어 온 위 회사의 000에게 임의로 지급하여 이를 횡령한 것이다.

[작성례 - 명예훼손죄]

> 피고소인은 2022. 00. 00. 00:00경 서울 서초구 서초동 소재 00빌딩 1층 커피
> 숍에서 사실은 피고소인 김00이 피고소인 자동차를 절취한 간 사실이 없음에
> 도 불구하고 손님 00명이 듣고 있는 가운데, 위 김00에 대하여 "내 자동차를 훔
> 쳐간 도둑놈아, 빨리 차를 내놓으라"r 소리를 침으로써, 공연히 허위사실을 적
> 시하여 동인의 명예를 훼손한 것이다.

[작성례 - 모욕죄]

> 피고인은 2022. 00. 00. 00:00경 서울 서초구 방배동 소재 00식당에서 친구
> 인 고소외 정00 등 10여명과 함께 식사를 하던 중 피고소인 강00과 평소 금전
> 거래 관계로 말다툼을 하다가 동인에게 "악질적인 고리대금업자"라고 큰 소리
> 로 말하여 공연히 동인을 모욕한 것이다.

[작성례- 업무방해죄]

> 피고인은 2022. 00. 00. 00:00경 서울 서초구 방배동 소재 피고소인 김00 경
> 영의 00식당에서 평소 동인으로부터 푸대접을 받은 데 대한 화풀이로 "야 이 새
> 끼야, 왜 사람 괄시하는 거야"라고 큰 소리를 치고 수저통을 마루바닥에 집어던
> 지는 등 소란을 피워 그 식당에 들어오려던 손님들이 들어오지 못하게 하여 위
> 력으로써 동인의 식당영업을 방해한 것이다.

[작성례-주거침입죄]

> 피고인은 2022. 00. 00. 00:00경 서울 서초구 서초동 소재 피고소인 김00의
> 집에 이르러 물건을 훔칠 생각으로 그 열려진 대문을 통하여 그 집 현관까지 들
> 어가 동인의 주거에 침입한 것이다.

[작성례–상해죄]

피고소인은 2022. 00. 00. 00:00경 서울 서초구 서초동 소재 피고소인 김00 경영 00식당에서 동인과 음식값 문제로 말다툼을 하다가 동인으로부터 욕설을 듣자 이에 화가 나 오른쪽 주먹으로 동인의 얼굴 부분을 2회 때려 동인에게 약 3주간의 치료를 요하는 상구순부열차 등을 가한 것이다.

[작성례 – 무고죄]

피고소인은 2022. 1. 1. 00:00경 서울 서초고 서초동 소재 서울중앙지방법원 제000호 법정에서 위 법원 2022고단000호 피고인 김00에 대한 절도 피고사건 의 증인으로 출석하여 선서한 다음 증언함에 있어, 사실은 김00가 2021. 1. 1. 00:00경 위 법원 팚길을 운행 중인 서울00차000호 시내버스 안에서 절도하는 것을 직접 목격하였음에도 불구하고, 위 사실을 심리 중인 위 법원 제00단독 판 사 000에게 "위 김00이 절도하는 것을 본 일이 없다"라는 기억에 반하는 허위 의 진술을 하여 위증한 것이다.

[작성례–사문서위조, 행사죄]

피고인은 2022. 1. 1. 10:00경 서울 서초구 서초동 소재 00금고 사무실에서 행 사할 목적으로 권한 없이 백지에 검은 색 볼펜을 사용하여 "차용증서, 금 일천 만원, 이 금액을 정히 차용하여 2022. 11. 1.까지 틀림없이 변제할 것을 확인 함, 2022. 1. 1. 채무자 김00., 00금고 귀하"라고 기재한 후 위 김00의 이를 옆 에 미리 조각하여 소지하고 있던 동인의 인장을 찍어 권리의무에 관한 사무서인 동인 명의의 차용증서 1통을 위조하고, 즉시 그 자리에서 그 정을 모르는 위 금 고 직원 김00에게 금000원을 대출받으면서 위와 같이 위조한 차용증서를 마치 진정하게 성립한 것처럼 교부하여 이를 행사한 것이다.

# 고 소 장

(고소장 기재사항 중 *표시된 항목은 반드시 기재하여야 합니다.)

## 1. 고소인

| 성 명<br>(상호·대표자) | 홍 길 동 | 주민등록번호<br>(법인등록번호) | 000000-0000000 |
|---|---|---|---|
| 주 소<br>(주사무소소재지) | ○○시 ○○로 ○○(○○동)<br>(현거주지)  ○○시 ○○로 ○○(○○동) | | |
| 직 업 | 회사원 | 사무실 주소 | ○○시 ○○동 ○○(○○동) |
| 전 화 | (휴대폰) 010-1234-5678<br>(자 택) 02-123-3456         (사무실) 02-234-5678 | | |
| 이 메 일 | hong@naver.com | | |
| 대리인에<br>의한 고소 | ☐ 법정대리인 (성명 :      , 연락처          )<br>☐ 고소대리인 (성명 : 변호사      , 연락처          ) | | |

※ 고소인이 법인 또는 단체인 경우에는 상호 또는 단체명, 대표자, 법인등록번호(또는 사업자등록번호), 주된 사무소의 소재지, 전화 등 연락처를 기재해야 하며, 법인의 경우에는 법인등기부등본이 첨부되어야 합니다.
※ 미성년자의 친권자 등 법정대리인이 고소하는 경우 및 변호사에 의한 고소대리의 경우 법정대리인 관계, 변호사 선임을 증명할 수 있는 서류를 첨부하시기 바랍니다.

## 2. 피고소인

| 성 명 | ○  ○  ○ | 주민등록번호 | 000000-0000000 |
|---|---|---|---|
| 주 소 | ○○시 ○○로 ○○(○○동)<br>(현거주지)  ○○시 ○○로 ○○(○○동) | | |
| 직 업 | 무직 | 사무실 주소 | |
| 전 화 | (휴대폰) 010-3456-1234<br>(자 택) 02-345-6789         (사무실) | | |

| 이 메 일 | abc@hanmail.net |
|---|---|
| 기타사항 | 고소인과의 관계 : 거래상대방으로서 친·인척관계는 없음 |

※ 기타사항에는 고소인과의 관계 및 피고소인의 인적사항과 연락처를 정확히 알 수 없을 경우 피고소인의 성별, 특징적 외모, 인상착의 등을 구체적으로 기재하시기 바랍니다.

## 3. 고소취지

고소인은 피고소인을 ○○죄로 고소하오니 처벌하여 주시기 바랍니다.

## 4. 범죄사실

※ 범죄사실은 형법 등 처벌법규에 해당하는 사실에 대하여 일시, 장소, 범행방법, 결과 등을 구체적으로 특정하여 기재해야 하며, 고소인이 알고 있는 지식과 경험, 증거에 의해 사실로 인정되는 내용을 기재하여야 합니다.

## 5. 고소이유

※ 고소이유에는 피고소인의 범행 경위 및 정황, 고소를 하게 된 동기와 사유 등 범죄사실을 뒷받침하는 내용을 간략, 명료하게 기재해야 합니다.

## 6. 증거자료 ( ✔ 해당란에 체크하여 주시기 바랍니다)

□ 고소인은 고소인의 진술 외에 제출할 증거가 없습니다.
□ 고소인은 고소인의 진술 외에 제출할 증거가 있습니다.
☞ 제출할 증거의 세부내역은 별지를 작성하여 첨부합니다.

## 7. 관련사건의 수사 및 재판 여부 ( ✔ 해당란에 체크하여 주시기 바랍니다)

| ① 중복 고소 여부 | 본 고소장과 같은 내용의 고소장을 다른 검찰청 또는 경찰서에 제출하거나 제출하였던 사실이 있습니다 □ / 없습니다 □ |
|---|---|
| ② 관련 형사사건 수사 유무 | 본 고소장에 기재된 범죄사실과 관련된 사건 또는 공범에 대하여 검찰청이나 경찰서에서 수사 중에 있습니다 □ / 수사 중에 있지 않습니다 □ |
| ③ 관련 민사소송 유무 | 본 고소장에 기재된 범죄사실과 관련된 사건에 대하여 법원에서 민사소송 중에 있습니다 □ / 민사소송 중에 있지 않습니다 □ |

기타사항

※ ①, ②항은 반드시 표시하여야 하며, 만일 본 고소내용과 동일한 사건 또는 관련 형사사건이 수사·재판 중이라면 어느 검찰청, 경찰서에서 수사 중인지, 어느 법원에서 재판 중인지 아는 범위에서 기타사항 난에 기재하여야 합니다.

## 8. 기 타

본 고소장에 기재한 내용은 고소인이 알고 있는 지식과 경험을 바탕으로 모두 사실대로 작성하였으며, 만일 허위사실을 고소하였을 때에는 형법 제156조 무고죄로 처벌받을 것임을 서약합니다.

200○. ○. ○.*

|  |  |
|---|---|
| 고소인 | (인)* |
| 제출인 | (인) |

※ 고소장 제출일을 기재하여야 하며, 고소인 난에는 고소인이 직접 자필로 서명 날(무)인 해야 합니다. 또한 법정대리인이나 변호사에 의한 고소대리의 경우에는 제출인을 기재하여야 합니다.

### ○○지방검찰청 귀중

※ 고소장은 가까운 경찰서에 제출하셔서도 되며, 경찰서 제출시에는 '○○경찰서 귀중'으로 작성하시기 바랍니다.

[별 지] 증거자료 세부 목록

(범죄사실 입증을 위해 제출하려는 증거에 대하여 아래 각 증거별로 해당란을 구체적으로 작성해 주시기 바랍니다)

## 1. 인적증거 (목격자, 기타 참고인 등)

| 성 명 | | 주민등록번호 | - |
|---|---|---|---|
| 주 소 | 자택 :<br>직장 : | 직 업 | |
| 전 화 | (휴대폰)<br>(자 택)　　　　　　　(사무실) | | |
| 입증하려는<br>내 용 | ○○○ 고소인의 친구이며, 피고소인이 고소인에게 금 ○○○원을 주면 ○○을 싸게 구입해주겠다고는 말을 20○○. ○. ○. 고소인과 같이 들었음 | | |

※ 참고인의 인적사항과 연락처를 정확히 알 수 없으면 참고인을 특정할 수 있도록 성별, 외모 등을 '입증하려는 내용'란에 아는 대로 기재하시기 바랍니다.

## 2. 증거서류 (진술서, 차용증, 금융거래내역서, 진단서 등)

| 순번 | 증 거 | 작성자 | 제 출 유 무 |
|---|---|---|---|
| 1 | | | □ 접수시 제출 □ 수사 중 제출 |
| 2 | | | □ 접수시 제출 □ 수사 중 제출 |
| 3 | | | □ 접수시 제출 □ 수사 중 제출 |
| 4 | | | □ 접수시 제출 □ 수사 중 제출 |
| 5 | | | □ 접수시 제출 □ 수사 중 제출 |

※ 증거란에 각 증거서류를 개별적으로 기재하고, 제출 유무란에는 고소장 접수시 제출하는지 또는 수사 중 제출할 예정인지 표시하시기 바랍니다.

## 3. 증거물

| 순번 | 증 거 | 소유자 | 제 출 유 무 |
|---|---|---|---|
| 1 | | | □ 접수시 제출 □ 수사 중 제출 |
| 2 | | | □ 접수시 제출 □ 수사 중 제출 |
| 3 | | | □ 접수시 제출 □ 수사 중 제출 |
| 4 | | | □ 접수시 제출 □ 수사 중 제출 |
| 5 | | | □ 접수시 제출 □ 수사 중 제출 |

※ 증거란에 각 증거물을 개별적으로 기재하고, 소유자란에는 고소장 제출시 누가 소유하고 있는지, 제출 유무란에는 고소장 접수시 제출하는지 또는 수사 중 제출할 예정인지 표시하시기 바랍니다.

## 4. 기타 증거

[서식] 고소장

# 고 소 장

## 1. 고소인

| 성 명<br>(상호·대표자) | | 생년월일<br>(법인등록번호) | |
|---|---|---|---|
| 주 소<br>(주사무소<br>소재지) | | | |
| 직 업 | | 사무실<br>주소 | |
| 전 화 | (휴대폰)　　　　　　　　　(사무실) | | |
| 이메일 | | | |
| 대리인에<br>의한 고소 | □ 법정대리인 (성명 :　　　　　　, 연락처　　　)<br>□ 고소대리인 (성명 :　　　　　　　　　) | | |

## 2. 피고소인

　고소인의 법률상 배우자인 000(000000-000000)입니다.

## 3. 고소 취지

고소인은 피고소인을 <u>통신매체를 이용한 음란행위(성폭력범죄의 처벌 등에 관한 특례법 제13조), 협박(형법 제283조 제1항), 강간(형법 제297조), 유사강간(형법 제297조의2), 강제추행(형법 제298조), 강요(형법 제324조 제1항)죄로 고소</u>하오니 엄중한 수사로 처벌하여 주시기 바랍니다.

## 4. 사건의 경위

### 가. 고소인과 피고소인의 혼인생활

고소인과 피고소인은 2000. 00. 00.경 결혼식을 올리고, 2000. 00. 00. 혼인신고를 마치며 혼인생활을 시작하였으며 2000. 00. 00. 자녀를 출산하였습니다.

그러나 피고소인은 결혼 후에도 잦은 술자리와 다른 여자와의 만남을 지속하였고, 2000.00. 00. 무렵 대포차 사건에 연루되어 구치소에 수감되는 등 우여곡절 끝에 집행유예 판결을 받은 적도 있습니다.

고소인은 여동생의 금전문제로 사기를 당했고, 2000. 00. 00. 무렵 현재 전세로 살고있는 집 주인에게 '담보 이행각서'라는 문건이 도착하면서, 피고소인과 피고소인의 가족들은 고소인에게 '사기 결혼하여 남편 등골을 빼먹는 여자' 취급을 하면서, 이혼을 종용하며 아무것도 바라지 말고 아이도 놓고 혼자 나가라는 소리를 들었습니다.

### 나. 피고소인의 가혹행위

고소인 또한 더 이상의 결혼생활은 무리라고 판단되어 이혼을 결심하였지만 양육권만은 포기할 수는 없다는 의견을 밝혔습니다. 그런데 그 이후부터 피고소인은 양육권을 빌미로 '아이와 함께 하고 싶으면 내 말을 잘 들어야 한다'라며 차마 글로 담을 수 없을 정도의 성적 학대와 폭력을 행사하였습니다.

피고소인은 주중에는 지방에서 일을 하고 주말에 고소인과 아이가 있는 집에 찾아오는데, 행여 고소인이 아이를 데리고 도망갈까봐 휴대전화에 위치추적 어플리케이션을 설치하고 변태적 성행위를 강요했습니다. 아이 양육을 빌미로 평생 복종하겠다는 각서 작성을 강요하고, 상상도 할 수 없는 물건들을 고소인의 성기에 삽입하라고 하고, 소변을 마시라고 하며, 변태적인 성행위를 강요하며 매일 카카오톡을 통하여 자위영상을 찍어서 보내라며 고소인을 학대하고 있습니다.

## 5. 범죄 사실

### 가. 법률의 규정

> **-성폭력범죄의 처벌 등에 관한 특례법-**
> 제13조(통신매체를 이용한 음란행위) 자기 또는 다른 사람의 성적 욕망을 유발하거나 만족시킬 목적으로 전화, 우편, 컴퓨터, 그 밖의 통신매체를 통하여 성적 수치심이나 혐오감을 일으키는 말, 음향, 글, 그림, 영상 또는 물건을 상대방에게 도달하게 한 사람은 2년 이하의 징역 또는 500만원 이하의 벌금에 처한다.
>
> **-형법-**
> 제283조(협박, 존속협박) ①사람을 협박한 자는 3년 이하의 징역, 500만원 이하의 벌금, 구류 또는 과료에 처한다.
> 제297조(강간) 폭행 또는 협박으로 사람을 강간한 자는 3년 이상의 유기징역에 처한다.
> 제297조의2(유사강간) 폭행 또는 협박으로 사람에 대하여 구강, 항문 등 신체(성기는 제외한다)의 내부에 성기를 넣거나 성기, 항문에 손가락 등 신체(성기는 제외한다)의 일부 또는 도구를 넣는 행위를 한 사람은 2년 이상의 유기징역에 처한다.
> 제298조(강제추행) 폭행 또는 협박으로 사람에 대하여 추행을 한 자는 10년 이하의 징역 또는 1천500만원 이하의 벌금에 처한다.
> 제324조(강요) ①폭행 또는 협박으로 사람의 권리행사를 방해하거나 의무없는 일을 하게 한 자는 5년 이하의 징역 또는 3천만원 이하의 벌금에 처한다.

### 나. 피고소인의 범죄

피고소인은 카카오톡을 이용하여 성적 수치심이나 혐오감을 일으키는 말을 도달하게 하고, 자신의 말을 듣지 않으면 자녀 양육에 관하여 좋지 못한 일이 있을 것이라며 협박하고, 고소인의 의사에 반하여 변태적인 성관계를 계속하고, 고소인의 성기에 물건들을 삽입하고, 고소인에게 음란한 동영상을 촬영하여 전송하라고 지시[2]하고, 소변 등을 마시게 하는 등 협박, 강간, 유사강간, 강제추행, 강요죄를 범하였습니다.

## 6. 결론

고소인은 피고소인은 물론 피고소인의 가족들로부터 이미 인간 이하의 취급을 받고 있습니다. 장기간에 걸친 피고소인의 행위로 인하여 고소인은 엄청난 정신적 고통에 시달리고 있는바, 피고소인을 엄중히 수사하여 처벌하여 주시기 바랍니다.

## 7. 증거 자료

　　□ 고소인은 고소인의 진술 외에 제출할 증거가 없습니다.

　　■ 고소인은 고소인의 진술 외에 제출할 증거가 있습니다.

　　　　→ 별지로 첨부합니다.

## 8. 관련 사건의 수사 및 재판 여부

| ① 중복 고소 여부 | 본 고소장과 같은 내용의 고소장을 다른 검찰청 또는 경찰서에 제출하거나 제출하였던 사실이 있습니다 □ / 없습니다 □ |
|---|---|
| ② 관련 형사사건 수사 유무 | 본 고소장에 기재된 범죄사실과 관련된 사건 또는 공범에 대하여 검찰청이나 경찰서에서 수사 중에 있습니다 □ / 수사 중에 있지 않습니다 □ |
| ③ 관련 민사소송 유무 | 본 고소장에 기재된 범죄사실과 관련된 사건에 대하여 법원에서 민사소송 중에 있습니다 □ / 민사소송 중에 있지 않습니다 □ |

## 9. 기타

(고소내용에 대한 진실확약)

본 고소장에 기재한 내용은 고소인이 알고 있는 지식과 경험을 바탕으로 모두 사실대로 작성하였으며, 만일 허위사실을 고소하였을 때에는 형법 제156조 무고죄로 처벌받을 것임을 서약합니다.

2020. 2.  .

고소인    ○ ○ ○

**부천소사경찰서 귀중**

**별지 : 증거자료 세부 목록**

| 순번 | 증거 | 소유자 | 제출 유무 |
|------|------|--------|-----------|
| 1 | 카카오톡 | ○ ○ ○ | □ 접수시 제출 □ 수사 중 제출 |
| 2 | | | □ 접수시 제출 □ 수사 중 제출 |
| 3 | | | □ 접수시 제출 □ 수사 중 제출 |
| 4 | | | □ 접수시 제출 □ 수사 중 제출 |
| 5 | | | □ 접수시 제출 □ 수사 중 제출 |

---

2) 대법원 2018. 2. 8. 선고 2016도17733 판결 "강제추행죄는 사람의 성적 자유 내지 성적 자기결정의 자유를 보호하기 위한 죄로서 정범 자신이 직접 범죄를 실행하여야 성립하는 자수범이라고 볼 수 없으므로, 처벌되지 아니하는 타인을 도구로 삼아 피해자를 강제로 추행하는 간접정범의 형태로도 범할 수 있다. 여기서 강제추행에 관한 간접정범의 의사를 실현하는 도구로서의 타인에는 피해자도 포함될 수 있다고 봄이 타당하므로, 피해자를 도구로 삼아 피해자의 신체를 이용하여 추행행위를 한 경우에도

# 고 소 장

## 1. 고소인

| 성 명<br>(상호·대표자) | 고 ○ ○ | | 주민등록번호<br>(법인등록번호) | |
|---|---|---|---|---|
| 주 소<br>(주사무소 소재지) | | | | |
| 직 업 | | 사무실<br>주소 | | |
| 전 화 | (휴대폰)　　　　(사무실) | | | |
| 이메일 | | | | |
| 대리인에 의한<br>고소 | □ 법정대리인 (성명 :　　　　　　　　, 연락처　　　　　　)<br>□ 고소대리인 (성명 :　　　　　　　　　　　　　　　) | | | |

## 2. 피고소인

고소인의 법률상 배우자 ○ ○ ○(1900 .00. 00.. 생)입니다.

---

강제추행죄의 간접정범에 해당할 수 있다. 피고인이 피해자들을 협박하여 겁을 먹은 피해자들로 하여금 어쩔 수 없이 나체나 속옷만 입은 상태가 되게 하여 스스로를 촬영하게 하거나, 성기에 이물질을 삽입하거나 자위를 하는 등의 행위를 하게 하였다면, 이러한 행위는 피해자들을 도구로 삼아 피해자들의 신체를 이용하여 그 성적 자유를 침해한 행위로서, 그 행위의 내용과 경위에 비추어 일반적이고도 평균적인 사람으로 하여금 성적 수치심이나 혐오감을 일으키게 하고 선량한 성적 도덕관념에 반하는 행위라고 볼 여지가 충분하다. 따라서 원심이 확정한 사실관계에 의하더라도, 피고인의 행위 중 위와 같은 행위들은 피해자들을 이용하여 강제추행의 범죄를 실현한 것으로 평가할 수 있고, 피고인이 직접 위와 같은 행위들을 하지 않았다거나 피해자들의 신체에 대한 직접적인 접촉이 없었다고 하더라도 달리 볼 것은 아니다.″

## 3. 고소취지

고소인은 피고소인을 폭행(형법 제260조 제1항), 감금(형법 제276조 제1항), 협박(형법 제283조 제1항)죄로 고소하오니 엄중한 수사로 처벌하여 주시기 바랍니다.

## 4. 이 사건의 경위

### 가. 2000. 00. 00. 범죄사실(폭행, 감금, 협박)

2000. 00. 00. 고소인은 어린이날 휴일임에도 불구하고 학원에 나가 일을 했고, 오후 5시가 되어서야 퇴근해 집으로 돌아왔습니다.

고소인이 출근한 동안에는 피고소인이 아들을 돌보고 있었는데, 고소인이 퇴근해 돌아오자 외출복을 갈아입을 틈도 주지 않고 아들을 고소인에게 맡기고는 어지러진 거실 등을 뒤로한 채 안방으로 들어가 잠을 자는 것이었습니다.

고소인은 정리가 전혀 되어 있지 않은 집에다 퇴근 후 잠시 쉴 틈도 주지 않고 자러 들어가는 피고소인에게 화가 나지 않을 수 없었습니다. 고소인은 피고소인에게 "나와서 애기 좀 봐"라고 얘기했고, 피고소인은 그 말이 못마땅했던지 불같이 화를 내면서 30분 이상을 "염병할 년, 씨발 좆 같은 년아. 니네 엄마는 너 같은 년을 낳고 미역국을 먹었냐?", "아가리 닥쳐라, 찢어버리기 전에", "니가 신고 안 한다는 각서 쓰면 내가 너를 죽기 직전까지 때려줄게", "미친 년이 지랄을 하는구나"는 등 아이 앞에서 차마 입에 담지 못할 폭언을 계속하였습니다.

피고소인은 폭언에 그치지 않고 고소인의 머리를 향해 아이 분유통과 쇼파 쿠션을 집어 던지려 했고, 두 손을 뻗어 고소인의 목을 조르려고 하였으며, 고소인의 얼굴에 삿대질을 하며 "정신병자!"라고 소리를 질렀고, 피아노 의자를 발로 걸어 차며 위협하고, 손으로 고소인을 때리려고 하였습니다.

고소인은 너무 놀라 아이를 데리고 집 밖으로 피신하려고 했지만 피고소인이 막아서며 섰고, 고소인과 아이를 방 안에 집어넣다시피 한 후 나오지 못하도록 했습니다.

고소인과 아이가 방 안에 갇힌 후 마침 다행스럽게도 고소인의 동생에게서 전화가 걸려와 피고소인 몰래 경찰에 신고해달라고 요청하였고, 고소인은 경찰이 출동하기 전까지 누구보다도 아이를 보호해야겠다는 생각에 동요를 크게 불러주며 안정을 주려고 하였으나, 아이는 피고소인이 소리를 크게 지를 때마다 놀라서 울음을 그치지 않는 등 고소인으로서는 이러한 상황이 너무나도 무서웠습니다.

얼마 후 동생의 신고를 받은 경찰이 출동하여 집 초인종을 눌렀습니다. 그런데 피고소인이 출동한 경찰을 마주하고서는 아무 일 없다는 듯이 얘기를 하는 분위기를 감지한 고소인이 방 안에서 "살려주세요!"라고 큰 소리로 외치자 경찰이 집 안으로 들어와 집 상태와 고소인의 상태를 살폈고, 고소인은 다행히 아이와 함께 친정으로 피신할 수 있었습니다.

피고소인은 후에 고소인과의 카카오톡 대화에서 이를 모두 인정하며 잘못을 빌었습니다.

다만, 당시 현장에 출동한 경찰관은 고소인의 신체 등에 폭행의 흔적 등이 남아있지 않다며 단순 신고사건으로 취급해 피고소인을 입건하지 않았습니다. 그러나 당시 위 피고소인의 행위는 명백히 모욕, 폭행, 협박, 감금죄의 구성요건에 해당하는바 다음 '5. 범죄사실'항에서 상술하도록 하겠습니다.


### 나. 2000. 00. 00. 범죄사실(폭행, 협박)

고소인과 피고소인의 혼인생활은 차츰 파탄에 이르게 되어 오랜기간 별거상태에 돌입한 상태였고 상호간 큰 틀에서 이혼하기로 합의가 되었습니다.

이에 2000. 00. 00. 고소인이 피고소인의 집을 방문하여 구체적인 협의이혼의 조건에 대하여 이야기를 나누었으나, 상호간에 협의가 완료되지 않아 결국 소송으로 진행하기로 이야기가 마무리되었습니다.

얘기를 마치고 고소인이 귀가하려고 하자 피고소인은 갑자기 "타고 온 자동차는 두고가라"며 억지를 부렸고, 고소인은 자동차 명의를 자신으로 등록하기도 했고, 늦은 밤 친정까지 돌아갈 방법이 없어 차 타고 간다고 하며 자동차를 몰고 나왔습니다.

고소인이 아파트 입구 도로를 벗어나려는 찰나 갑자기 피고소인이 차로 뛰어 들어 와이퍼를 잡아 부수고, 앞 유리창을 내리치며 차 문을 열라고 소리를 질렀습니다. 고소인은 피고소인의 행동에 겁을 먹고 112 신고 외에는 방법이 없겠다 싶어 신고를 하였고, 출동한 경찰관 도움으로 무사히 귀가할 수 있었습니다.


## 5. 범죄사실

### 가. 법률의 규정

> **-형법-**
>
> **제260조(폭행, 존속폭행)**
>
> ① 사람의 신체에 대하여 폭행을 가한 자는 2년 이하의 징역, 500만원 이하의 벌금, 구류 또는 과료에 처한다.
>
> **제276조(체포, 감금, 존속체포, 존속감금)**
>
> ① 사람을 체포 또는 감금한 자는 5년 이하의 징역 또는 700만원 이하의 벌금에 처한다.
>
> **제283조(협박, 존속협박)**
>
> ① 사람을 협박한 자는 3년 이하의 징역, 500만원 이하의 벌금, 구류 또는 과료에 처한다.

### 나. 폭행

1) 법령 및 판례

사람의 신체에 대하여 폭행을 가한 자를 폭행죄로 처벌하는데(형법 제260조 제1항), 대법원 1990. 2. 13. 선고 89도1406 판결은"폭행죄에 있어서의 폭행이라 함은 사람의 신체에 대하여 물리적 유형력을 행사함을 뜻하는 것으로서 반드시 피해자의 신체에 접촉함을 필요로 하는 것은 아니므로 피해자에게 근접하여 욕설을 하면서 때릴 듯이 손발이나 물건을 휘두르거나 던지는 행위를 한 경우에 직접 피해자의 신체에 접촉하지 않았다고 하여도 피해자에 대한 불법한 유형력의 행사로서 폭행에 해당한다."라며 직접적인 유형력의 행사는 물론 간접적인 유형력의 행사 또한 폭행으로 보고 있습니다.

## 2) 2000. 00. 00. 폭행

피고소인은 2000. 00. 00. 18:00경 경기도 00시 00구 00로100번길 000에 있는 0
0아파트 101동 102호 집에서 고소인에게 "염병할 년, 씨발 좆 같은 년아. 니네 엄마
는 너 같은 년을 낳고 미역국을 먹었냐? ", "아가리 닥쳐라, 찢어버리기 전에", "니
가 신고 안한다는 각서 쓰면 내가 너를 죽기 직전까지 때려줄게", "미친 년이 지랄을
하는구나"는 등의 욕설을 하면서, 고소인의 머리를 향해 아이 분유통과 쇼파 쿠션을
집어 던지려 했고, 두 손을 뻗어 고소인의 목을 조르려고 하였으며, 고소인의 얼굴
에 삿대질을 하며 "정신병자!"라고 소리를 질렀고, 피아노 의자를 발로 걷어 차며 위
협하고, 손으로 고소인을 때리려고 하였습니다.

## 3) 2000. 00. 00. 폭행

피고소인은 또한 2000. 00. 00. 저녁경 경기도 00시 00구 00로100번길 000에 있
는 00아파트 진입도로에서 고소인이 운전하던 렉서스 자동차 앞으로 뛰어들어 와이
퍼를 잡아 부수고, 앞 유리창을 내리치며 차 문을 열라고 소리를 질렀습니다.

## 다. 감금

사람을 감금한 자를 감금죄로 처벌하는데(형법 제276조 제1항), 대법원 2000. 3. 2
4. 선고 판결은 "감금죄는 사람의 행동의 자유를 그 보호법익으로 하여 사람이 특정
한 구역에서 나가는 것을 불가능하게 하거나 또는 심히 곤란하게 하는 죄로서 이와
같이 사람이 특정한 구역에서 나가는 것을 불가능하게 하거나 심히 곤란하게 하는
그 장해는 물리적, 유형적 장해뿐만 아니라 심리적, 무형적 장해에 의하여서도 가능
하고 또 감금의 본질은 사람의 행동의 자유를 구속하는 것으로 행동의 자유를 구속
하는 그 수단과 방법에는 아무런 제한이 없으므로 그 수단과 방법에는 유형적인 것
이거나 무형적인 것이거나를 가리지 아니하며 감금에 있어서의 사람의 행동의 자유
의 박탈은 반드시 전면적이어야 할 필요가 없으므로 감금된 특정구역 내부에서 일정

한 생활의 자유가 허용되어 있었다고 하더라도 감금죄의 성립에는 아무 소장이 없다"고 판시한 바 있습니다.

피고소인은 2000. 00. 00. 18:00경 경기도 00시 00구 00로100번길 000에 있는 00아파트 101동 102호 집에서 고소인과 아이를 방 안에 몰아넣다시피 한 후 나오지 못하도록 감금했습니다.

### 라. 협박

피고소인은 2000. 00. 00. 17:30경 경기도 00시 00구 00로100번길 000에 있는 00아파트 101동 102호 집에서 고소인에게 "니가 신고 안한다는 각서 쓰면 내가 너를 죽기 직전까지 때려줄게"라고 협박하고, 2019. 8. 9. 저녁경 경기도 00시 00구 00로100번길 000에 있는 00에 있는 00아파트 진입도로에서 고소인이 운전하던 000 자동차 앞으로 뛰어들어 와이퍼를 잡아 부수고 앞 유리창을 내리치며 차 문을 열라며 협박하였습니다.

## 6. 결론

고소인은 피고소인의 폭행, 감금, 협박행위 그 자체는 물론이고 현재까지도 그와 같은 경험이 반복될까 두려워 심한 정신적 고통을 겪고 있는바 피고소인을 엄중히 수사하여 처벌하여 주시기 바랍니다.

## 7. 증거 자료

- ☐ 고소인은 고소인의 진술 외에 제출할 증거가 없습니다.
- ■ 고소인은 고소인의 진술 외에 제출할 증거가 있습니다.
  - ☞ 제출할 증거의 세부 내역은 별지를 작성하여 첨부합니다.

## 8. 관련 사건의 수사 및 재판 여부

| | |
|---|---|
| ① 중복 고소 여부 | 본 고소장과 같은 내용의 고소장을 다른 검찰청 또는 경찰서에 제출하거나 제출하였던 사실이 있습니다 □ / 없습니다 □ |
| ② 관련 형사사건 수사 유무 | 본 고소장에 기재된 범죄사실과 관련된 사건 또는 공범에 대하여 검찰청이나 경찰서에서 수사 중에 있습니다 □ / 수사 중에 있지 않습니다 □ |
| ③ 관련 민사소송 유 무 | 본 고소장에 기재된 범죄사실과 관련된 사건에 대하여 법원에서 민사소송 중에 있습니다 □ / 민사소송 중에 있지 않습니다 □ |

## 9. 기타

(고소내용에 대한 진실확약)

본 고소장에 기재한 내용은 고소인이 알고 있는 지식과 경험을 바탕으로 모두 사실대로 작성하였으며, 만일 허위사실을 고소하였을 때에는 형법 제156조 무고죄로 처벌받을 것임을 서약합니다.


2000. 00. 00.

고소인   고 0 0   (인)


**수원남부경찰서 귀중**

별지 : 증거자료 세부 목록

| 순번 | 증거 | 소유자 | 제출 유무 |
|---|---|---|---|
| 1 | 카카오톡 대화자료 | 고소인 | ☐ 접수시 제출 ☐ 수사 중 제출 |
| 2 | | | ☐ 접수시 제출 ☐ 수사 중 제출 |
| 3 | | | ☐ 접수시 제출 ☐ 수사 중 제출 |
| 4 | | | ☐ 접수시 제출 ☐ 수사 중 제출 |
| 5 | | | ☐ 접수시 제출 ☐ 수사 중 제출 |

# 고 소 장

고 소 인 　○　○　○ (000000-0000000)
　　　　　○○시 ○○구 ○○로 ○○(○○동)
　　　　　(전화번호 : 000-0000)
피고소인 　○　○　○ (000000-0000000)
　　　　　○○시 ○○구 ○○로 ○○(○○동)
　　　　　(전화번호 : 000-0000)

## 고 소 취 지

피고소인에 대하여 강간죄로 고소하오니 처벌하여 주시기 바랍니다.

## 고 소 사 실

1. 피고소인은 ○○시 ○○구 ○○로 ○○(○○동)에 사는 자인데 20○○. ○. ○. 01:30경에 ○○시 ○○구 ○○로 ○○(○○동) 소재 고소인의 집에서 잠을 자고 있는 고소인을 폭행, 협박하여 강제로 ○회 성교를 하였습니다.
당시 고소인은 고소인의 방에서 깊은 잠에 빠져 있었는데 고소인의 방의 열린 창문을 통하여 침입한 피고소인이 갑자기 놀라 잠에서 깨어난 고소인의 입을 손으로 틀어막은 후 가만히 있지 않으면 죽여 버리겠다고 협박하고 이에 반항하는 고소인의 목을 조르고 얼굴을 주먹으로 수회 강타한 후 강제로 자신의 성기를 고소인의 질내에 삽입하여 고소인을 강간한 것입니다.

2. 위와 같은 사실을 들어 피고소인을 고소하오니 철저히 조사하시어 엄벌하여
   주시기 바랍니다.



소　명　방　법

1. 진단서　　　　　　　　　　　　　1통
   조사시 자세히 진술하겠습니다.



20○○.　○.　○.
위 고소인 ○　○　○ (인)

○○경찰서장 귀하

# 고 소 장

고 소 인 　　○　　○　　○ (000000-0000000)
　　　　　　　○○시 ○○구 ○○로 ○○(○○동)
　　　　　　　(전화번호 : 000-0000)

피고소인 　　○　　○　　○ (000000-0000000)
　　　　　　　○○시 ○○구 ○○로 ○○(○○동)
　　　　　　　(전화번호 : 000-0000)

## 고 소 취 지

피고소인을 상대로 강간치상죄로 고소하오니 처벌하여 주시기 바랍니다.

## 고 소 사 실

1. 피고소인은 20○○. ○. ○. 22:40경 ○○시 ○○구 ○○로 ○○(○○동) 소재 피고소인의 집에서 전화로 고소인 경영의 ○○다방으로 차 주문을 한 후 그 주문을 받고 배달을 나온 고소인을 보고 손으로 고소인을 밀쳐 그곳 방바닥에 눕힌 다음 하의와 속옷을 벗기고 "말을 듣지 않으면 죽여 버린다"고 말하면서 그 옆에 있는 각목으로 고소인의 머리를 때려 고소인의 반항을 억압한 후 강간하려 하였으나 때마침 고소인을 찾으러 온 위 다방 종업원인 고소외 ○○○에게 발각되어 강간은 당하지 아니하였으나 이로 인하여 고소인으로 하여금 약 ○주간의 치료를 요하는 두피 좌상 등의 상해를 입게 한 사실이 있습니다.

**2.** 위와 같은 사실을 들어 피고소인을 고소하오니 철저히 조사하시어 엄벌하여
　주시기 바랍니다.


첨　부　서　류


1. 상해진단서　　　　　　　　　　　　　1통
　조사시 자세히 진술하겠습니다.


20○○.　　○.　　○.

위 고소인　○　　○　　○　(인)


**○○경찰서장　귀하**

# 고 소 장

고 소 인 　○　　○　　○ (000000-0000000)
　　　　　　○○시 ○○구 ○○로 ○○(○○동)
　　　　　　(전화번호 : 000-0000)

피고소인 　○　　○　　○ (000000-0000000)
　　　　　　○○시 ○○구 ○○로 ○○(○○동)
　　　　　　(전화번호 : 000-0000)

## 고 소 취 지

피고소인에 대하여 강제집행면탈죄로 고소하오니 처벌하여 주시기 바랍니다.

## 고 소 사 실

1. 피고소인은 ○○산업의 엉업상무직에 있는 자로서, 고소인으로부터 ○○만원을 차용한 사실이 있으나 그 변제기일에 채무를 변제하지 않아 고소인이 강제집행을 하려고 준비에 착수하자, 피고소인은 이것을 면하기 위하여 등기명의이전에 의한 부동산의 허위양도를 하기로 마음먹고 20○○. ○. ○. 피고소인의 사촌인 고소외 ○○○에게 부탁하여 강제집행을 당할 우려가 있는 피고소인 소유의 ○○시 ○○로 ○○(○○동)번지에 있는 콘크리트조 2층 주택 1동, 면적 ○○㎡에 관하여 피고소인 소유명의를 고소외 ○○○에게 이전할 것을 승낙받아 동인에게 위 주택을 매도하는 내용의 허위매도증서를 작성하고, 같은 해 ○. ○. 그 사실을 모르는 법무사 ○○○로 하여금 위 부동산의 매매에 기인한 소유권이전등기신청의 관계서류를 작성, 같은 동 ○○번지에 있는 ○○지방법

원 ○○등기소 담당직원에게 제출하게 하고 같은 날 위 등기소 담당공무원으로
하여금 그 내용의 권리를 등기하게 하여 위 부동산을 허위 양도한 것입니다.

2. 따라서 위와 같은 사실로 피고소인을 고소하오니 철저히 조사하시어 처벌하여
주시기 바랍니다.


# 입 증 방 법


조사시 자세히 진술하겠습니다.



20○○.  ○.  ○.

위 고소인 ○  ○  ○ (인)



○○경찰서장 귀하

# 고 소 장

고 소 인     ○   ○   ○ (000000-0000000)
            ○○시 ○○구 ○○로 ○○(○○동)
            (전화번호 : 000-0000)

피고소인     ○   ○   ○ (000000-0000000)
            ○○시 ○○구 ○○로 ○○(○○동)
            (전화번호 : 000-0000)

## 고 소 취 지

피고소인을 강제집행면탈죄로 고소하오니 처벌하여 주시기 바랍니다.

## 고 소 사 실

1. 피고소인은 20○○년부터 건축업을 목적으로 ○○건설 주식회사를 설립하여 이 회사 대표이사로 있는 자로서 지급능력이 없으면서 거액의 어음을 고소인에게 남발하였고,

   위 피고소인은 약속어음의 지불기일이 되자 고소인 등이 피고소인의 재산에 압류 등 강제처분을 할 것을 우려한 나머지 자기 소유재산인 ○○건설 주식회사를 허위로 양도하는 등 고소인의 강제집행을 면할 것을 기도하고 ○○건설 주식회사 대표 ○○○와 공모하여 20○○. ○. ○. 위 ○○건설 주식회사 주식 13,000주를 금 6,000만원으로 평가하여 그중 7,000주를 대금 3,500만원에 매도하였음에도 불구하고 주식 전체를 위 ○○건설 주식회사 대표 ○○○에게 매도한 것처럼 서류를 만들고 내용적으로 전 주식의 70%만 피고인에게 양도한

다는 비밀합의서를 만든 다음 그 일체에 필요한 서류를 교부하여 주었습니다.

2. 그 후 20○○. ○. ○. ○○시 ○○로 ○○(○○동) 소재 ○○빌딩 ○호에서 피고소인 ○○○은 동 회사 주식 13,000주를 ○○○에게 양도하는 이사회를 개최 만장일치로 승낙한 것처럼 의사회의사록도 만들었고 13,000주를 ○○○에게 완전히 배서하여 줌으로써 동 주식 30% 해당분 2,500만원 상당을 강제집행 불능케 하여 이를 면탈한 것입니다.

3. 이에 고소인은 위와 같은 사실로 피고소인을 고소하오니 철저히 조사하여 법에 의거 엄벌하여 주시기 바랍니다.

20○○.　　○.　　○.

위 고소인　○　　○　　○　(인)

○○경찰서장　귀하

# 고 소 장

고 소 인     ○  ○   ○ (000000-0000000)
            ○○시 ○○구 ○○로 ○○(○○동)
            (전화번호 : 000-0000)

피고소인     ○  ○   ○ (000000-0000000)
            ○○시 ○○구 ○○로 ○○(○○동)
            (전화번호 : 000-0000)

## 고 소 취 지

피고소인에 대하여 강제추행죄로 고소하오니 처벌하여 주시기 바랍니다.

## 고 소 사 실

1. 피고소인은 트럭을 몰고 다니며 주방기기를 판매하는 자인바, 20○○. ○. ○. 15:30경 ○○군 ○○면 ○○리를 지나던 중 ○○ 산기슭에 있는 밭에서 피고소인이 밭일을 하고 있는 것을 보고 갑자기 그녀에게 달려들어 끌어안고 땅에 넘어뜨린 후 그녀의 배 위에 걸터앉아 얼굴을 때리는 등 폭행을 가하고 그녀의 치마를 찢고 손으로 음부와 유방을 만지는 등 강제로 추행한 것입니다.

2. 따라서 위와 같은 사실로 피고소인을 고소하오니 철저히 조사하시어 처벌하여 주시기 바랍니다.

#### 입   증   방   법

조사시 자세히 진술하겠습니다.


20○○.   ○.   ○.
위 고소인  ○   ○   ○  (인)

○○**경찰서장  귀하**

# 고 소 장

고 소 인    ○  ○  ○ (000000-0000000)
　　　　　　○○시 ○○구 ○○로 ○○(○○동)
　　　　　　(전화번호 : 000-0000)

피고소인    ○  ○  ○ (000000-0000000)
　　　　　　○○시 ○○구 ○○로 ○○(○○동)
　　　　　　(전화번호 : 000-0000)

## 고 소 취 지

피고소인에 대하여 공갈죄로 고소하오니 처벌하여 주시기 바랍니다.

## 고 소 사 실

1. 피고소인은 일정한 직업이 없는 자인바, 20○○. ○. 중순경 ○○시 ○○동 소재 ○○캬바레에서 우연히 만나 정교한 유부녀인 고소인으로부터 정교사실을 미끼로 금품을 갈취하기로 마음먹고,

2. 위 같은 해 ○. ○. 13:30경 ○○시 ○○동 소재 ○○호텔 커피숍에서 고소인에게 사업자금이 급히 필요해서 그러니 3,000만원만 달라, 만일 이에 불응하면 위 정교사실을 사진과 함께 ○○공무원으로 근무하고 있는 당신의 남편에게 알려버리겠다고 말하는 등 협박하여 이에 겁을 먹은 고소인으로부터 다음날 15:00경 위 커피숍에서 3,000만원을 교부받아 이를 갈취한 것입니다.

3. 따라서 피고소인을 귀서에 고소하오니 철저히 조사하시어 처벌하여 주시기
   바랍니다.


입 증 방 법


조사시 자세히 진술하겠습니다.



20○○.　○.　○.

위 고소인 ○　○　○ (인)

○○경찰서장 귀하

# 고　소　장

고 소 인　　○　　○　　○ (000000-0000000)

　　　　　　○○시 ○○구 ○○로 ○○(○○동)

　　　　　　(전화번호 : 000-0000)

피고소인　　○　　○　　○ (000000-0000000)

　　　　　　○○시 ○○구 ○○로 ○○(○○동)

　　　　　　(전화번호 : 000-0000)

## 고　소　취　지

피고소인에 대하여 공갈죄로 고소하오니 처벌하여 주시기 바랍니다.

## 고　소　사　실

1. 피고소인은 일정한 주거와 직업 없이 놀고 있는 자인바, ○○시 ○○구 ○○로 ○○(○○동) 소재 ○○단란주점에서 접대부를 고용하고 있음을 기화로 금품을 갈취하기로 마음먹고 20○○. ○. ○. 14:00경 동소에 고객으로 가장하여 그 정을 모르는 고소외 ○○○, 같은 ○○○를 데리고 들어가 양주 1병(시가 170,000원)과 안주(시가 150,000원) 등 도합 320,000원 상당의 음식을 시켜먹고 고소인에게 "지금 돈 안 가져 왔으니 외상으로 합시다."라고 말하여 고소인이 이를 거절하자 피고소인과 작배한 접대부를 지적하면서 "이 집에 접대부를 둘 수 있느냐 지금 당장 112에 신고하겠다"라고 동소 전화기를 들자, 고소인이 수화기를 뺏으며, "그럼 내일 가져 오세요"라고 하자 "이제 필요 없어 그러면 신고 안 할 테니 50만원만 주쇼"라고 돈을 요구하며 만약 이에 불응하면 당국에

신고하여 처벌을 받게 할 것 같은 기세를 보여서, 이에 외포된 고소인이 그 즉시 금 500,000원을 교부하는 등 위 대금 370,000원을 면하여 도합 870,000원 상당을 갈취한 것입니다.

2. 따라서 피고소인을 귀서에 고소하오니 철저히 조사하시어 처벌하여 주시기 바랍니다.

## 입 증 방 법

조사시 자세히 진술하겠습니다.

20○○.　○.　○.
위 고소인 ○　○　○ (인)

○○경찰서장　귀하

# 고 소 장

고 소 인  ○  ○  ○ (000000-0000000)
○○시 ○○구 ○○로 ○○(○○동)
(전화번호 : 000-0000)

피고소인  ○  ○  ○ (000000-0000000)
○○시 ○○구 ○○로 ○○(○○동)
(전화번호 : 000-0000)

## 고 소 취 지

피고소인을 상대로 공무상비밀표시무효의 죄로 고소하오니 처벌하여 주시기 바랍니다.

## 고 소 사 실

1. 고소인은 피고소인에게 금 ○○○원을 대여하였으나, 변제기가 지나도 이를 변제하지 않아 고소인이 피고소인을 상대로 ○○지방법원에서 위 대여금의 지급을 구하는 청구소송을 제기하여 확정판결을 받은 바 있습니다.

2. 고소인은 확정판결을 받은 후에도 피고소인의 임의변제를 기다렸으나, 피고소인이 막무가내로 변제를 거부함에 따라 20○○. ○. ○. 15:00부터 같은 날 16:20경까지 사이에 ○○지방법원 소속 집행관(○○○)의 지휘 아래 ○○시 ○○구 ○○로 ○○(○○동) 소재 피고소인의 유체동산에 대한 압류집행을 실시하였습니다.

3. 이러한 압류집행을 실시한 후에 피고소인이 집행관이나 고소인인 채권자의 동의나 허락을 받음이 없이 집행관과 고소인인 채권자에게 일방적으로 위 압류물의 이전을 통고한 후 ○○지방법원 소속 집행관의 관할구역 밖인 ○○장소로 압류표시 된 물건을 이전함으로써 위 집행관이 실시한 압류표시의 효용을 해하였습니다.

4. 피고소인의 이러한 행위는 형법 제140조(공무상비밀표시무효) 제1항 "공무원이 그 직무에 관하여 실시한 봉인 또는 압류 기타 강제처분의 표시를 손상 또는 은닉하거나 기타 방법으로 그 효용을 해한 행위"에 해당한다고 할 것입니다.

5. 따라서 피고소인을 귀서에 고소하오니 철저히 조사하시어 처벌하여 주시기 바랍니다.

첨 부 서 류

1. 판결문 사본                             1통
   조사시 자세히 진술하겠습니다.

20○○.   ○.   ○.

위 고소인 ○   ○   ○ (인)

○○경찰서장 귀하

# 고　소　장

고 소 인　　주식회사 ○○은행

　　　　　　○○시 ○○구 ○○로 ○○(○○동)

　　　　　　대표이사 　○　○　○

피고소인　　○○주식회사

　　　　　　○○시 ○○구 ○○로 ○○(○○동)

　　　　　　대표이사 　○　○　○

## 고　소　취　지

　피고소인을 형법 제323조의 권리행사방해죄로 고소하오니 처벌하여 주시기 바랍니다.

## 고　소　사　실

1. 피고소인은 ○○시 ○○구 ○○로 ○○(○○동) 소재에서 ○○주식회사라는 상호로 쇠공구등 철물 제조업에 종사하면서 20○○. ○. ○. 당 은행을 찾아와 현재 회사의 경영상 자금이 급히 필요하여 대출을 신청한다고 하여 고소인은 피고소인의 자산가치 등 담보물을 확인한 결과, 피고소인이 운영하는 공장의 부동산과 그 사업장내의 쇠공구 등의 생산에 필요한 피고소인 소유 선반, 밀링 등 기계가 있어 고소인은 공장저당법에 의하여 이를 담보로 피고소인에게 대출을 하여 주었던 것입니다

2. 그 후 피고소인은 대출금 상환기일이 도과하여도 이를 변제하지 아니하므로 고소인은 위 공장저당법에 의한 물건들을 법 절차에 따라 경매하려 현장 확인을 하여 본 결과, 고소인은 담보 대출 당시 공장 내에 있는 기계 등의 저당목록에 기재된 물건들이 상당수 없어진 점을 발견하고 고소인은 피고소인 회사 직원에게 이를 추궁한 끝에 위 물건들이 피고소인에 의하여 ○○시 ○○구 ○○로 ○○(○○동) 소재 ○○○ 경영의 공장 현장으로 옮겨 은닉한 사실을 발견하였습니다.

현재 피고소인은 고소인에게 대출금을 한 푼도 상환하지 않고 있을 뿐만 아니라 피고소인은 고소인의 권리로 담보된 물건을 취거 은닉한 부분에 대하여 전혀 범죄의식이 없습니다.

3. 따라서 위와 같은 사실을 들어 피고소인을 권리행사방해죄로 고소하오니 철저히 조사하시어 처벌하여 주시기 바랍니다.

첨 부 서 류

1. 등기권리증 사본        1부
1. 법인등기부등본        2부
1. 현장사진 등        5부


20○○.　○.　○.

위 고소인 ○　○　○ (인)


**○○경찰서장  귀하**

# 고 소 장

고 소 인   ○   ○   ○ (000000-0000000)
　　　　　○○시 ○○구 ○○로 ○○(○○동)
　　　　　(전화번호 : 000-0000)

피고소인   ○   ○   ○ (000000-0000000)
　　　　　○○시 ○○구 ○○로 ○○(○○동)
　　　　　(전화번호 : 000-0000)

## 고 소 취 지

피고소인에 대하여 명예훼손죄로 고소하오니 처벌하여 주시기 바랍니다.

## 고 소 사 실

1. 피고소인은 20○○. ○. ○. 21:30경 ○○시 ○○구 ○○로 ○○(○○동)에 있는 피고소인의 집 3층 방에서 그곳으로부터 약 50m 거리의 길가에 주차되어 있던 승용차가 불타고 있는 것을 발견하고 곧 불을 끄고자 뛰어 갔는바, 그때 그곳에서 서성거리고 있던 같은 동네에 사는 고소인을 보고, 그를 의심하여 아무런 확증이 없음에도 같은 달 ○. 20:00경 피고소인의 집에서 이웃에 사는 고소외 ○○○, 같은 ○○○, 같은 ○○○ 등에 대하여 "경찰이 아직도 방화범을 잡지 못하는 것은 다 이유가 있다. 그 범인은 바로 옆 골목에 사는 ○○○인데 그가 경찰관들과 친하기 때문에 잡지 않는 것이다"라는 등으로 공연히 사실을 적시하여 고소인의 명예를 훼손한 자입니다.

2. 따라서 피고소인을 귀서에 고소하오니 철저히 조사하시어 처벌하여 주시기
   바랍니다.


입 증 방 법


조사시 자세히 진술하겠습니다.



20○○.    ○.   ○.
위 고소인  ○   ○   ○  (인)



○○경찰서장  귀하

# 고　　소　　장

고 소 인　　ㅇ　　ㅇ　　ㅇ (000000-0000000)
　　　　　　ㅇㅇ시 ㅇㅇ구 ㅇㅇ로 ㅇㅇ(ㅇㅇ동)
　　　　　　(전화번호 : 000-0000)

피고소인　　ㅇ　　ㅇ　　ㅇ (000000-0000000)
　　　　　　ㅇㅇ시 ㅇㅇ구 ㅇㅇ로 ㅇㅇ(ㅇㅇ동)
　　　　　　(전화번호 : 000-0000)

## 고　소　사　실

1. 피고소인은 ㅇㅇ주식회사의 주주입니다.

2. 20ㅇㅇ. ㅇ. ㅇ. ㅇㅇ시 ㅇㅇ구 ㅇㅇ로 ㅇㅇ(ㅇㅇ동)에서 이 회사의 주주총회시 동 회사의 대표이사인 고소인이 그동안의 회사의 경영사정에 대하여 고소인의 의사를 피력하는 중 피고소인이 고소인의 의사를 반박함으로써 언쟁이 있었는데 피고소인이 50여 명의 주주가 모인 이 자리에서 회사의 공금을 횡령한 사기꾼이 무슨 할 이야기가 많으냐? 근거가 있으니 고소하여 처벌받게 할 것인데 어떻게 생각하느냐고 타인들의 동조를 구하는 등 고소인도 전혀 알지 못하는 사실무근한 허위사실을 들어가면서 고소인의 명예를 훼손한 사실이 있습니다.

3. 위와 같은 사실을 들어 피고소인을 귀서에 고소하오니 철저히 조사하시어 엄벌하여 주시기 바랍니다.

　　　　　　　　　　20ㅇㅇ.　ㅇ.　ㅇ.
　　　　　　　　　　위 고소인 ㅇ　ㅇ　ㅇ (인)

ㅇㅇ경찰서장 귀하

# 고 소 장

고 소 인 　　○　○　○ (000000-0000000)

　　　　　　○○시 ○○구 ○○로 ○○(○○동)

　　　　　　(전화번호 : 000-0000)

피고소인 　　○　○　○ (000000-0000000)

　　　　　　○○시 ○○구 ○○로 ○○(○○동)

　　　　　　(전화번호 : 000-0000)

## 고 소 취 지

피고소인을 상대로 모욕죄로 고소하오니 처벌하여 주시기 바랍니다.

## 고 소 이 유

1. 피고소인은 ○○시 ○○로 ○○(○○동)에 거주하는 자로서, 20○○. ○. ○. 19:00경 같은 로 ○○(○○동)에 있는 고소인이 경영하는 ○○가게에서 평소 고소인이 피고소인에게 외상으로 물건을 주지 않는다는 이유로 고소외 ○○○, 같은 ○○○ 등 마을사람 10여 명이 있는 가운데 고소인에게 "이 돼지같은 연아, 네가 혼자 잔뜩 처먹고 배 두드리며 사나보자"라고 큰소리로 말하여 공연히 고소인을 모욕한 것입니다.

2. 따라서 피고소인을 귀서에 고소하오니 철저히 조사하시어 처벌하여 주시기 바랍니다.

# 입 증 방 법

추후 조사시 제출하겠습니다.


                    20○○.　○.　○.

                    위 고소인　○　○　○ (인)


○○경찰서장 귀하

[서식(고소장) 139] 모욕죄 (주점에 술을 마시던 중)

고　소　장

고 소 인　　○　○　　○ (000000-0000000)
　　　　　　○○시 ○○구 ○○로 ○○(○○동)
　　　　　　(전화번호 : 000-0000)
피고소인　　○　○　　○ (000000-0000000)
　　　　　　○○시 ○○구 ○○로 ○○(○○동)
　　　　　　(전화번호 : 000-0000)

고　소　취　지

피고소인에 대하여 모욕죄로 고소하오니 처벌하여 주시기 바랍니다.

고　소　사　실

1. 피고소인은 20○○. ○. ○. 23:40경, ○○도 ○○군 ○○읍 ○○로 ○○ ○○○라는 주점에서 친구 3명과 떠들며 술을 마시던 중 옆 좌석에 앉아 술을 마시고 있던 제가 피고소인에게 좀 조용히 하라고 주의를 주자, 저에게 "너나 입닥쳐 이 병신아"라고 경멸하는 말을 하여 모욕한 것입니다.

2. 이에 저는 피고소인에게 사과를 요구하였으나 피고소인은 오히려 "병신 육갑하네"라고 말하면서 사과를 거부하고 있습니다.

3. 따라서 피고소인을 귀서에 고소하오니 철저히 조사하시어 처벌하여 주시기 바랍니다.

# 입 증 방 법

추후 조사시 제출하겠습니다.


20○○.　○.　○.
위 고소인 ○　○　○ (인)


○○경찰서장 귀하

# 고 　 소 　 장

고 소 인　　○　　○　　○ (000000-0000000)

　　　　　　○○시 ○○구 ○○로 ○○(○○동)

　　　　　　(전화번호 : 000-0000)

피고소인　　○　　○　　○ (000000-0000000)

　　　　　　○○시 ○○구 ○○로 ○○(○○동)

　　　　　　(전화번호 : 000-0000)

## 고 　 소 　 취 　 지

피고소인에 대하여 무고죄로 고소하오니 처벌하여 주시기 바랍니다.

## 고 　 소 　 사 　 실

1. 피고소인은 20○○. ○. ○. 고소인으로부터 동인이 농협에게 2,000만원을 대출받는데 연대보증인이 되어 달라는 부탁을 받고 이를 승낙하여 연대보증인으로 서명날인까지 하여 주었음에도 고소인이 대출원금을 상환하지 아니하여 보증채무를 부담하게 될 상황에 이르자 그 보증채무를 면하고 고소인으로 하여금 형사처벌을 받게 할 목적으로, 20○○. ○. ○. 09:00경 ○○읍 소재 피고소인의 집에서 고소인이 피고소인의 승낙을 받지 아니하고 연대보증인란에 피고소인의 이름을 함부로 기재한 후 도장을 찍어 피고소인 명의의 연대보증서 1매를 위조하여 행사하고 금 2,000만원을 대출받았다는 내용의 허위사실을 기재한 고소장을 작성 같은 날 14:00경 ○○경찰서 민원실에 이를 제출하여

고소인을 무고한 자입니다.

2. 따라서 피고소인을 귀서에 고소하오니 철저히 조사하시어 처벌하여 주시기
바랍니다.


　　　　　　　　　　　　　　　　20○○.　　○.　　○.
　　　　　　　　　　　　　　　　위 고소인　○　　○　　○ (인)



○○경찰서장　귀하

# 고 소 장

고 소 인    ○    ○    ○ (000000-0000000)
            ○○시 ○○구 ○○로 ○○(○○동)
            (전화번호 : 000-0000)

피고소인    1. 김  ○    ○ (000000-0000000)
            ○○시 ○○구 ○○로 ○○(○○동)
            (전화번호 : 000-0000)
         1. 이  ○    ○ (000000-0000000)
            ○○시 ○○구 ○○로 ○○(○○)
            (전화번호 : 000-0000)

## 고 소 취 지

피고소인에 대하여 무고죄로 고소하오니 처벌하여 주시기 바랍니다.

## 고 소 사 실

1. 피고소인은 20○○. ○. ○. 고소인 김○○으로부터 ○○시 ○○동 소재 ○○다방을 임차하여 동인과 내연의 관계에 있던 고소인 이○○로 하여금 위 다방을 운영하도록 하던 중 같은 달 ○. 임대차계약의 임차인을 피고소인 명의에서 고소인 이○○ 명의로 변경하도록 승낙한 사실이 있음에도 불구하고, 고소외 김○○○을 상대로 임대차보증금반환청구의 소를 제기하였다가 패소하자 고소인들로 하여금 형사처벌을 받게 할 목적으로 20○○. ○. ○. ○○시 ○○동 소재 ○○식당에서 고소인 '김○○와 같은 이○○가 통정하여 20○○. ○. ○.

고소인들 모르게 임차인을 고소인 이○○로 하는 임대차계약서를 다시 작성하여 피고소인의 임대차보증금 3,000만원과 권리금 2,500만원, 합계 5,500만원을 편취하였다.'는 취지의 고소장을 작성한 후 같은 달 ○. ○○경찰서 민원실에서 같은 경찰서장 앞으로 이를 제출, 접수하게 하여 공무소에 대하여 허위신고를 한 것입니다.

2. 따라서 피고소인을 귀서에 고소하오니 철저히 조사하시어 처벌하여 주시기 바랍니다.

20○○.    ○.    ○.

위 고소인 ○  ○  ○ (인)

○○경찰서장  귀하

# 고 소 장

고 소 인   ○   ○   ○ (000000-0000000)
          ○○시 ○○구 ○○로 ○○(○○동)
          (전화번호 : 000-0000)

피고소인   ○   ○   ○ (000000-0000000)
          ○○시 ○○구 ○○로 ○○(○○동)
          (전화번호 : 000-0000)

## 고 소 취 지

피고소인에 대하여 무고죄로 고소하오니 처벌하여 주시기 바랍니다.

## 고 소 사 실

1. 피고소인은 고소인이 경영하는 ○○출판사 외판원으로 일하면서 20○○. ○. ○. 금 ○○○원을 선지급 받은 사실이 있음에도 불구하고, 고소인이 피고소인의 인장을 임의 조각하여 출금전표를 작성함으로써 사문서위조 및 동 행사를 한 사실이 있다고 ○○경찰서에 고소함으로써 고소인을 형사처분을 받게 할 목적으로 허위의 사실을 신고하여 고소인을 무고한 사실이 있습니다.

2. 따라서 피고소인을 귀서에 고소하오니 철저히 조사하시어 처벌하여 주시기 바랍니다.

20○○.  ○.  ○.

위 고소인 ○  ○  ○ (인)

**○○경찰서장  귀하**

# 고　　소　　장

고 소 인　　ㅇ　　ㅇ　　ㅇ (000000-0000000)

　　　　　　ㅇㅇ시 ㅇㅇ구 ㅇㅇ로 ㅇㅇ(ㅇㅇ동)

　　　　　　(전화번호 : 000-0000)

피고소인　　ㅇ　　ㅇ　　ㅇ (000000-0000000)

　　　　　　ㅇㅇ시 ㅇㅇ구 ㅇㅇ로 ㅇㅇ(ㅇㅇ동)

　　　　　　(전화번호 : 000-0000)

## 고　소　취　지

피고소인을 미성년자 등에 대한 간음죄로 고소하오니 처벌하여 주시기 바랍니다.

## 고　소　사　실

1. 피고소인은 ㅇㅇ주식회사 ㅇㅇ공장에서 공장장으로 재직하고 있는 자로서, 위 회사 위 공장의 공원인 고소인이 20ㅇㅇ. ㅇ. ㅇ. 19:00경 피고소인에게 찾아와 "동생 등록금을 내야 하는데 ㅇㅇ만원만 빌려 달라"고 간청하자, 이를 쾌히 승낙하고 이를 기회로 고소인을 간음하기로 마음먹고, 그때쯤 그녀를 데리고 ㅇㅇ시 ㅇㅇ로 ㅇㅇ(ㅇㅇ동)에 있는 "ㅇㅇ주점"에 가서 ㅇㅇ양주 ㅇ잔을 억지로 마시게 하면서 "앞으로 돈 걱정은 일체 하지 말라. 모두 내가 책임지겠다"라는 등의 거짓말로 고소인을 유혹하여 이를 믿게 한 다음, 같은 날 21:30경 술에 취한 고소인을 위 주점 근처의 "ㅇㅇ모텔" ㅇㅇㅇ호실로 유인하여 미성년자인 고소인을 간음한 것입니다.

2. 따라서 피고소인을 귀서에 고소하오니 철저히 조사하시어 처벌하여 주시기
   바랍니다.


                          20○○.   ○.   ○.
                      위 고소인 ○○○은 미성년자이므로
                      법정대리인 친권자 부   ○    ○    ○  (인)
                                           모   ○    ○    ○  (인)


   ○○경찰서장  귀중

# 고　　소　　장

고 소 인　　○　　○　　○ (000000-0000000)
　　　　　　　○○시 ○○구 ○○로 ○○(○○동)
　　　　　　　(전화번호 : 000-0000)

피고소인　　○　　○　　○ (000000-0000000)
　　　　　　　○○시 ○○구 ○○로 ○○(○○동)
　　　　　　　(전화번호 : 000-0000)

## 고　　소　　취　　지

　　피고소인을 미성년자에 대한 추행죄 등의 죄로 고소하오니 처벌하여 주시기 바랍니다.

## 고　　소　　사　　실

1. 피고소인은 일정한 직업이 없는 자로서, 20○○. ○. ○. 15:00경 술을 먹고 ○○시 ○○로 ○○(○○동)에 있는 평소 알지 못한 고소외 ○○○의 집에 들어가 동인의 딸인 고소인이 마침 혼자 있는 것을 보고 동인에게 "나는 네 아빠의 친구다. 너 참 예쁘구나"라고 거짓말을 하며 고소인을 껴안고 팬티 속에 손을 집어넣어 음부를 문지르는 등 추행을 하고, 다시 강제로 간음하려 하다가 고소인의 할머니 고소외 ○○○가 집에 들어오는 바람에 그 목적을 이루지 못하고 미수에 그쳤으나 그때 위 추행 등으로 인하여 고소인에게 약 1주일간의 치료를 요하는 외음부개갠상처를 입게 한 것입니다.

2. 따라서 피고소인을 귀서에 고소하오니 철저히 조사하시어 처벌하여 주시기 바랍니다.


　　　　　　　　　20○○.　　○.　　○.
　　　　　　　위 고소인 ○○○은 미성년자이므로
　　　　　　　법정대리인 친권자 부　○　　○　　○　(인)
　　　　　　　　　　　　　　　　　모　○　　○　　○　(인)



○○경찰서장　귀중

# 고 소 장

고 소 인     ○   ○   ○ (000000-0000000)
             ○○시 ○○구 ○○로 ○○(○○동)
             (전화번호 : 000-0000)

피고소인     ○   ○   ○ (000000-0000000)
             ○○시 ○○구 ○○로 ○○(○○동)
             (전화번호 : 000-0000)

## 고 소 취 지

피고소인에 대하여 배임죄로 고소를 제기하오니 처벌하여 주시기 바랍니다.

## 고 소 사 실

1. 피고소인은 20○○. ○. ○. ○○시 ○○구 ○○로 ○○(○○동)에 있는 피고소인의
   집에서 조직한 계금 1,000만원, 구좌 24개인 번호계의 계주인 자로서,

2. 20○○. ○. ○. 피고소인의 집에서 그 계원들로부터 계불입금 1,000만원을
   받았으면 그날 계금을 타기로 지정된 11번 계원인 고소인에게 계금 1,000만원
   을 지급할 임무가 있음에도 불구하고 그 임무에 위배하여 그 계금을 고소인에게
   지급하지 아니한 채, 그 무렵 피고소인의 주거지 등지에서 임의로 피고소인의
   생활비 등에 소비하여 계금 1,000만원 상당의 이익을 취득하고 고소인에게
   동액 상당의 재산상 손해를 가한 것입니다.

3. 위와 같은 사실로 피고소인을 고소하오니 철저히 조사하시어 처벌하여 주시기
  바랍니다.


입  증  방  법


조사시 자세히 진술하겠습니다.



20○○.    ○.    ○.

위 고소인  ○    ○    ○  (인)


○○경찰서장  귀하

# 고　소　장

고 소 인　　○　　○　　○ (000000-0000000)
　　　　　　○○시 ○○구 ○○로 ○○(○○동)
　　　　　　(전화번호 : 000-0000)

피고소인　　○　　○　　○ (000000-0000000)
　　　　　　○○시 ○○구 ○○로 ○○(○○동)
　　　　　　(전화번호 : 000-0000)

## 고　소　취　지

피고소인에 대하여 배임죄로 고소를 제기하오니 처벌하여 주시기 바랍니다.

## 고　소　사　실

1. 피고소인은 일정한 직업이 없는 자인바, 20○○. ○. ○. ○○시 ○○구 ○○로 ○○(○○동) 소재 ○○부동산사무소에서 피고소인 소유의 같은 로 ○○(○○동) 소재 대지 80평 및 단층주택 59평을 고소인에게 금 2억 5천만원에 매도하기로 매매계약을 체결하고 즉석에서 계약금으로 금 1,000만원을, 같은 해 ○. ○. 같은 장소에서 중도금으로 5천만원을 각 수령하였으므로 잔금지급기일인 같은 해 ○. ○. 잔금수령과 동시에 고소인에게 위 부동산에 대한 소유권이전등기절차를 이행하여 주어야 할 임무가 있음에도 불구하고 그 임무를 위배하여 같은 해 ○. ○. 같은 로 ○○(○○동) 소재 ○○○부동산에서 고소외 ○○○에게 금 2억 7천만원에 위 부동산을 이중으로 매도하고 그 다음날 고소외 ○○○

명의로 위 부동산에 대한 소유권이전등기를 경료하여 줌으로써 위 부동산 시가 6천만원 상당의 재산상 이익을 취득하고 고소인에게 동액 상당의 재산상 손해를 가한 것입니다.

2. 위와 같은 사실로 피고소인을 고소하오니 철저히 조사하시어 처벌하여 주시기 바랍니다.

입    증    방    법

조사시 자세히 진술하겠습니다.

20○○.   ○.   ○.
위 고소인  ○   ○   ○  (인)

○○경찰서장  귀하

# 고 소 장

고 소 인　　○　　○　　○ (000000-0000000)

　　　　　　○○시 ○○구 ○○로 ○○(○○동)

　　　　　　(전화번호 : 000-0000)

피고소인　　○　　○　　○ (000000-0000000)

　　　　　　○○시 ○○구 ○○로 ○○(○○동)

　　　　　　(전화번호 : 000-0000)


## 고 소 취 지

　　고소인은 피고소인에 대하여 배임죄로 고소를 제기하오니 처벌하여 주시기 바랍니다.


## 고 소 사 실

1. 피고소인은 ○○군 ○○리에 있는 ○○농업협동조합장으로서 조합에 관한 사무 일체를 관장하고 있는 자입니다.

2. 20○○. ○. ○. 고소인 외 35명이 연대하여 농약공동구입자금으로서 ○○농업 협동조합에서 금 ○○○원을 대출받기로 하고 피고소인이 위 연대채무자의 대표자로서 같은 달 ○일 위 조합에서 위 현금을 융자받음에 있어서 자기 이익 을 도모하기 위하여 본 임무에 위배하여 타 연대보증인들의 승낙도 없이 자의로 금 ○○○원을 위 조합에 대한 사례금으로 공제하여서 자기 개인용도에 쓰고

각 연대채무자에게 손해를 입게 한 자입니다.

3. 따라서 피고소인은 귀서에 고소하오니 철저히 조사하시어 처벌하여 주시기
   바랍니다.

입 증 방 법

조사시 자세히 진술하겠습니다.


20○○.   ○.   ○.

위 고소인 ○   ○   ○ (인)

○○경찰서장  귀하

# 고        소        장

고 소 인     ○    ○    ○ (000000-0000000)
　　　　　　○○시 ○○구 ○○로 ○○(○○동)
　　　　　　(전화번호 : 000-0000)

피고소인     ○    ○    ○ (000000-0000000)
　　　　　　○○시 ○○구 ○○로 ○○(○○동)
　　　　　　(전화번호 : 000-0000)


## 고    소    취    지

피고소인에 대하여 부당이득죄로 고소하오니 처벌하여 주시기 바랍니다.


## 고    소    사    실

1. 피고소인은 ○○시 ○○로 ○○(○○동)에서 부동산중개업을 하는 자로서, 20
○○. ○. ○. 11:30쯤 위 장소에서 고소인으로부터 ○○군 ○○면 ○○리 ○○
○ 번지의 임야 ○○○㎡를 매각처분에 달하는 위임을 받고 20○○. ○. ○.
고소외 ○○○에게 위 임야를 소개하고 매매계약을 체결하여 금 5천만원에
매도하였으나, 고소인에게는 "3천만원에 처분하였다"고 거짓말하여 이에 속은
고소인에게 3천만원을 교부하고 나머지 2천만원을 교부하지 않아 부당하게
재산상의 이익을 취득한 것입니다.

2. 따라서 피고소인을 위와 같은 사실로 귀서에 고소하오니 철저히 조사하시어
처벌하여 주시기 바랍니다.

## 입 증 방 법

조사시 자세히 진술하겠습니다.


20○○.　○.　○.
위 고소인　○　○　○　(인)



○○경찰서장　귀하

# 고 소 장

고 소 인 　 ○ 　 ○ 　 ○ (000000-0000000)
　　　　　　 ○○시 ○○구 ○○로 ○○(○○동)
　　　　　　 (전화번호 : 000-0000)

피고소인 　 ○ 　 ○ 　 ○ (000000-0000000)
　　　　　　 ○○시 ○○구 ○○로 ○○(○○동)
　　　　　　 (전화번호 : 000-0000)

## 고 소 취 지

　고소인은 피고소인을 부동산강제집행의 효용을 침해한 혐의로 고소하오니 철저히 조사하시어 처벌하여 주시기 바랍니다.

## 고 소 사 실

1. 고소인은 피고소인에게 고소인 소유의 ○○시 ○○구 ○○로 ○○(○○동) 소재 건물의 점포 1칸을 임대하였으나, 임대료를 체납하여 임대차계약을 해제하고 피고소인을 상대로 명도청구소송을 제기하여 확정판결을 받은 바 있습니다.

2. 20○○. ○. ○. 14:00부터 같은 날 16:00경까지 사이에 ○○지방법원 소속 집행관의 지휘 아래 위 피고소인이 점유하고 있던 점포에 대하여 확정판결에 의한 명도집행을 하고 난 직후 피고소인이 명도집행 한 점포에 진입하려하자 옆에서 이를 저지하던 고소인의 처 ○○○를 폭행하는 등 폭력적인 방법으로 위 건물점포에 진입함으로서 위 부동산 강제집행의 효용을 침해하였습니다.

3. 피고소인이 이 사건 건물에 들어간 것은 집행관이 임차인인 피고소인의 위 건물점포에 대한 점유를 해제하고 이를 임대인인 고소인에게 인도하여 강제집행이 완결된 후의 행위로서 부동산강제집행효용침해죄에 해당한다 할 것입니다.

4. 피고소인의 이러한 행위는 형법 제140조의2(부동산강제집행효용침해) 강제집행으로 명도 또는 인도된 부동산에 침입하거나 기타 방법으로 강제집행의 효용을 해한 행위에 해당된다 할 것입니다.

5. 따라서 피고소인을 고소하오니 철저히 조사하시어 엄벌하여 주시기 바랍니다.

## 소  명  방  법

1. 임대차계약서 사본           1통
1. 판결문 사본                  1통
   조사시 자세히 진술하겠습니다.


20○○.   ○.   ○.

위 고소인  ○   ○   ○  (인)

○○경찰서장  귀하

# 고　소　장

고 소 인　　○　　○　　○
　　　　　　　○○시 ○○구 ○○로 ○○(○○동)
　　　　　　　전화번호 000-0000

피고소인　　○　　○　　○
　　　　　　　○○시 ○○구 ○○로 ○○(○○동)
　　　　　　　전화번호 000-0000

## 고　소　취　지

　피고소인에 대하여 부동산중개업법 위반으로 고소하오니 처벌하여 주시기 바랍니다.

## 고　소　사　실

1. 고소인은 주소지에 거주하는 가정주부이고, 피고소인은 ○○시 ○○구 ○○동 소재 ○번 버스종점에서 ○○부동산이란 상호로 부동산 중개업소의 보조원으로 재직하는 자입니다.

2. 고소인은 20○○. ○.경 피고소인의 소개로 현주소지로 이주하게 된 관계로 알게 되었는데, 피고소인은 이를 기화로 고소인에게 자주 전화를 걸고 저렴한 땅이 있으니 중개하겠다고 하므로 같은 해 ○. ○.에 피고소인을 만났던바, 시내 ○○구 ○○로 ○○(○○동) 거주 소외 ○○○가 김포공항확장공사로 당국

으로부터 철거에 따르는 대토권이 부여되었는데 이를 사서 두면 얼마가지 않아 몇 배의 이득을 득할 수 있겠고 아니면 집을 지어서 살아도 좋다고 감언이설로 아무것도 모르는 가정주부인 고소인으로 하여금 중개대상물의 정확한 고지 없이 고소인의 판단을 흐리게 하여 무려 1,200만원이란 판매대금을 받아 착복하고 금일 현재까지 만나주지도 않고 피해 다니는 자로, 귀서에 고소하오니 체포하시어 엄벌에 처해 주시기 바랍니다.

## 첨 부 서 류

1. 계약서 및 영수증 사본                    각 1매
   조사시 자세히 진술하겠습니다.


                    20○○.    ○.    ○.
                    위 고소인  ○   ○   ○ (인)



○○경찰서장  귀하

# 고 소 장

고 소 인    ○　○　○ (000000-0000000)

○○시 ○○구 ○○로 ○○(○○동)

(전화번호 : 000-0000)

피고소인    ○　○　○ (000000-0000000)

○○시 ○○구 ○○로 ○○(○○동)

(전화번호 : 000-0000)

## 고 소 취 지

피고소인에 대하여 부정수표단속법위반죄로 고소하오니 처벌하여 주시기 바랍니다.

## 고 소 사 실

1. 피고소인은 ○○시 ○○로 ○○(○○동) 소재 ○○공업사라는 상호를 걸고 어망 생산을 하는 자인바, 5년 전부터 ○○은행 ○○지점과 당좌거래계정을 개설하고 당좌수표를 발행하여 오던 중 20○○. ○. ○.부터 ○○. ○. ○. 사이에 금 ○○○원권 당좌수표 5장과 금 ○○원권 당좌수표 3장을 발행하였으나 소지인들이 지급기일에 위 은행에 제시하여 본 결과 예금부족 및 무거래라는 이유로 지급거절되었습니다.

2. 위 피고소인은 계획적으로 부도를 내고도 조금도 뉘우치지 않고 있으므로,

피고소인은 고소하오니 철저히 조사하시어 처벌하여 주시기 바랍니다.


# 입 증 방 법


1. 우편물                                    1통



20○○.   ○.   ○.
위 고소인  ○   ○   ○  (인)



○○경찰서장  귀하

# 고　　소　　장

고 소 인　　○　　○　　○ (000000-0000000)
　　　　　　○○시 ○○구 ○○로 ○○(○○동)
　　　　　　(전화번호 : 000-0000)

피고소인　　○　　○　　○ (000000-0000000)
　　　　　　○○시 ○○구 ○○로 ○○(○○동)
　　　　　　(전화번호 : 000-0000)

## 고　소　취　지

피고소인에 대하여 비밀침해죄로 고소하오니 처벌하여 주시기 바랍니다.

## 고　소　사　실

1. 고소인은 ○○시 ○○로 ○○(○○동) 소재 피고소인의 2층에 세들어 살고 있는데, 피고소인은 20○○. ○. ○. 00:00경 고소인에게 배달되어 온 편지 1통을 고소인을 대신하여 받았습니다.

2. 그런데 위 편지가 여자로부터 배달되어 온 것이라 고소인에게 전해주기 전에 호기심으로 그 편지의 위쪽 봉한 부분을 물에 적셔서 뜯어보고는 원상태로 다시 붙여 놓았습니다.

3. 물론 위 편지에 중요한 내용이 담겨 있지 않아 다른 사람이 보더라도 문제가

될 것은 없겠지만, 피고소인의 행위는 임차인의 사생활을 침해하는 것 같으므로 귀서에 고소하오니 철저히 조사하시어 엄벌하여 주시기 바랍니다.


## 입 증 방 법


1. 우편물                              1통



                    20○○.   ○.   ○.
                    위 고소인  ○   ○   ○ (인)



○○경찰서장  귀하

# 고 소 장

고 소 인 　ㅇ 　ㅇ 　ㅇ (000000-0000000)

　　　　　ㅇㅇ시 ㅇㅇ구 ㅇㅇ로 ㅇㅇ(ㅇㅇ동)

　　　　　(전화번호 : 000-0000)

피고소인 　ㅇ 　ㅇ 　ㅇ (000000-0000000)

　　　　　ㅇㅇ시 ㅇㅇ구 ㅇㅇ로 ㅇㅇ(ㅇㅇ동)

　　　　　(전화번호 : 000-0000)

## 고 소 취 지

피고소인에 대하여 사기죄로 고소하오니 처벌하여 주시기 바랍니다.

## 고 소 사 실

1. 피고소인은 일정한 직업이 없는 자인바, 20ㅇㅇ. ㅇ. ㅇ. 15:00경 ㅇㅇ시 ㅇㅇ
   구 ㅇㅇ동에 있는 ㅇㅇㅇ호텔 커피숍에서 사실은 고소인을 ㅇㅇ주식회사에
   취직시켜줄 의사와 능력이 없음에도 불구하고 고소인에게 "ㅇㅇ주식회사의 인
   사과장을 잘 알고 있는데 그 과장에게 부탁하여 위 회사 사원으로 취직시켜주겠
   다"고 거짓말하여 이에 속은 고소인으로부터 즉석에서 교제비 명목으로 ㅇㅇ만
   원, 다음날 10:00경 같은 장소에서 "일이 잘 되어간다"고 거짓말하여 사례비
   명목으로 ㅇㅇ만원 합계 ㅇㅇ만원을 각 교부받아 이를 편취한 자입니다.

2. 따라서 피고소인을 귀서에 고소하오니 엄중히 조사하시어 처벌하여 주시기

바랍니다.

첨  부  서  류

조사시 자세히 진술하겠습니다.

20○○.   ○.   ○

위 고소인  ○   ○   ○  (인)

○○경찰서장  귀하

# 고 소 장

고 소 인    ○    ○    ○ (000000-0000000)
　　　　　　○○시 ○○구 ○○로 ○○(○○동)
　　　　　　(전화번호 : 000-0000)

피고소인    ○    ○    ○ (000000-0000000)
　　　　　　○○시 ○○구 ○○로 ○○(○○동)
　　　　　　(전화번호 : 000-0000)

## 고 소 취 지

피고소인에 대하여 사기죄로 고소하오니 처벌하여 주시기 바랍니다.

## 고 소 사 실

1. 피고소인은 ○○시 ○○구 ○○로 ○○(○○동) 건물의 소유자로서, 20○○. ○. ○. 피고소인 소유의 위 건물 지하 1층 ○○PC방에서, 위 건물은 여러 건의 가압류와 근저당권설정이 되어 있어 위 PC방에 대해 임대차계약을 할 경우 기간이 만료되어도 임대보증금을 돌려줄 의사와 능력이 없으면서 고소인에게 "임차기간이 만료하면 틀림없이 임대보증금을 돌려주겠다."고 거짓말하여, 이를 믿는 고소인과 '임대보증금 5,0000만원에 월 200만원, 권리금 200만원, 임대기간 20○○. ○. ○.부터 20○○. ○. ○.까지(24개월)'로 한 부동산 임대차계약을 체결하고 계약금 명목으로 현장에서 500만원, 20○○. ○. ○. 중도금으로 2,500만원, 20○○. ○. ○. 잔금으로 4,000만원 등 총 7,000만원을 교부받아 이를 편취한 자입니다.

2. 따라서 피고소인을 귀서에 고소하오니 철저히 조사하시어 처벌하여 주시기
   바랍니다.


첨   부   서   류


조사시 자세히 진술하겠습니다.



                    20○○.    ○.    ○
                    위 고소인  ○   ○   ○ (인)



○○경찰서장  귀하

# 고　소　장

고 소 인　　○　　○　　○ (000000-0000000)
　　　　　　○○시 ○○구 ○○로 ○○(○○동)
　　　　　　(전화번호 : 000-0000)

피고소인　　○　　○　　○ (000000-0000000)
　　　　　　○○시 ○○구 ○○로 ○○(○○동)
　　　　　　(전화번호 : 000-0000)

## 고　소　취　지

피고소인에 대하여 사기죄로 고소하오니 처벌하여 주시기 바랍니다.

## 고　소　사　실

1. 피고소인은 일정한 직업이 없는 자인바, 20○○. ○. ○. ○○시 ○○구 ○○로 ○○(○○동) 소재 ○○은행 ○○지점에서 카드사용대금을 입금할 의사나 능력이 없으면서도 동 지점에 카드사용대금을 매월 25일 지정된 은행계좌{(○○은행, 계좌번호(000-00-000)}로 입금한다는 카드발급신청서를 제출하여 20○○. ○. ○. 동 은행으로부터 ○○은행 ○○신용카드(카드번호 : 000-00-000)를 교부받아 소지하고 있음을 기화로,
20○○. ○. ○. ○○시 ○○구 ○○동 ○○백화점에서 물품구입비로 ○○만원을 사용한 것을 비롯하여 20○○. ○. ○.까지 사이에 현금인출 및 물품구입 등으로 별지 범죄일람표의 내용과 같이 각 가맹점에서 총 40회에 걸쳐 ○○○만원 상당을 교부받아 이를 편취한 자입니다.

2. 따라서 피고소인을 귀서에 고소하오니 철저히 조사하시어 처벌하여 주시기
   바랍니다.


**첨  부  서  류**

조사시 자세히 진술하겠습니다.


20○○.   ○.   ○

위 고소인  ○  ○  ○ (인)

○○경찰서장  귀하

# 고　소　장

고 소 인　　○　　○　　○ (000000-0000000)
　　　　　　○○시 ○○구 ○○로 ○○(○○동)
　　　　　　(전화번호 : 000-0000)

피고소인　　○　　○　　○ (000000-0000000)
　　　　　　○○시 ○○구 ○○로 ○○(○○동)
　　　　　　(전화번호 : 000-0000)

## 고　소　취　지

피고소인에 대하여 사기죄로 고소하오니 처벌하여 주시기 바랍니다.

## 고　소　사　실

1. 피고소인은 1년 전까지 ○○시 ○○구 ○○로 ○○(○○동) 소재 ○○유흥주점 종업원이었던 자인바, 20○○. ○. ○.경 ○○시 ○○구 ○○로 ○○(○○동) 소재 고소인이 운영하고 있는 ○○유흥주점에서 위 주점 종업원으로 일할 의사가 없음에도 "먼저 일하던 업소에 선불금 1,000만원이 있는데 이 돈을 갚으려고 하니 선불금을 지급하여 달라"고 말하여 다음날 위 유흥음식점에서 위 돈을 받아 이를 편취한 것이다.

2. 따라서 피고소인을 귀서에 고소하오니 철저히 조사하시어 처벌하여 주시기 바랍니다.

# 첨 부 서 류

조사시 자세히 진술하겠습니다.


                    20○○.   ○.   ○
                    위 고소인  ○   ○   ○ (인)


  ○○경찰서장  귀하

# 고 소 장

고 소 인    ○   ○   ○ (000000-0000000)
　　　　　　○○시 ○○구 ○○로 ○○(○○동)
　　　　　　(전화번호 : 000-0000)

피고소인    ○   ○   ○ (000000-0000000)
　　　　　　○○시 ○○구 ○○로 ○○(○○동)
　　　　　　(전화번호 : 000-0000)

## 고 소 취 지

피고소인에 대하여 사기죄로 고소하오니 처벌하여 주시기 바랍니다.

## 고 소 사 실

1. 피고소인은 건축업자인바, 20○○. ○. ○.경 고소인에게 ○○시 ○○로 ○○ (○○동) 모텔의 공사를 도급 주더라도 그 대금을 지급할 의사나 능력이 없음에 도 불구하고 "공사를 완공하면 1개월 안에 모텔을 담보로 대출을 받거나 매도하 여 공사대금 3억원을 주겠다."고 거짓말하여 이에 속은 고소인으로 하여금 20 ○○. ○.경 공사를 완공하도록 한 뒤 공사대금을 지급하지 아니하므로 위 금액 상당의 재산상 이익을 취득한 것이다.

2. 따라서 피고소인을 귀서에 고소하오니 철저히 조사하시어 처벌하여 주시기 바랍니다.

첨 부 서 류

조사시 자세히 진술하겠습니다.


　　　　　　　　　　20○○.　　○.　　○
　　　　　　　　　　위 고소인　○　　○　　○　(인)



　　○○경찰서장　귀하

# 고 소 장

고 소 인     ○    ○    ○ (000000-0000000)
　　　　　　 ○○시 ○○구 ○○로 ○○(○○동)
　　　　　　 (전화번호 : 000-0000)

피고소인     ○    ○    ○ (000000-0000000)
　　　　　　 ○○시 ○○구 ○○로 ○○(○○동)
　　　　　　 (전화번호 : 000-0000)

## 고 소 취 지

피고소인에 대하여 사기죄로 고소하오니 처벌하여 주시기 바랍니다.

## 고 소 사 실

1. 피고소인은 일정한 직업이 없이 놀고 있는 자로서, 20○○. ○. ○. 23:00경부터 같은 날 02:00경까지 ○○시 ○○구 ○○로 ○○(○○동) 소재 퐁퐁식당에서 고소인에게 식대지급의 의사나 능력이 없으면서 음식을 주문하여 고소인으로 하여금 그 대금을 받을 수 있는 것처럼 믿게 하고 그 곳에서 갈비 2대 24,000원, 밥 1그릇 1,500원, 소주 2홉들이 1병 3,000원 등의 음식을 교부받아 먹음으로서 그 대금 도합 28,500원 상당을 면하여 재산상 이익을 취득한 것입니다.

2. 따라서 피고소인을 귀서에 고소하오니 엄중히 조사하시어 처벌하여 주시기 바랍니다.

# 첨 부 서 류

조사시 자세히 진술하겠습니다.

20○○.  ○.  ○

위 고소인  ○  ○  ○ (인)

○○경찰서장  귀하

# 고 소 장

고 소 인    ○   ○   ○ (000000-0000000)
○○시 ○○구 ○○로 ○○(○○동)
(전화번호 : 000-0000)

피고소인    ○   ○   ○ (000000-0000000)
○○시 ○○구 ○○로 ○○(○○동)
(전화번호 : 000-0000)

## 고 소 취 지

고소인은 피고소인에 대하여 사기죄로 고소하오니 처벌하여 주시기 바랍니다.

## 고 소 사 실

1. 고소인은 가정주부이고 피고소인은 고소인이 가입한 번호계 계주로서 고소인과는 아무런 친·인척관계가 아닙니다.

2. 고소인이 20○○. ○. ○.경 피고소인이 계주인 20명으로 구성된 번호계에 가입하여 월불입금 150만원을 불입하면 매월 말일에 순서대로 합계금 3,000만원을 수령하는 번호계에 20번째로 가입하여 매월 150만원씩 총 20회에 걸쳐 3,000만원을 불입한 사실이 있습니다.

3. 그리고 또 다른 한 구좌는 20○○. ○. ○.경 역시 20명으로 구성된 월불입금 150만원은 20번 끝 번호에 100만원과 17번에 50만원을 불입하는 번호계에 가입을 하여 20○○. ○.말경 계주가 일방적으로 파계를 하고 일자 불상경 행방을 감춰버렸습니다.

4. 그러니까 고소인이 위 앞전 계돈 3,000만원을 수령한 날자가 20○○. ○월말경
   인데 그 계돈 3,000만원을 지불하지 아니하고 미뤄오므로 20○○. ○. ○.
   16:30경 ○○시 ○○동 소재 ○○백화점 앞에서 피고소인을 만나 독촉을 하니
   다시 20○○. ○. ○.까지는 틀림없이 지불하겠다라는 내용의 차용증을 작성해
   주고 역시 이행을 하지 않고 있습니다.

5. 그래서 고소인은 없는 돈에 딸아이의 월급을 모아 거기에 모두 투자했는데
   계속 미뤄오기에 강력히 독촉을 하니 두 번째 결성된 계금 3,000만원을 수령할
   날자가 20○○. ○. ○.인데 20○○. ○. ○. 14:00경 ○○시 ○○동 소재
   ○○상가 커피숍에서 그동안 불입한 2,250만원을 피고소인이 차용하는 양하면
   서 차용증을 작성해주면서 더 이상 계를 끌어갈 수 없다면서 20○○. ○. ○.까지
   는 틀림없이 갚겠다고 해 놓고는 20○○. ○. ○.말경 행방을 감춰버렸습니다.

6. 이러한 점으로 미뤄볼 때 피고소인은 위와 같이 매달 1인당 150만원씩 불입하는
   20명으로 구성된 2,000만원짜리 번호계를 끝까지 정상적으로 운영하여 갈 의
   사나 능력이 없었을 뿐만 아니라 고소인이 수령할 5,250만원을 피고소인이
   차용하는 형식으로 현금보관증이나 차용증을 작성교부해 주었지만 그 금원을
   변제할 의사나 능력이 없었음이 명백하다 할 것입니다.

7. 따라서 피고소인을 귀서에 고소하오니 엄중히 조사하시어 처벌하여 주시기
   바랍니다.

첨  부  서  류

1. 차용증 사본                    2통
   조사시 자세히 진술하겠습니다.

20○○.   ○.   ○
위 고소인 ○  ○  ○ (인)

○○경찰서장  귀하

# 고　　소　　장

고 소 인　　○　　○　　○ (000000-0000000)
　　　　　　○○시 ○○구 ○○로 ○○(○○동)
　　　　　　(전화번호 : 000-0000)

피고소인　　○　　○　　○ (000000-0000000)
　　　　　　○○시 ○○구 ○○로 ○○(○○동)
　　　　　　(전화번호 : 000-0000)


## 고　소　취　지

고소인은 피고소인에 대하여 사기죄로 고소하오니 처벌하여 주시기 바랍니다.


## 고　소　사　실

### 1. 고소인과 피고소인의 관계

고소인과 피고소인은 친구의 소개로 만난 사이로서 사업관계로 자주 만나게 되었습니다.

### 2. 피고소인의 금전차용

피고소인은 20○○. ○. ○. 15:30경 고소인에게 사업자금으로 급히 필요하다는 명목으로 금 ○○○만 빌려 달라고 하면서 2개월 후에 틀림없이 갚아 주겠다고 하였습니다. 고소인은 피고소인이 "틀림없이 갚는다"라는 말을 믿고 돈을 빌려주었습니다.

### 3. 피고소인의 사기행위

그러나 약속한 날이 되도 피고소인은 돈을 갚지 않고 다시 기일만 연기하였습니다. 그래서 할 수 없이 고소인은 피고소인에게 가서 사정을 얘기하고 빠른 시일 내에 돈을 갚아 달라고 하였습니다. 그러나 아직까지 피고소인은 돈을 갚지 않고 있습니다.

고소인은 이후 사정을 알아보니 피고소인은 사업자금을 핑계로 주위의 여러 이웃에게서 돈을 빌려 피고소인이 아는 것만 금 ○○○원이나 됩니다. 피고소인은 빌린 돈들을 무절제한 생활로 낭비하여 고소인을 포함한 채권자 누구에게도 한 푼도 갚지 않고 있습니다.

4. **고소사실의 요지**

피고소인 사기꾼은 사실은 특별한 사업을 운영하지 않고, 개인적인 부채도 ○○○원에 이르러 타인으로부터 돈을 차용하더라도 이를 변제할 의사나 능력이 없음에도 불구하고, 20○○. ○. ○. 15:30경 ○○시 ○○구 ○○로 ○○(○○동)에 있는 고소인의 집에서 동인에게 금 ○○○원만 빌려 주면 2개월 후에 틀림없이 갚겠다는 취지의 거짓말을 하여 이에 속은 동인으로부터 금 ○○○원을 교부받아 이를 편취한 것입니다.

5. 따라서 피고소인의 위와 같은 행위로 보아 처음에 돈을 갚을 의도가 없이 돈을 빌려 간 것이 분명하므로 귀서에 고소하오니 엄중히 조사하시어 처벌하여 주시기 바랍니다.


첨   부   서   류

1. 차용증                            1부
1. 채권자 진술서                      1부
   조사시 자세히 진술하겠습니다.


20○○.   ○.   ○
위 고소인 ○   ○   ○ (인)


**○○경찰서장 귀하**

# 고　소　장

고 소 인　　○　　○　　○ (000000-0000000)
　　　　　　　○○시 ○○구 ○○로 ○○(○○동)
　　　　　　　(전화번호 : 000-0000)

피고소인　　○　　○　　○ (000000-0000000)
　　　　　　　○○시 ○○구 ○○로 ○○(○○동)
　　　　　　　(전화번호 : 000-0000)

## 고　소　취　지

　피고소인에 대하여 사문서부정행사 등의 죄로 고소하오니 처벌하여 주시기 바랍니다.

## 고　소　사　실

1. 고소인은 고소외 휴양콘도미니엄업을 주업으로 하는 ○○회사에 금 ○○○원을 주고 회원으로 가입하여 콘도미니엄 이용시에 필요한 회원카드를 발급받아 소지하고 있었습니다.

2. 20○○. ○.경 고소인이 ○○동 소재 고소인의 사무실에서 지갑을 정리하고 있던 중 사업관계로 알고 지내던 피고소인이 방문하여 책상 위에 놓여있던 위 카드를 습득하여 콘도미니엄 이용시에 부정하게 행사함으로써 피해를 입어 고소하오니 철저히 조사하시어 엄벌에 처해 주시기 바랍니다.

# 입 증 방 법

조사시 자세히 진술하겠습니다.


　　　　　　　　20○○.　　○.　　○.
　　　　　　　　위 고소인 ○　　○　　○　(인)



　○○경찰서장 귀하

# 고　소　장

고 소 인　　○　　○　　○ (000000-0000000)
　　　　　　○○시 ○○구 ○○로 ○○(○○동)
　　　　　　(전화번호 : 000-0000)

피고소인　　○　　○　　○ (000000-0000000)
　　　　　　○○시 ○○구 ○○로 ○○(○○동)
　　　　　　(전화번호 : 000-0000)

## 고　소　취　지

　피고소인에 대하여 사문서위조 및 동 행사죄로 고소하오니 처벌하여 주시기 바랍니다.

## 고　소　사　실

1. 피고소인은 일정한 직업이 없는 자인바, 행사할 목적으로 20○○. ○. ○. 13:00경 ○○시 ○○동 소재 ○○새마을금고 사무실에서, 백지에 검정색 볼펜을 사용하여 "차용증서, 금 2천만원정, 위 금액을 정히 차용하오며, 20○○. ○. ○.까지 틀림없이 변제할 것을 확약함. 20○○. ○. ○. 채무자 김○○, ○○새마을금고 이사장 귀하"라고 기재한 후 김○○의 인장을 날인하여 권리의무에 관한 사문서인 김○○ 명의의 차용증서 1매를 위조하고,

2. 즉석에서 그 정을 모르는 성명불상의 위 금고직원에게 위조된 차용증서가 마치

진정한 것인 양 교부하여 이를 행사한 것입니다.


3. 따라서 위와 같은 사실로 피고소인을 고소하오니 철저히 조사하시어 처벌하여
   주시기 바랍니다.


입   증   방   법

조사시 자세히 진술하겠습니다.


20○○.   ○.   ○.
위 고소인  ○   ○   ○ (인)

○○경찰서장  귀하

# 고 소 장

고 소 인 　○　○　　○ (000000-0000000)
　　　　　　○○시 ○○구 ○○로 ○○(○○동)
　　　　　　(전화번호 : 000-0000)

피고소인 　○　○　　○ (000000-0000000)
　　　　　　○○시 ○○구 ○○로 ○○(○○동)
　　　　　　(전화번호 : 000-0000)

## 고 소 취 지

피고소인에 대하여 사문서위조 등의 죄로 고소하오니 처벌하여 주시기 바랍니다.

## 고 소 사 실

1. 피고소인은 고소외 주식회사 ○○상호신용금고에서 대부알선, 신용조사, 수금을 담당하는 자입니다.

2. 20○○. ○. ○. 회사공금을 편취할 것을 마음먹고 피고소인과 평소 친하게 지내는 인장업자 ○○○에게 ○○에 사는 ○○○의 인장과 ○○에 사는 ○○○의 인장조각을 부탁하여 피고소인은 이들 인장들을 이용하여 행사할 목적으로 고소외 ○○○가 차용인, ○○○가 연대보증인인 것처럼 문서를 작성하여 이 대출신청자는 신용이 매우 좋다는 조사의견서를 첨부하여 위 회사로부터 금 ○○○원의 돈을 편취한 자입니다.

3. 따라서 위와 같은 사실로 피고소인을 고소하오니 철저히 조사하시어 처벌하여
   주시기 바랍니다.


입 증 방 법

추후 제출하겠습니다.



20○○.   ○.   ○.

위 고소인  ○   ○   ○   (인)

○○경찰서장  귀하

# 고　소　장

고 소 인　　ㅇ　ㅇ　ㅇ (전화 : 000-0000)
　　　　　　　ㅇㅇ시 ㅇㅇ구 ㅇㅇ로 ㅇㅇ(ㅇㅇ동)

피고소인　　ㅇ　ㅇ　ㅇ (전화 : 000-0000)
　　　　　　　ㅇㅇ시 ㅇㅇ구 ㅇㅇ로 ㅇㅇ(ㅇㅇ동)

## 고　소　취　지

피고소인에 대하여 상해죄로 고소하오니 처벌하여 주시기 바랍니다.

## 고　소　사　실

1. 피고소인은 20ㅇㅇ. ㅇ. ㅇ. 12:30경 ㅇㅇ시 ㅇㅇ동 ㅇㅇ은행 앞길에서 고소인과 피고소인이 20ㅇㅇ. ㅇ.경 구입한 컴퓨터의 외상대금 불입영수증 문제로 시비하던 중 고소인이 "ㅇㅇㅇ야"라고 하였다는 이유로 들고 있던 핸드백으로 고소인의 얼굴을 때리고, 머리채를 잡아 흔들며 손톱으로 얼굴을 할퀴어 고소인에게 약 3주간의 치료를 요하는 얼굴개갠상처 등의 상해를 가한 자입니다.

2. 따라서 피고소인을 귀서에 고소하오니 철저히 조사하시어 처벌하여 주시기 바랍니다.

# 첨 부 서 류

1. 상해진단서　　　　　　　　　1통
   조사시 자세히 진술하겠습니다.


             20○○.　○.　○.
             위 고소인　○　○　○　(인)


○○경찰서장 귀하

# 고 소 장

고 소 인   ○   ○   ○ (000000-0000000)
　　　　　 ○○시 ○○구 ○○로 ○○(○○동)
　　　　　 (전화번호 : 000-0000)

피고소인   ○   ○   ○ (000000-0000000)
　　　　　 ○○시 ○○구 ○○로 ○○(○○동)
　　　　　 (전화번호 : 000-0000)

## 고 소 취 지

피고소인을 손괴의 죄로 고소하오니 처벌하여 주시기 바랍니다.

## 고 소 사 실

1. 피고소인은 부동산 임대업에 종사하는 자인바, 20○○. ○. ○. 10:00경 ○○시 ○○로 ○○(○○동)에 있는 고소인 경영의 ○○다방에서 고소인에게 밀린 다방 월세금을 달라고 요구하였는데 동인이 장사가 제대로 되지 아니하여 연기하여 달하는 말을 듣고 이에 화가 난 나머지 그곳 계산대 위여 놓여있는 고소인 소유의 ○○무선전화기 1개 시가 15만원 상당을 바닥에 던져 깨뜨려 그 효용을 해한 자입니다.

2. 따라서 피고소인은 귀서에 고소하오니 철저히 조사하시어 처벌하여 주시기 바랍니다.

　　　　　　　　　　 20○○.　 ○.　 ○.
　　　　　　　　　　 위 고소인 ○　 ○　 ○　 (인)

**○○경찰서장  귀하**

## 고　소　장

고 소 인　　○　○　　○　(000000-0000000)
　　　　　　　○○시 ○○구 ○○로 ○○(○○동)
　　　　　　　(전화번호 : 000-0000)

피고소인　　○　○　　○　(000000-0000000)
　　　　　　　○○시 ○○구 ○○로 ○○(○○동)
　　　　　　　(전화번호 : 000-0000)

## 고　소　취　지

피고소인을 손괴의 죄로 고소하오니 처벌하여 주시기 바랍니다.

## 고　소　사　실

　피고소인은 고소인과 이웃에 사는 사람으로 20○○. ○. ○. 14:20경 고소인과 주위토지 통행문제로 시비가 되어 이에 화가 나 마침 그 주위에 있던 기왓장을 고소인 소유의 승용차에 집어 던져 위 승용차의 앞 유리 부분 금 450,000원 상당을 손괴하여 그 효용을 해한 자이므로 엄벌에 처해 주시기 바랍니다.

20○○.　○.　○.

위 고소인 ○　○　○ (인)

○○경찰서장 귀하

# 고 소 장

고 소 인 　ㅇ　ㅇ　ㅇ (000000-0000000)

　　　　　ㅇㅇ시 ㅇㅇ구 ㅇㅇ로 ㅇㅇ(ㅇㅇ동)

　　　　　(전화번호 : 000-0000)

피고소인 　ㅇ　ㅇ　ㅇ (000000-0000000)

　　　　　ㅇㅇ시 ㅇㅇ구 ㅇㅇ로 ㅇㅇ(ㅇㅇ동)

　　　　　(전화번호 : 000-0000)

## 고 소 취 지

피고소인에 대하여 신용훼손죄로 고소하오니 처벌하여 주시기 바랍니다.

## 고 소 사 실

　피고소인은 고소인과 같은 남성의류 제조업을 하는 자로서, 평소에 고소인이 지역 내 의류제조 주문을 많이 받아서 납품수익을 올리는 것을 시기하던 중 20ㅇ ㅇ. ㅇ. ㅇ. 20:00경 피고소인이 사는 아파트 단지 내의 반상회에 참석하여 고소인 이 주식투자를 잘못하여 고소인이 운영하는 의류제조공장과 원단에 사채업자들이 가압류를 하여 아마 더 이상은 영업을 하기 힘들 거라고 말하는 등 고소인의 지불 능력에 대한 사회적 신뢰를 저하시킬 우려가 있는 허위의 발언을 한 사실이 있어 고소하오니 철저히 조사하시어 처벌하여 주시기 바랍니다.

## 첨 부 서 류

추후 제출하도록 하겠습니다.

　　　　　　　　　　20ㅇㅇ. 　ㅇ. 　ㅇ.

　　　　　　　　　　위 고소인 　ㅇ　ㅇ　ㅇ (인)

ㅇㅇ경찰서장 귀하

# 고 소 장

고 소 인 　ㅇ　ㅇ　ㅇ (000000-0000000)
　　　　　　ㅇㅇ시 ㅇㅇ구 ㅇㅇ로 ㅇㅇ(ㅇㅇ동)
　　　　　　(전화번호 : 000-0000)

피고소인 　ㅇ　ㅇ　ㅇ (000000-0000000)
　　　　　　ㅇㅇ시 ㅇㅇ구 ㅇㅇ로 ㅇㅇ(ㅇㅇ동)
　　　　　　(전화번호 : 000-0000)

## 고 소 취 지

피고소인에 대하여 알선수뢰죄로 고소하오니 처벌하여 주시기 바랍니다.

## 고 소 사 실

1. ㅇㅇ시 ㅇㅇ구청 ㅇㅇ과 계장으로 있는 피고소인은 이전에 지적과에서 지정계장의 자리에 있었다. 이를 알고 있는 고소외 ㅇㅇㅇ가 '전에 ㅇ선생이 근무했던 지적과 직원들에게 토지거래계약허가에 대해서 청탁 좀 해달라'며 부탁하자 피의자는 이ㅇㅇ에게 지적과 지정계장을 소개해 주었고, 지정계장이 이ㅇㅇ로부터 뇌물을 받은 후 이ㅇㅇ로부터 뇌물을 받은 후 이ㅇㅇ가 원하는 대로 거래허가가 나자 이를 알선해준 피고소인은 알선해준 데 대한 사례비로 금 ㅇㅇㅇ원을 받아 챙겼습니다.

2. 따라서 피고소인을 귀서에 고소하오니 철저히 조사하시어 처벌하여 주시기 바랍니다.

　　　　　　　　　　20ㅇㅇ. 　ㅇ. 　ㅇ.
　　　　　　　　　　위 고소인 ㅇ　ㅇ　ㅇ (인)

**ㅇㅇ경찰서장 귀하**

# 고 소 장

고 소 인 　○　○　○ (000000-0000000)
　　　　　　○○시 ○○구 ○○로 ○○(○○동)
　　　　　　(전화번호 : 000-0000)

피고소인 　○　○　○ (000000-0000000)
　　　　　　○○시 ○○구 ○○로 ○○(○○동)
　　　　　　(전화번호 : 000-0000)

## 고 소 취 지

피고소인에 대하여 야간주거침입절도죄로 고소하오니 처벌하여 주시기 바랍니다.

## 고 소 사 실

1. 피고소인은 일정한 직업이 없는 자로서, 20○○. ○. ○. 00:30경 ○○시 ○○로 ○○(○○동)에 있는 고소인의 집에서 동인의 가족들이 자고 있는 틈을 이용하여 고소인의 집 담을 넘어 침입한 다음 안방 문갑 속에 넣어둔 고소인 소유의 현금 ○○만원과 액면금 ○○만원짜리 약속어음 ○장이 들어 있는 지갑 1개, 합계 ○○만원 상당을 들고 나와 이를 절취한 것입니다.

2. 따라서 피고소인을 귀서에 고소하오니 철저히 조사하시어 처벌하여 주시기 바랍니다.

　　　　　　　　　　20○○. ○. ○.

　　　　　　　　　　위 고소인 ○　○　○ (인)

**○○경찰서장 귀하**

# 고　소　장

고 소 인　　○　　○　　○ (000000-0000000)
　　　　　　○○시 ○○구 ○○로 ○○(○○동)
　　　　　　(전화번호 : 000-0000)

피고소인　　○　　○　　○ (000000-0000000)
　　　　　　○○시 ○○구 ○○로 ○○(○○동)
　　　　　　(전화번호 : 000-0000)

## 고　소　취　지

피고소인에 대하여 업무방해죄로 고소하오니 처벌하여 주시기 바랍니다.

## 고　소　사　실

1. 피고소인은 일정한 직업이 없는 자인바, 20○○. ○. ○. 20:00경부터 같은
   날 22:00경까지 사이에 ○○시 ○○구 ○○동에 있는 고소인 경영의 호프집에
   서 위 호프집 여종업원인 고소외 ○○○를 피고소인의 옆자리에 동석시켜 달라
   고 요구하였으나 들어주지 않는다는 이유로 테이블에 앉아서 큰소리로 떠들며
   재떨이를 마룻바닥에 던지는 등 소란을 피워 그 호프집에 들어오려는 손님들이
   들어오지 못하게 함으로써 위력으로 고소인의 일반음식점 영업업무를 방해한
   것입니다.

2. 따라서 피고소인을 귀서에 고소하오니 철저히 조사하시어 처벌하여 주시기

바랍니다.


# 입 증 방 법


조사시 자세히 진술하겠습니다.



20○○.   ○.   ○.

위 고소인 ○   ○   ○ (인)



○○경찰서장  귀하

# 고 소 장

고 소 인    ○   ○    ○ (000000-0000000)
　　　　　　○○시 ○○구 ○○로 ○○(○○동)
　　　　　　(전화번호 : 000-0000)
피고소인    ○   ○    ○ (000000-0000000)
　　　　　　○○시 ○○구 ○○로 ○○(○○동)
　　　　　　(전화번호 : 000-0000)

## 고 소 취 지

피고소인에 대하여 업무방해죄로 고소하오니 처벌하여 주시기 바랍니다.

## 고 소 사 실

1. 고소인은 20○○. ○. 초순부터 피고소인 소유 부동산인 ○○시 ○○구 ○○로 ○○(○○동) 소재 ○○빌딩 ○층 점포 약 30㎡를 (보증금 1,000만원, 월차임 150만원, 임차기간 2년) 임차하여, '○○○'라는 상호로 숙녀복 정장 판매대리점을 개설하여 영업하던 중, 영업부진으로 20○○. ○월부터 ○개월간 차임을 연체하게 되었는바, 피고소인은 20○○. ○. ○. 오후 ○시경 술을 마시고 가게에 찾아와 차임을 내어놓으라며 고래고래 큰소리를 치며 행패를 부려 가게 안에서 옷을 고르던 여자 손님들이 놀라 도망가게 하였고, 그 이후에도 3차례나 술을 마시고 찾아와 가게 안을 기웃거리며 고소인에게 욕을 하는 등 영업방해를 한 사실이 있습니다.

2. 따라서 피고소인을 귀서에 고소하오니 철저히 조사하시어 처벌하여 주시기
   바랍니다.


                           입  증  방  법


조사시 자세히 진술하겠습니다.



                           20○○.   ○.   ○.
                           위 고소인 ○   ○   ○ (인)



   ○○경찰서장  귀하

# 고　소　장

고 소 인　　○○은행 (주)
　　　　　　대표이사 ○ ○ ○
　　　　　　○○시 ○○구 ○○로 ○○(○○동)
　　　　　　(전화번호 : 000-0000)

피고소인　　○　○　○ (000000-0000000)
　　　　　　○○시 ○○구 ○○로 ○○(○○동)
　　　　　　(전화번호 : 000-0000)

## 고　소　취　지

　고소인은 피고소인을 상대로 아래와 같이 업무상 배임죄로 고소하오니 처벌하여 주시기 바랍니다.

## 고　소　사　실

1. 피고소인은 20○○. ○. ○.경부터 ○○시 ○○구 ○○로 ○○(○○동) 소재 당 은행 ○○지점의 대리로 근무하면서 대출담당 업무에 종사하여 오던 자입니다.

2. 피고소인은 20○○. ○. ○. 13:00경 위 은행지점에서 그 은행내규 상 ○○○원 이상은 무담보대출이 금지되어 있으므로 ○○○원 이상의 대출을 함에 있어서는 채무자로부터 반드시 담보를 제공받아야 할 업무상 의무가 있음에도 불구하고, 이에 위배하여 피고소인의 친구인 고소외 ○○○의 편의를 보아주기 위하여 즉석에서 그에게 무담보로 금 ○○○원을 대출하고 그 회수를 어렵게 하여

위 ○○○에게 대출금 ○○○원 상당의 재산적 이익을 취득하게 하고, 위 은행에 동액 상당의 손해를 가하였기에 피고소인을 귀서에 고소하오니 처벌하여 주시기 바랍니다.


입 증 방 법


조사시 자세히 진술하겠습니다.


20○○.  ○.  ○.

위 고소인  ○○은행(주)

대표이사  ○  ○  ○  (인)


○○경찰서장 귀하

# 고　소　장

고 소 인 　 ○　　○　　○ (000000-0000000)

　　　　　　○○시 ○○구 ○○로 ○○(○○동)

　　　　　　(전화번호 : 000-0000)

피고소인 　 ○　　○　　○ (000000-0000000)

　　　　　　○○시 ○○구 ○○로 ○○(○○동)

　　　　　　(전화번호 : 000-0000)

## 고　소　취　지

피고소인에 대하여 업무상 비밀누설죄로 고소하오니 처벌하여 주시기 바랍니다.

## 고　소　사　실

1. 피고소인은 ○○시 ○○로 ○○(○○동)에서 "○○한의원"을 개업하고 있는 의원으로서 20○○. ○. ○. 14:00경 위 의원을 찾아와 진찰을 받고 약을 지어간 같은 로 ○○(○○동)에 사는 환자인 고소인에게 몽유병이 있다는 사실을 알고 다음날 19:30경 피고소인의 집에서 동인의 친구인 고소외 ○○○에게 "학교 선생이라는 ○○○가 어제 약을 지어갔는데, 몽유병이더라"라고 말하여 의사로서 그 업무 중에 알게 된 타인의 비밀을 누설한 것입니다.

2. 따라서 피고소인을 귀서에 고소하오니 철저히 조사하시어 처벌하여 주시기 바랍니다.

# 첨 부 서 류

1. 진단서                                        1통
1. 진술서                                        1통


20○○.    ○.    ○.

위 고소인  ○   ○   ○ (인)


○○경찰서장  귀하

# 고　　소　　장

고 소 인　　○　　○　　○ (000000-0000000)
　　　　　　○○시 ○○구 ○○로 ○○(○○동)
　　　　　　(전화번호 : 000-0000)

피고소인　　○　　○　　○ (000000-0000000)
　　　　　　○○시 ○○구 ○○로 ○○(○○동)
　　　　　　(전화번호 : 000-0000)

## 고　소　취　지

피고소인에 대하여 업무상 위력 등에 의한 간음죄로 고소하오니 처벌하여 주시기 바랍니다.

## 고　소　사　실

1. 피고소인은 ○○산업 ○○공장의 공장장으로서, 20○○. ○. ○. 21:30경 야근을 마치고 동료 여공들과 함께 귀가하려고 준비중이던 중 피고소인의 감독 아래 있는 여공인 고소인을 불러 근처 약국에 가서 소독약 좀 사다 줄 것을 요청하고, 그러나 약을 사가지고 오자 그 공장 안에 다른 사람이 없는 기회를 이용하여 그녀를 간음하기로 마음먹고, 고소인을 숙직실로 불러들여 "내 말을 잘 들으면 잔업에서도 빼주고 감독으로 승진시키겠지만 만약 안 들으면 내일 당장 해고시켜버리겠다"고 위계와 협박을 하여 공장장의 위력으로써 그녀를 간음한 것입니다.

2. 따라서 피고소인을 귀서에 고소하오니 철저히 조사하시어 처벌하여 주시기 바랍니다.

입   증   방   법

1. 진단서                              1부
   조사시 자세히 진술하겠습니다.

20○○.    ○.    ○.
위 고소인  ○   ○   ○ (인)

○○경찰서장  귀하

# 고 소 장

고 소 인 　ㅇ　ㅇ　ㅇ (000000-0000000)

　　　　　ㅇㅇ시 ㅇㅇ구 ㅇㅇ로 ㅇㅇ(ㅇㅇ동)

　　　　　(전화번호 : 000-0000)

피고소인 　ㅇ　ㅇ　ㅇ (000000-0000000)

　　　　　ㅇㅇ시 ㅇㅇ구 ㅇㅇ로 ㅇㅇ(ㅇㅇ동)

　　　　　(전화번호 : 000-0000)

## 고 소 취 지

피고소인에 대하여 업무상 횡령죄로 고소하오니 처벌하여 주시기 바랍니다.

## 고 소 사 실

1. 피고소인은 가전제품판매회사인 고소인 회사에게 할부대금 수금사원으로 근무하면서 20ㅇㅇ. ㅇ. ㅇ. ㅇㅇ시 ㅇㅇ로 ㅇㅇ(ㅇㅇ동)에 거주하는 수요자인 고소외 ㅇㅇㅇ로부터 수금한 냉장고 할부대금 ㅇㅇㅇ원을 비롯하여 수요자 ㅇ명으로부터 금 ㅇㅇㅇ원의 할부금을 수금하여 이를 회사에 입금하여야 할 업무상 의무가 있음에도 불구하고 입금하지 아니하고 횡령한 자입니다.

2. 따라서 피고소인을 귀서에 고소하오니 철저히 조사하시어 처벌하여 주시기 바랍니다.

20ㅇㅇ.　ㅇ.　ㅇ

위 고소인 ㅇ　ㅇ　ㅇ (인)

**ㅇㅇ경찰서장 귀하**

# 고　소　장

　고 소 인　　○　　○　　○ (000000-0000000)
　　　　　　　○○시 ○○구 ○○로 ○○(○○동)
　　　　　　　(전화번호 : 000-0000)
　피고소인　　○　　○　　○ (000000-0000000)
　　　　　　　○○시 ○○구 ○○로 ○○(○○동)
　　　　　　　(전화번호 : 000-0000)

## 고　소　취　지

　　고소인은 피고소인에 대하여 업무상 횡령죄로 고소를 제기하오니 처벌하여 주시기 바랍니다.

## 고　소　사　실

1. 피고소인은 20○○. ○. ○.부터 현재까지 ○○시 ○○구 ○○로 ○○(○○동)에 있는 ○○약품주식회사의 영업사원으로서 위 회사의 약품판매 및 수금업무에 종사하여 오던 자입니다.

2. 피고소인은 20○○. ○. ○. ○○시 ○○구 ○○로 ○○(○○동)에 있는 ○○○ 경영의 ○○약국에서 약품대금 1,500만원을 수금하여 위 회사를 위하여 보관하던 중 그 무렵 이 중 1,000만원을 자신과 불륜관계를 맺어온 위 회사 경리사원 고소외 ○○○에게 관계청산을 위한 위자료 명목으로 임의로 지급하여 이를

횡령하였습니다.


3. 따라서 피고소인을 귀서에 고소하오니 철저히 조사하시어 처벌하여 주시기
   바랍니다.



입 증 방 법

추후 조사시에 제출하겠습니다.




20○○.  ○.  ○.
위 고소인 ○  ○  ○ (인)

○○경찰서장 귀하

# 고 소 장

고 소 인 　○　○　○ (000000-0000000)
　　　　　○○시 ○○구 ○○로 ○○(○○동)
　　　　　(전화번호 : 000-0000)

피고소인 　○　○　○ (000000-0000000)
　　　　　○○시 ○○구 ○○로 ○○(○○동)
　　　　　(전화번호 : 000-0000)

## 고 소 취 지

　고소인은 피고소인들에 대하여 위증죄로 고소하오니 철저히 조사하시어 처벌하여 주시기 바랍니다.

## 고 소 사 실

1. 피고소인은 일정한 직업이 없는 자로서,
   20○○. ○. ○. 14:00경 ○○시 ○○구 ○○동에 있는 ○○지방법원 제○호 법정에서 위 법원 ○○○○고단 ○○호 고소외 ○○○에 대한 절도피고사건의 증인으로 출석하여 선서한 다음 증언함에 있어 사실은 고소외 ○○○이 20○. ○. ○. 19:00경 위 법원 앞길을 운행 중인 버스 안에서 소매치기하는 것을 직접 목격하였음에도 불구하고, 위 사건을 심리중인 위 법원 제○단독 판사 명 판결에 고소외 ○○○이 소매치기하는 것을 전혀 본 일이 없다고 기억에 반하는 허위의 진술을 하여 위증한 자입니다.

2. 따라서 피고소인을 귀서에 고소하오니 철저히 조사하시어 처벌하여 주시기
바랍니다.


　　　　　　　　　　20○○.　　○.　　○.
　　　　　　　　　　위 고소인　○　　○　　○　(인)



○○경찰서장　귀하

# 고　　소　　장

고 소 인　　○　　○　　○ (000000-0000000)

　　　　　　○○시 ○○구 ○○로 ○○(○○동)

　　　　　　(전화번호 : 000-0000)

피고소인　　○　　○　　○ (000000-0000000)

　　　　　　○○시 ○○구 ○○로 ○○(○○동)

　　　　　　(전화번호 : 000-0000)

## 고　소　취　지

　고소인은 피고소인들에 대하여 위증죄로 고소하오니 철저히 조사하시어 처벌하여 주시기 바랍니다.

## 고　소　사　실

1. 피고소인은 20○○. ○.경부터 ○○시 ○○구 소재 ○○주식회사 구매담당과장으로 재직하다가 20○○. ○. ○. 퇴직한 자로, 20○○. ○. ○. 13:30경 ○○지방법원 제○호 법정에서 고소인이 위 회사 대표이사인 고소외 ○○○를 상대로 부품 납품대금 등 1억 5천만원 청구소송 사건과 관련사건 20○○가합 ○○○호 증인으로 출석하여 선서하고 증언함에 있어, 사실은 고소인으로부터 납품을 거부한 이유는 피고소인 측 회사에서 시기적으로 자동방제기를 생산·판매함에 따라 고소인이 납품하기로 한 자동방제기는 시기적으로 적절하지 않아 판매부진이 주원인이었으며 또한 고소인으로부터 부품납품을 받을 때 사전 샘플을 납품받아 아무 이상이 없었기 때문에 부품을 계속 받았음에도 "날짜는 정확하게

기억 못하지만 납품 받은 것을 거부한 이유는 샘플과 맞지 않는 부분이 있었기 때문이다"라고 기억에 어긋나는 허위의 진술을 하였습니다.

2. 따라서 피고소인을 귀서에 고소하오니 철저히 조사하시어 처벌하여 주시기 바랍니다.

20○○.   ○.   ○.

위 고소인 ○   ○   ○   (인)

○○경찰서장  귀하

# 고　　소　　장

고 소 인　　○　○　　○　(000000-0000000)
　　　　　　○○시 ○○구 ○○로 ○○(○○동)
　　　　　　전화 : 000-0000-0000

피고소인　　○　○　　○　(000000-0000000)
　　　　　　○○시 ○○구 ○○로 ○○(○○동)
　　　　　　전화 : 000-0000-0000

## 고　소　취　지

　피고소인에 대하여 유가증권변조 등의 죄로 고소하오니 처벌하여 주시기 바랍니다.

## 고　소　사　실

1. 피고소인은 20○○. ○. ○.경 고소외 이○○로부터 물품대금의 견질용으로 고소외 최○○ 명의의 이 건 당좌수표(각 발행일자 20○○. ○. ○. 액면금 1억원과 2억원)를 교부받아 보관하던 중 위 지급제시기일이 도과한 20○○년 ○월경 ○○석유가 ○○○석유와 합병되면서 인수인계 과정을 거치던 중 이 건 수표의 지급제시기간이 도과하여 형사상 무효인 이 건 수표를 제시하여 고발함으로써 발행인으로부터 담보물 외 물품대금의 변제를 강요하는데 행사할 목적으로 기히 다른 어음의 개서를 위하여 일시 보관한 발행인의 인장을 도용하기로 마음먹고 20○○. ○. ○.경 위 회사 사무실에서 볼펜을 사용하여 이 건 당좌수표의 각 발행일자 "20○○. ○. ○."을 한 줄로 지우고 그 밑에 "20○○. ○.

○○."로 개서하고, 그 옆에 두 차례에 걸쳐 발행인의 인장을 압날하여 마치 진정하게 개서된 것처럼 변조하고, 20○○. ○. ○. ○○은행에 지급제시하여 이를 행사한 자입니다.

2. 따라서 피고소인을 귀서에 고소하오니 처벌하여 주시기 바랍니다.


20○○.　○.　○.

위 고소인　○　○　○　(인)

○○경찰서장　귀하

# 고　소　장

고 소 인　　○　○　○ (000000-0000000)
　　　　　　○○시 ○○구 ○○로 ○○(○○동)
　　　　　　(전화번호 : 000-0000)

피고소인　　○　○　○ (000000-0000000)
　　　　　　○○시 ○○구 ○○로 ○○(○○동)
　　　　　　(전화번호 : 000-0000)

## 고　소　취　지

피고소인을 장물보관죄로 고소하오니 처벌하여 주시기 바랍니다.

## 고　소　사　실

1. 피고소인은 ○○시 ○○구 ○○로 ○○(○○동)에서 ○○식당이라는 상호로
   음식점을 경영하는 자인바, 20○○. ○. ○. 14:00경 위 ○○식당에서 고소외
   ○○○로부터 동인이 절취한 피고소인 소유의 금반지 1개 시가 80,000원 상당
   을 장물인 정을 알면서 식사대금 15,000원의 담보로 받아두고 장물을 보관한
   것입니다.

2. 따라서 위와 같은 사실로 피고소인을 고소하오니 철저히 조사하시어 처벌하여
   주시기 바랍니다.

# 입 증 서 류

조사시 자세히 진술하겠습니다.


             20○○.　　○.　　○.

             위 고소인　○　　○　　○　(인)



○○경찰서장　귀하

# 고 소 장

고 소 인　　ㅇ　ㅇ　ㅇ (000000-0000000)
　　　　　　ㅇㅇ시 ㅇㅇ구 ㅇㅇ로 ㅇㅇ(ㅇㅇ동)
　　　　　　(전화번호 : 000-0000)

피고소인　　ㅇ　ㅇ　ㅇ (000000-0000000)
　　　　　　ㅇㅇ시 ㅇㅇ구 ㅇㅇ로 ㅇㅇ(ㅇㅇ동)
　　　　　　(전화번호 : 000-0000)

## 고 소 취 지

피고소인을 장물알선죄로 고소하오니 처벌하여 주시기 바랍니다.

## 고 소 사 실

1. 피고소인은 20ㅇㅇ. ㅇ. ㅇ.경 ㅇㅇ시 ㅇㅇ구 ㅇㅇ로 ㅇㅇ(ㅇㅇ동) 소재 피고소인의 집에서 고소외 ㅇㅇㅇ로부터 동인이 절취하여 온 ㅇㅇ손목시계 30개(시가 5,000만원 상당)를 매각하여 달라는 부탁을 받고 그 장물인 정을 알면서고 이를 승낙한 20ㅇㅇ. ㅇ. ㅇ.경 ㅇㅇ시 ㅇㅇ로 ㅇㅇ(ㅇㅇ동) 소재 ㅇㅇ주얼리에 800만원에 매각하여 주어 장물을 알선한 것입니다.

2. 따라서 위와 같은 사실로 피고소인을 고소하오니 철저히 조사하시어 처벌하여 주시기 바랍니다.

# 입 증 서 류

조사시 자세히 진술하겠습니다.

20○○. ○. ○.

위 고소인 ○ ○ ○ (인)

○○경찰서장 귀하

# 고 　 소 　 장

고 소 인 　 ○ 　 ○ 　 ○ (000000-0000000)

　　　　　 ○○시 ○○구 ○○로 ○○(○○동)

　　　　　 (전화번호 : 000-0000)

피고소인 　 ○ 　 ○ 　 ○ (000000-0000000)

　　　　　 ○○시 ○○구 ○○로 ○○(○○동)

　　　　　 (전화번호 : 000-0000)

## 고 　 소 　 취 　 지

피고소인을 장물운반죄로 고소하오니 처벌하여 주시기 바랍니다.

## 고 　 소 　 사 　 실

1. 피고소인은 20○○. ○. ○.경 ○○시 ○○구 ○○로 ○○(○○동) 소재 피고소인의 집에서 고소외 ○○○로부터 동인이 절취하여 온 ○○전자 42인치 TV 1대(시가 150만원 상당)를 강취한 장물이라는 정을 알면서도 ○○시 ○○구 ○○로 ○○(○○동)까지 피고소인 소유의 ○○로 ○○○호 1통 화물트럭에 이를 싣고 가 장물을 운반한 것입니다.

2. 따라서 위와 같은 사실로 피고소인을 고소하오니 철저히 조사하시어 처벌하여 주시기 바랍니다.

## 입 증 서 류

조사시 자세히 진술하겠습니다.


        20○○.　○.　○.

        위 고소인　○　○　○　(인)



○○경찰서장　귀하

# 고   소   장

고 소 인    ○   ○   ○ (000000-0000000)

         ○○시 ○○구 ○○로 ○○(○○동)

         (전화번호 : 000-0000)

피고소인    ○   ○   ○ (000000-0000000)

         ○○시 ○○구 ○○로 ○○(○○동)

         (전화번호 : 000-0000)


## 고   소   취   지

피고소인을 장물취득죄로 고소하오니 처벌하여 주시기 바랍니다.


## 고   소   사   실

1. 피고소인은 ○○시 ○○구 ○○로 ○○(○○동)에서 황금당이라는 상호로 금은 방을 경영하는 자인바, 20○○. ○. ○. 16:00경 위 황금장에서 고소외 ○○○ 로부터 고소인 소유의 금반지 1개, 시가 100,000원 상당을 장물인 정을 알면서 대금 30,000원에 매수하여 장물을 취득한 것입니다.

2. 따라서 위와 같은 사실로 피고소인을 고소하오니 철저히 조사하시어 처벌하여 주시기 바랍니다.

## 입 증 서 류

조사시 자세히 진술하겠습니다.


20○○.   ○.   ○.

위 고소인  ○   ○   ○  (인)



○○경찰서장  귀하

# 고 소 장

고 소 인 ○ ○ ○ (000000-0000000)

○○시 ○○구 ○○로 ○○(○○동)

(전화번호 : 000-0000)

피고소인 ○ ○ ○ (000000-0000000)

○○시 ○○구 ○○로 ○○(○○동)

(전화번호 : 000-0000)

## 고 소 취 지

피고소인을 점유강취죄로 고소하오니 처벌하여 주시기 바랍니다.

## 고 소 사 실

1. 고소인과 피고소인은 동네 친구사이인바, 피고소인은 20○○. ○.경 금 5,000,000원을 이자 월 2%로 정하여 고소인으로부터 차용하면서, 위 대여금의 지급을 담보하기 위하여 피고소인 소유의 무쏘 승용차를 고소인이 사용할수 있도록 점유를 이전하고 그 용법에 따라 사용하도록 허락한 사실이 있습니다. 이와 같은 사실을 증명하기 위하여 피고소인은 고소인에게 이와 같은 사실을 기재한 차용증을 작성하여 주었습니다.

2. 그런데 피고소인은 20○○. ○. ○. 밤 00:00경 부인과 딸과 함께 평온하게 잠을 자고 있는 고소인의 집에 찾아와 "내가 이번에 딸기다방에 티코맨(배달원)

으로 취직되었는데, 네가 가지고 있는 내 차가 급히 필요하다. 그러니 그 차를 나에게 돌려다오" 라고 하며 고소인에게 협박을 하였는데, 고소인은 지금까지 원금은커녕 이자 한 푼도 지급치 아니한 피고소인에게 돌려줄 수 없다고 거절하자, 이에 격분한 피고소인은 주머니 속의 칼을 들여대며 고소인을 항거불능의 상태에 빠뜨려 고소인의 집 책상 위에 놓인 위 승용차 열쇠를 빼앗아 승용차를 몰고 가 아직까지 돌려주지 않고 있습니다.

3. 따라서 위와 같은 사실로 피고소인을 고소하오니 철저히 조사하시어 처벌하여 주시기 바랍니다.


### 입 증 서 류


1. 계약서                    1부
1. 사실확인서                  1부




20○○.   ○.   ○.

위 고소인  ○   ○   ○ (인)



○○경찰서장  귀하

# 고　　소　　장

고 소 인　　○　○　　○ (000000-0000000)
　　　　　　　○○시 ○○구 ○○로 ○○(○○동)
　　　　　　　(전화번호 : 000-0000)

피고소인　　○　○　　○ (000000-0000000)
　　　　　　　○○시 ○○구 ○○로 ○○(○○동)
　　　　　　　(전화번호 : 000-0000)

## 고　　소　　취　　지

피고소인을 점유이탈물횡령죄로 고소를 제기하오니 처벌하여 주시기 바랍니다.

## 고　　소　　사　　실

1. 고소인은 ○○시 ○○로 ○○(○○동) 소재 ○○○식당이라는 한식점을 경영하는 자로서 20○○. ○. ○. 저녁 00:00경 근처 ○○회사에 다니는 피고소인이 친구 5명과 함께 술과 음식을 먹은 사실이 있습니다.

2. 위 같은 날 고소인이 운영하는 ○○식당은 저녁손님이 많아 무척 바쁜 상황이었습니다. 이에 피고소인이 당일 저녁 00:00경 식사를 마치고 식사비계산을 할 때 고소인의 종업원인 ○○○가 계산서와 함께 식대 280,000원을 지급 청구하였는데 피고소인은 ○○은행 발행의 자기앞수표 10만원권 3장을 지급하여 위 종업원이 거스름돈 20,000원을 주어야 하는데 그만 실수로 80,000원을 지급하였습니다. 이에 피고소인이 가고 난 후 고소인이 거스름돈 지급이 잘못

된 것을 알았으나 이미 피고소인은 가고 없어 부득이 그 다음날 피고소인이 근무하는 ○○회사에 전화를 하여 양해의 말씀을 드리고 계산서를 맞추어 본 결과 거스름돈 60,000원이 더 지급되었다는 것을 통지하였습니다.

이에 피고소인은 저녁 퇴근 후 돌려주겠다고 말을 하였습니다. 그런데 며칠이 지나도 연락이 없어 다시 ○○회사에 전화를 했더니 피고소인은 오히려 화를 내면서 당신들이 계산을 잘못한 것이니 당신들이 책임져야 한다며 그 반환을 거부하여 거듭 사과의 말씀을 드렸으나 이제는 법대로 하라면서 막무가내였습니다. 심지어 "식당 문을 닫고 싶으냐."라고까지 하면서 거스름돈의 반환을 거부하였습니다.

3. 따라서 더 지급된 거스름돈의 반환의무가 있음에도 고의적으로 이를 거부하므로 피고소인을 고소하오니 철저히 조사하시어 처벌하여 주시기 바랍니다.


소 명 방 법

1. 계산서 및 영수증　　　　　　1통
1. 수표사본　　　　　　　　　　1통


20○○.　○.　○.

위 고소인　○　○　○　(인)

○○경찰서장 귀하

# 고　　소　　장

고 소 인　　○　　○　　○ (000000-0000000)
　　　　　　○○시 ○○구 ○○로 ○○(○○동)
　　　　　　(전화번호 : 000-0000)

피고소인　　○　　○　　○ (000000-0000000)
　　　　　　○○시 ○○구 ○○로 ○○(○○동)
　　　　　　(전화번호 : 000-0000)

## 고　소　취　지

고소인은 피고소인에 대하여 절도죄로 고소하오니 처벌하여 주시기 바랍니다.

## 고　소　사　실

1. 피고소인은 일정한 직업이 없는 자로서, 20○○. ○. ○. 14:00경 ○○시 ○○
구 ○○로 ○○(○○동)에 있는 ○○통합상가 5층 신발진열장에서 물건을 사는
척하다가 점원 몰래 고소인 소유의 고가신발 약 ○켤레, 시가 ○○만원 상당을
피고소인 가방 속에 넣어 이를 절취한 것입니다.

2. 따라서 피고소인을 귀서에 고소하오니 철저히 조사하시어 처벌하여 주시기
바랍니다.

20○○. ○. ○.
위 고소인 ○　○　○ (인)

○○경찰서장 귀하

# 고　　소　　장

고 소 인　　○○건설 주식회사 (전화번호 : 000-0000)

　　　　　　○○시 ○○구 ○○로 ○○(○○동)

　　　　　　대표이사 ○ ○ ○

피고소인　　○　　○　　○ (000000-0000000)

　　　　　　○○시 ○○구 ○○로 ○○(○○동)

　　　　　　(전화번호 : 000-0000)

## 고　소　취　지

　피고소인에 대하여 절도죄(형법 제329조)로 고소하오니 처벌하여 주시기 바랍니다.

## 고　소　사　실

1. 고소인은 종합건설업 등을 주 업무로 하는 주식회사이며, 피고소인은 ○○시 ○○구 ○○로 ○○(○○동) 소재 건물 ○○동 ○○○호에 거주하는 자입니다.

2. 고소인은 위 건물의 건축공사를 담당한 시공사로서 공사 후 위 건물 지하1층 상가에 고소인 소유의 의자 3개, 공구함 1개, 근무복 2벌, 자재몰딩, 페인트, 드라이비트용 스톤, 석재, 리어카, 산소호스, 용접기 등 기타 집기(시가 약 ○○○원 상당)의 물품을 보관하고 있었습니다.

3. 그런데 피고소인은 20○○. ○. ○.경 위 건물 지하1층 상가의 소유자도 아님에
   도 불구하고 무단 침입하여 고소인 소유의 위 물품을 절취하여 처분함으로써
   고소인에게 약 ○○○원 상당의 재산상의 손해를 입힌 자입니다.

4. 따라서 피고소인을 절도죄(형법 제329조)로 고소하오니 철저히 조사하시어
   처벌하여 주시기 바랍니다.


## 첨 부 서 류


1. 법인등기부등본                    1통
   조사시 자세히 진술하겠습니다.



                    20○○.   ○.   ○.
            위 고소인   ○○건설 주식회사
                    대표이사 ○ ○ ○ (인)



   ○○경찰서장  귀하

# 고 소 장

고 소 인 　○　○　○ (000000-0000000)

　　　　　　○○시 ○○구 ○○로 ○○(○○동)

　　　　　　(전화번호 : 000-0000)

피고소인　○　○　○ (000000-0000000)

　　　　　　○○시 ○○구 ○○로 ○○(○○동)

　　　　　　(전화번호 : 000-0000)

## 고 소 취 지

피고소인에 대하여 절도 및 업무방해죄로 고소하오니 처벌하여 주시기 바랍니다.

## 고 소 사 실

1. 고소인은 "○○○무용단"을 창립하여 무용수의 4명과 가수 1명, 운전기사 1명 등으로 운영 중인 자입니다.

2. 피고소인은 고소인의 무용단 무용수로 2년간의 고용계약을 하고 공증까지 한 사실이 있사온데 고소인은 위 4명의 무용수들을 약 3개월간에 걸쳐 단체 연습을 하여 그중 한 사람이라도 빠지면 무용단을 운영할 수 없는 업무상 중요한 위치에 있는데도 불구하고 고소인은 피고소인이 어린 나이로 평소 담배를 피우는 등 단정하지 못하므로 모든 행동을 바로 잡아 줄 생각으로 20○○. ○. ○.경 피고소인에게 준엄한 훈계를 하였던바, 피고소인이 이에 앙심을 품고 같은 해

○. ○. 오후 2시경 고소인의 숙소에서 무용복(은빛색) 3벌 시가 90,000원과 치마(검정색) 2벌 시가 40,000원 등 합계 130,000원 상당의 물품을 절취 도주함으로써 위 130,000원의 손해는 물론 피고소인이 빠짐으로써 등 무용단을 운영하지 못하도록 고소인의 업무를 방해한 자이오니 철저히 조사하시어 엄벌에 처해 주시기 바랍니다.

## 첨 부 서 류

1. 각서(공정증서) 사본              1부
   조사시 자세히 진술하겠습니다.


                    20○○.   ○.   ○.
                    위 고소인  ○   ○   ○  (인)


○○경찰서장  귀하

# 고　　소　　장

고 소 인　　ㅇ　ㅇ　ㅇ (000000-0000000)
　　　　　　ㅇㅇ시 ㅇㅇ구 ㅇㅇ로 ㅇㅇ(ㅇㅇ동)
　　　　　　(전화번호 : 000-0000)

피고소인　　ㅇ　ㅇ　ㅇ (000000-0000000)
　　　　　　ㅇㅇ시 ㅇㅇ구 ㅇㅇ로 ㅇㅇ(ㅇㅇ동)
　　　　　　(전화번호 : 000-0000)

## 고　소　취　지

　고소인은 피고소인에 대하여 주거침입죄로 고소하오니 처벌하여 주시기를 바랍니다.

## 고　소　사　실

1. 피고소인은 일정한 직업이 없는 자로서, 20ㅇㅇ. ㅇ. ㅇ. 15:00경 ㅇㅇ시 ㅇㅇ로 ㅇㅇ(ㅇㅇ동)의 고소인 ㅇㅇㅇ의 집 앞을 지나다가 동인의 집이 10㎝쯤 열려 있는 것을 보고, 그 자리에서 절도를 하기로 마음먹고 주위를 살피며 위 대문을 열고 고소인의 집 거실까지 들어가 동인의 주거에 침입한 자입니다.

2. 따라서 위과 같은 사실로 피고소인을 고소하오니 피고소인을 철저하게 조사하시어 엄벌하여 주시기 바랍니다.

## 입　증　방　법

조사시 자세히 진술하겠습니다.

20ㅇㅇ. ㅇ. ㅇ.
위 고소인 ㅇ　ㅇ　ㅇ (인)

**ㅇㅇ경찰서장　귀하**

# 고　　소　　장

고 소 인 　○　　○　　○ (000000-0000000)
　　　　　　○○시 ○○구 ○○로 ○○(○○동)
　　　　　　(전화번호 : 000-0000)

피고소인 　○　　○　　○ (000000-0000000)
　　　　　　○○시 ○○구 ○○로 ○○(○○동)
　　　　　　(전화번호 : 000-0000)

## 고　소　취　지

고소인은 피고소인에 대하여 준강간죄로 고소하오니 처벌하여 주시기를 바랍니다.

## 고　소　사　실

1. 피고소인은 ○○대학교 2학년에 재학중인 학생으로서 20○○. ○. ○. 23:00경 ○○시 ○○구 ○○동 소재 고소외 ○○○이 경영하는 음식점 명월관 3호실에서 고소인과 술을 마시다가 동인이 술에 취하여 의식불명이 되자 이와 같은 고소인의 항거불능상태를 이용하여 동인을 간음하였습니다.

2. 따라서, 위과 같은 사실로 피고소인을 고소하오니 철저히 조사하시어 엄벌하여 주시기 바랍니다.

## 입　증　방　법

1. 진단서　　　　　　　　　　　1통
　 조사시 자세히 진술하겠습니다.

　　　　　　　　　20○○. ○. ○.
　　　　　　　　　위 고소인 ○　○　○ (인)

○○경찰서장 귀하

[서식(고소장) 191] 준강간죄 (깊은 잠에 빠져 있는 상태에서 간음)

# 고　　소　　장

고 소 인　　ㅇ　　ㅇ　　ㅇ (000000-0000000)
　　　　　　ㅇㅇ시 ㅇㅇ구 ㅇㅇ로 ㅇㅇ(ㅇㅇ동)
　　　　　　(전화번호 : 000-0000)

피고소인　　ㅇ　　ㅇ　　ㅇ (000000-0000000)
　　　　　　ㅇㅇ시 ㅇㅇ구 ㅇㅇ로 ㅇㅇ(ㅇㅇ동)
　　　　　　(전화번호 : 000-0000)

## 고　　소　　취　　지

　　고소인은 피고소인에 대하여 준강간 등의 혐의로 고소하오니 처벌하여 주시기를 바랍니다.

## 고　　소　　사　　실

1. 피고소인은 고소인의 이웃에 거주하는 자인바, 20ㅇㅇ. ㅇ. ㅇ. 고소인은 직장의 근무를 마치고 ㅇㅇ시 ㅇㅇ구 ㅇㅇ로 ㅇㅇ(ㅇㅇ동) 소재 고소인의 집에서 격무에 세상모르고 자고 있었는데, 피고소인이 잠을 자고 있는 고소인의 옷을 벗기고 자신의 바지를 내린 상태에서 고소인의 음부 등을 만지다가 ㅇ회 간음을 하였습니다.

2. 이 사건으로 인하여 고소인은 정신적으로 크나 큰 충격을 입어 아직도 정신병원에서 치료 중에 있는바, 피고소인을 철저히 조사하시어 처벌하여 주시기 바랍니다.

# 입 증 방 법

1. 진단서                                 1통
1. 목격자진술서                        1통
   조사시 자세히 진술하겠습니다.



                        20○○.   ○.   ○.
                        위 고소인 ○   ○   ○ (인)



○○경찰서장 귀하

# 고 소 장

고 소 인 　ㅇ　　ㅇ　　ㅇ (000000-0000000)
　　　　　　ㅇㅇ시 ㅇㅇ구 ㅇㅇ로 ㅇㅇ(ㅇㅇ동)
　　　　　　(전화번호 : 000-0000)

피고소인 　ㅇ　　ㅇ　　ㅇ (000000-0000000)
　　　　　　ㅇㅇ시 ㅇㅇ구 ㅇㅇ로 ㅇㅇ(ㅇㅇ동)
　　　　　　(전화번호 : 000-0000)

## 고 소 취 지

피고소인에 대하여 준강제추행죄로 고소하오니 처벌하여 주시기를 바랍니다.

## 고 소 사 실

1. 피고소인은 ㅇㅇ건강관리라는 상호로 소위 기치료를 하는 자로서, 20ㅇㅇ. ㅇ. ㅇ.경 ㅇㅇ시 ㅇㅇ구 ㅇㅇ로 ㅇㅇ(ㅇㅇ동)에 있는 고소외 ㅇㅇㅇ의 집에 찾아가서 동인의 처인 고소인에게 "당신이 임신되지 않는다고 당신 남편이 좀 봐달라고 해서 기 치료를 해주려고 왔다"고 거짓말하고 고소인에게 피고소인이 시키는 대로 기 모으는 자세를 취하고 5분 동안 있게 하여 피고소인의 말을 믿게 한 다음 고소인으로 하여금 옷을 벗고 그 자리에 누워 두 다리를 벌리게 하고 고소인의 음부에 손가락을 넣는 등 강제로 추행한 것입니다.

2. 따라서 위와 같은 사실로 피고소인을 고소하오니 철저히 조사하시어 엄벌하여

주시기 바랍니다.

입 증 방 법

조사시 자세히 진술하겠습니다.

20○○. ○. ○.
위 고소인 ○ ○ ○ (인)

○○경찰서장 귀하

# 고　소　장

고 소 인　　○　　○　　○ (000000-0000000)

　　　　　　○○시 ○○구 ○○로 ○○(○○동)

　　　　　　(전화번호 : 000-0000)

피고소인　　○　　○　　○ (000000-0000000)

　　　　　　○○시 ○○구 ○○로 ○○(○○동)

　　　　　　(전화번호 : 000-0000)

## 고　소　취　지

고소인은 피고소인에 대하여 준강제추행죄로 고소하오니 처벌하여 주시기 바랍니다.

## 고　소　사　실

1. 피고소인은 20○○. ○. ○. 00:00경 ○○시 ○○구 ○○로 ○○(○○동) 소재 고소인이 경영하는 술집에서 고소인이 피고소인의 억지로 권하는 술에 취하여 쓰러져 잠이 들어 항거할 수 없게 되자 피고소인은 고소인이 술에 취해 인사불성이 되어 항거불능상태에 있던 사실을 이용하여 고소인의 의사에 반하여 유방을 만지고 손가락을 질내에 삽입하는 등 추행한 사실이 있습니다.

2. 따라서 위와 같은 사실로 피고소인을 고소하오니 철저히 조사하시어 처벌하여 주시기 바랍니다.

20○○.　　○.　　○.

위 고소인 ○　　○　　○ (인)

○○경찰서장 귀하

# 고　　소　　장

고 소 인　　○　　○　　○ (000000-0000000)
　　　　　　○○시 ○○구 ○○로 ○○(○○동)
　　　　　　(전화번호 : 000-0000)

피고소인　　○　　○　　○ (000000-0000000)
　　　　　　○○시 ○○구 ○○로 ○○(○○동)
　　　　　　(전화번호 : 000-0000)


## 고　소　취　지

피고소인에 대하여 준사기죄로 고소하오니 처벌하여 주시기 바랍니다.


## 고　소　사　실

1. 피고소인은 이웃에 살면서 친분이 있는 고소인이 20○○. ○. ○.경 동인의
   아버지인 ○○○의 사망으로 친하여 망부의 재산을 상속하여, 고소인에게는
   적당한 감독자나 후견인이 없으며 지능에 분별력이 없다는 것을 알고 고소인의
   재산을 편취할 마음으로,

2. 위 같은 해 ○. ○. ○○시 ○○구 ○○로 ○○(○○동)에 있는 고소인의 집에서
   동인에게 사실을 육영재단에 알선할 의사나 능력이 전연 없으면서도 "이 재산
   을 네 앞으로 상속하면 상속세가 너무 많이 나오고 또 네가 미성년자이여서
   매각처분도 할 수 없는데 내가 아는 ○○재단에 기부하면 그곳에서 네가 대학

을 나올 때까지 일체의 학비와 생활비를 대주고 유학까지 보내준다"라고 고소인을 유혹하여 동인으로부터 동인의 아버지가 생전에 발급받아 놓은 고소인 명의의 인감증명서 1통과 도장 1개 및 대지 ○○㎡의 아파트에 대한 고소인 명의의 등기권리증 2통을 건네받아 즉시 같은 번지에 있는 피고소인 집에서 행사할 목적으로 망 ○○○의 성명을 쓰고 그 이름 밑에 피고소인의 도장을 찍어 고소인 명의의 위임장과 위 대지 및 건물의 매매계약서를 각 위조하고, ○○시 ○○동에 있는 법무사 ○○○의 사무소에 의뢰하여 ○○지방법원 ○○ 등기소에 제출하게 하여서 피고소인의 그 소유권이전등기를 마쳐서 고소인의 지려천박을 이용하여 재산상 이익을 취득한 것입니다.

3. 따라서 피고소인을 귀서에 고소하오니 엄중히 조사하시어 처벌하여 주시기 바랍니다.


**첨　부　서　류**


조사시 자세히 진술하겠습니다.


　　　　　　　　　　　　20○○.　　○.　　○.
　　　　　　　　　　위 고소인　○　　○　　○
　　　　　　　　　　위 ○○○는 미성년자이므로
　　　　　　　　　　법정대리인 친권자 부　○　○　○　(인)
　　　　　　　　　　　　　　　　　　　모　○　○　○　(인)


○○경찰서장　귀하

## 고 소 장

고 소 인    ○  ○  ○ (000000-0000000)
　　　　　　○○시 ○○구 ○○로 ○○(○○동)
　　　　　　(전화번호 : 000-0000)

피고소인    ○  ○  ○ (000000-0000000)
　　　　　　○○시 ○○구 ○○로 ○○(○○동)
　　　　　　(전화번호 : 000-0000)

## 고 소 사 실

피고소인에 대하여 준사기죄로 고소하오니 처벌하여 주시기 바랍니다.

## 고 소 사 실

1. 피고소인은 ○○시 ○○구 ○○로 ○○(○○동) 소재 ○○부동산을 운영하는 자인바, 20○○. ○.경 사고로 판단능력이 극히 낮은 정신지체 장애자인 고소인을 식당종업원으로 취직시켜 급료를 편취할 것을 마음먹고, 사실은 고소인에게 급료를 교부하지 아니하고 피고소인이 가로챌 생각이었음에도 불구하고, 고소인에게 "식당의 종업원으로 취직시켜 줄 테니 급료를 나에게 맡기면 은행에 저금하여 목돈을 만들어 주겠다"라고 거짓말하고, 이에 속은 고소인을 20○○. ○. ○.경부터 20○○. ○. ○.경까지 사이에 ○○시 ○○구 ○○로 ○○(○○동) 소재 고소외 최○○ 운영의 ○○식당에 종업원으로 취직시킨 후 고소인이 받을 급료 도합 1,200만원을 고소외 최○○으로부터 대신 교부받아 이를 편취한 것입니다.

2. 따라서 피고소인을 귀서에 고소하오니 엄중히 조사하시어 처벌하여 주시기
   바랍니다.


                      첨    부    서    류


조사시 자세히 진술하겠습니다.



                    20○○.    ○.    ○
                    위 고소인  ○   ○   ○  (인)



○○경찰서장  귀하

[서식(고소장) 196] 증거인멸의 죄 (조사 중인 것을 알고 메모수첩 소각)

# 고  소  장

고 소 인   ○   ○   ○ (000000-0000000)
          ○○시 ○○구 ○○로 ○○(○○동)
          (전화번호 : 000-0000)

피고소인   ○   ○   ○ (000000-0000000)
          ○○시 ○○구 ○○로 ○○(○○동)
          (전화번호 : 000-0000)

## 고  소  취  지

피고소인에 대하여 증거인멸의 죄로 고소하오니 처벌하여 주시기 바랍니다.

## 고  소  사  실

1. 피고소인은 ○○시 ○○구청 건축과 주사로 근무하는 자로서, 직장동료인 고소외 ○○○이 ○○시 ○○경찰서 형사계에서 뇌물수수 사건 피의자로 조사를 받고 있는 사실을 알고 그에게 불리한 증거를 없애기로 마음먹고, 20○○. ○. ○. 15:00경 ○○시 ○○구 ○○동에 있는 ○○구청 건축과 사무실에서 고소외 ○○○의 부탁을 받아 보관 중이던 그의 금전출납에 관한 메모수첩 1권을 태워버려 타인의 형사사건에 관한 증거를 인멸한 자입니다.

2. 따라서 위와 같은 사실로 피고소인을 고소하오니 철저히 조사하시어 처벌하여 주시기 바랍니다.

20○○.  ○.  ○.

위 고소인 ○  ○  ○ (인)

**○○경찰서장 귀하**

# 고 소 장

고 소 인 　○　○　○ (000000-0000000)
　　　　　○○시 ○○구 ○○로 ○○(○○동)
　　　　　(전화번호 : 000-0000)

피고소인 　○　○　○ (000000-0000000)
　　　　　○○시 ○○구 ○○로 ○○(○○동)
　　　　　(전화번호 : 000-0000)

## 고 소 취 지

피고소인에 대하여 직권남용죄로 고소하오니 처벌하여 주시기 바랍니다.

## 고 소 사 실

1. 피고소인은 ○○시 ○○구 ○○동사무소에 근무하고 있는 지방행정서기로서, 20○○. ○. ○. 위 사무소에서 동장인 고소외 ○○○로부터 동사무소 주변일대 도로를 청소하라는 지시를 받고 이를 이행하기 위해 미화원을 찾았으나 찾지 못하자 동사무소 마을 방송을 통하여 "급히 전달할 사항이 있으니 동사무소로 빨리 나오시오"라고 하여 고소인 외 9인이 동사무소로 모이자 같은 날 15:00부터 16:30까지 고소인 외 9인으로 하여금 동사무소 주변도로를 청소하도록 강요하여 청소하게 함으로써 그들로 하여금 의무없는 일을 하게 하여 직권을 남용한 것입니다.

2. 따라서 위와 같은 사실로 피고소인을 고소하오니 철저히 조사하시어 처벌하여 주시기 바랍니다.

20○○. ○. ○.

위 고소인 ○　○　○ (인)

**○○경찰서장 귀하**

# 고 소 장

고 소 인     ○   ○   ○ (000000-0000000)
            ○○시 ○○구 ○○로 ○○(○○동)
            (전화번호 : 000-0000)

피고소인     ○   ○   ○ (000000-0000000)
            ○○시 ○○구 ○○로 ○○(○○동)
            (전화번호 : 000-0000)

## 고 소 취 지

피고소인에 대하여 직권남용죄로 고소하오니 처벌하여 주시기 바랍니다.

## 고 소 사 실

1. 고소인은 택시운전을 하고 있고, 피고소인은 경찰서 수사과에 순경으로 재직하고 있는 자입니다.

2. 그런데 고소인은 고소외 ○○○로부터 20○○. ○. ○. 한 달간만 사용하기로 하고 금 ○○○원을 차용한 적이 있고 고소인의 경제사정으로 변제기에 변제치 못한 사실이 있어 고소외 ○○○로부터 계속적으로 심한 모욕과 협박을 당하여 오고 있었습니다.

3. 고소외 ○○○은 자신의 절친한 친구인 피고소인을 통하여 고소인으로부터 금원을 변제 받기로 마음먹고, 피고소인에게 위와 같은 사실을 고지하고 금원

을 받아줄 것을 부탁하였고, 고소인의 고소가 없음에도 피고소인은 20○○. ○. ○. 15:20경 전화상으로 고소인에게 "경찰서 수사과 형사인데 당신을 사기혐의로 입건하여 조사할 것이 있으니 주민등록등본과 재산관계서류 등을 가지고 내일 중으로 경찰서 수사과로 출두하라"는 출두통지를 받고 경찰서에 출두한 적이 있습니다.

4. 그러나 고소인이 경찰서에 출두하자 피고소인은 경찰서 조사실이 아닌 당직실로 데리고 가 주민등록등본과 재산관계서류를 잠깐 본 후 주머니에 넣더니다짜고짜 "당신 우리 친구 돈을 갚지 않으면 즉시 구속하겠다"고 하면서 갑자기 고소인의 손목에 수갑을 채우면서 "언제까지 금원을 변제해줄 수 있느냐"고하여 고소인은 "친척들로부터 급전을 하여 내일 중으로 변제하겠다"하였더니수갑을 풀어주면서 "좋게 말할 때 들어"라고 하여 "알았습니다"라고 하자 귀가한 사실이 있습니다.

5. 귀가 후 알아보니 피고소인은 상사로부터 구체적인 사건을 특정하여 수사명령받은 적이 없고 고소인이 입건되지 아니하였음에도 범죄수사를 빙자하여 고소인으로 하여금 의무 없는 서류를 제출케 하고 불법 체포하는 등 정식적인 절차를 따르지 않았다는 것을 인지하여 피고소인을 형법 제123조 소정의 직권남용죄로 고소하오니 철저히 조사하시어 엄벌에 처해 주시기 바랍니다.

20○○.　　○.　　○.

위 고소인　○　　○　　○　(인)

○○경찰서장　귀하

# 고　소　장

고 소 인　　○　　○　　○ (000000-0000000)

　　　　　　○○시 ○○구 ○○로 ○○(○○동)

　　　　　　(전화번호 : 000-0000)

피고소인　　○　　○　　○ (000000-0000000)

　　　　　　○○시 ○○구 ○○로 ○○(○○동)

　　　　　　(전화번호 : 000-0000)

## 고　소　취　지

피고소인에 대하여 직무유기죄로 고소하오니 처벌하여 주시기 바랍니다.

## 고　소　사　실

1. 피고소인은 ○○시청 민원실에서 인감증명발급사무를 담당하는 공무원으로서, ○○○의 청탁을 받고 인감증명서의 주소, 주민등록번호, 성명, 생년월일란에 아무런 기재를 하지 않고 인감란의 인영과 신고한 인감과의 상위여부도 확인하지 않는 채 발행일자 및 시장 명의의 고무인과 직인 및 계인을 찍어 고소외 ○○○에게 교부하였습니다.

2. 따라서 피고소인을 귀서에 고소하오니 철저히 조사하시어 처벌하여 주시기 바랍니다.

20○○.　 ○.　 ○.

위 고소인 ○　 ○　 ○ (인)

○○경찰서장　귀하

# 고　　소　　장

고 소 인　　○　　○　　○ (000000-0000000)
　　　　　　　○○시 ○○구 ○○로 ○○(○○동)
　　　　　　　(전화번호 : 000-0000)
피고소인　　○　　○　　○ (000000-0000000)
　　　　　　　○○시 ○○구 ○○로 ○○(○○동)
　　　　　　　(전화번호 : 000-0000)

## 고　소　취　지

피고소인에 대하여 직무유기죄로 고소하오니 처벌하여 주시기 바랍니다.

## 고　소　사　실

1. 고소인은 택시운전을 업으로 하고 있고, 피고소인은 이 건 사고발생지를 관할하는 경찰서 파출소 순경으로 재직하고 있는 자입니다.

2. 그런데 고소인은 20○○. ○. ○.경 ○○시 ○○동에서 택시승객인 고소외 ○○○로부터 택시요금문제로 사소한 시비 끝에 폭행을 당하여 전치 4주의 상해를 입었습니다.

3. 이에 고소인은 고소외 ○○○를 붙잡고 즉시 관할파출소에 신고를 하였고 피고소인이 출동하였으나 고소외 ○○○와 이웃지간으로 평소 친분관계에 있던 피고소인은 고소외 ○○○의 계속된 폭력행사를 제지하기는커녕 "당신이 부당한 요금을 징수하여 발생한 문제이니 당신이 알아서 해라, 별 문제도 아닌데

귀찮게 112 신고를 한다. 바쁜 일이 있다"하면서 범죄현장을 일탈하였습니다.

4. 피고소인의 소위는 사회질서와 안정을 책임지는 막중한 임무를 부여받고 있는 경찰관으로서 범법자인 고소외 ㅇㅇㅇ를 적극 검거하여 정식 입건절차 및 상사에게 보고 등도 없이, 폭력현장을 일탈하여 무고한 고소인으로 하여금 정신적·육체적 고통을 당하게 하였습니다. 위와 같은 정황으로 보아 결국 피고소인은 주관적으로 직무를 버린다는 인식을 하면서, 객관적으로 직무를 벗어나는 행위를 하였음이 명백하므로 이는 형법 제122조 소정의 직무유기죄를 구성한다 하겠습니다.

5. 따라서 피고소인을 귀서에 고소하오니 철저히 조사하시어 처벌하여 주시기 바랍니다.


20ㅇㅇ.  ㅇ.  ㅇ.

위 고소인  ㅇ  ㅇ  ㅇ  (인)


ㅇㅇ경찰서장  귀하

# 고 소 장

고 소 인 　○　○　○ (000000-0000000)
　　　　　　○○시 ○○구 ○○로 ○○(○○동)
　　　　　　(전화번호 : 000-0000)

피고소인 　○　○　○ (000000-0000000)
　　　　　　○○시 ○○구 ○○로 ○○(○○동)
　　　　　　(전화번호 : 000-0000)

## 고 소 취 지

　피고소인에 대하여 출판물 등에 의한 명예훼손죄로 고소하오니 처벌하여 주시기 바랍니다.

## 고 소 사 실

1. 피고소인은 ○○시 ○○동에 있는 월간지 "○○"호의 48면에 평소 감정이 좋지 않은 서울○○대학의 교수인 고소인을 비방할 목적으로 동인의 사진을 싣고 "대학교수도 돈으로 된다?"라는 제목 아래 ○○○는 ○○대학 교수채용심사에서 돈 ○○만원을 주고 자리를 샀다는 허위의 기사를 게재한 월간지 약 ○○천부를 그 무렵 그 시내 및 주변지역 독자들에게 보급하여 공연히 허위 사실을 적시하여 고소인의 명예를 훼손한 자입니다.

2. 따라서 피소고인을 귀서에 고소하오니 철저히 조사하시어 처벌하여 주시기 바랍니다.

## 입 증 방 법

1. 신문일부발췌본                    1부
   조사시 자세히 진술하겠습니다.



                        20○○.   ○.   ○.
                        위 고소인 ○   ○   ○ (인)



○○경찰서장  귀하

# 고 소 장

고 소 인    ○  ○   ○ (000000-0000000)

○○시 ○○구 ○○로 ○○(○○동)

(전화번호 : 000-0000)

피고소인    ○  ○   ○ (000000-0000000)

○○시 ○○구 ○○로 ○○(○○동)

(전화번호 : 000-0000)

## 고 소 취 지

피고소인에 대하여 출판물에 의한 명예훼손죄로 고소하오니 처벌하여 주시기 바랍니다.

## 고 소 사 실

1. 고소인은 K기업의 신기술개발 연구팀에서 근무하고 있는 자이며, 피고소인은 K기업과 경쟁사인 S기업의 다른 연구팀에 근무하는 자입니다.

2. 고소인이 소속된 연구팀에서 혁신적인 기술을 개발하여서 이를 발표하자, 피고소인은 자신들이 개발한 기술내용을 고소인이 빼돌려서 발표를 한 것이라며 "기업의 양심을 팔아먹은 자"라는 등의 내용을 주간잡지에 실은 적이 있습니다.

3. 그러나 고소인이 개발한 기술은 고소인이 ○년에 걸쳐서 연구원들과 머리를

맞대고 개발한 기술로서 신생기업인 S기업이 쉽게 개발할 수 없는 기술임에도 불구하고 단지 고소인을 비방할 목적으로 주간지에 기사화한 사실이 있으므로 철저히 조사하시어 엄벌하여 주시기 바랍니다.


### 첨 부 서 류


1. 주간지                                    1부


20○○.   ○.   ○.

위 고소인  ○   ○   ○  (인)


○○경찰서장  귀하

# 고 소 장

고 소 인    ○   ○    ○ (000000-0000000)
            ○○시 ○○구 ○○로 ○○(○○동)
            (전화번호 : 000-0000)

피고소인    ○   ○    ○ (000000-0000000)
            ○○시 ○○구 ○○로 ○○(○○동)
            (전화번호 : 000-0000)

## 고 소 취 지

피고소인에 대하여 컴퓨터등 사용사기죄로 고소하오니 처벌하여 주시기 바랍니다.

## 고 소 사 실

1. 피고소인은 일정한 직업이 없는 자인바, 20○○. ○. ○. 22:00경 서울 이하 불상지에서 컴퓨터 등 정보처리장치인 인터넷사이트 고소인 ○○쇼핑몰 주식회사 최○○로 명의로 접속하여 동인의 이름으로 상품을 구입하면서 피고소인이 마치 최○○인 것처럼 자신이 부정발급 받은 최○○ 명의의 ○○카드의 카드번호와 비밀번호 등을 입력하고 그 물품대금 ○○만원을 지급하도록 부정한 명령을 입력하여 정보처리를 하게 함으로써 그 금액 상당의 재산상 이득을 취득한 자입니다.

2. 따라서 피고소인을 귀서에 고소하오니 엄중히 조사하시어 처벌하여 주시기
   바랍니다.



**첨  부  서  류**

조사시 자세히 진술하겠습니다.




20○○.   ○.   ○

위 고소인  ○   ○   ○  (인)

**○○경찰서장  귀하**

# 고 소 장

고 소 인     ○   ○   ○ (000000-0000000)
　　　　　　○○시 ○○구 ○○로 ○○(○○동)
　　　　　　(전화번호 : 000-0000)

피고소인     ○   ○   ○ (000000-0000000)
　　　　　　○○시 ○○구 ○○로 ○○(○○동)
　　　　　　(전화번호 : 000-0000)

## 고 소 취 지

피고소인에 대하여 컴퓨터 등 사기죄로 고소하오니 처벌하여 주시기 바랍니다.

## 고 소 사 실

1. 고소인은 피고소인과는 아무런 친·인척관계가 없습니다.
   피고소인은 고소인이 운영하던 ○○레스토랑의 종업원으로 일하던 사람인데 피고소인은 평소 위 레스토랑의 운영에 바빠서 20○○. ○. ○.경부터는 고소인도 인터넷으로 은행거래(인터넷 뱅킹)를 하고자 이러한 거래경험이 많던 피고소인의 도움을 받아 처음 몇 차례 인터넷 뱅킹을 하였습니다.

2. 그런데 피고소인은 고소인의 인터넷 뱅킹을 도와주면서 고소인의 계좌번호와 비밀번호를 알게 되었음을 기화로 인터넷 뱅킹을 이용하여 고소인 모르게 고소인의 ○○은행 계좌로부터 20○○. ○. ○. 15:20경 금 900만원, 다음날 17:40경 600만원 등 합계 금 1,500만원을 자신의 통장으로 계좌이체를 한 후 이를

인출하여 소비함으로써 고소인에게 위 금액만큼의 손해를 입힌 것입니다.

3. 그럼에도 불구하고 피고소인은 자신이 한 것이 아니라고 변명하면서 고소인의 변제독촉에도 차일피일 미루기만 하고 있는 자이므로, 철저히 조사하시어 처벌하여 주시기 바랍니다.

**첨 부 서 류**

1. 통장 사본                 1통
1. 거래내역 사본         1통
      조사시 자세히 진술하겠습니다.


20○○.　　○.　　○.

위 고소인 　○　　○　　○　(인)

○○경찰서장 귀하

# 고 소 장

고 소 인 　 ○　　○　　○ (000000-0000000)

　　　　　　 ○○시 ○○구 ○○로 ○○(○○동)

　　　　　　 (전화번호 : 000-0000)

피고소인 　 ○　　○　　○ (000000-0000000)

　　　　　　 ○○시 ○○구 ○○로 ○○(○○동)

　　　　　　 (전화번호 : 000-0000)

## 고 소 취 지

고소인은 피고소인을 상대로 퇴거불응죄로 고소하오니 처벌하여 주시기 바랍니다.

## 고 소 사 실

1. 고소인은 ○○교회 당회장이며 피고소인은 속칭 ○○왕국회관(일명 여호와증인)의 신도입니다.

2. 피고소인은 20○○. ○. ○. 예배의 목적이 아니라 ○○교회의 예배를 방해하여 교회의 평온을 해할 목적으로 ○○교회에 출입하여 진정한 하느님의 자식은 자신들뿐이다는 고함을 지르며 ○○교회의 예배를 방해하여 위 교회 건물의 관리주체라고 할 수 있는 ○○교회 교회당회에서 피고소인에 대한 교회출입금지의결을 하고, 이에 따라 위 교회의 관리인인 위 고소인이 피고소인에게 퇴거를 요구하였으나 약 1시간 이상 위와 같은 고함을 지르며 퇴거 요구에 불응한 사실이 있습니다.

3. 위 사실과 같이 피고소인의 교회출입을 막으려는 위 ○○교회의 의사는 명백히 나타난 것이기 때문에 이에 기하여 퇴거요구를 한 것은 정당하고 이에 불응하여 퇴거를 하지 아니한 행위는 퇴거불응죄에 해당되며 교회는 교인들의 총유에 속하는 것으로서 교인들 모두가 사용수익권을 갖고 있고, 출입이 묵시적으로 승낙되어 있는 장소나 이 같은 일반적으로 개방되어 있는 장소라도 필요한 때는 관리자가 그 출입을 금지 내지 제한할 수 있으므로 피고소인을 철저히 조사하시어 처벌하여 주시기 바랍니다.


## 첨 부 서 류


1. 주민확인서                    1통
   조사시 자세히 진술하겠습니다.




                    20○○.   ○.   ○.
                    위 고소인 ○  ○  ○ (인)



○○경찰서장 귀하

# 고 　 소 　 장

고 소 인 　 ○ 　 ○ 　 ○ (000000-0000000)
　　　　　　○○시 ○○구 ○○로 ○○(○○동)
　　　　　　(전화번호 : 000-0000)

피고소인 　 ○ 　 ○ 　 ○ (000000-0000000)
　　　　　　○○시 ○○구 ○○로 ○○(○○동)
　　　　　　(전화번호 : 000-0000)

## 고 　 소 　 취 　 지

피고소인에 대하여 특수절도죄로 고소하오니 처벌하여 주시기 바랍니다.

## 고 　 소 　 사 　 실

1. 피고소인은 노동에 종사하는 자인바, 20○○. ○. ○. 20:00경 ○○시 ○○구 ○○로 ○○(○○동) 고소인의 집이 비어 있음을 알고 미리 준비하여 가지고 간 길이 20㎝ 직경 1㎝의 드라이버로 시정된 출입문 자물쇠를 강제로 뜯어 열고 들어가 내실 화장 서랍 속에서 현금 일만원권 22매(220,000원)와 가계수표(백지) 12장 등을 절취한 것입니다.

2. 따라서 피고소인을 귀서에 고소하오니 철저히 조사하시어 처벌하여 주시기 바랍니다.

　　　　　　　　　　20○○. 　○. 　○.
　　　　　　　　　　위 고소인 ○ 　 ○ 　 ○ (인)

　○○경찰서장 　귀하

# 고 소 장

고 소 인 　○　　○　　○ (000000-0000000)
　　　　　　○○시 ○○구 ○○로 ○○(○○동)
　　　　　　(전화번호 : 000-0000)

피고소인 　○　　○　　○ (000000-0000000)
　　　　　　○○시 ○○구 ○○로 ○○(○○동)
　　　　　　(전화번호 : 000-0000)

## 고 소 취 지

　　고소인은 피고소인에 대하여 특수주거침입죄로 고소하오니 처벌하여 주시기를 바랍니다.

## 고 소 사 실

1. 피고소인은 일정한 직업이 없는 자로서, 20○○. ○. ○. 11:50경 ○○시 ○○로 ○○(○○동)에 있는 ○○주점에서 술을 마시다가, 고소인의 집 종업원인 고소외 ○○○가 폐점시간임을 알리며 나가달라고 요구하자 소지하고 있던 길이 약 14㎝의 주머니칼을 꺼내 보이며 "나는 내가 가고 싶을 때 간다. 다시 귀찮게 하면 혼날 줄 알아라"라고 말하고 약 3시간 동안 그곳에 머물러, 퇴거요구를 받았음에도 위험한 물건을 휴대하고 그 요구에 응하지 않은 자입니다.

2. 따라서 위와 같은 사실로 피고소인을 고소하오니 철저히 조사하시어 엄벌하여
   주시기 바랍니다.



입 증 방 법

조사시 자세히 진술하겠습니다.




20○○.  ○.  ○.
위 고소인 ○  ○  ○ (인)

○○경찰서장  귀하

# 고 소 장

고 소 인　　○　　○　　○ (000000-0000000)
　　　　　　○○시 ○○구 ○○로 ○○(○○동)
　　　　　　(전화번호 : 000-0000)

피고소인　　○　　○　　○ (000000-0000000)
　　　　　　○○시 ○○구 ○○로 ○○(○○동)
　　　　　　(전화번호 : 000-0000)

## 고 소 취 지

고소인은 피고소인에 대하여 특수협박죄로 고소하오니 처벌하여 주시기 바랍니다.

## 고 소 사 실

1. 피고소인은 일정한 직업이 없는 자로서, 20○○. ○. ○.경 평소 알고 지내는 고소외 노○○가 고소인에게 빌려준 돈을 받아 달라고 부탁을 받고 같은 날 21:00경 ○○시 ○○로 ○○(○○동)에 있는 고소인의 집에 찾아가서 고소인을 근처 공원으로 데리고 가 고소인에게 "당신은 왜 노○○에게 빌린 돈을 갚지 않는가, 갚을 생각은 있는가, 갚겠다면 지금부터 돈을 돌려 내일 저녁 6시까지 우리 집으로 가지고 오라"고 말했으나 고소인이 아무 말도 하지 않자, 바지의 허리띠 뒤쪽에 가지고 있던 길이 10㎝ 되는 칼을 꺼내 이리저리 만지작거리면서 "이것을 사용하고 싶지는 않지만 당신이 계속 벙어리 행세를 하면 할 수 없다"라고 말하여, 고소인이 피고소인의 요구에 응하지 아니할 때에는 그의 생명 또는

신체의 대하여, 어떠한 위해를 가할 듯한 태도를 보여서 고소인을 협박하였습니다.

2. 따라서 피고소인을 귀서에 고소하오니 철저히 조사하시어 처벌하여 주시기 바랍니다.


첨  부  서  류


조사시 자세히 진술하겠습니다.




20○○.   ○.   ○.
위 고소인 ○   ○   ○ (인)




○○경찰서장  귀하

# 고　　소　　장

고 소 인　　○　　○　　○ (000000-0000000)
　　　　　　○○시 ○○구 ○○로 ○○(○○동)
　　　　　　(전화번호 : 000-0000)

피고소인　　○　　○　　○ (000000-0000000)
　　　　　　○○시 ○○구 ○○로 ○○(○○동)
　　　　　　(전화번호 : 000-0000)

## 고　소　취　지

피고소인을 편의시설부정사용죄로 고소하오니 처벌하여 주시기 바랍니다.

## 고　소　사　실

1. 고소인은 ○○시 ○○로 ○○(○○동)에서 ○○식당이라는 상호로 음식판매업을 하고 있으며 고소인의 가게 앞에 커피자판기를 설치해 놓았습니다.

2. 위 자판기는 100원 및 500원짜리 동전과 1,000원권 지폐를 이용하여 사용할 수 있는데 20○○. ○. 초순경부터 커피자판기에서 500원짜리 동전과 비슷한 무게와 크기의 물체가 자주 나오고, 간혹 자판기 고장을 일으키곤 하여 커피자판기를 누군가 부정하게 사용하고 있다는 생각이 들었습니다.
　고소인은 자판기를 부정하게 사용하는 사람이 있는지를 유심히 살펴보았으나 범인을 잡지 못하고, 20○○. ○.부터는 동전이 아닌 물체가 상당히 많이 나와

자판기 영업을 하지 못할 지경이 되어 20○○. ○. ○.에 자판기 주변에 무인카메라를 설치하였는데 그날 밤 주위를 살피며 자판기를 이용하는 사람이 비디오 카메라에 잡혀 얼굴을 확인한 결과 ○○시 ○○로 ○○(○○동)에 사는 피고소인이었습니다.

3. 따라서 피고소인이 부정한 방법으로 커피자판기를 이용하는 바람에 고소인은 자판기영업에 막대한 손실을 보았으므로 피고소인을 철저히 조사하시어 형법 제348조의2에 따라 처벌하여 주시기 바랍니다.

20○○. ○. ○.

위 고소인 ○  ○  ○  (인)

○○경찰서장  귀하

# 고　　소　　장

고 소 인　　○　○　○ (000000-0000000)
　　　　　　○○시 ○○구 ○○로 ○○(○○동)
　　　　　　(전화번호 : 000-0000)

피고소인　　○　○　○ (000000-0000000)
　　　　　　○○시 ○○구 ○○로 ○○(○○동)
　　　　　　(전화번호 : 000-0000)

## 고　소　취　지

피고소인에 대하여 폭행죄로 고소하오니 처벌하여 주시기 바랍니다.

## 고　소　사　실

1. 피고소인은 일정한 직업이 없는 자로서, 20○○. ○. ○. 22:30경 ○○시 ○○구 ○○로 ○○(○○동) 앞 노상에서 약 8개월간 사귀어온 고소인에게 다른 남자와 놀아난다는 이유로 오른 손바닥으로 고소인의 왼쪽 뺨을 1회 때리고, 오른발로 대퇴부를 1회 차는 등 폭행한 것입니다.

2. 따라서 피고소인을 귀서에 고소하오니 철저히 조사하시어 처벌하여 주시기 바랍니다.

# 첨 부 서 류

1. 진단서                    1통
1. 목격자 진술서              1통



                    20○○.   ○.   ○.
                    위 고소인   ○   ○   ○  (인)


   ○○경찰서장  귀하

# 고  소  장

고 소 인    ○   ○   ○ (000000-0000000)
           ○○시 ○○구 ○○로 ○○(○○동)
           (전화번호 : 000-0000)

피고소인    ○   ○   ○ (000000-0000000)
           ○○시 ○○구 ○○로 ○○(○○동)
           (전화번호 : 000-0000)

## 고  소  취  지

피고소인에 대하여 폭행죄로 고소하오니 처벌하여 주시기 바랍니다.

## 고  소  사  실

피고소인은 일정한 직업이 없는 자로서, 20○○. ○. ○. 00:00경 ○○시 ○○구 ○○로 ○○(○○동) 소재 고소인이 경영하는 '○○음식점'에 들어와서 공연히 종업원에게 시비를 걸어 욕설을 하면서 행패를 부리는 것을 고소인이 말리자 피고소인은 고소인에게 너도 똑같은 놈이라며 뺨을 때리고 머리채를 잡아 흔드는 등 폭행을 가한 사실이 있어 고소하오니 철저히 조사하시어 엄벌하여 주시기 바랍니다.

## 첨 부 서 류

1. 진단서                 1통
1. 목격자 진술서       1통




               20○○.　○.　○.

               위 고소인　○　○　○ (인)



○○경찰서장 귀하

# 고 　 소 　 장

고 소 인 　 ○ 　 ○ 　 ○ (000000-0000000)
　　　　　 ○○시 ○○구 ○○로 ○○(○○동)
　　　　　 (전화번호 : 000-0000)

피고소인 　 ○ 　 ○ 　 ○ (000000-0000000)
　　　　　 ○○시 ○○구 ○○로 ○○(○○동)
　　　　　 (전화번호 : 000-0000)

## 고 　 소 　 취 　 지

고소인은 피고소인에 대하여 폭행가혹행위죄로 고소하오니 처벌하여 주시기 바랍니다.

## 고 　 소 　 사 　 실

1. 피고소인은 경찰서 소속 사법경찰관인 자이고, 고소인은 경찰서 관할구역 내에서 야채장사를 하는 상인입니다.

2. 20○○. ○. ○. 오후 5시경 시장 내에서 고소인이 영업을 하고 있던 중 시장 내 주변 상인인 고소외 ○○○와 시비가 붙어 몸싸움을 벌이고 있었는데, 마침 순찰중인 경찰서 소속 피고소인을 포함한 경찰관 2인에 의해 경찰서로 연행되었습니다.

3. 20○○. ○. ○. 오후 7:30시까지 조사를 받고, 유치장에 구금되었는데, 고소인

이 빨리 풀어달라고 요구하자, 피고소인이 갑자기 유치장 안에 있던 고소인을 끌어내더니 복부와 허벅지를 구타하고 얼굴을 수십 차례 주먹으로 가격하는 등 폭행을 하였습니다.

4. 고소인은 다음날 풀려났지만 그 날의 폭행으로 육체적은 물론이고 정신적인 피해를 입었는바, 위 피고소인의 행위는 자신의 직위를 남용하여 힘없는 일반 시민에 대해 가혹행위를 한 것이므로 피고소인을 폭행·가혹 행위죄로 고소하오니 철저히 조사하시어 처벌하여 주시기 바랍니다.

입 증 방 법

1. 진술서                                    1부
1. 진단서                                    1부
   조사시 자세히 진술하겠습니다.

20○○.  ○.  ○.

위 고소인 ○  ○  ○ (인)

○○경찰서장  귀하

# 고 소 장

고 소 인    ○   ○   ○ (000000-0000000)
　　　　　○○시 ○○구 ○○로 ○○(○○동)
　　　　　(전화번호 : 000-0000)

피고소인    ○   ○   ○ (000000-0000000)
　　　　　○○시 ○○구 ○○로 ○○(○○동)
　　　　　(전화번호 : 000-0000)


## 고 소 취 지

피고소인에 대하여 폭행치상죄로 고소하오니 처벌하여 주시기 바랍니다.


## 고 소 사 실

1. 피고소인은 고소인이 고소외 ○○○소유 주택을 경락으로 매수한 ○○시 ○○구 ○○로 ○○(○○동)의 주택을 임대하여 거주하고 있는 자입니다.

2. 고소인이 20○○. ○. ○. 오후 2시경 ○○동 소재 ○○다방에서 피고소인에게 위 주택에 대한 명도를 요구하자, "내 집인데 누구 마음대로 집을 샀느냐"며 갑자기 멱살을 잡고 팔을 비틀어 쓰러뜨린 후 안면, 목, 가슴 등을 가리지 않고 구두 신은 발로 짓밟아 피고소인은 고소인에게 전치 4주를 요하는 상해를 입힌 자입니다.

3. 따라서 피고소인을 귀서에 고소하오니 철저히 조사하시어 처벌하여 주시기 바랍니다.

# 첨 부 서 류

1. 진단서        1통
1. 목격자 진술서      1통

20○○.  ○.  ○.

위 고소인  ○  ○  ○ (인)

○○경찰서장  귀하

# 고 소 장

고 소 인    ○   ○   ○ (000000-0000000)
　　　　　　○○시 ○○구 ○○로 ○○(○○동)
　　　　　　(전화번호 : 000-0000)

피고소인    ○   ○   ○ (000000-0000000)
　　　　　　○○시 ○○구 ○○로 ○○(○○동)
　　　　　　(전화번호 : 000-0000)

## 고 소 취 지

　고소인은 피고소인을 상대로 피의사실공표죄로 고소하오니 처벌하여 주시기 바랍니다.

## 고 소 사 실

1. 고소인은 20○○. ○. ○. 고소인이 근무하였던 A주식회사의 대표이사 ○○○ 으로부터 A주식회사의 기밀서류로 전세계의 관심을 끌고 있던 신개발약품의 제조공정도면 및 사업계획서를 경쟁사인 B주식회사 기술기획실 실장인 ○○○ 에게 건네주는 등 회사의 기밀을 누설하였다는 이유로 고소를 당하여 관할 경찰서인 ○○경찰서에서 조사를 받은 사실이 있습니다.

2. 고소인이 관할 경찰서에서 조사를 받을 당시 범죄사실을 강력히 부인하며 고소 인이 A주식회사의 기밀서류를 넘겨주었다고 하는 시점을 전후하여 약 ○개월 동안을 해외에 있었으므로 A주식회사의 신제품제조공정도면이나 사업계획서

를 접할 수가 없었음을 진술하고, 해외에 있었다는 사실을 증명하기 위하여 출입국에 관한 사실증명서까지 제출한 사실이 있습니다.

3. 그러나 관할경찰서의 수사담당과장인 ○○○는 20○○. ○. ○. A주식회사의 신개발약품에 대하여 각 언론기관 등이 많은 관심을 가지고 있자 참고인들의 진술이 명백하지 않으며, 참고인들 간에도 진술이 일치하지 않고 있음에도 중간 수사결과에 대한 보도자료를 작성하여 K일보의 ○○○ 등 각 언론사의 기자들에게 배포한 사실이 있는바, 동 보도자료에 의하면 고소인이 B회사에 스카우트되기 위하여 기밀서류를 유출하였음이 밝혀졌다고 발표하면서, 향후의 수사계획까지 발표한 사실이 있습니다.

4. 위와 같이 수사담당경찰관인 피고소인 ○○○는 고소인의 비밀누설혐의가 불확실한 상태에서 공소제기 전에 고소인의 피의사실을 각 언론기관 등에 발표를 하였으므로 이에 대하여 피고소인을 철저히 조사하시어 처벌하여 주시기 바랍니다.

첨   부   서   류

1. 보도자료 사본                    1부
1. 신문기사 사본                    5부
1. 출입국에 관한 사실증명           1부
   조사시 자세히 진술하겠습니다.


20○○.   ○.   ○.

위 고소인 ○   ○   ○   (인)

○○경찰서장  귀하

# 고 소 장

고 소 인    ○　○　○ (000000-0000000)
　　　　　　　　○○시 ○○구 ○○로 ○○(○○동)
　　　　　　　　(전화번호 : 000-0000)

피고소인    ○　○　○ (000000-0000000)
　　　　　　　　○○시 ○○구 ○○로 ○○(○○동)
　　　　　　　　(전화번호 : 000-0000)

## 고 소 취 지

피고소인에 대하여 학대죄로 고소하오니 처벌하여 주시기 바랍니다.

## 고 소 사 실

### 1. 신분관계

피고소인은 ○○시 ○○구 ○○로 ○○(○○동)에서 봉제공장을 운영하는 자
이고, 고소인은 피고소인에게 고용되어 그의 보호와 감독 하에 공장에서 기숙
하며 근로를 제공하고 있는 근로자입니다.

### 2. 고소내용

고소인은 20○○. ○. ○.부터 피고소인의 ○○봉제공장에서 기숙하며 일을
하고 있는데, 고소인이 처음 해보는 일이라 잘하지 못하는 경우가 많았는데
이를 이유로 피고소인이 20○○. ○. ○. 00:00경부터 식사도 못하게 하고
동일 00:00경까지 무릎을 꿇려놓는 등의 징벌을 준 바 있고, 또한 같은 해

ㅇ. ㅇ.에도 저녁식사를 못하게 하고 징벌을 주는 등 그 후에도 비슷한 처벌을 여러 차례 준바 있고, 20ㅇㅇ. ㅇ. ㅇ.부터는 고소인의 가슴부위와 다리부위 등에 폭행을 행사하기도 하여 최근까지 계속 이루어져 왔습니다.

3. **결 론**

위의 사실과 같이 피고소인은 자기의 보호, 감독을 받고 있는 고소인에게 식사를 자주 주지 않고, 필요한 휴식을 불허한 경우가 많으며, 또한 지나치게 빈번한 징계행위로 고소인에게 피해를 주었는바, 이에 피고소인을 법에 따라 철저히 조사하시어 엄벌에 처해 주시기 바랍니다.


20ㅇㅇ.　ㅇ.　ㅇ.

위 고소인 ㅇ　ㅇ　ㅇ　(인)



ㅇㅇ경찰서장　귀중

# 고 소 장

고 소 인    ○    ○    ○ (000000-0000000)
○○시 ○○구 ○○로 ○○(○○동)
(전화번호 : 000-0000)

피고소인    ○    ○    ○ (000000-0000000)
○○시 ○○구 ○○로 ○○(○○동)
(전화번호 : 000-0000)

## 고 소 취 지

피고소인에 대하여 협박죄로 고소하오니 처벌하여 주시기 바랍니다.

## 고 소 사 실

1. 피고소인은 일정한 직업이 없는 자로서, 20○○. ○. ○. 14:20경, 평소 함께 다니던 형이 ○○시 ○○구 ○○로 ○○(○○동)에 있는 파라다이스 상호로 룸싸롱을 경영하는 고소인의 점포에서 무전취식한 혐의로 체포되었다는 말을 듣고, 위 룸싸롱을 찾아가 고소인에게 "네가 뭔데 우리 형님한테 콩밥을 먹이 냐, 밀고한 걸 곧 후회하게 될 것이다. 형님이 풀려나오면 가만 두지 않겠다"고 떠들면서 고소인의 신체 등에 어떻게 위해를 가할지도 모른다는 뜻을 고지하여 고소인을 협박하였습니다.

2. 따라서 피고소인을 귀서에 고소하오니 철저히 조사하시어 처벌하여 주시기
   바랍니다.


**첨 부 서 류**

조사시 자세히 진술하겠습니다.


20○○.　○.　○.
위 고소인 ○　○　○ (인)

○○경찰서장 귀하

# 고 소 장

고 소 인    ○    ○    ○ (000000-0000000)
　　　　　　○○시 ○○구 ○○로 ○○(○○동)
　　　　　　(전화번호 : 000-0000)

피고소인    ○    ○    ○ (000000-0000000)
　　　　　　○○시 ○○구 ○○로 ○○(○○동)
　　　　　　(전화번호 : 000-0000)

## 고 소 취 지

피고소인에 대하여 협박죄로 고소하오니 처벌하여 주시기 바랍니다.

## 고 소 사 실

### 1. 사건의 경위

가. 고소인은 20○○. ○. ○. 피고소인 소유의 ○○시 ○○구 ○○로 ○○(○○동) 소재에 있는 상가를 보증금 ○○○원, 월세 ○○원, 임차기간 20○○. ○. ○.까지로 정하여 임차하여 지금까지 식당업을 하고 있습니다.

나. 피고소인은 자신이 위 상가에서 식당업을 하겠다며, 임대차기간이 만료되기 전임에도 수차에 걸쳐 고소인에게 상가를 명도하여 줄 것을 요구하여 오다가, 20○○. ○. ○. 00:00경 고소인이 운영하는 위 '○○○'식당에 찾아와서 '일주일 내로 상가를 비워주지 않으면 고소인 및 고소인의 가족을 죽여버리겠다'는 내용의 협박을 하여 고소인은 심한 공포를 느꼈습니다.

## 2. 피고소인의 범죄행위로 인한 피해상황

피고소인의 위 협박행위 이후, 피고소인이 고소인이나 고소인의 아이들에 대하여 신체적 가해를 하지 않나 하는 두려움에 아이들이 학교를 가거나 외출할 때에는 꼭 고소인이 따라 다니고 있는 실정이며, 극심한 정신적인 고통을 겪다가 결국 신경쇠약으로 정신과적 치료를 받기도 하였습니다.

## 3. 결 론

이상의 이유로 피고소인을 협박죄로 고소하오니, 부디 고소인 및 고소인 가족의 안전을 위해서라도 피고소인을 엄중히 조사하시어 처벌하여 주시기 바랍니다.

### 첨 부 서 류

1. 상가임대차계약서 사본                1통
1. 내용증명                        각 1통
1. 국립정신병원 진단서                  1통
   조사시 자세히 진술하겠습니다.


20○○.    ○.    ○.

위 고소인  ○  ○  ○  (인)


○○경찰서장  귀하

## 고  소  장

고 소 인     ○    ○    ○ (000000-0000000)
　　　　　　○○시 ○○구 ○○로 ○○(○○동)
　　　　　　(전화번호 : 000-0000)

피고소인     ○    ○    ○ (000000-0000000)
　　　　　　○○시 ○○구 ○○로 ○○(○○동)
　　　　　　(전화번호 : 000-0000)

## 고  소  취  지

피고소인을 혼인빙자간음죄로 고소하오니 처벌하여 주시기 바랍니다.

## 고  소  이  유

1. 피고소인은 20○○. ○. ○. 고소외 ○○○와 결혼한 자로서, 20○○. ○. ○. 경부터 같은 해 ○. ○.경까지의 사이에 ○○시 ○○구 ○○로 ○○(○○동)에 있는 "○○모텔" ○○○호실에서 고소인에게 혼인할 생각이 전혀 없음에도 "나는 독신으로 살려고 했는데 너랑 결혼해야겠다. 정식 결혼하자"는 등의 거짓말로 이를 하여 믿게 하고 음행의 상습없는 고소인과 ○회 가량 성교함으로써 혼인을 빙자하여 고소인을 간음한 것입니다.

2. 따라서 피고소인을 귀서에 고소하오니 엄중히 조사하시어 처벌하여 주시기 바랍니다.

## 입  증  방  법

조사시 자세히 진술하겠습니다.

　　　　　　　　20○○.　　○.　　○.
　　　　　　　　위 고소인 ○　　○　　○ (인)

○○경찰서장 귀하

# 고 소 장

고 소 인     ○   ○   ○ (000000-0000000)
　　　　　　○○시 ○○구 ○○로 ○○(○○동)
　　　　　　(전화번호 : 000-0000)

피고소인     ○   ○   ○ (000000-0000000)
　　　　　　○○시 ○○구 ○○로 ○○(○○동)
　　　　　　(전화번호 : 000-0000)

## 고 소 취 지

피고소인을 혼인빙자간음죄로 고소하오니 처벌하여 주시기 바랍니다.

## 고 소 이 유

1. 고소인은 고향인 ○○에서 고등학교를 졸업하고 부모님을 따라 상경하여 현주소에 거주하면서 가사에 종사하고 있는 자로서, 20○○. ○.경 친구와 시내 ○○○구 ○○동에 있는 커피숍에 들렸다가 위 피고소인을 알게 되었는바,

2. 피고소인은 미혼이라고 사칭하면서 고소인에게 자주 연락하여 만나서 결혼을 하자고 꼬이고 동년 ○. 초순경에는 ○○구 ○○동 소재 ○○호텔로 유인하고 하루빨리 어린애를 출산해서 같이 살자면서 고소인을 간음하고,

3. 피고소인은 동년 ○. 중순경에 고소인의 부모한테까지 와서 인사를 하고 결혼을

하고 동거생활을 하겠으니 방 1칸을 달라는 부탁까지 하여 고소인의 전 가족이 믿도록 하고 금일 현재까지 고소인의 정조를 유린하여 온 자입니다.

4. 고소인은 금년 ○.에 임신을 하여 현재 2개월에 이르는바, 알고 보니 피고소인은 1녀를 둔 유부남으로 위와 같은 범행을 자행하였고, 뻔뻔스럽게도 처가 안 이상 처의 승낙을 받아 같이 살자는 등, 추호에도 반성함이 없을 뿐만 아니라 한 인생을 망쳐 놓고도 뉘우침이 없는 자이므로, 고소를 제기하오니 철저히 조사하시어 처벌하여 주시기 바랍니다.

# 입 증 방 법

조사시 자세히 진술하겠습니다.

20○○.  ○.  ○.
위 고소인  ○  ○  ○  (인)

○○경찰서장  귀하

# 고 소 장

고 소 인 　ㅇ　ㅇ　ㅇ (000000-0000000)

　　　　　ㅇㅇ시 ㅇㅇ구 ㅇㅇ로 ㅇㅇ(ㅇㅇ동)

　　　　　(전화번호 : 000-0000)

피고소인 　ㅇ　ㅇ　ㅇ (000000-0000000)

　　　　　ㅇㅇ시 ㅇㅇ구 ㅇㅇ로 ㅇㅇ(ㅇㅇ동)

　　　　　(전화번호 : 000-0000)

## 고 소 취 지

피고소인에 대하여 횡령죄로 고소하오니 처벌하여 주시기 바랍니다.

## 고 소 사 실

1. 피고소인은 일정한 직업이 없는 자인바, 20ㅇㅇ. ㅇ. ㅇ.경 ㅇㅇ시 ㅇㅇ구 ㅇㅇ로 ㅇㅇ(ㅇㅇ동)에 있는 고소인의 집에서 동인으로부터 액면금 3,000만원 약속어음 1매에 대한 할인의뢰를 받고 이를 보관 중 같은 달 ㅇ.경 ㅇㅇ시 ㅇㅇ구 ㅇㅇ로 ㅇㅇ(ㅇㅇ동)에서 고소외 ㅇㅇㅇ로부터 선이자 150만원을 공제하고 2,850만원에 할인하여 고소인을 위해 보관 중 그 무렵 유흥비로 임의 소비하여 이를 횡령한 자입니다.

2. 위와 같은 사실을 들어 피고소인을 고소하오니 철저히 조사하시어 엄벌하여 주시기 바랍니다.

# 입 증 방 법

조사시 자세히 진술하겠습니다.

20○○. ○. ○

위 고소인 ○ ○ ○ (인)

○○경찰서장 귀하

# 고 소 장

고 소 인 　○　　○　　○ (000000-0000000)
　　　　　○○시 ○○구 ○○로 ○○(○○동)
　　　　　(전화번호 : 000-0000)

피고소인 　○　　○　　○ (000000-0000000)
　　　　　○○시 ○○구 ○○로 ○○(○○동)
　　　　　(전화번호 : 000-0000)

## 고 소 취 지

피고소인에 대하여 횡령죄로 고소하오니 처벌하여 주시기 바랍니다.

## 고 소 사 실

1. 피고소인은 ○○시 ○○로 ○○(○○동) 소재 '금별은별'이라는 보석가게를 운영하는 자인바, 20○○. ○. ○. 13:00경 위 가게에 온 성명불상의 손님이 1캐럿짜리 황색다이아몬드를 찾았지만 없어서, 위 같은 동 125번지에 있는 고소인 운영의 '보석나라'에서 손님에게 보여준다며 고소인으로부터 황색다이아몬드 1.05캐럿짜리 1개 시가 1,500만원 상당을 잠시 빌려 손님에게 보여주고 피해자를 위하여 보관하던 중 같은 달 ○.경 고소인이 빌려간 다이아몬드를 돌려달라는 요청을 받고도 아무런 이유 없이 그 반환을 거부하여 이를 횡령한 것입니다.

2. 위와 같은 사실을 들어 피고소인을 고소하오니 철저히 조사하시어 엄벌하여 주시기 바랍니다.

## 입 증 방 법

조사시 자세히 진술하겠습니다.


20○○.　○.　○
위 고소인　○　○　○　(인)


**○○경찰서장　귀하**

# 고 소 장

고 소 인 　　ㅇ　　ㅇ　　ㅇ (000000-0000000)
　　　　　　ㅇㅇ시 ㅇㅇ구 ㅇㅇ로 ㅇㅇ(ㅇㅇ동)
　　　　　　(전화번호 : 000-0000)

피고소인 　　ㅇ　　ㅇ　　ㅇ (000000-0000000)
　　　　　　ㅇㅇ시 ㅇㅇ구 ㅇㅇ로 ㅇㅇ(ㅇㅇ동)
　　　　　　(전화번호 : 000-0000)

## 고 소 취 지

피고소인에 대하여 횡령죄로 고소하오니 처벌하여 주시기 바랍니다.

## 고 소 사 실

1. 피고소인은 여러 가지 물건 등의 영업을 하는 자로서 고소인 회사가 팔아달라고 보관시킨 ㅇㅇㅇ을 금 ㅇㅇㅇ원 어치를 20ㅇㅇ. ㅇ. ㅇ. 소외 ㅇㅇㅇ에게 금 ㅇㅇㅇ원에 매각하여 그 대금 ㅇㅇㅇ원 전부 고소인에게 교부하여야 함에도 불구하고 이를 교부치 아니하고 횡령한 사실이 있습니다.

2. 위와 같은 사실을 들어 고소하오니 철저히 조사하시어 엄벌하여 주시기 바랍니다.

## 입 증 방 법

조사시 자세히 진술하겠습니다.

　　　　　　　　20ㅇㅇ. 　ㅇ. 　ㅇ
　　　　　　　　위 고소인 　ㅇ　ㅇ　ㅇ (인)

**ㅇㅇ경찰서장 귀하**

# 고   소   장

고 소 인     ○   ○   ○ (000000-0000000)
　　　　　  ○○시 ○○구 ○○로 ○○(○○동)
　　　　　  (전화번호 : 000-0000)

피고소인     ○   ○   ○ (000000-0000000)
　　　　　  ○○시 ○○구 ○○로 ○○(○○동)
　　　　　  (전화번호 : 000-0000)

## 고   소   취   지

　고소인은 피고소인을 상대로 횡령 및 배임죄로 고소하오니 처벌하여 주시기 바랍니다.

## 고   소   사   실

### 1. 고소인과 피고소인과의 관계

　고소인은 ○○○씨의 시조인 ○○○의 ○○세손인 ○○○군 ○○○을 중시조로 하여 그의 제사와 분묘관리 및 후손들의 친목도모를 위하여 결성된 ○○○ 대표자이고, 피고소인은 명의 신탁된 종회의 재산을 상속받은 공동명의자 중 한사람입니다.

### 2. 피고소인이 종토의 공동명의자로 등재된 경위

　고소인 종회는 20○○. ○. ○.경 분할 전 토지인 ○○시 ○○면 ○○리 ○○○ 전 ○○○평 토지를 매수하여 20○○. ○. ○. 충무공의 후손인 망 ○○○, 망 ○○○, 망 ○○○, 망 ○○○ 및 ○○○의 후손인 망 ○○○ 외 5인의 공동명의로 소유권이전등기를 마쳤습니다.

또한 위 토지는 20○○. ○. ○. 위 같은 리 ○○○-○ 전 ○○○㎡, 같은 리 ○○○-○ 전 ○○○㎡, 위 같은 리 ○○○-○ 전 ○○○㎡, 같은 리 ○○○-○ 전 ○○○㎡로 분할되었습니다.

한편, 위 망 ○○○의 지분 5분의 1 중 4,200분의 210은 피고소인 ○○○, 4,200분의 90은 ○○○, 4,200분의 60은 ○○○, 4,200분의 126은 ○○○, 4,200분의 84는 ○○○, 4,200분의 35는 ○○○, 4,200분의 35는 ○○○, 4,200분의 35는 ○○○, 4,200분의 35는 ○○○, 4,200분의 35는 ○○○, 4,200분의 35는 ○○○이 각 상속을 받아 공동명의자가 되었습니다.

### 3. 종토의 관리현황

고소인은 위 상속된 토지를 종원들에게 경작하게 하고 그 소출로 일정한 도지를 받아 선조들의 분묘의 관리와 시제 등의 비용에 충당하였으며 위 토지에 대한 각종 세금을 납부하였습니다.

### 4. 종토에 대한 수용경위 및 대책

고소인의 종토인 위 토지에 대하여 ○○주식회사에서 시행하는 공익사업에 따라 공익사업을 위한 토지등의취득및보상에관한법률에 의한 협의 또는 수용취득의 대상이 되었고, 이에 고소인은 20○○. ○. ○.경 ○○시 ○○동 ○○식당에서 임원회를 개최하여 수용되는 위 투자에 관하여 위탁된 등기명의자로부터의 상속등기를 마치고, 그들로 하여금 보상금을 수령하게 한 후 환수할 것을 결의하고, 20○○. ○. ○. ○○시 ○○동 ○○회관 3층 회의실에서 정기총회를 개최하여 종토의 명의자들이 보상을 받아 종회로 환수하기로 가결, 재확인하였습니다. 본 가결에 따라 고소인 종회에서는 피고소인을 비롯하여 상속인들에게 총회의 의결사항을 내용증명원으로 통지하여 줄 것을 당부하였고, 상속등기에 필요한 제반비용을 고소인 종회에서 부담하여 피고소인이 상속을 받게 된 것입니다.

### 5. 범죄사실

고소인은 임원회의와 정기총회를 거쳐 토지보상금을 종원 및 명의자들이 수령함과 동시에, 그 즉시 수령한 보상금을 본 종회에 환수하기로 결정하고, 이를 피고소인에게 통지한바, 피고소인은 명의신탁 된 부동산을 상속받은 등기명의인들 중 한사람으로써 응당 보상금 금 ○○○원을 수령함과 동시에 즉시 본 종회의 고소인명의인 ○○회 통장으로 입금시켜야 마땅하나 피고소인은 고소인의 환수 요수에 응하지 아니하고 고의적으로 기피하고 위 금원을 횡령, 착복하고 지급을 거절하고 있습니다. 또한, 피고소인은 고소인이 제기한 ○○지방법원 ○○지원 20○○가합 ○○○호로 부당이득금반환청구 소송에서 패소하였고, 피고소인이 대전고등법원 20○○나 ○○○호로 제기한 항소심 재판 또한 항소기각 판결이 선고되어 최종적으로 고소인의 승소가 확정되었음에도 불구하고 피고소인은 착복한 보상금을 고소인에게 반환하지 않고 있는 것입니다.

## 6. 결 어

위와 같은 정황을 살펴 볼 때 피고소인은 종회의 총회결의사항에 따라 명의신탁 된 부동산의 상속인들 중 한사람으로써 토지보상금을 수령한 다음 이를 종회에 반납하여야 함에도 불구하고 정작 피고소인 명의의 문중 종토보상금을 수령하고는 마음을 달리하여 고소인에게 지급을 거절하고 보상금을 횡령하여 착복한 자이오니 피고소인으로 철저히 조사하시어 법이 허용하는 한도 내에서 엄벌하여 주시기 바랍니다.


**첨 부 서 류**

1. 종중등록증명서          1부
1. 등기부등본              4부
1. 판결문(1심, 2심)        2부
   조사시 자세히 진술하겠습니다.


20○○.  ○.  ○.

위 고소인   ○○○○○회

대표자  ○ ○ ○  (인)

○○**경찰서장 귀하**

# 고 소 장

## 1. 고소인

| 성 명<br>(상호·대표자) | ○ ○ ○ | 생년월일<br>(법인등록번호) | 1900. 00. |
|---|---|---|---|
| 주 소<br>(주사무소<br>소재지) | 경기도 00시 00구 00로 000 | | |
| 직 업 | 회사원 | 사무실<br>주소 | - |
| 전 화 | (휴대폰) 010-0000-0000 | | |
| 이메일 | | | |
| 대리인에 의한<br>고소 | □ 법정대리인 (성명 :       , 연락처      )<br>□ 고소대리인 (성명 :                  ) | | |

## 2. 피고소인

| 성 명 | ○ ○ ○ | 주민등록번호 | 000000-000000 |
|---|---|---|---|
| 주 소 | 경기도 00시 00구 00로 000 | | |
| 직 업 | | 사무실<br>주소 | |
| 전 화 | | | |

## 3. 고소 취지

고소인은 피고소인을 상해(형법 제257조 제1항), 폭행(제260조 제1항), 협박(형법 제283조 제1항), 아동복지법 위반(아동복지법 제17조 제3호, 제5호)죄로 고소하오니 엄중한 수사로 처벌하여 주시기 바랍니다.

또한 가정폭력범죄의 처벌 등에 관한 특례법(약칭 : 가정폭력처벌법), 아동학대범죄의 처벌 등에 관한 특례법(약칭: 아동학대처벌법) 상의 임시조치를 함께 청구합니다.

## 4. 고소 경위

고소인과 피고소인은 2000. 00. 00. 혼인신고를 마친 법률상의 부부이나, 피고소인이 평소 쉽게 흥분하고 한 번 흥분하면 쉽게 자제가 되지 않아 배우자인 고소인에게 상해, 폭행을 가해왔습니다. 피고소인의 행동은 배우자인 고소인을 상대로 하는 상해·폭행에 그치지 아니하고, 어린 자녀인 000에게도 화를 잘 내고 흥분 시 때리는 일을 수시로 행하는 등 고도의 폭력성을 가지고 있습니다.

최근까지도 피고소인의 폭언, 폭행 등 배우자인 고소인과 어린 자녀에 대한 학대가 계속되고 있는바 이러한 상황이 계속된다면 자녀 000이 제대로 성장이 가능할지 의심스러운 것은 둘째 치고, 갖은 폭언과 폭력에 시달리게 되어 아이의 신체적·정신적 건강에 문제가 생길 수 있으며 경우에 따라서는 큰 사단이 발생할 가능성 또한 높기에 고소인은 부득이하게 이 사건 고소에 이르렀습니다.

## 5. 범죄 사실

가. 법률의 규정

---

**[형법]**

제257조(상해, 존속상해) ①사람의 신체를 상해한 자는 7년 이하의 징역, 10년 이하의 자격정지 또는 1천만원 이하의 벌금에 처한다

제260조(폭행, 존속폭행) ①사람의 신체에 대하여 폭행을 가한 자는 2년 이하의 징역, 500만원 이하의 벌금, 구류 또는 과료에 처한다.

---

제283조(협박, 존속협박) ①사람을 협박한 자는 3년 이하의 징역, 500만원 이하의 벌금, 구류 또는 과료에 처한다.

**[아동복지법]**

제17조(금지행위) 누구든지 다음 각 호의 어느 하나에 해당하는 행위를 하여서는 아니 된다.

3. 아동의 신체에 손상을 주거나 신체의 건강 및 발달을 해치는 신체적 학대행위

5. 아동의 정신건강 및 발달에 해를 끼치는 정서적 학대행위

제71조(벌칙) ① 제17조를 위반한 자는 다음 각 호의 구분에 따라 처벌한다.

2. 제3호부터 제8호까지의 규정에 해당하는 행위를 한 자는 5년 이하의 징역 또는 5천만원 이하의 벌금에 처한다.

나. 관련 법리 및 판례

1) 상해

상해죄의 성립에는 상해의 고의와 신체의 완전성을 해하는 행위 및 이로 인하여 발생하는 인과관계 있는 상해의 결과가 있어야 하는데(대법원 1982. 12. 28. 선고 82도2588 판결), 외부적으로 어떤 상처가 발생하지 않았다고 하더라도 생리적 기능에 훼손을 입었다면 신체에 대한 상해가 있었다고 할 것이고(대법원 1996. 12. 10. 선고 96도2529 판결), 피고인이 피해자의 얼굴과 머리를 몇차례 때려 피해자가 코피를 흘리고 콧등이 부었다면 비록 병원에서 치료를 받지 않더라도 일상생활에 지장이 없고 또 자연적으로 치유될 수 있는 것이라 하더라도 상해해 해당합니다(대법원 1991. 10. 22. 선고 91도1832 판결).

2) 폭행

폭행이란 사람에 대한 유형력의 행사 등 불법한 공격을 뜻하고 그 대상은 사람의

신체라고 할 것인데(대법원 1977. 2. 8. 선고 75도2673 판결), 그 성질상 반드시 신체상 가해의 결과를 야기함에 족한 완력행사가 있음을 요하지 아니하고 육체상 고통을 수반하는 것도 요하지 아니하므로 폭언을 수차 반복하는 것도 폭행인 것입니다(대법원 1956. 12. 12. 선고 4289형상297 판결).

3) 협박

협박죄에 있어서의 협박이라 함은 사람으로 하여금 공포심을 일으킬 수 있을 정도의 해악을 고지하는 것을 말하고 협박죄가 성립하기 위하여는 적어도 발생 가능한 것으로 생각될 수 있는 정도의 구체적인 해악의 고지가 있어야 하며, 해악의 고지가 있다 하더라도 그것이 사회의 관습이나 윤리관념 등에 비추어 사회통념상 용인될 정도의 것이라면 협박죄는 성립하지 않으나, 이러한 의미의 협박행위 내지 협박의 고의가 있었는지 여부는 행위의 외형뿐 아니라 그러한 행위에 이르게 된 경위, 피해자와의 관계 등 전후 상황을 종합하여 판단해야 할 것입니다(대법원 1991. 5. 10. 선고 90도2102 판결, 대법원 2005. 3. 25. 선고 2005도329 판결 등 참조).

4) 아동 학대

대법원 2016. 5. 12. 선고 2015도6781 판결은 "구 아동복지법(2014. 1. 28. 법률 제12361호로 개정되기 전의 것) 제17조 제3호는 "아동의 신체에 손상을 주는 학대행위"를 금지행위의 하나로 규정하고 있는데, 여기에서 '신체에 손상을 준다'란 아동의 신체에 대한 유형력의 행사로 신체의 완전성을 훼손하거나 생리적 기능에 장애를 초래하는 '상해'의 정도에까지는 이르지 않더라도 그에 준하는 정도로 신체에 부정적인 변화를 가져오는 것을 의미한다."라고 판시한 바 있습니다.

대법원 2015. 12. 23. 선고 2015도13488 판결은 "구 아동복지법(2014. 1. 28. 법률 제12361호로 개정되기 전의 것) 제17조 제5호에서 '아동의 정신건강 및 발달에 해를 끼치는 정서적 학대행위'를 규정하고 있는데, 아동의 신체에 손상을 주는 행위 가운데 아동의 정신건강 및 발달에 해를 끼치지 않는 행위를 상정할 수 없는 점 및 위 각 규정의 문언 등에 비추어 보면, 제5호의 행위는 <u>유형력 행사를 동반하지 아니한 정서적 학대행위나 유형력을 행사하였으나 신체의 손상에까지 이르지는 않고 정서적 학대에 해당하는 행위를 가리킨다.</u> 여기에서 '<u>아동의 정신건강 및 발달에 해를 끼치는 정서적 학대행위'란 현실적으로 아동의 정신건강과 정상적인 발달을 저해한 경우뿐만 아니라 그러한 결과를 초래할 위험 또는 가능성이 발생한 경우도 포함</u>되며, 반드시 아동에 대한 정서적 학대의 목적이나 의도가 있어야만 인정되는 것은 아니고 자기의 행위로 아동의 정신건강 및 발달을 저해하는 결과가 발생할 위험 또는 가능성이 있음을 미필적으로 인식하면 충분하다."라고 판시한 바 있습니다.

다. 피고소인의 범죄사실

1) 상해

피고소인은 ① 2000. 00. 00.경 고소인과 피고소인이 함께 생활하는 주거지인 경기도 00시 00구 00로 000 집에서 주먹으로 고소인의 왼쪽 팔 부위를 가격하여 피하출혈 등의 상해를 입혔고,

② 2000. 00. 00.경 같은 장소에서 피고소인의 휴대전화를 손에 파지한 채 고소인의 상박 부위를 타격하여 마찬가지로 피하출혈 등의 상해를 입혔고,

③ 2000. 00. 00.경 같은 장소에서 고소인의 얼굴을 때려 고소인의 왼쪽 아랫 입술에 상해를 입혔습니다.

2) 폭행

피고소인은,

① 2000. 00. 00. 09:00경 고소인과 함께 거주하고 있던 집에서 고소인에게 폭행을 행사하였고,

② 2000. 00. 00. 21:50경 같은 장소에서 고소인을 폭행하였고,

③ 2000. 00. 00. 09:30경 같은 장소에서 고소인에게 "앉아서 하지 말고 바닥에

서 해. 뭘 맨바닥에서 못 앉는다고 지랄이냐", "목이 뻐근하다 어디가 뻐근하다 이렇게 뻐대냐", "아예 골방으로 들어가라", "꼴도 보기 싫다", "니 목소리 들리면 좋냐? 좋냐고", "내가 미쳐버리겠다 아주 받들어주니까 끝도 없다. 나대지 마라", "뭘 할라해도 니가 있어서 걸리적거려 엄청 짜증나 싫어 죽겠어", "맞춰주는 줄도 모르고 나댄다."라고 하면서 고소인을 폭행하였고,

④ 2000. 00. 00. 18:30경 같은 장소에서 고소인에게 (둘째) 아이를 내려놓고 자신에게 오라고 한 다음 "나가라"라며 소리지르면서 고소인을 폭행하였습니다.

3) 협박

피고소인은 ① 2000. 00. 00.. 21:50경 고소인을 폭행하면서 "칼로 찔러 죽일 것 같아", "(고소인의 가슴을 손날로 쿡쿡찌르며) 칼을 여기다 꽂아? 열 번 스무번 꽂아? 나 계속 그런 상상한다니까 그러야지 안할거야? 너 죽어야지 안할거야?"라며 하였고,

② 2000. 00. 00. 23:00경 고소인에게 "(이혼하고) 아주 다른 여자랑 결혼해서 아주 피맛을 봐야해"라고 하며, 고소인으로 하여금 공포심을 일으킬 수 있을 정도의 해악을 고지하여 고소인을 협박하였습니다.

4) 아동 학대

피고소인은, ① 2000. 00. 00. 20:00경 피고소인은 피고소인이 000과 함께 거주하고 있던 집에서 울고있는 자녀 000에게 유형력을 행사하였고,

② 2000. 00. 00. 20:00경 자녀 000이 함께 있는 자리에서 고소인에게 "대화를 해라 좆병신", "너 나와 왜 내 말을 뭉게냐", "000 너 나와"라는 말을 공연히 함으로써 아동의 정신건강과 정상적인 발달을 초래할 위험 또는 가능성을 발생시키는 등 아동의 신체에 손상을 주는 학대행위, 아동의 정신건강 및 발달에 해를 끼치는 정서적 학대행위를 범했습니다.

## 6. 임시조치 요청

가. 고소인 보호를 위한 임시조치 요청

**[가정폭력범죄의 처벌 등에 관한 특례법(약칭: 가정폭력처벌법)]**

제8조(임시조치의 청구 등) ① 검사는 가정폭력범죄가 재발될 우려가 있다고 인정하는 경우에는 직권으로 또는 사법경찰관의 신청에 의하여 법원에 제29조제1항제1호·제2호 또는 제3호의 임시조치를 청구할 수 있다.

② 검사는 가정폭력행위자가 제1항의 청구에 의하여 결정된 임시조치를 위반하여 가정폭력범죄가 재발될 우려가 있다고 인정하는 경우에는 직권으로 또는 사법경찰관의 신청에 의하여 법원에 제29조제1항제5호의 임시조치를 청구할 수 있다.

③ 제1항 및 제2항의 경우 피해자 또는 그 법정대리인은 검사 또는 사법경찰관에게 제1항 및 제2항에 따른 임시조치의 청구 또는 그 신청을 요청하거나 이에 관하여 의견을 진술할 수 있다.

④ 제3항에 따른 요청을 받은 사법경찰관은 제1항 및 제2항에 따른 임시조치를 신청하지 아니하는 경우에는 검사에게 그 사유를 보고하여야 한다.


제29조(임시조치) ① 판사는 가정보호사건의 원활한 조사·심리 또는 피해자 보호를 위하여 필요하다고 인정하는 경우에는 결정으로 가정폭력행위자에게 다음 각 호의 어느 하나에 해당하는 임시조치를 할 수 있다.

1. 피해자 또는 가정구성원의 주거 또는 점유하는 방실(房室)로부터의 퇴거 등 격리

2. 피해자 또는 가정구성원이나 그 주거·직장 등에서 100미터 이내

의 접근 금지

3. 피해자 또는 가정구성원에 대한 「전기통신기본법」 제2조제1호의 전기통신을 이용한 접근 금지

4. 의료기관이나 그 밖의 요양소에의 위탁

5. 국가경찰관서의 유치장 또는 구치소에의 유치

6. 상담소등에의 상담위탁

위에서 살펴본 바와 같이 피고소인의 고소인에 대한 상해, 폭행, 협박행위 등은 과거부터 계속되어 왔고, 현재까지도 이어지고 있습니다.

고소인은 향후 피고소인과 동거하고 있는 거주지를 떠나 자녀 000을 데리고 안전한 장소에서 생활할 예정인바, 피고소인에게 최소한 '고소인'의 ① 주거, 학교 또는 보호시설 등에서 100미터 이내의 접근 금지, ② 전기통신을 이용한 접근 금지 등의 임시조치를 명하여 주시기 바랍니다.

고소인의 행위는 가정폭력범죄의 처벌 등에 관한 특례법 제2조 제3호에서 규정하고 있는 가정폭력범죄임이 명백한 바, 같은 법 제8조, 제29조에 따라 임시조치를 신청하여 주시기를 요청드립니다.

나. 자녀 000 보호를 위한 임시조치 요청

**[아동학대범죄의 처벌 등에 관한 특례법(약칭: 아동학대처벌법)]**

제14조(임시조치의 청구) ① 검사는 아동학대범죄가 재발될 우려가 있다고 인정하는 경우에는 직권으로 또는 사법경찰관이나 보호관찰관의 신청에 따라 법원에 제19조제1항 각 호의 임시조치를 청구할 수

있다.

② 피해아동등, 그 법정대리인, 변호사, 시·도지사, 시장·군수·구청장 또는 아동보호전문기관의 장은 검사 또는 사법경찰관에게 제1항에 따른 임시조치의 청구 또는 그 신청을 요청하거나 이에 관하여 의견을 진술할 수 있다.

③ 제2항에 따른 요청을 받은 사법경찰관은 제1항에 따른 임시조치를 신청하지 아니하는 경우에는 검사 및 임시조치를 요청한 자에게 그 사유를 통지하여야 한다.

**제19조(아동학대행위자에 대한 임시조치)** ① 판사는 아동학대범죄의 원활한 조사·심리 또는 피해아동등의 보호를 위하여 필요하다고 인정하는 경우에는 결정으로 아동학대행위자에게 다음 각 호의 어느 하나에 해당하는 조치(이하 "임시조치"라 한다)를 할 수 있다.

1. 피해아동등 또는 가정구성원(「가정폭력범죄의 처벌 등에 관한 특례법」 제2조제2호에 따른 가정구성원을 말한다. 이하 같다)의 주거로부터 퇴거 등 격리

2. 피해아동등 또는 가정구성원의 주거, 학교 또는 보호시설 등에서 100미터 이내의 접근 금지

3. 피해아동등 또는 가정구성원에 대한 「전기통신기본법」 제2조제1호의 전기통신을 이용한 접근 금지

4. 친권 또는 후견인 권한 행사의 제한 또는 정지

5. 아동보호전문기관 등에의 상담 및 교육 위탁

6. 의료기관이나 그 밖의 요양시설에의 위탁

7. 경찰관서의 유치장 또는 구치소에의 유치

② 제1항 각 호의 처분은 병과할 수 있다.

피고소인의 자녀 OOO에 대한 신체적 · 정신적 학대가 이루어지고 있습니다(피고소인은 고소인이 있는 자리에서도 주저하지 않고 자녀 OOO에게 욕을 하거나 폭행을 가하고 있는바, 고소인이 없는 때에는 얼마나 많은 아동학대가 이루어지고 있을지 짐작조차 하기 어렵습니다).

고소인이 현재 제일 걱정되는 부분은 자녀가 엄마인 피고소인으로부터 학대를 받더라도 고소인에게 제대로 말을 하지 못한다는 점입니다. 이러한 아동 학대는 심각한 수준이지만 자녀 OOO은 피고소인이 무서워서 자신이 당한 학대사실을 고소인에게 알리는 것을 극도로 두려워하고 있습니다. 이에 자녀 OOO의 스트레스는 극에 다다른 상황입니다.

이러한 상황에서 피고소인의 자녀 OOO에 대한 접근금지 등 격리가 이루어지지 않은 상태에서 피고소인에 대한 조사가 이루어진다면 피고소인은 아이들이 자신에게 학대받았다는 사실을 고소인에게 말했다는 것을 알게 될 것이고 피고소인의 상태를 고려하면 자녀 OOO의 기본적인 안위조차 장담할 수가 없는 상황입니다.

이에 고소인은 자녀 OOO의 아버지로서 법정대리인의 자격에서 임시조치를 하오니 피고소인에게 최소한 '자녀 OOO'의 ① 주거, 학교 또는 보호시설 등에서 100미터 이내의 접근 금지, ② 전기통신을 이용한 접근 금지 등의 임시조치를 명하여 주시기 바랍니다.

## 7. 결론
피고소인은 ① 고소인에 대한 상해 · 폭행 · 협박, ② 자녀 OOO에 대한 학대행위로 심대한 정신적 · 육체적 해악을 끼치고 있는바 법에 따라 엄중히 수사하시어 처벌하여 주시기 바랍니다.

## 8. 증거 자료

- ☐ 고소인은 고소인의 진술 외에 제출할 증거가 없습니다.
- ■ 고소인은 고소인의 진술 외에 제출할 증거가 있습니다.

   **→ 별지로 첨부합니다.**

## 9. 관련 사건의 수사 및 재판 여부

| ① 중복 고소 여부 | 본 고소장과 같은 내용의 고소장을 다른 검찰청 또는 경찰서에 제출하거나 제출하였던 사실이 있습니다 ☐ / 없습니다 ■ |
|---|---|
| ② 관련 형사사건 수사 유무 | 본 고소장에 기재된 범죄사실과 관련된 사건 또는 공범에 대하여 검찰청이나 경찰서에서 수사 중에 있습니다 ☐ / 수사 중에 있지 않습니다 ■ |
| ③ 관련 민사소송 유무 | 본 고소장에 기재된 범죄사실과 관련된 사건에 대하여 법원에서 민사소송 중에 있습니다 ☐ / 민사소송 중에 있지 않습니다 ■ |

## 10. 기타

(고소내용에 대한 진실확약)

   본 고소장에 기재한 내용은 고소인이 알고 있는 지식과 경험을 바탕으로 모두 사실대로 작성하였으며, 만일 허위사실을 고소하였을 때에는 형법 제156조 무고죄로 처벌받을 것임을 서약합니다.

2000.  00.   .

고소인     0 0 0

**00경찰서 귀중**

| | |
|---|---|
| <div align="center">**위 임 장**</div> | |
| 사 건 | |
| 당 사 자 | 고 소 인<br>피고소인 |
| 위 사건에 관하여 다음 표시 수임인을 대리인으로 선임하고 다음 표시 권한을 수여한다. | |
| 수 임 인 | 변호사 ○ ○ ○<br><br>　　　　○○시 ○○구 ○○로 ○○(○○동)<br><br>전화 :　　　　　　　팩스 : |
| 수권사항 | 1. 고소장을 비롯한 고소관련 각종 서류작성 및 제출권한<br>2. 피고소인과의 협의, 조정, 화해, 합의 및 그 금원 수령권<br>3. 기타 본 고소와 관련한 일체의 권한 |
| <br> 20○○.　○.　○. <br><br> 위임인 ○　○　○ (인) <br><br><br>**○○경찰서　귀중** | |

발행번호 제            호

## 고소(고발장) 접수증명서

| 고소인 고발인 | ① 성 명 |  | ② 주민등록번호 |  |
| | ③ 주 소 |  |  |  |
| 피고소인 피고발인 | ④ 성 명 |  | ⑤ 주민등록번호 |  |
| | ⑥ 주 소 |  |  |  |
| ⑦ 사 건 번 호 | | ○○지검 ○○지청 20○○형 제○○○○호 | | |
| ⑧ 접 수 년 월 일 | | 20○○.        .        . | | |
| ⑨ 죄        명 | |  | | |
| ⑩ 용        도 | |  | ⑪ 신 청 인 |  |

위와 같이 고소(고발)장이 접수되었음을 증명합니다.

20○○.    ○.    ○.

## ○ ○ 지 방 검 찰 청  검 사 장

## 7. 고발장

### 가. 의의

고발이란 고소권자 및 범인 이외의 제3자가 수사기관에 대하여 범죄사실을 신고하여 범인의 처벌을 희망하는 의사표시이다. 고발도 고소와 마찬가지로 처벌희망의 의사표시를 핵심요소로 하므로 단순한 범죄사실의 신고는 고발이 아니다. 고발도 원칙적으로 단순한 수사의 단서에 그친다. 그러나 예외적으로 공무원의 고발을 기다려 논할 수 있는 범죄에서는 친고죄의 고소와 같이 소송조건으로서의 성질을 갖는다.

[고소와 고발의 차이]

| 고소 | 고발 |
|---|---|
| • 범죄 피해자와 그 밖의 고소 대리인이 범죄 사실을 수사기관에 알려 기소하고자 하는 의사표시(형사소송법 제223조 ~ 228조) | |
| • 고소는 고소권자에 의해 행하여져야 하고, 고소권이 없는자가 한 고소는 고소의 효력이 없으며, 자기 또는 배우자의 직계존속은 고소하지 못함 | • 제3자가 범죄사실을 알고 수사기관에 알려 기소하고자 하는 의사표시(형사소송법 제234조 ~ 237조) |
| • 형사소송법상 고소권자로는 피해자, 피해자의 법정대리인, 피해자의 배우자 및 친족, 지정 고소권자가 있음(친고죄에 대해 고소할 자가 없는 경우 이해관계인의 신청이 있으면 검사는 10일 이내에 고소할 수 있는 자를 지정) | • 누구든지 범죄가 있다고 사료되는 경우 고발을 할 수 있으나 자기 또는 배우자의 직계존속은 고발하지 못함. |
| • 고소는 제1심 판결 선고전까지 취소할 수 있으며, 고소를 취소한 자는 다시 고소하지 못함. | • 고발은 제1심 판결 선고전까지 취소할 수 있으며, 고소와 달리 고발은 취소한 후에도 다시 고발할 수 있음. |

---

**형사소송법**

제223조(고소권자) 범죄로 인한 피해자는 고소할 수 있다.

제234조(고발) ① 누구든지 범죄가 있다고 사료하는 때에는 고발할 수 있다.

제237조(고소, 고발의 방식) ① 고소 또는 고발은 서면 또는 구술로써 검사 또는 사법경찰관에게 하여야 한다. ②검사 또는 사법경찰관이 구술에 의한 고소 또는 고발을 받은 때에는 조서를 작성하여야 한다.

제238조(고소, 고발과 사법경찰관의 조치) 사법경찰관이 고소 또는 고발을 받은 때에는 신속히 조사하여 관계서류와 증거물을 검사에게 송부하여야 한다.

---

## 나. 고발권자

누구든지 범죄가 있다고 사료되는 때에는 고발할 수 있다. 공무원은 그 직무를 행함에 있어 범죄가 있다고 사료되는 때에는 고발하여야 한다. 그러나 공무원이 그 직무와 관련없이 알게 된 범죄에 대하여는 고발의무가 없다.

## 다. 고발의 방식

고발의 방식과 처리절차 및 그 제한에 관하여는 고소의 경우에 준한다. 그러나 고발의 경우에는 대리가 허용되지 않고, 고발기간에 제한이 없으며, 고발을 취소한 후에도 다시 고발할 수 있고 고발의 주관적 불가분의 원칙이 적용되지 아니한다는 점에서 고소와 차이가 있다.

## 라. 고발사건의 처리

경찰관서 민원실에서는 고소 · 고발, 진정 · 탄원 등 민원을 접수한 경우 해당 주무기능 (수사 · 형사 · 여청 · 교통과 등)으로 전달, 조사담당자를 지정하여 처리한데, 통상적인 처리기간은 형사소송법 규정에 따라 고발을 수리한 날로부터 3개월 이내에 수사를 완료하여 공소제기 여부를 결정한다.

## 마. 고발 기한의 제한

고소 등 모욕 등 친고죄의 경우 범인을 알게 된 날로부터 6개월이 경과하면 고소할 수 없으며, 그 외의 범죄는 기간의 제한이 없다. 단, 성폭력범죄의처벌및피해자보호에 관한법률의 경우의 고소기간은 1년이다. 반면, 고발 · 진정 · 탄원 등은 기간의 제한이 없다.

## 바. 고발의 효력이 미치는 범위

판례는, "고발은 범죄사실에 대한 소추를 요구하는 의사표시로서 그 효력은 고발장에 기재된 범죄사실과 동일성이 인정되는 사실 모두에 미치므로, 범칙사건에 대한 고발이 있는 경우 그 고발의 효과는 범칙사건에 관련된 범칙사실의 전부에 미치고 한 개의 범칙사실의 일부에 대한 고발은 그 전부에 대하여 효력이 생기므로, 동일한 부가가치세의 과세기간 내에 행하여진 조세포탈기간이나 포탈액수의 일부에 대한 조세포탈죄의 고발이 있는 경우 그 고발의 효력은 그 과세기간 내의 조세포탈기간 및 포탈액수 전부에 미친다. 따라서 일부에 대한 고발이 있는 경우 기본적 사실관계의 동일성이 인정되는 범위 내에서 조세포탈기간이나 포탈액수를 추가하는 공소장변경은 적법하다"라고 판단 (대법원 2009. 7. 23. 선고 2009도3282 판결)하여 범칙사실 일부에 대한 고발이라도 전부에 미친다고 보았다.

### 사. 고발장 작성방법

고발장은 고소장 작성과 동일하다고 보면 된다. 따라서 위에서 열거한 고소장의 표제를 고발장으로 바꾸고, 고소인을 고발인으로, 피고소인을 피고발인으로, 고소취지를 고발취지로, 고소이유를 고발이유로 변경만 하면 고소장을 곧바로 고발장으로 바꿀 수 있다. 이와 같은 방법에 따라 고발장에는 아래의 표기들을 하나씩 기재해 나가면 된다.

(1) 고발인과 피고발인의 인적사항(주소, 연락처 등)을 순서대로 적는다.

　고발인이 신고를 하는 사람이고, 피고발인은 범죄 사실이 있어 고발을 당하는 사람.

(2) 고발 취지를 간명하게 작성한다.

(3) 육하원칙에 맞추어 고발 내용을 사실대로 작성한다.

(4) 증인 진술서 작성한다.

(5) 고발 날짜를 작성하고 고발인 란에 도장을 날인한다.

(6) 가까운 검찰청 민원봉사실에 우편을 발송하거나, 직접 찾아가 고발장을 전달한다.

# 고 발 장

고 발 인       이름(주민번호)

주소

연락처


피고발인       이름

주소

연락처 ※ 아는 대로만 작성하시면 됩니다.


## 고발이유

고발인은 피고발인을  죄명로 처벌을 구하오니 엄히 처벌하여 주시기 바랍니다.


## 고발사실

육하원칙에 의거 작성하시면 됩니다.


## 첨부자료

1. 첨부자료를 입력하시면 됩니다

2013.  .
고발인  이름

00경찰서 귀중

# 고 발 장

고 발 인 :　　　○○○

　　　　　　　○○시 ○○구 ○○동 ○○번지


피고발인 :　　　○○○

　　　　　　　○○시 ○○구 ○○동 ○○번지


## 고 발 취 지

피고발인에 대하여 상해죄 고발하오니 처벌하여 주시기 바랍니다.


## 고 발 사 실

고발인은 2000.　　.　　. 경 동네친구들과 어울려 놀다가 사소한 시비로 피고발인과 서로 몸싸움을 벌인바있는데 피고발인의 주위에서 맥주병을 주어 이를 깬 다음 고발인의 앞가슴 등을 찔러 4주간의 상해를 입게 한 바 있습니다.

고발인을 치료비만 보상해주면 문제삼지 않기로 하였으나 치료비를 커녕 고의적으로 도주하여 부득이 법에 따른 처벌을 구하고자 고발하는 바입니다.

# 첨 부 서 류

1. 진단서                              1통




20○○.    ○.    ○.

고발인 : ○ ○ ○




○○경찰서장  귀하

# 고 발 장

고 발 인    ○   ○    ○ (000000-0000000)
          ○○시 ○○구 ○○로 ○○(○○동)
          (전화번호 : 000-0000)

피고발인    1. ○   ○    ○ (000000-0000000)
              ○○시 ○○구 ○○로 ○○(○○동)
              (전화번호 : 000-0000)
           2. ○   ○    ○ (000000-0000000)
              ○○시 ○○구 ○○로 ○○(○○동)
              (전화번호 : 000-0000)

## 고 발 취 지

피고발인들에 대하여 낙태죄로 고발하오니 처벌하여 주시기 바랍니다.

## 고 발 사 실

1. 고발인 ○○○과 피고발인 김○○은 20○○. ○. ○. 동거에 들어간 사실혼 관계에 있었던 사람들입니다.

2. 고발인은 고발인의 친구인 고발외 ○○○에 대한 상해사건에 의해 19○○. ○. ○.부터 20○○. ○. ○.까지 ○○교도소에 수감된 바 있습니다.

3. 고발인이 ○○교도소에 수감 전 피발소인 김○○는 임신 ○주의 임부였는바 고발인은 고발인이 수감생활을 하던 20○○. ○. ○. 고발인의 수감생활에 따른 생활고와 육아에 대한 부담에 의해 ○○시 ○○구 ○○로 ○○(○○동) 소재 ○○병원 산부인과전문의인 피고발인 이○○에게 임신 중의 태아를 낙태하여 줄 것을 요청하고, 피고발인 이○○은 피고발인 김○○의 촉탁을 받아 동 병원 산부인과 수술실에서 임신 ○주의 태아를 낙태한 것입니다.

4. 피고발인들은 모자보건법상의 낙태에 대한 규정에 따르지 않고 낙태시술에 이른 것이므로 이들을 모두 의법 조치하여 주시기 바랍니다.


**입 증 방 법**

1. 진단서
1. 자술서(피고발인 김○○ 작성)
   조사시 자세히 진술하겠습니다.


20○○.    ○.    ○.

위 고발인  ○   ○   ○ (인)

**○○경찰서장  귀하**

# 고 발 장

고 발 인　　○　　○　　○ (000000-0000000)
　　　　　　　○○시 ○○구 ○○로 ○○(○○동)

피고발인　　1. 김　○　○
　　　　　　　　○○시 ○○구 ○○로 ○○(○○동)
　　　　　　2. 이　○　○
　　　　　　　　○○시 ○○구 ○○로 ○○(○○동)
　　　　　　3. 박　○　○
　　　　　　　　○○시 ○○구 ○○로 ○○(○○동)
　　　　　　4. 최　○　○
　　　　　　　　○○시 ○○구 ○○로 ○○(○○동)

## 고 발 취 지

피고발인들을 도박죄로 고발하오니 처벌하여 주시기 바랍니다.

## 고 발 사 실

1. 피고발인들은 20○○. ○.경 각자 친구들을 통하여 서로 알게 되어 20○○. ○. ○. ○○시 ○○구 ○○동 ○○모텔에서 00:00경부터 00:00까지 1점당 ○○원씩 수십 회에 걸쳐 금 ○○○원을 걸고 고스톱을 친 사실이 있습니다.

2. 며칠 후인 20○○. ○. ○. 저녁 그들은 ○○시 ○○구 ○○호텔에서 다시

만나 이번에는 기왕 치는 것 화끈하게 치자며 점당 ○○○원씩 당일 00:00부터 그 다음날 00:00까지 수십 회에 걸쳐 도합 ○○○원을 걸고 고스톱을 치고,

3. 그 다음날 같은 장소에서 같은 방법으로 점당 ○○○원씩 ○○여 회에 걸쳐 도합 금 ○○○만원 걸고 도박행위를 한 사실이 있는 자들로 고발조치 하오니 철저히 조사하시어 의법처리 하여 주시기 바랍니다.

입 증 방 법

조사시 자세히 진술하겠습니다.

20○○.    ○.    ○.

위 고발인  ○   ○   ○ (인)

○○경찰서장  귀하

# 고 발 장

고 발 인     ○   ○    ○ (○○○○○○ – ○○○○○○○)
         ○○시 ○○구 ○○동 ○○
         (전화번호 : ○○○ – ○○○○)

피고발인     ○   ○    ○ (○○○○○○ – ○○○○○○○)
         ○○시 ○○구 ○○동 ○○
         (전화번호 : ○○○ – ○○○○)

## 고 발 취 지

피고발인에 대하여 강제추행죄로 고발하오니 처벌하여 주시기 바랍니다.

## 고 발 이 유

1. 피고발인은 20○○. ○. ○. 20:00경 ○○시 ○○동 ○○단란주점에서 동 주점 종업원인 고발인과 술을 먹다 순간적으로 욕정을 일으켜 동인을 끌어안고 유방과 음부를 손으로 만져서 고발인을 강제로 추행한 것입니다.

2. 따라서 위와 같은 사실로 피고발인을 고소하오니 철저히 조사하시어 처벌하여 주시기 바랍니다.

## 입 증 방 법

조사시 자세히 진술하겠습니다.

20○○년  ○월  ○일
위 고발인  ○  ○  ○ (인)

○○경찰서장  귀하

# 고 발 장

고 발 인    ○   ○   ○ (○○○○○○ – ○○○○○○○)
            ○○시 ○○구 ○○동 ○○
            (전화번호 : ○○○ – ○○○○)

피고발인    ○   ○   ○ (○○○○○○ – ○○○○○○○)
            ○○시 ○○구 ○○동 ○○
            (전화번호 : ○○○ – ○○○○)

## 고 발 취 지

피고발인을 상대로 모욕죄로 고소하오니 처벌하여 주시기 바랍니다.

## 고 발 이 유

1. 피고발인은 ○○상사를 경영하는 자로서, 20○○. ○. ○. 11:00경 ○○시 ○○동 ○○번지에 있는 ○○주식회사의 회의실에서 열린 위 회사의 채권단회의 석상에서 고발외 ○○○ 등 ○○이 모인 앞에서 "이 회사의 ○○○ 상무는 허수아비노릇만 하는 바보새끼다. 그런 놈은 당장 사표를 써야 한다."라고 큰 소리를 질러 공연히 고발인을 모욕한 자입니다.

2. 따라서 피고소인을 귀서에 고발하오니 철저히 조사하시어 처벌하여 주시기 바랍니다.

## 입 증 방 법

추후 조사시 제출하겠습니다.

           20○○. ○. ○.
           위 고발인 ○  ○. ○ (인)

○○경찰서장   귀하

# 고 발 장

고 발 인    ○   ○   ○ (○○○○○○ - ○○○○○○○)
　　　　　 ○○시 ○○구 ○○동 ○○
　　　　　 (전화번호 : ○○○ - ○○○○)
피고발인    ○   ○   ○ (○○○○○○ - ○○○○○○○)
　　　　　 ○○시 ○○구 ○○동 ○○
　　　　　 (전화번호 : ○○○ - ○○○○)

## 고 발 취 지

피고발인에 대하여 사기죄로 고발하오니 처벌하여 주시기 바랍니다.

## 고 소 이 유

1. 피고발인은 건축업자인 바, 20○○. ○. ○.경 고발인에게 ○○시 ○○동 ○○번지 모텔의 공사를 도급 주더라도 그 대금을 지급할 의사나 능력이 없음에도 불구하고 "공사를 완공하면 1개월 안에 모텔을 담보로 대출을 받거나 매도하여 공사대금 3억원을 주겠다."고 거짓말하여 이에 속은 고발인으로 하여금 20○○. ○.경 공사를 완공하도록 한 뒤 공사대금을 지급하지 아니하므로 위 금액 상당의 재산상 이익을 취득한 것이다.

2. 따라서 피고발인을 귀서에 고발하오니 철저히 조사하시어 처벌하여 주시기 바랍니다.

## 첨 부 서 류

조사시 자세히 진술하겠습니다.

20○○년 ○월 ○일
위 고발인 ○  ○  ○ (인)

○○경찰서장　귀하

# 고 발 장

고 발 인    ○    ○    ○ (○○○○○○ - ○○○○○○○)

　　　　　○○시 ○○구 ○○동 ○○

　　　　　(전화번호 : ○○○ - ○○○○)

피고발인    ○    ○    ○ (○○○○○○ - ○○○○○○○)

　　　　　○○시 ○○구 ○○동 ○○

　　　　　(전화번호 : ○○○ - ○○○○)

## 고 발 취 지

피고발인에 대하여 명의도용죄로 고발하오니 처벌하여 주시기 바랍니다.

## 고 발 이 유

1. 20○○7. ○. ○. ○○시 ○○구 ○○동 ○○ 소재 피고발인에게 부동산매매 관련으로 인감증명과 인감을 건네주었습니다. 차후 서울보증보험에서 ○○○의 채무자와 연대 보증인으로 되어 있는 것을 확인했습니다. ○○○○보험 측에서 고발인이 피고발인에게 부동산매매 관련으로 인감증명과 인감을 건네 준 서류임은 확인되었습니다.

2. 위 문중의 실체를 소명하기 위하여 금감원에 내용을 확인한 결과 명백한 명의 도용사건이라고 하여 피고발인이 저의 명의를 도용하여 사용한 적이 있는 자 이오니 엄밀히 조사하시어 처벌하여 주시기 바랍니다.

# 입 증 방 법

조사시 자세히 진술하겠습니다.


20○○년 ○월 ○일

위 고발인 ○  ○  ○ (인)


○○경찰서장   귀하

# 고　발　장

고 발 인　　○　　○　　○ (○○○○○○ - ○○○○○○○)

　　　　　　　○○시 ○○구 ○○동 ○○

　　　　　　　(전화번호 : ○○○ - ○○○○)

피고발인　　○　　○　　○ (○○○○○○ - ○○○○○○○)

　　　　　　　○○시 ○○구 ○○동 ○○

　　　　　　　(전화번호 : ○○○ - ○○○○)


## 고　소　취　지

피고발인을 손괴죄로 고발하오니 처벌하여 주시기 바랍니다.


## 고　소　사　실

1. 피고발인은 고발인과 이웃에 사는 사람으로 20○○. ○. ○. 14:20경 고발인과 주위 토지 통행문제로 시비가 되어 이에 화가 나 마침 그 주위에 있던 기왓장을 고발인 소유의 승용차에 집어 던져 위 승용차의 앞 유리 부분 금 1,000,000원 상당을 손괴 하여 그 효용을 해한 자이므로 엄벌에 처해 주시기 바랍니다.


　　　　　　　　20○○. ○. ○.

　　　　　　　　위 고발인 ○　○　○ (인)


○○경찰서장　귀하

# 고 발 장

고 발 인   ○   ○   ○ (○○○○○○ – ○○○○○○○)
           ○○시 ○○구 ○○동 ○○
           (전화번호 : ○○○ – ○○○○)

피고발인   ○   ○   ○ (○○○○○○ – ○○○○○○○)
           ○○시 ○○구 ○○동 ○○
           (전화번호 : ○○○ – ○○○○)

## 고발취지

고발인은 피고발인에 대하여 준강간죄로 고소하오니 처벌하여 주시기 바랍니다.

## 고 발 이 유

1. 피고발인은 20○○. ○. ○. ○○:○○경 ○○시 ○○구 ○○동 ○○○ 소재 고발인이 경영하는 술집에서 고발인이 피고발인의 억지로 권하는 술에 취하여 쓰러져 잠이 들어 항거할 수 없게 되자 피고발인은 고소인이 술에 취해 인사불성이 되어 항거불능 상태에 있던 사실을 이용하여 고소인의 의사에 반하여 유방을 만지고 손가락을 질내에 삽입하는 등 추행한 사실이 있습니다.

2. 따라서 위와 같은 사실로 피고발인을 고발하오니 철저히 조사하시어 처벌하여 주시기 바랍니다.

                    20○○년 ○월 ○일
                    위 고소인 ○ ○ ○ (인)

**○○경찰서장   귀하**

# 고 발 장

고 소 인    ○    ○    ○ (주민등록번호 :        -        )
             ○○시 ○○구 ○○동 ○○
             전화번호 : ○○○ - ○○○○

피고소인    ○    ○    ○ (주민등록번호 :        - )
             ○○시 ○○구 ○○동 ○○
             전화번호 : ○○○ - ○○○○

## 고 발 취 지

고발인은 피고발인에 대하여 절도죄로 고소하오니 처벌하여 주시기 바랍니다.

## 고 발 이 유

피고발인은 ○○건설이라는 상호로 건축업에 종사하고 있는 자인바, 타인의 재물을 절취할 것을 마음먹고 20○○. ○.월 중순경 날자 미상일 ○○:○○경 건외 ○○의 건물을 신축하기 위하여 ○○군 ○○면 ○○리 ○○번지 공사현장에 고발인 ○○○가 쌓아놓은 건축 자재를 피고발인 소유의 차량 5톤 트럭 ○○고 ○○○○호 차량에 싣고 가 이를 피고발인이 건축하던 공사 현장에 이를 임의적으로 사용한 사실이 있어 이를 고발하오니 철저히 조사하시어 엄벌하여 주시기 바랍니다.

20○○년 ○월 ○일
위 고발인 ○ ○ ○ (인)

**○○경찰서장　귀하**

# 고 발 장

고 발 인    ○   ○    ○ (○○○○○○ – ○○○○○○○)
　　　　　　○○시 ○○구 ○○동 ○○
　　　　　　(전화번호 : ○○○ – ○○○○)

피고발인    ○   ○    ○ (○○○○○○ – ○○○○○○○)
　　　　　　○○시 ○○구 ○○동 ○○
　　　　　　(전화번호 : ○○○ – ○○○○)

## 고 발 취 지

피고발인에 대하여 횡령죄로 고발하오니 처벌하여 주시기 바랍니다.

## 고 발 사 실

1. 피고발인은 여러 가지 물건 등의 영업을 하는 자로서 고발인 회사가 팔아달라고 보관시킨 ○○○을 금 ○○○원 어치를 20○○. ○. ○. 소외 ○○○에게 금 ○○○원에 매각하여 그 대금 ○○○원 전부 고발인에게 교부하여야 함에도 불구하고 이를 교부치 아니하고 횡령한 사실이 있습니다.

2. 위와 같은 사실로 고발하오니 철저히 조사하시어 엄벌하여 주시기 바랍니다.

## 입 증 방 법

조사시 자세히 진술하겠습니다.

20○○년 ○월 ○일
위 고발인 ○ ○ ○ (인)

**○○경찰서장  귀하**

# 고 발 장

고 발 인    ○    ○    ○ (000000-0000000)
            ○○시 ○○구 ○○로 ○○(○○동)
            (전화번호 : 000-0000)

피고발인    ○    ○    ○ (000000-0000000)
            ○○시 ○○구 ○○로 ○○(○○동)
            (전화번호 : 000-0000)

## 고 발 취 지

피고발인에 대하여 수뢰죄로 고발하오니 처벌하여 주시기 바랍니다.

## 고 발 사 실

1. 피고발인은 서울 ○○구청 인사계장으로 근무하는 공무원이고, 고발인은 용역업체에 소속되어 구청 주변의 상가건물을 청소하는 근로자입니다.

2. 고발인은 고등학교를 졸업하고 집에서 쉬고 있는 딸인 소외 ○○○의 어머니로서 딸의 취직을 걱정하고 있던 중 같이 일하는 동료의 소개로 피고발인을 알게 되었는데, 고발인은 20○○. ○. ○.경 ○○구청 부근의 ○○다방에서 피고발인을 만나 딸의 취직을 부탁하였는바, 피고발인은 자신이 근무하는 ○○구청에서 행정보조원을 채용하고 있으니 딸이 채용되도록 해주겠다고 하였습니다. 이에 고발인은 그 자리에서 금 ○○○만원을 피고발인에게 건네주었고 피고발인은 딸의 취직을 약속했던 사실이 있습니다.

3. 그런데 2년이 지난 현재까지 딸은 채용이 되지 않고 있으며 피고발인은 아무런 대책도 없이 기다리라고만 할 뿐 약속을 지키지 않고 있습니다.

4. 위와 같은 사실을 고발하오니 철저히 조사하시어 처벌하여 주시기 바랍니다.

## 입 증 방 법

조사시 자세히 진술하겠습니다.

20○○.   ○.   ○.

위 고발인  ○   ○   ○   (인)

**○○경찰서장  귀하**

# 고 발 장

고발인 :　OO통신 계약직 노동조합 ○○○

　　　　　서울시 중구 신당동 OOO번지 OO타운 OO 아파트 OO동 OOO호

　　　　　전화번호 02) 1234-1234 (〈-- 고발인 직위 및 주소)


피고발인 : OO통신 번호 안내국 관리과장 ○○○

　　　　　서울시 종로구 OO동 OOO-OO번지 (〈-- 피고발인 직책 및 주소)


고발요인 : 노동조합 및 노동관계조정법 제81조 부당노동행위


1. 고발인 ○○○은 OO통신 계약직 노동조합 법규국장입니다.


2. 피고발인 ○○○은 OO통신 번호 안내국 관리과장입니다.


3. OO통신 계약직 노동조합은 2000. 10. 13. 노동부로부터 합법적인 단체로 설립인가를 받은 사실이 있습니다. (별첨자료 1. 노조설립 인가증)


4. (구체적 사례) 피고발인 ○○○은 O년 O월 O일 ○○○부서에 근무하는 계약직 사원들을 대상으로 하는 아침 조회에서 조합에 가입하려고 하거나 가입한 조합원들에게 "OO통신 계약직 노동조합은 현재 노동부의 인가가 나지 않은 불법단체"라는 허위사실을 사실인 것처럼 말하고 "조합에 가입하면 불이익을 당하게 될 것"이라는 등 조합가입을 방해하고자 협박성의 발언을 한 사

실이 있습니다. (별첨자료 2. 증인 진술서) (증인의 구체적인 진술서를 첨부하십시오. 이것은 당장 내지 않아도 되며 후에 증인출석요구시 제출하셔도 됩니다)

5. 이는 노동조합 및 노동관계조정법 제 81조【부당노동행위】1항 "근로자가 노동조합에 가입 또는 가입하려고 하였거나 노동조합을 조직하려고 하였거나 기타 노동조합의 업무를 위한 정당한 행위를 한 것을 이유로 그 근로자를 해고하거나 그 근로자에게 불이익을 주는 행위"와 4항 "근로자가 노동조합을 조직 또는 운영하는 것을 지배하거나 이에 개입하는 행위"에 해당한다고 판단됩니다(앞에 약술한 81조의 각 항에서 맞다고 판단되는 것이 있으면 그것을 적으십시오. 딱 맞지 않아도 실제 심의에서 다시 판단하니까 큰 상관없습니다).

6. 위와 같은 정황으로 보아 피 고발인 ○○○은 계약직 노동조합의 단결을 저해하고 조합활동을 위축시키기 위하여 상기와 같은 발언을 했으며 더 나아가 노동조합에 개입까지도 하려고 했던 것으로 판단됩니다. 또한 피 고발인의 발언이 조회시간에 대다수의 근무자가 모인 자리인 점을 감안할 때 순간적인 충동이나 무지에서 비롯된 것이라고 하기엔 도저히 납득할 수 없습니다.

7. 이에 ○○통신 번호안내국 관리과장 ○○○을 고발하오니 엄중 처벌하여 주시기 바랍니다.

2004. .(고발날짜)
위 고발인 ○○○ (인)

○ ○ 지 방 노 동 청 귀 하

| 민 원 서 류 |
| --- |
| 접수번호: |
| 접 수 일: |
| 처리기한: |
| 처리과 기록물등록번호: |

## 고 발 장

| | | | | | | | | |
| --- | --- | --- | --- | --- | --- | --- | --- | --- |
| 고발인<br>(근로자) | 성 명 | | | 연락처 | 자택 | | | |
| | | | | | 휴대폰 | | | |
| | 주 소 | | | | | | | |
| | 근무기간 | 년 월 일부터<br>년 월 일까지 | | 주민등록<br>번호 | | | | — |
| 피고발인<br>(사업주) | 사업체명 | | | 전화<br>번호 | 회 사 | | | |
| | | | | | 휴대폰 | | | |
| | 사업장<br>소재지 | | | 상시<br>근로자수 | | 명 | | |
| | 대표자명 | | | 업종 | | | | |
| 건설공사<br>의 경우<br>추가기재 | 원청업체 | | (전화번호: | | | | | |
| | 공사명 | | (담당업무: | | | | | |
| | 공사현장<br>소재지 | | (완공.중단여부: | | | | | |

• 근로자의 4대보험 가입여부를 체크해 주세요! : ▶가입( ) ▶미가입( )
  ▶가입여부 모름( )

  ▼고발 내용(간략히 적어 주세요)▼

                          20 년    월   일
                          고발인 :          (인)

| 담 당 | 과 장 | 지 청 장 |
| --- | --- | --- |
| | | |

# 고 발 장

## 고 발 인

성 명 : ○○○( 주민등록번호 기재 )

직 책 : ○○아파트 입주자대표회의 회장

전화번호 : ○○○ - ○○○○

주 소 :대구시 수성구 지산1동  000번지 〈○○○아파트 입주자대표회의〉

## 피고발인

○○학원〉 원장

성 명 : 원장 성명미상

전화번호 : ○○○ - ○○○○

주 소 : 00시 00구 00동 ○○번지 ○○빌딩 5층 〈○○학원〉

## 고발취지

피고발인을 경범죄처벌법 제1조 제13호(광고물 무단첩부 등) 위반 혐의로 고발합니다.

## 고발이유

**고발인**은 현재 000아파트 입주자대표회의 회장으로서 취임이후 입주자들의 쾌적한 주거환경 조성을 위해 노력하고 있습니다.

특히 000 아파트를 범죄없는 단지로 만들기 위해 단지의 정문·후문 출입구에 차량차단기 설치하여 외부차량 및 외부인들의 무단출입을 통제하여 오던 중, 외부인들의 무단출입행위가 근절되지 않아 단지내의 게시판 및 승강기 내부 등에 〈무단출입 외부인에 대한 경고문〉〈단지내 광고물 무단부착자 등에 대한 경고문〉을 부착하여 외부인들에게 주의를 환기시킴과 동시에(#입증자료1,2 참조) 경비원들로 하여금 단지 내부의 순찰을 강화시키는 등 무단출입자 근절에 만전을 기해 왔습니다.

그러나, 아직까지도 외부인들이 경고문을 무시하고 단지 내에 무단출입하여 각 세대를 돌며 초인종을 누르고 다니면서 상행위를 하는가 하면 세대 현관문 및 우편함 등에 몰래 광고물을 붙이거나 투입하여 입주자들로부터 이에 대한 항의민원이 빗발치고 있는 실정입니다.

피고발인은 현재 00동 소재 〈○○학원〉을 운영하는 자로서 2005년 10월 14일 16시경에 000 아파트 단지 내에서 각 세대 현관문 앞에 관리사무소장의 사전허락 없이 무단으로 광고지를 부착하여(#입증자료3,4 참조) 000 아파트 입주민들로부터 민원을 유발시켰고, 이에 관리사무소 측에서 해당 업체에 광고물을 수거해 갈 것을 요구하였으나 이 요구를 외면하였고 결국 관리사무소 직원이 광고물을 일일이 수거한 사실이 있습니다.

최근 아파트를 대상으로 하는 도난. 강도사건의 경우 범죄수법이 날로 지능화되고 있는 추세이며 무단출입자는 빈집임을 확인하기 위하여 범행 며칠 전에 광고지 등을 세대 현관문 등에 부착해 놓고 범행당일 빈집임이 확인되는 세대에 침입하여 절도행각을 벌이다가 침입한 세대에 사람이 있을 경우에는 강도로 돌변하여 아파트 입주민들에게 인적. 물적 피해를 끼치는 사례가 있어, 낮에 부녀자만 있는 세대의 경우 외부인이 초인종을 누르고 다니면 불안감을 느끼고, 맞벌이 세대의 경우에는 빈집털이범의 범행대상이 되지 않을까 전전긍긍하고 있는 실정입니다. 더군다나 최근 중계3차 벽산아파트 내에서도 도난사고가 발생한 바 있어 입주민들의 신경이 극도로 예민해져 있는 상태입니다.

설사 무단출입 외부인에 의해 범행으로까지 이어지지 않는다고 하더라도 그들로 인하여 아파트 입주민들이 쾌적한 주거환경을 침해당하고 있습니다(세대 초인종을 누르거나 가가호호 방문하여 입주민들에게 정신적인 고통 및 불안감을 유발시킴). 또한 무단출입자들이 단지 내에 살포한 광고지로 단지의 미관이 심히 저해되고 있으며 무단광고물의 수거작업에 관리인력을 추가로 투입해야 하는 등 더 이상 이러한 행위를 묵과할 수 없는 지경에 이르렀습니다.

〈경범죄처벌법〉 제1조 제13호에 의하면 『다른 사람 또는 단체의 집이나 그밖의 공작물에 함부로 광고물 등을 붙이거나 걸거나 또는 글씨나 그림을 쓰거나 그리거나 새기는 행위 등을 한 사람과 다른 사람 또는 단체의 간판 그밖의 표시물 또는 공작물을 함부로 옮기거나 더럽히거나 해친 사람은 10만원 이하의 벌금, 구류 또는 과료의 형으로 벌한다』고 규정되어 있습니다.

이에 본 고발장을 제출하오니, 귀 서에서 철저히 수사하여 피고발인을 엄벌에 처해 주시기 바랍니다.

※ **입증자료 :**   1. 무단출입 외부인에 대한 경고문 1부.
　　　　　　　　  2. 단지내 『광고물 무단부착자』등에 대한 경고문 1부.
　　　　　　　　  3. 광고전단지 부착 및 수거 사진 1부.
　　　　　　　　  4. 무단광고 전단지 원본 1부.   끝.

2005. 10. 20.

**위 고발인** (○○○ 아파트 입주자대표회의 회장) ○ ○ ○ (인)

**○○○ 경찰서장 귀하**

# 고 발 장

## 고발인

    ○ ○ ○    주민등록번호    123456 - 1234567

               주      소    OO시 OO구 OO동 123-12

               전      화    012-345-6789

## 피고발인

    ○ ○ ○    주민등록번호    123456 - 1234568

               주      소    OO시 OO구 OO동 123-13

               전      화    012-345-6780

## 고발취지

 피고발인을 폭행죄로 고발합니다.

# 고 발 이 유

고발인은 2008년 1월 11일 OO동 OO정류소 부근 OO호프점에서 회사 동료들과 함께 회식 후 다음 장소로 이동하기 위해 계산을 하고 문을 나서고 있었습니다.

이때 피고발인이 다짜고짜 자기 얼굴을 쳐다봤다며 고발인의 얼굴을 주먹과 발로 가격하였습니다.

이에 고발인은 갑작스런 상황에 대처하지 못하고 피고인의 폭행에 중심을 잡지 못하여 계단으로 굴러 떨어져 전치 8주의 상해를 입었습니다.

함께 있던 직장동료 및 OO호프 사장을 비롯한 직원들도 모든 상황을 지켜보고 있었으며 증인 출석의 의사를 표시하였고 진술서도 작성해 주었습니다.

피고발인은 고발인과 전혀 알지 못하는 사이이며, 단지 쳐다봤다는 이유만으로 폭행을 당한 것에 대해 고소장을 제출오니 법에 따라 처벌해 주시기 바랍니다.


## 증 거 자 료


1. 진단서                                          1부
2. 진술서                                        각 1부



2008. 00. 00.

고발인   ○   ○   ○   (인)



○○경찰서장 귀하

# 고 발 장

고 발 인  ○ ○ ○

주민등록번호 : 111111 - 1111111

○○시 ○○구 ○○길 ○○

전화번호 : ○○○ - ○○○○, ○○○ - ○○○ - ○○○○

피고발인  △ △ △

주민등록번호 : 111111 - 1111111

○○시 ○○구 ○○길 ○○

전화번호 : ○○○ - ○○○○

## 고 발 취 지

피고발인에 대하여 공무상비밀누설죄로 고발하오니 처벌하여 주시기 바랍니다.

## 고 발 내 용

1. 고발인은 20○○. ○. ○. ◎◎시에서 주관하는 8급공개경쟁채용시험에 응시하였으며, 고발인은 100점만점중 92.5점을 득점하였으나 합격점인 92.6점에 미달하여 불합격된 사실이 있습니다.

2. 그런데 공무원인 피고발인은 위 시험의 출제위원으로서 출제위원의 조카이며 응시자인 고발 외 ㅁㅁㅁ에게 피고발인이 출제를 담당하였던 영어문제지를 시험실시 하루 전에 건네준 사실이 있으며, 위 고발 외 ㅁㅁㅁ은 영어 과목에서 95점을 득점하여 100점 만점 중 92.6점으로 합격점에 달하여 합격처리 된 사실이 있으며, 고

발인은 고발 외 □□□이 피고발인으로부터 문제지를 사전 입수한 사실을 위 □□□의 친구인 ◎◎◎로부터 우연히 알게 되었습니다.

3. 이에 고발인은 위 □□□의 친구인 ◎◎◎로부터 □□□이 시험 문제지를 피고발인으로부터 사전 입수한 사실에 대하여 증인확인서를 받고, 이를 녹음하여 속기사 사무실에서 녹취록으로 작성을 하고, 위 □□□에게 사실을 확인한 바, 위 □□□은 처음에는 사실을 부인하였으나 고발인이 준비한 증인확인서와 녹취록을 보고는 사실을 시인하였으며, 위 □□□이 사실을 시인하는 자리에는 고발 외 ◉◉◉도 동석하고 있었습니다.

4. 위의 사실에 의하면 피고발인은 공무상의 비밀인 시험 문제지를 사전에 유출함으로써 공무상의 비밀을 누설하였으므로 사실관계를 조사하여 엄중 처벌하여 주시기 바랍니다.

### 첨 부 서 류

   1. 증인확인서 사본                         1부
   1. 녹취록     사본                            1부

20○○년 ○월 ○일
위 고 발 인 ○ ○ ○ (인)

○ ○ 경 찰 서 장(또는 ○ ○ 지 방 검 찰 청 검 사 장) 귀 중

# 제2편
# 탄원서 작성례

## 1. 탄원의 개념

탄원이란 개인 또는 단체가 국가나 공공기간에 대하여 일정한 사정을 진술하여 도와주기를 바라는 의사표이다. 따라서 탄원서는 판사, 검사, 경찰청장, 행정심판위원장 등 개인의 사건에 따라 도움을 받을 사람에게 보낸다.

## 2. 탄원서의 내용

작성양식은 특별히 존재하지 않으나 불이익하게 처분 받은 내용에 대해 이를 구제하기 위하여 그 필요성 등을 잘 정리해야 하며, 특히 형사사건(범죄 피해자가 가해자를 엄벌을 구하는 탄원 및 죄를 지었지만 선처해 달라는 탄원 등)에서 주로 활용되기 때문에 수사책임자와 판사에게 구형 등에 있어서 영향을 줄 수 있는 요소들을 도출해 내는 것이 좋다.

일반적으로 탄원서의 양식은 따로 정해져 있지는 않다. 다만 보통의 경우 그 구성은 누가, 무엇을 구하기 위해, 어떠한 이유로 탄원서를 제출하는 것인지 등 이해하기 쉽게 순서대로 작성해 주는 것이 좋다.

### 가. 탄원서

우선 탄원서를 받아 보는 법원이나 수사기관의 입장에서는 해당 사건과 관련하여 탄원서뿐만 아니라 다른 많은 문서도 함께 검토해야 하는 경우가 대부분이다. 그 결과 수사서류나 재판서류는 대부분 수백 쪽에서 수천 쪽에 이르기 때문에 제목이 없으면 어떤 문서인지 바로 구분하기 어렵다. 따라서 탄원하는 내용을 곧바로 쓰는 것보다는 탄원서 맨 앞장 윗줄 가운데 부분에 '탄원서'라는 제목을 큰 글씨로 쓰는 것이 좋다.

### 나. 탄원인

탄원하는 사람의 이름과 주소, 연락처, 주민등록번호 등 인적사항을 기재하면 된다. 한편 사건 당사자가 한 명뿐이라면 피탄원인이 누구인지 금방 알 수 있지만 사건에 연루된 사람이 여러 명이라면 탄원의 상대방이 누구인지 피탄원인도 명시하는 것이 좋다.

다. 탄원취지 - 탄원을 통하여 궁극적으로 얻고자 하는 내용

어느 사건에 대한 탄원인지 명시하는 것이 좋다. 정식으로 수사를 받거나 재판 중인 사건이라면 사건번호가 있으므로 사건번호를 쓰면 된다.

라. 탄원내용 - 탄원취지를 얻고자 하는 이유

탄원의 내용에는 이해하기 쉽도록 사건이 일어난 날짜/장소/내용 등을 언제/어디서/누구와/무엇을/어떻게/왜 같이 육하원칙에 따라 정확하게 작성하면 된다.

마. 작성 날짜 및 성명(인)

바. 신분증 사본 등 첨부

탄원서 말미에는 탄원서를 작성한 날짜와 탄원인 서명 혹은 날인을 하고, 뒤에는 탄원인의 신분증 사본을 첨부하면 된다. 신분증 사본이 없다고 해서 탄원서의 효력이 없어지는 것은 아니지만 신분증 사본은 탄원서가 진정하게 작성된 것이라는 증빙이 되므로 가급적 첨부하는 것이 좋다.

[탄원서 양식]

# 탄원서

사 건    2021고단 0000 호 사기 등

탄원인    성명 0 0 0(000000-0000000)

주소

연락처

피고인과의 관계

## 탄원취지

피고인의 선처를 부탁드립니다.

## 탄원내용

## 첨부서류

2021. 12. .

탄원인 0 0 0(인)

**00 지방법원 형사 제1단독    귀중**

## 3. 탄원서 작성방법

탄원서의 작성방법에 관하여는 법적으로 특별한 형식이 규정되어 있거나 또는 특별한 형식을 요하는 것은 아니다. 다만, 탄원서는 특히 형사 사건에서 주로 활용되기 때문에 수사책임자와 판사에게 구형 등에 있어서 영향을 줄 수 있는 요소들을 도출해 내는 것이 핵심이기 때문에 관련 내용을 꼼꼼히 정리해 주는 것이 좋다.

### (1) 주장하는 바를 명확히 기재할 것

탄원서는 수신 관청에서 확인하기 쉽도록 꼭 전달 하고자 하는 내용의 핵심을 잘 정리하여 작성하는 것이 바람직하다. 탄원서의 항목은 탄원인과 피탄원인의 인적사항(성명, 주소, 연락처 등), 탄원취지(간결, 명확, 확정적으로 기재), 탄원이유(탄원취지를 구하는 이유를 상세하게 기재), 탄원인의 서명으로 구성되어 있는데, 이중 탄원취지와 탄원이유에서 이러한 점을 명확히 기재하면 된다.

### (2) 사실에 기반을 둔 기재를 할 것

탄원이란 개인 등이 국가기관 등에 대하여 일정한 사정을 진술하여 도와주기를 바라는 의사표이다. 따라서 탄원의 내용은 객관적이고 사실에 기반을 두어야 한다. 만일 국가기관 등의 도움이 간절한 나머지 허위의 사실을 기재하여 탄원을 할 경우 오히려 당사자에게 불리하게 작용될 수 있기 때문에 가령 피해사실을 부풀리거나 없는 사실, 확인할 수 없는 뜬소문 등을 마치 사실인 양 탄원서에 기재하여서는 안된다.

### (3) 이해하기 쉽게 육하원칙에 따라 작성할 것

탄원서는 탄원하는 내용에 대하여 이해하기 쉽도록 육하원칙에 따라 즉, 언제, 어디서, 누가, 어떻게 등에 의하여 정확히 작성하는 것이 좋다. 이때 탄원의 내용은 장황하게 서술하는 것보다는 핵심위주로 간결하게 작성하면서 자신의 피해사실이나 억울한 상황을 부각될 수 있도록 기재하는 것이 더욱 효과이다. 이러한 방법을 통하여 문제 발생에 대한 사실 관계(탄원의 원인)나 사건의 진상을 명확하게 알릴 수 있도록 문서화하여야 한다.

## (4) 증거수집 및 증거첨부

탄원서는 막연한 진술이나 읍소보다는 이를 뒷받침할 증거를 첨부하는 것이 탄원서의 진술에 신뢰를 줄 수 있다. 따라서 탄원서를 작성하기 위해서는 우선 관련 증거를 수집(예를 들어 돈을 빌린 사실에 대한 증거는 차용증이나, 이를 옆에서 본 사람의 증언이 증거)한 후 수집된 증거를 어떻게 설명하고 첨부할 것인지를 고민하여야 한다. 증거의 첨부가 없는 막연한 탄원은 관련기관에서 그다지 검토할 필요성조차 느끼지 못할 것이므로 그대로 기각될 가능성이 높기 때문이다.

이상에서 탄원서의 작성방법에 관하여 언급하였지만 실제 탄원의 내용이나 양식은 정해진 것이 없다. 따라서 탄원의 감정이나 진심이 읽힐 수 있도록 표현하고자 하는 바로 정확히 표현만 하면 된다. 가령 범죄를 행한 피고인 또는 피의자의 입장이라면 진심으로 자신의 잘못을 반성하고 있다는 개전의 정 및 재발방지 약속 등의 내용이 현저히 드러날 수 있도록 작성하는 것이 좋고, 또 피해자에는 마음속 깊이 사죄하는 마음의 표현 및 피해자의 피해보전을 위하여 어떠한 노력을 해왔고 앞으로도 어떠한 노력을 다할 것인지 등의 내용이 진심으로 묻어나오도록 작성하는 것이 좋다.

# 탄 원 서

사　　건 :

탄 원 인 : ○　　○　　○ (000000-0000000)

　　　　　　○○시 ○○로 ○○(○○동)

　　　　　　전　화 : 010-3456-7890

피탄원인 : ○　　○　　○ (000000-0000000)

　　　　　　○○시 ○○로 ○○(○○동)

## 탄 원 내 용

오늘도 공정한 법 집행을 위해 애쓰시는 재판장님께 경의의 말씀을 드립니다.

저희들은 자랑스러운 충절의 고장 ○○에 살고 있으며, 또한 신용과 정직이 몸에 배어있는 ○○에 근무를 하고 있는 자들입니다. 우리가 오늘 탄원서를 올리게 된 연유는 저희들이 모시고 있던 ○○○과장께서 업무상 과실과 수뢰 및 배임혐의로 구속이 되어 피의자가 되었으나 평소 존경하던 상사 분 이었기에 직원들이 뜻을 모아 구명을 위하여 이 글을 작성하고 있습니다.

피의자 ○○○과장께서 받으신 ○○○만원은 저희들이 보기에는 대가성이 있는 것이 아닙니다. 그 돈을 받아서 무얼 해주겠다는 식으로 업무를 처리하는 분도 아니시고 그런 직접적인 실무자의 자리에 계신 분도 아니며

그중에 ○○○만원은 아래 직원의 결혼식을 맞이하여 부조금으로 대신 받으셨는데 너무 과분한 금액을 받았기에 이래서는 안 된다고 생각을 하시고 그중에서 ○○만원을 그분의 명의로 접수를 하시고 나머지는 돌려주려고 보관을 한다고 우리에게 말씀이 있었습니다.

법이 정한 대로라면 과장의 직위에 있으면서 1원 한 장이라도 받아서는 안 되지만 법과 현실 간에는 어그러져서 존재해야 하는 괴리가 분명 있습니다. 저 막강하고 어둡던 시대의 중앙정보부장께서 말씀하신 '떡고물'이 아니라 우리 농협의 대들보로서 단체를 이끌어 가려면 ○○○과장께서는 부득불 비자금이라는 것이 있어야 했습니다.

자신의 월급으로도 할 수가 없고 ○○의 공식적인 비용으로 사용할 수도 없는, 상급기관의 접대와 기관운영과 여러 가지 잡비용을 이분이 거의 책임을 지시고 관리를 해주셨습니다. 피의자인 이분은 우리 농협의 봉사단체인 '○○○'의 대표로서 무의탁노인들을 위하여 매달 선두에 서서 봉사를 하셨고 지역방범대원으로 자진해서 치안유지에도 남다른 봉사를 해오셨으며 평소의 우리 ○○ 내에서도 맏형으로서 업무에 모범을 보이시었고, 농협을 찾으시는 농민여러분을 맞아 모든 문제를 상의 받는 그야말로 농협의 얼굴마담이었습니다. 사무실에서 늘 환하게 웃으시면서 어깨를 툭툭 쳐주시면서 우리들에게 격려도 해주시고 독려도 하였습니다. 이분이 그 돈으로 사리사욕을 채우는 그런 몰염치한 비인격자는 아니랍니다.

그래서 우리는 이분의 석방 또는 감형을 바라는 간절한 마음으로 연명으로 탄원서를 올리오니 부디 관대한 처분이 있으시기를 바랍니다.


20○○.　　○.　　○.

위 탄원인　○　○　○　(인)


　○○지방법원 형사○단독 재판장님　귀하

[사례 2] 업무상 횡령죄에 대한 부당성 주장

# 탄 원 서

사　건 :

탄 원 인 : ○　　○　　○ (000000-0000000)

　　　　　　○○시 ○○로 ○○(○○동)

　　　　　　전화 : 010-3456-7890

피탄원인 : ○　　○　　○ (000000-0000000)

　　　　　　○○시 ○○로 ○○(○○동)


## 탄 원 내 용

존경하는 재판장님!


정의 구현을 위해 불철주야 애쓰고 계시는 판사님의 노고에 깊은 감사의 뜻을 표합니다.

소생의 여식, ○○○는 회사 공금 ○○만원을 횡령한 혐의로 징역 ○년을 선고받았습니다. 횡령이라는 죄를 짓고 파면까지 된 여식의 아버지가 무슨 면목으로 탄원서를 쓸까 생각했지만 아비된 입장으로서 지푸라기라도 잡는 심정으로 이 글을 올립니다.


제 여식은 비록 횡령죄로 판결 받았지만 절대 공금을 빼돌리지 않았습니다. 환경단체에 빌려준 돈을 뒤늦게 되돌려 받아 정치인 후원금 명목으로 사용한 것입니다. 그러나 이 나라의 법은 제 딸에게 업무상 횡령죄라는 판결을 내려 다시는 돌아 올 수 없는 먼 길로 보내버렸습니다.

이유가 어떻든 간에 제 딸이 구치소에 갔으니 잘잘못을 따지기 전에 재판장님께 백배사죄 드리며 제 딸의 구명을 돕기 위해 사력을 다하고 있습니다.

자식을 구치소에 보낸 아비의 마음이 어떨지 재판장께서도 잘 알고 있으리라 생각합니다. 밥 한 숟가락 입에 넣는 것도 이부자리 펴고 누워있는 것도 사치스럽게 느껴질 정도로 지금 저의 가족의 생활은 말로 표현할 수 없을 정도입니다.

존경하는 재판장님, 피눈물 나는 심정으로 탄원합니다. 제 여식이 개인적인 사욕을 채우기 위해 공금을 횡령한 것이 아니므로 부디 형량을 감면하여 주시기 바랍니다.

70을 바라보는 이 늙은이의 간절한 소원을 저버리지 마시고 부디 넓으신 아량으로 선처하여 주시옵길 천만번 엎드려 기원하옵니다.

20○○.  ○.  ○.

위 탄원인  ○  ○  ○ (인)

**○○지방법원 형사○단독 재판장님  귀하**

# 탄 원 서

사　　건 :

탄 원 인 : ○　○　○ (000000-0000000)
　　　　　　○○시 ○○로 ○○(○○동)
　　　　　　전화 : 010-3456-7890

피탄원인 : ○　○　○ (000000-0000000)
　　　　　　○○시 ○○로 ○○(○○동)

# 탄 원 내 용

존경하는 재판장님!

곳곳에 봄이 오는 소리가 들리고 있습니다. 날씨가 따뜻해지고, 점심시간에 햇살 아래 나서면 언제 겨울이 있었냐 싶을 만큼 성큼 봄이 다가와 있음을 느끼고 있습니다.

저는 피의자 ○○○과 같은 동네에서 오랫동안 기독교 목회 활동을 하며 지내온 사이로서 제가 알고 있는 ○○○에 대하여 가감 없이 진술하오니 존경하는 재판장님의 현명한 판단을 바라옵니다.

피의자 ○○○는 ○월 ○일 ○○구 ○○동 경부고속도로 하행선 경찰초소 앞길에서 검문중인 ○○경찰서 소속 ○○상경으로부터 신분증 제시를 요구받고 도주하는 과정에서 그를 차에 매달고 수십 미터를 질주해 숨지게 한 혐의로 기소되었습니다.

이유야 어떻게 되었든 현재 ○○○는 살인을 저지른 피의자 신분이지만 이 사건이 일어나기 전에는 하루하루 성실하게 살아가는 모범 가장이었습니다.

넓적하고 그을린 투박한 얼굴과는 달리 집에서는 아주 섬세하게 가족을 챙겼습니다. 길에서 아빠가 퇴근하고 돌아오는 것을 보면 맨발로 뛰쳐나와 소리를 지르며 아빠에게 안기는 모습을 여러 차례 목격하였습니다.

그는 주일날에도 빠짐없이 교회에 출석하여 차량 봉사를 하며 교인들에게 인간성 좋은 사람이라는 칭송을 받아온 사람입니다. 날씨가 궂은 날에도 지각 한 번 하는 일 없이 묵묵히 자신이 맡은 바 일을 해내는 그런 사람이었습니다.

가정에서 교회에서 심성 고운 사람으로 행복을 일구던 한 가장이 이렇게 극단적인 행동을 하게 된 것은 단순한 생각 때문이었습니다. ○○상경을 해하려는 목적이 있어서가 아니라 사업 실패로 채권자들을 피해 시골로 도피하는 과정에서 벌어진 일이었습니다. ○○상경으로부터 신분증 제시를 요구 받자 무조건 도망쳐야 한다는 생각에 앞뒤 생각할 거 없이 자동차의 엑셀을 밟아 버린 것입니다.

현재 그는 장기간 구금생활을 통해 잘못을 뼈저리게 뉘우치고 있고 숨진 의경을 대신해 유족을 가족처럼 보살피겠다고 다짐하고 있는 점 등을 감안하셔서 부디 ○○○의 형량을 줄여 주시기 바랍니다.

재판장님의 관용과 선처를 간절히 바라옵니다.

20○○.  ○.  ○.
위 탄원인  ○  ○  ○  (인)

○○지방법원 형사○단독 재판장님  귀하

[사례 4] 폭행 등 사건 피의자인 아들이 환자이므로 어머니가 보석허가요청

# 탄 원 서

사   건 :

탄 원 인 : ○   ○   ○ (000000-0000000)

　　　　　○○시 ○○로 ○○(○○동)

　　　　　전화 : 010-3456-7890

피탄원인 : ○   ○   ○ (000000-0000000)

　　　　　○○시 ○○로 ○○(○○동)

## 탄 원 내 용

존경하는 재판장님!

바쁘신 업무 중에 탄원인의 어려운 사정을 탄원하게 되어 죄송한 마음 금할 길 없습니다.

탄원인은 이번에 피해자 폭행 및 상해 혐의로 구속된 ○○○의 엄마입니다. 현재 제 아들의 상태가 위중하여 구치소 생활을 할 수 없으니 보석 신청을 허락하여 주시기 바랍니다.

제 아들은 선천성 척추 분리기형이라는 병을 앓고 있는 환자입니다. 척추 기형 환자는 체중이 불으면 디스크 또는 또 다른 척추 기형이 나타날 수 있는 질환으로 항상 체중관리에 신경을 써야 하는 환자입니다.

그런데 제 아들은 이번 구속 과정에서 체중 관리를 하지 못해 몸무게가 무려 ○kg

이 불었습니다. 이렇게 몸무게가 갑자기 불으니 허리디스크에 부담을 증가시켜 참기 힘든 심한 통증을 일으켰나 봅니다.

면회를 갈 때마다 제 아들은 통증을 호소하였는데 저는 대수롭지 않게 생각하고 건강관리 잘하라는 말만 남기고 떠났습니다. 그런데 이번 면회에서 아들이 제대로 걷지도 못하고 다른 사람의 부축을 받고 힘겹게 다리를 끄는 모습을 보고 탄원을 결심하게 되었습니다.

존경하는 재판장님,

제 아들은 젊은 혈기로 싸움판에 끼어들었다가 집단 폭행 및 상해의 주범으로 몰려 억울한 옥살이를 하고 있습니다. 그런데 여기에 척추 기형 병까지 발생하여 하루하루 이를 악물고 버틴다는 이야기를 들으니 부모의 마음은 갈기갈기 찢어집니다.

제 아들의 진단서를 첨부하오니 살펴보시고 부디 보석 결정을 내려주십시오. 적절한 운동 처방과 식이요법으로 정상적인 신체 상태를 유지할 수 있도록 할 것이니 제 아들을 믿어주시고 보석 신청을 받아주시길 간절히 기원합니다.

20○○.　○.　○.

위 탄원인 ○　○　○ (인)

**○○지방법원 형사○단독 재판장님　귀하**

# 탄 원 서

사　　건 :

탄 원 인 : ○　　○　　○ (000000-0000000)

　　　　　　○○시 ○○로 ○○(○○동)

　　　　　　전화 : 010-3456-7890

피탄원인 : ○　　○　　○ (000000-0000000)

　　　　　　○○시 ○○로 ○○(○○동)

# 탄 원 내 용

존경하는 재판장님!

법치구현을 위해 불철주야 헌신 노력하시는 재판장님께 경의를 표합니다.

저희가 이렇게 탄원을 드리는 것은 다름이 아니오라 20○○년 ○월 ○일 남편을 칼로 찔러 사망에 이르게 하여 상해치상 혐의로 입건된 베트남 이주여성에 대한 구명을 요청 드리기 위해서입니다.

사건의 피의자인 베트남 이주 여성 ○○○씨는 현재 임신 ○개월로 아기를 보호하기 위한 본능으로 인해 상해치상을 하게 되었음을 알려드립니다.

피해자인 남편은 전형적인 알코올 중독자로 술을 마시면 집에서 자고 있는 피의자를 깨워 상습적으로 구타를 하였다고 합니다.

사건이 일어난 날도 술을 많이 마시고 잠든 아내를 깨워 머리와 얼굴을 마구 때렸다고 합니다. 이대로 계속 맞다가는 뱃속의 아기가 잘못될 것 같다는 생각에 부엌으로 달려가 칼을 들고 방어를 하였는데 술에 취한 남편이 비틀거리며 쓰러지는 바람에 왼쪽 배에 찔러 쓰러지게 되었다고 합니다.

따라서 이번 사건은 남편의 지속적인 구타로 인해 충동적으로 발생한 사고였음을 분명히 밝힙니다. 남편에게 칼을 휘두를 수밖에 없었던 당시 상황을 되짚어 보신다면 피의자에게 어떤 관용을 베풀어야 할지 답이 나올 것이라 생각합니다.

존경하는 재판장님, 죽음이라는 극단적 상황에 이르러서야 폭력에서 벗어날 수 있는 이주 여성의 눈물겨운 상황을 살피시어 부디 선처를 베풀어주십시오. 생명의 위협을 느낄 정도로 가정폭력에 시달리고 있는 이주 여성의 인간적인 권리를 지켜주십시오.

힘없고 나약한 이주 여성의 사정을 널리 살피시어 부디 좋은 결과가 나타나길 기원하며 두서없는 글을 마칩니다. 바쁘신 와중에 읽어 주셔서 감사합니다.

20○○.　○.　○.
위 탄원인 ○　○　○ (인)

**○○지방법원 형사○단독 재판장님　귀하**

# 탄 원 서

사　건 :

탄 원 인 : ○　○　○ (000000-0000000)
　　　　　○○시 ○○로 ○○(○○동)
　　　　　전화 : 010-3456-7890

피탄원인 : ○　○　○ (000000-0000000)
　　　　　○○시 ○○로 ○○(○○동)

## 탄 원 내 용

존경하는 판사님!

이 땅에 법치주의의 구현을 위해 노력하시는 판사님의 노고에 깊은 존경과 감사의 뜻을 표합니다.

피고인 ○○○은 주식회사 ○○엔지니어링을 운영하고 있는 사장입니다.

피고인이 ○○아파트 등 아파트 입주자대표회의와 협의하여 하자보수에 관하여 설명하고, 하자보수비 상당의 손해배상액을 아파트 시공사로부터 받을 수 있다는 사실을 고지하고, 그 소송에 필요한 비용을 피고인이 선부담하되 소송에서 승소하면 그 소송비용은 반환을 받고 아파트 하자보수공사를 수주 받는 형식으로 하자보수공사 계약을 하였습니다.

그런데 지난 해 ○월 변호사가 아닌 자가 금품 기타 이익을 받을 것을 약속 받고

소송사건 등 법률사건에 관하여 감정, 대리, 기타 법률사무를 취급하여 변호사법을 위반하였다고 하여 입건되었습니다.

변호사가 아닌 자가 법률사무 취급에 관여하는 것을 금하는 것이 변호사법 제109조 제1호의 규정 취지라고 알고 있습니다. 그러나 피고인은 실질적이든 형식적이든 변호사법에서 정한 대리행위를 수행한 사실이 없습니다.
다만 입주자대표에게 손해배상을 받을 수 있다는 사실만 고지하였을 뿐이고, 변호사를 수임한 것도 당사자들이 하였고, 소송을 수행한 것은 당연히 수임 받은 변호사가 수행하였습니다. 다만 변호사의 요구에 의하여 피고인이 운영하고 있던 회사가 하자감정업체이고 동 사건들에서 하자감정을 하였으므로 이에 대하여 변호사의 자문 요구에 응하여 조언 형식으로 설명한 사실밖에 없습니다.

또 법원의 명에 의하여 현장검증이 있을 경우 피고인 회사의 직원이 참석하여 판사의 필요한 질문에 답을 하여준 것 밖에 다른 행위를 한 사실이 없습니다.

따라서 피고인이 소송사건 등 법률사건에 관하여 감정, 대리 기타 법률사무를 취급하였다고 할 수 없어서 피고인에 대한 유죄판결은 부당하다고 생각합니다. 사건의 앞뒤 관계를 잘 살펴주시고 부디 선처를 부탁드립니다.

판사님의 고명하신 판결을 기다리겠습니다.

20○○. ○. ○.
위 탄원인 ○ ○ ○ (인)

**○○지방법원 형사○단독 판사님 귀하**

# 탄 원 서

사　　건 :

탄 원 인 : ○　　○　　○ (000000-0000000)

　　　　　　○○시 ○○로 ○○(○○동)

　　　　　　전화 : 010-3456-7890

피탄원인 : ○　　○　　○ (000000-0000000)

　　　　　　○○시 ○○로 ○○(○○동)

## 탄 원 내 용

존경하는 재판장님!

다름 아니라 보험 사기죄로 현재 경찰서에 구속, 수감되어 있는 제 남편에 대한 선처를 부탁드리고자 이 글을 올립니다.

제 남편은 20○○년 ○월경 ○○시 ○○구 ○○동 사거리에서 교통사고를 당해 하반신이 마비되는 중상을 입고 1급 장애인 판정을 받은 뒤 ○○보험회사에서 ○억원의 보험금을 지급받았습니다. 그러나 보험회사에서는 제 남편이 고의적으로 사고를 내 보험금을 탄 것이라 주장하면서 사기 혐의로 고소해 구속되었습니다.

경찰과 보험회사에서는 제 남편이 억대의 보험금을 노린 보험사기범으로 몰아가고 있는데 어느 누가 하반신이 마비되는 고통을 겪으면서까지 돈을 받으려 할까요.

또한 허위 진단서를 발급 받았다고 하는데 제 남편은 ○○병원의 저명한 의사가 진단 후 하반신 마비를 의심한다는 판정을 내린 것입니다. 매스컴에도 몇 번 나오셨던 의사분인데 감히 있지도 않은 병을 만들어 허위로 진단서를 써주시겠습니까.

제 남편은 경찰에 연행되는 과정에 갈비뼈가 부러지고 손가락이 골절되는 등 중상을 입었습니다. 더구나 구속되어 있는 동안 운동이나 목욕, 의료 등의 기본적인 처우가 박탈된 상태로 지내서 온 몸이 욕창과 피부병으로 눈뜨고 볼 수 없을 정도입니다.

아무리 제 남편이 중죄를 저질렀다 한들 휠체어 없이는 움직일 수 없는 하반신 마비 1급 장애인을 그렇게 강압적으로 수사할 수 있는 건지 이해할 수 없습니다.

구체적 증거도 없이 무조건 제 남편을 사기범으로 모는 것은 법치 국가에서 있을 수 없는 일입니다.

교도소 안에서 악몽 같은 시간을 보내고 있는 제 남편을 제발 살려주십시오. 하루라도 빨리 치료를 받지 않으면 제 남편은 하반신 마비 그 이상의 고통을 겪게 될 것입니다.

20○○.  ○.  ○.
위 탄원인 ○  ○  ○ (인)

○○지방법원 형사○단독 재판장님  귀하

# 탄　원　서

사　　건 :

탄 원 인 :　1. 김　　○　　○ (000000-0000000)

　　　　　　　　○○시 ○○로 ○○(○○동)

　　　　　　　　전화 : 010-1234-5678

　　　　　　2. 이　　○　　○ (000000-0000000)

　　　　　　　　○○시 ○○로 ○○(○○동)

　　　　　　　　전화 : 010-3456-7890

피탄원인 :　　김　　○　　○ (000000-0000000)

　　　　　　　　○○시 ○○로 ○○(○○동)

# 탄　원　내　용

탄원인들은 부부지간으로 피탄원인의 부모입니다. 자식의 교육을 잘못시킨 부모로서 감히 자식에 대해 선처를 바라는 탄원서를 드리는 것이 과연 부모로서 할 도리인지도 잘 모르겠습니다.

탄원인 김○○은 회사원으로 일하고 있고, 피탄원인 이○○은 법원 주변건물청소원으로 일하면서 아들딸 두 남매를 두고 있습니다.

그런데 피탄원인은 친구들과 어울려 동료들로부터 돈 30,000원을 뺏은 것으로 하여 보호관찰 중에 또다시 이런 사건을 저질렀습니다. 그야말로 부끄럽고 몸 둘 바를 모르겠습니다. 그러나 자식이고 보니 어찌하겠습니까?

이번 사건은 정말 상상도 할 수 없는 사건이었습니다. 제자식이라고 해서 그런 것이 아니라 집에서도 말이 적고 부모에게 뿐만 아니라 할아버지한테도 효심이 지극한 손자입니다. 그리고 피탄원인 개인으로 보면 공업고등학교 3학년으로 대학수시합격통지를 받고 있고, 꼭 대학에 가서 인테리어를 전공하여 성공할 것이라고 입버릇처럼 말해오면서 부모에게 효도하겠다고 말해 왔습니다.

그러던 자식이 이 같은 범행을 저지르고 보니 저희 부모는 하늘이 무너지는 듯한 충격에서 헤어나지 못하고 있습니다. 이번 일은 용서받기 어려운 줄 알고 있으나 그나마 서로 합의를 하였고, 피해자는 처벌을 바라지 않고 있습니다.


존경하옵는 판사님!


부끄럽지만 이번 단 한 번의 기회를 주신다면 저희 부부는 자식의 교육에 배전의 노력을 할 다 할 것을 다짐 드리면서 피탄원인이 꿈을 이룰 수 있도록 꼭 한번만 배려하여 주시기를 간절히 바라면서 이 탄원서를 드립니다.

안녕히 계십시오.


20○○. ○. ○.

위 탄원인 : 김 ○ ○ (인)

이 ○ ○ (인)

**○○지방법원 소년부 제○단독 판사님  귀하**

# 탄 원 서

사　건 :

탄 원 인 : ○　　○　　○ (000000-0000000)

　　　　　○○시 ○○로 ○○(○○동)

　　　　　전화 : 010-3456-7890

피탄원인 : ○　　○　　○ (000000-0000000)

　　　　　○○시 ○○로 ○○(○○동)

## 탄 원 내 용

피탄원인 ○○○(31세)은 귀원 항소○부에서 재판계류 중인 수감자(수형번호 1234번)이고, 탄원인 ○○○(여)는 위 피탄원인의 어머니로서 현재 외롭게 홀로 살아가고 있습니다.

존경하는 재판장님!

피탄원인을 범법자로 만든 것은 한마디로 이 못난 어미에게 있다고 하겠습니다.

피탄원인은 아무런 잘못이 없으니 대신 못난 어미를 벌하여 주십시오!

피탄원인은 다른 집 자식들과 마찬가지로 예절바르고 착한 아들이었는데 이 모든 것이 이 못난 어미의 가정파탄과 무지가 그렇게 만들어 버리고 말았습니다.

존경하는 판사님!

잠시 피탄원인이 범법자가 되기까지의 경위를 말씀드릴까 합니다.

그러니까 피탄원인이 중학교 2학년 때 탄원인은 남편과 성격차이로 끝내 이혼을 하게 되었습니다. 한창 감수성이 예민하던 피탄원인은 그만 실의에 찬 시선으로 점점 말이 없는 아이로 변해가고 있었습니다.

그러나 이 어미 말은 누구보다도 착실하게 말대꾸 한 번 없이 착하게 자라왔는데 어느 날 범죄인이 되어 교도소에 들어가 있다는 사실을 뒤늦게 알게 되어 하늘이 무너져 내리는 충격으로 혼절한 몇 달 뒤, 사랑하는 아들로부터 때늦은 후회와 회한이 담긴 내용으로 한통의 편지가 날아들었습니다.

숱한 세월이 흐른 이제야 철이 들고 보니 그동안 불효로 살아왔던 지난날들이 원망스럽다며 구절구절 눈물로 얼룩진 사연들로 탄원인에게 마지막 효도를 하겠다고 하는 내용들이었습니다.

존경하는 재판장님!

자식 키우는 어미의 심정, 그 무엇으로 다 표현하리까마는 이렇듯 어미의 가슴 갈기갈기 찢는 아픔, 저려 오네요.
지난 세월 되돌릴 수만 있다면 우리 장남 어엿한 대한남아로서 기세당당 추앙받는 인물 만들겠지만… 어이하리! 이내신제 지금 당장 옥중에서 풀려나기만을 헤아려야 하니….

존경하는 판사님

탄원인은 고칠 수 없는 가슴앓이로 숱한 날을 지새우며 피탄원인이 돌아오기만을 학수고대하다 이제 바람 앞에 들불이 되었습니다. 탄원인의 마지막 소원이오니 이제 이 못난 어미의 품으로 돌려보내 주십시오!

피탄원인도 맹세하였습니다. 언젠가는 출소하게 되면 자신의 저지른 피해금액에 대해 피해자에게 찾아가 백배사죄하면서 그 변제금을 다달이 갚아나갈 것이라고 이 어미에게 굳게 약속을 하였습니다.

피탄원인은 못 배운 것이 한이 되는지 새 출발을 결의하면서 영어회화 책자를 보내달라는 내용이 곁들였습니다. 부디 그 뜻을 저버리지 마시기 바랍니다.

피탄원인은 자신이 지은 죄 값으로 이미 긴 세월을 교도소에서 복역을 하였는데 사회봉사명령을 이행치 않았다는 이유로 또다시 교도소에서 장구한 세월동안 수감생활을 한다는 것은 자신의 지은 죄 값에 비해 너무도 무거운 형벌이라 사료됩니다.

비록 가난하고 배우지 못한 탄원인의 장남으로 태어나 일시 방황을 하다 이제 마지막으로 효도를 하겠다며 굳은 결의로서 맹서하는 피탄원인의 갸륵한 효심을 참작하시어 최대한의 관용과 선처를 구하고자 이렇게 실낱같은 모정의 정으로 이 탄원서를 올리는 바입니다.

20○○.　○.　○.

위 탄원인 : 이　○　○ (인)

**○○지방법원 항소○재판부 재판장님　귀하**

# 탄 원 서

사 건 :

탄 원 인 : ○  ○  ○ (000000-0000000)

  ○○시 ○○로 ○○(○○동)

  전화 : 010-3456-7890

피탄원인 : ○  ○  ○ (000000-0000000)

  ○○시 ○○로 ○○(○○동)

  (현재 교도소 수감 중)

## 탄 원 내 용

피탄원인은 약 2개월 전 주거지인 ○○시 ○○동에서 오토바이를 무면허음주 운전하다 단속되어 현재 ○○교도소에 수감 중인 자이고, 탄원인은 피탄원인의 누나로서 분가를 하여 현재 ○○에서 인쇄업을 하는 남편과 단란하게 살아가고 있습니다. 그런데 뜻하지 않게 남동생이 무면허음주운전을 하다 구속이 되었다는 소식을 듣고 지금까지 고향에 홀로 계시는 어머니의 뒷수발을 저희 여형제들이 어렵게 봉양을 해오고 있습니다.

존경하는 재판장님!

피탄원인은 어려서부터 다리를 다쳐 약 20년째 오른쪽 다리를 의족을 끼워 생활하면서 보행을 불편을 느껴 '리드'라는 소형오토바이를 직접 운전해 들에 나가 농사를 짓고 있을 뿐만 아니라 74세 된 노모 한 분을 모시고 성실하게 살아가고 있습니다.

그렇게 농촌을 지켜가다 사고가 난 그날 이웃 동네 들판에서 품앗이 일을 마치고 막걸리 몇 잔을 마신 뒤 위 오토바이를 혼자 운전하여 귀가하다 그만 도로 옆에 박혀 있는 것을 지나가는 자동차 운전사가 발견하고 경찰에 신고를 하였는데 피탄원인은 그전 무면허운전을 한 집행유예기간이 발각되어 그만 구속이 되었답니다. 피탄원인은 시골에서 효자소리를 듣는 성실한 노총각으로서 여태껏 고향을 지키며 동네에서는 칭찬이 자자한 그야말로 순박한 남동생입니다.

존경하는 재판장님!

피탄원인의 무면허음주운전을 한 행위는 당연히 처벌을 받아야 한다고 탄원인도 그렇게 생각하고 있습니다. 그러나 불행 중 다행스럽게도 피해자가 없는 사고였음을 감안해 주시옵고 할 말은 태산 같이 많으나 재판장님의 시간을 줄이는 차원에서 이만 줄이옵고 하루 속히 피탄원인이 석방되어 사랑하는 고향 어머니 품으로 돌려 보내주시면 더 바랄 것이 없겠습니다.

두 번 다시 이번과 같은 불행이 닥치지 않도록 저희 모든 가족들은 노력을 아끼지 않을 것을 굳게 약속드리겠습니다.

끝으로 피탄원인이 조기 석방되기를 간곡히 기도드리며 귀 법원의 무궁한 발전을 기원하겠습니다.

20○○.  ○.  ○.
위 탄원인 ○  ○  ○ (인)

**○○지방법원 형사○단독 재판장님  귀하**

# 탄 원 서

사　건 :

탄 원 인 : ○　○　○ (000000-0000000)

　　　　　○○시 ○○로 ○○(○○동)

　　　　　전화 : 010-3456-7890

피탄원인 : ○　○　○ (000000-0000000)

　　　　　○○시 ○○로 ○○(○○동)

　　　　　(현재 교도소 수감 중)

## 탄 원 내 용

무례함을 무릅쓰고 감히 이 글을 올립니다.

이 글을 올리는 저는 귀 교도소에 20○○. ○. ○. 수감되어 있는 수형번호 1234호인 ○○○(○○세)의 아버지입니다.

저의 5남매의 막내아들인 ○○○은 약 2년 전 그의 직장 동료 2명과 같이 술을 마신 뒤 ○○시 ○○읍 ○○리 소재 "○○마트"에 들어가 컵라면을 시켜 먹으려다 그곳 종업원과 언쟁 끝에 직장 동료들이 종업원의 멱살을 잡고 폭행을 하자 아들이신 ○○○이는 이를 만류하였고, 그런 위 슈퍼를 나오다가 술에 만취한 나머지 동료들이 양주를 들고 나올 때 저의 아들도 그만 담배를 들고 나온 실수를 범하게 되어 그로 인해 경찰에 구속이 되었는데, 그날의 범죄행위를 주도한 직장 동료들은 당시 불구속이 되었고 아들은 그전 음주 건으로 2년의 집행유예가 있었는데 그 사유로 구속이 되고 말았습니다.

아들의 죄 값에 대한 처벌은 당연하다고 하겠으나 직장동료들이 주도한 범죄행위에 아들은 싸움을 만류하면서 따라하게 된 행위가 위 음주도주의 집행유예 사유로 구속이 된 것으로 판단되고 보니 부모 된 입장으로서 너무도 억울한 생각이 들지만 지나간 일들은 그저 잊고 싶을 뿐입니다.

그 당시 아들의 소식을 접한 저는 그만 뇌졸중으로 쓰러져 부산 ○○병원에서 그동안 치료를 받아 왔으나 아직도 심장병에서 헤어나지를 못하고 있습니다.

현재 수감이 되어 있는 아들 ○○○이 위로는 모두 출가를 하여 그러다보니 수감 전에는 ○○이가 부모를 공양하면서 효행을 다하였고 또한 직장에서도 칭송이 자자했던 착실한 막내아들이었습니다.

저는 생업을 잃고 그동안 어렵게 병석에 몸져누워 아들이 들어오기만을 학수고대하고 있습니다.

아들이 구속된 지가 벌써 2년이란 세월이 흘렀군요. 아들이 지은 죄 값에 비해 형벌이 너무 가혹하게만 느껴집니다.

존경하시는 재판장님!

이에 사랑하는 아들을 부모의 품으로 돌려보내 주십시오. 간절히 원하옵니다.

20○○.　　○.　　○.

위 탄원인 :　○　　○　　○　(인)

**○○지방법원 형사○단독 재판장님　귀하**

# 탄 원 서

사 건 :

탄 원 인 : ○ ○ ○ (000000-0000000)

            ○○시 ○○로 ○○(○○동)

            전화 : 010-3456-7890

피탄원인 : ○ ○ ○ (000000-0000000)

            ○○시 ○○로 ○○(○○동)

## 탄 원 취 지

현재 음주교통사고 건으로 재판계류 중인 피탄원인에 대하여 다음과 같이 탄원하오니 선처하여 주시기 바랍니다.

## 탄 원 내 용

탄원인은 ○○운수소속 경기 ○○바○○○호 영업용택시 운전기사로 종사하고 있습니다.

피탄원인은 자신의 승용차를 운전하여 당시 신호대기중인 탄원인이 영업용차량을 추돌하여 탄원인에게 경미한 인피, 물피를 입게 하였습니다.

탄원인은 사고당일 하루의 영업실적을 올리기 위해 열심히 운전에 임하고 있었는데 추돌사고를 당하고보니 화가 치밀어 항의하는 과정에서 술 냄새가 나 "술 마시고 운전을 하면 되느냐"고 소리치면서 피탄원인을 고발하게 되었던 것입니다.

그런데 나중에 자세히 알고 보니 피탄원인은 약 16년째 ○○시청 청경으로 근무를 해오면서 약 10년 전 오토바이를 운전하다 교통사고를 당해 그때 머리를 다쳐 그로 인하여 부인과 이혼을 한 뒤 그때부터 현지 고2, 중1의 딸자식을 키워오면서 어렵게 살아가고 있다는 사실을 알게 되었습니다.

그리고 사고 후 피탄원인은 탄원인을 찾아와 백배사죄하면서 치료비 일체와 합의금 300만원을 주어서 받고 합의를 해주어 그것으로 끝이 난 줄 알았는데 피탄원인은 그 일이 아직도 끝이 나지 않고 법의 심판을 기다리고 있다는 소식을 듣게 되었습니다.

존경하는 재판장님!

피탄원인의 노모가 장애자로 노환에 시달리고 있다는 사실도 이번에 알았습니다. 그리고 합의금마저 피탄원인의 동생인 ○○시청 상수도사업소에 근무를 하고 있는 ○○○가 부담을 한 사실도 알게 되었습니다. 이러한 피탄원인의 가정사가 비단 그네들뿐만 아니라 탄원인 역시 어려운 여건 속에서 언제나 위험이 도사리고 있는 점을 감안하면 지금에 와서 생각을 하니 그때 왜 고발을 했을까? 라고 후회스러운 게 솔직한 탄원인의 심정입니다.

탄원인은 위 추돌사고로 인하여 당시 3일간 병원에 입원해 있다가 퇴원을 한 후 본래의 업무에 복귀하여 현재 정상적으로 운전기사로 종사하고 있습니다.

부디 탄원인은 피탄원인을 최대한 선처해 주실 것을 간곡히 원하오며 귀 법원의 무궁한 발전을 기원하겠습니다.

20○○. ○. ○.<br>
위 탄원인 : ○ ○ ○ (인)

**○○지방법원 형사○단독 재판장님 귀하**

# 탄 원 서

사　　건 :

탄 원 인 : ○　　○　　○ (000000-0000000)

　　　　　　○○시 ○○로 ○○(○○동)

　　　　　　전화 : 010-3456-7890

피탄원인 : ○　　○　　○ (000000-0000000)

　　　　　　○○시 ○○로 ○○(○○동)

## 탄 원 내 용

존경하는 재판장님!

탄원인은 ○○시 ○○로 ○○(○○동) 자택에서 생활하고 있는 피탄원인의 부인이며 피탄원인은 두 아이의 아버지이며 한 가정을 책임지고 있는 가장이기도 합니다.

피탄원인은 평소 가정에서 아이들과 잘 놀아주고 가장으로서의 책임을 다하는 따뜻한 아버지입니다.

피탄원인이 한가정의 가장으로서 현재 가정을 책임질 수 없게 되어 탄원인의 가정은 무척 힘이 든 상황입니다. 그리고 또 모든 생활에 막대한 지장을 초래하고 있습니다.

경제적으로나 아이들의 정서적인 면에서 무척 큰 영향을 주고 있는 현실에서 두 아이의 아버지이자 한 가정의 가장인 피탄원인은 많은 반성과 눈물로 호소한 바 있습니다. 죄를 뉘우치며 아이들을 걱정하고 있는 자세도 보였습니다.

하루라도 빠른 시일 내에 가정으로 돌아와 아이들이 아버지의 품에 안겼으면 합니다. 부인인 저도 가장인 ○○○씨가 돌아와 안정된 가정이 되었으면 하는 마음으로 간곡히 부탁드립니다.

20○○.   ○.   ○.

위 탄원인   ○   ○   ○ (인)

○○지방법원 형사○단독 재판장님  귀하

[사례 14] 강제추행 공갈 및 금품 갈취를 한 피의자가 용서를 구함

# 탄 원 서

사　　건 :

탄 원 인 : ○　　○　　○ (000000-0000000)

　　　　　 ○○시 ○○로 ○○(○○동)

　　　　　 전화 : 010-3456-7890

## 탄 원 내 용

존경하는 재판장님께!

재판장님의 노고에 깊은 감사의 뜻을 표합니다.

저는 이번에 공갈 및 금품 갈취 혐의로 구속된 ○○○입니다. 저는 사우나 수면실에서 만난 ○○○씨에게 저의 신체 부위를 만지도록 유인한 뒤 이를 약점 잡아 금품을 갈취했습니다. 또 ○○○씨를 강제 추행 혐의로 경찰에 신고한 뒤 그의 부모로부터 합의금 명목으로 ○○만원을 뜯어내는 등 지난 ○개월 동안 합의금으로 ○○만원을 받은 혐의가 있습니다.

술에 취한 사람들의 약점을 이용하여 돈을 가로챈 파렴치한이 무슨 낯으로 재판장님께 탄원을 드릴까 고민도 해보았지만 제가 이대로 구속되면 저의 가족은 당장 먹을 쌀이 없어 굶어 죽을 것 같아 용기를 내어 이 글을 씁니다.

저는 당뇨로 거동이 불편하신 어머니와 알코올 중독자인 아버지, 그리고 장애를

가지고 태어난 남동생과 함께 생활하고 있습니다. 가족 모두 무직 상태이기에 제가 근근이 아르바이트를 하며 생활비를 대고 있습니다. 계속되는 궁핍한 생활 탓에 저는 쉽게 돈을 벌 수 있는 일이라 생각하고 고의로 이러한 범죄를 저질렀습니다. 공갈 협박으로 받은 합의금은 어머님의 치료비와 아버지 병원비로 충당하였습니다.

존경하는 재판장님,

백번 천번 생각해도 마땅히 죄 값을 치러야 할 범죄자이지만 제가 없으면 병든 아버지와 어머니는 누가 모시겠습니까. 현재 손발이 오그라드는 1급 장애인 남동생이 라면을 끓여가며 부모님의 식사 준비를 한다는 말을 들으니 지금이라도 당장 달려가서 부모님 밥상을 차리고 싶은 심정입니다. 가족의 생계를 혼자 책임지고 있는 가장의 안타까움을 헤아려 주셔서 제발 마지막 선처를 부탁드립니다.

제가 비록 용서받지 못할 중죄를 저질렀지만 한번만 다시 기회를 주신다면 노동의 참된 가치를 경험하며 정직하게 살아가겠습니다. 더욱 정성을 다해 부모님을 봉양하며 제 남동생과 같은 장애인들에게 봉사하며 살아가겠습니다.

잘못된 판단으로 돌이킬 수 없는 죄를 지었음에 무릎 꿇고 사죄드리며 재판장님의 선처를 간절히 기다리겠습니다.

20○○. ○. ○.
위 탄원인 ○ ○ ○ (인)

**○○지방법원 형사○단독 재판장님 귀하**

# 탄 원 서

사 건 :

탄 원 인 : ○  ○  ○ (000000-0000000)

　　　　　○○시 ○○로 ○○(○○동)

　　　　　전화 : 010-3456-7890

피탄원인 : ○  ○  ○ (000000-0000000)

　　　　　○○시 ○○로 ○○(○○동)

## 탄 원 내 용

오늘도 공정한 법 집행을 위해 애쓰시는 재판장님께 경의의 말씀을 드립니다.

저는 축산, 분뇨 폐수처리장에 근무하는 직원입니다.

제가 오늘 탄원서를 올리게 된 연유는 제가 모시고 있던 소장님께서 공금횡령 및 뇌물공여로 구속이 되어 피의자가 되었으나 평소 우리 직장 내에서 모든 업무에 항상 모범을 보이시었고, 사무실에서 늘 환하게 웃으시면서 어깨를 툭툭 쳐주시면서 우리들에게 격려도 해주시고 독려도 하시는 이분이 개인적인 사리사욕을 채우는 그런 몰염치한 비인격자는 아니며 평소 제가 무척이나 존경하던 상사분이자 가족 같은 분이었기에 구명을 위하여 이 글을 작성하고 있습니다.

피의자 ○○○ 소장님께서 받으신 돈은 저희들이 보기에는 대가성이 있는 것이 아닙니다. 그 돈을 받아서 무얼 해주겠다는 식으로 업무를 처리하는 분도 아니시고 그런 직접적인 실무자의 자리에 계신 분도 아니며 소장님께서는 거래업체에서 별

의미 없이 받아서 2/3 이상을 저희들 추석, 구정 명절 또는 여름휴가비로 챙겨주셨고 그중 일부로 공무원과 식사하거나 술 마시는데 사용된 것으로 알고 있습니다.

지역사회에서 소장님에 대한 평은 말할 수 없이 좋은 사람으로 평이 나 있으며, 법 없이도 살 수 있다 할 정도로 마음이 푸근하신 분이십니다
특히 환경공무원으로 계시다 형님 보증을 섰다가 잘못되어 명퇴하신 후 개인회사에 입사하여 민간위탁사업 소장으로 다시 시에서 운영하던 축산분뇨 폐수처리장에 근무하게 되었고 아직도 공무원과 같은 사명감으로 일하시는 분이십니다.

공무원들과 식사하고 술 마신 것을 경찰은 뇌물공여로 보고 있으나 소장님과 마신 공무원들은 재직시절 옛 동료나 부하직원들이며 공무원으로 재직할 당시 오래전부터 환경직 모임 회원으로 있었기에 그저 편한 친목으로 만나 대하였는데 경찰조서에서는 인정을 전혀 해주질 않으니 답답하기만 합니다.

다른 사람들이 더러워하는 축산폐수나 인분폐수를 깨끗이 처리하는 직업을 가진 저희들이 고생하는 것에 비해 임금이 너무 적고 사실 고도의 기술이 필요한 직업임에도 3D업종 중의 하나가 되어 소장님께서는 평소 저희 동료직원들의 복지나 혜택이 미미한 것에 대해 늘 안타까워 하셨습니다.

평소 직장동료의 어려운 가정형편을 잘 알고 계시고 늘 안타까워하시던 소장님께서 모두가 꺼려하는 직업을 가진 저희 직원들의 아픈 마음을 부둥켜안으시고 헤아려 주시는 업체 사장님과 소장님께 항상 감사하는 마음을 가지고 있습니다.

업체사장님도 자기의 이익금을 조금만 가진다 생각하고 저희에게 보탬을 주신 걸로 알고 있으며 그렇다고 어떤 혜택이나 부정한 사실은 없었습니다.
이제 와서 보니 그 자체가 부정하다며, 횡령이란 죄목을 씌우니 너무도 황당할 뿐

입니다.

그리고 부정행위를 하여 업체에 이익을 남기는 것을 눈감아 주는 대가로 공무원에게 향응을 접대하며, 돈을 주었다는 것은 더더욱 억울하여 제가 이분의 석방 또는 감형을 바라는 간절한 마음으로 연명으로 탄원서를 올리오니 부디 관대한 처분이 있으시기를 바랍니다.

20○○.   ○.   ○.

위 탄원인 ○   ○   ○ (인)

○○지방법원 형사○단독 재판장님   귀하

# 탄 원 서

사 건 :
탄 원 인 : ○   ○   ○ (000000-0000000)
　　　　　○○시 ○○로 ○○(○○동)
　　　　　전화 : 010-3456-7890
피탄원인 : ○   ○   ○ (000000-0000000)
　　　　　○○시 ○○로 ○○(○○동)

## 탄 원 내 용

존경하는 검사님!

바쁜 업무 일정에도 국가와 국민의 근간과 기본권을 지킨다는 긍지와 명예로 사시는 검사님께 다시 한 번 존경의 마음을 담아서 감사의 인사를 드립니다.
저는 20○○년 ○월 ○일 ○○시 ○○구 ○○동 ○○사거리에서 발생한 교통사고로 면허가 취소된 ○○○의 어머니입니다.

모친상을 당한 친구의 상갓집에서 술을 마시고 대리운전을 부르려고 기다리던 제 아들 ○○○은 ○시경 갑자기 골목 끝에서 ○○○씨가 울면서 달려오는 것을 보았습니다.

한 동네에 살고 있는 ○○○씨는 머리에 피가 뚝뚝 흐르고 있는 사내아이를 안고 맨발로 달려오고 있었습니다. 그 당시 골목에는 제 아들 혼자 밖에 없었고 워낙 다급한 상황이라 본인이 조금 전 술을 마신 사실도 잊고 승용차에 아이를 태우고 병원으로 향했습니다.

○○병원 응급실은 차로 ○분 거리 밖에 되지 않아 빨리 가면 아이를 살릴 수 있다고 생각한 제 아들은 급하게 차를 몰고 가던 중 음주단속 중이던 경찰관의 심문을 받게 되었고 결국 음주운전 혐의(도로교통법 위반)로 면허가 취소되었습니다.

존경하는 검사님, 비록 제 아들이 음주운전이라는 반사회적 행동을 했지만 피 흘리고 죽어가는 아이의 생명을 구하기 위해 부득이하게 운전대를 잡은 것이니 면허 취소처분을 재고하여 주시기 바랍니다.
세상이 각박해져 가고 있는 요즘, 남의 자식이 다쳤다고 해서 직접 병원으로 데리고 갈 수 있는 사람이 몇이나 되겠습니까. 평소 저의 아들은 어렵고 불쌍한 사람들을 보면 그냥 지나치지 못하는 심성이 고운 아이입니다. ○년 동안 장애인 복지시설에서 목욕 봉사를 하며 선행을 베푸는 착한 아이입니다. 법 없이도 살 만큼 착한 아들이므로 제 아들의 면허가 유지될 수 있도록 넓은 아량으로 선처해 주시길 간절히 바랍니다.

바쁘신 와중에도 길지 않은 글 읽어주셔서 감사드립니다. 항상 건강하시길 기원드립니다.

20○○.　○.　○.
위 탄원인 ○ ○ ○ (인)

**○○지방검찰청 ○○○ 검사님　귀하**

# 탄 원 서

사　건 :

탄 원 인 : ○　　○　　○ (000000-0000000)

　　　　　　○○시 ○○로 ○○(○○동)

　　　　　　전화 : 010-3456-7890

피탄원인 : ○　　○　　○ (000000-0000000)

　　　　　　○○시 ○○로 ○○(○○동)


## 탄 원 내 용

존경하는 검사님!

저는 현재 공무집행 방해죄로 구속, 수감되어 있는 ○○○에 대한 선처를 부탁드리기 위해서입니다. 저와 그는 ○○에서 ○년째 함께 일을 하고 있는 동료 사이입니다.

피의자 ○○○는 사명감과 책임감이 투철하며 지역발전 및 주민의 복지증진에 솔선수범할 뿐 아니라 타의 모범이 되는 열심히 근무하는 공무원입니다. 그런데 회식 후 집에 돌아가는 길에 불미스러운 일로 경찰관과 시비가 붙어 경찰관에게 폭력을 행사하였고 그 후 공무집행방해죄로 구속되었습니다.

제가 지금까지 알고 있는 ○○○는 경찰 공무원에게 폭력을 휘두를 위인이 절대 아닙니다. 시골의 가난한 집에서 자란 그는 홀홀단신으로 상경하고 서울과 대전

등지를 떠돌며 20가지가 넘는 직업을 전전했습니다. 14살에 중국집 배달부로 일할 때는 남들이 먹다 남은 짜장면을 설거지하듯이 먹어치우며 허기를 채웠다고 합니다. 구두닦이, 제과점 사환, 일식집 주방 보조, 현장 잡부를 거쳐 공무원이 되기까지 험난한 삶을 꾸려나가면서도 그는 한 번의 탈선 없이 성장했습니다.

제가 그의 불우한 어린 시절이며 살아온 이야기를 한 것은 그가 비겁하게 도주하지 않을 것이며, 재판을 성실하게 받고 진실을 밝히려 애쓸 사람이라는 것을 검사님께서 알아주시길 바라기 때문입니다.

죄를 지었다 하더라도 불구속 수사와 재판으로도 얼마든지 죄를 물을 수 있습니다. 죄가 있다고 상당히 의심되지도 않거니와 증거 인멸과 도주의 우려가 없는 공무원을 구속하는 것은 부당하고 억울합니다.

구속이 필요하다고 의심되는 사안이 없으므로 ○○○를 석방하여 주시기 바랍니다. 부디 그가 행한 범죄에 대한 실체적 사실관계를 밝혀 주십시오.

존경하는 검사님의 현명한 판단을 바라옵니다.

20○○. ○. ○.

위 탄원인 ○ ○ ○ (인)

**○○지방검찰청 ○○○ 검사님 귀하**

[사례 18] 특수절도를 한 소년에 대한 선처 호소

# 탄 원 서

사 건 :

탄 원 인 : ○　○　○ (000000-0000000)
　　　　　　○○시 ○○로 ○○(○○동)
　　　　　　전화 : 010-3456-7890

피탄원인 : ○　○　○ (000000-0000000)
　　　　　　○○시 ○○로 ○○(○○동)

# 탄 원 내 용

존경하는 검사님,

본인은 공무원으로 20여년 재직한 직장을 퇴직한 후, 상기 특수절도사건 피의자 (성명: ○○○)를 20○○년 ○월 ○일 우연한 기회에 만나, 많은 시간을 함께 보내며 피의자를 선도하고자 노력하고 있는 한 사람의 독지가로서 먼저 피의자가 죄를 저질러 물의를 일으킨 점에 대하여 진심으로 사과를 드립니다.

현재 피의자 ○○○는 본인을 친부 이상으로 의지하고 있을 뿐만 아니라 이전의 불규칙한 생활 습관에서 탈피하려고 애쓰고 있으며, 본인이 적절한 방안을 물색해 주면 그대로 이행할 것을 약속하는 등, 피의자 스스로가 절실히 반성하고 있는 이 시기에 또다시 과오를 저지른 점에 대하여 본인으로서는 정말 안타깝기 그지없게 생각하고 있습니다. 피의자 ○○○는 독자로 부모들이 초등학교 ○학년(만 ○○세)때 이혼한 이후, 아버지는 ○번 재혼하였고 어머니 역시 재가한 환경에서, 아버지는 때로는 피의자인 아들을 어머니에게 맡기고, 어머니는 다시 아버지에게 보내는 등, 어린 시절을 계모 및 계부 밑에서 평범한 생활을 할 수 없는 불우한 가정 환경 속에서 반복되는 가출과 불량한 행동으로 가족들에게 완전히 버림을 받고 살아왔습니다.

검사님의 이해를 돕고자 한 사례를 설명 드리고자 합니다.

지난달 ○월 ○일 오전 ○시경, 본인 아파트 입구에 피의자가 쓰러져 있는 것을 아파트 경비원이 발견하여 "누구냐?"고 묻자, "여기가 우리 집이다."라 하며 아버지 이름으로 본인 성명을 대답하는 피의자에게 경비원은 "이 집에는 너 같은 아들이 없다."고 하였지만, 옷에 피가 많이 묻어 있고 신체 여러 부위 상처에서 피가 흐르는 것을 불쌍히 여기고 이 사실을 본인에게 알려주어 본인이 밖에 있는 피의자 ○○○에게 사고 경위를 물으니 "친구 오토바이 뒷좌석에 타고 가다 전복 사고가 발생, 의식을 잃고 병원으로 가던 중 깨어나 몸이 무척 아파, 여기로 온 것이다."라고 대답하였습니다.

본인이 피의자의 몸 상태를 확인한 결과, 상처가 매우 심하여 이 사실을 피의자 가족에게 알려 줄 필요가 있을 것으로 판단하여 피의자를 집으로 데려가 피의자 부친과 할머니께 사고 경위를 대충 설명 드렸습니다만, 피의자 아버지는 "지금은 내 코가 석자이기 때문에 나는 저놈(피의자)을 돌볼 수 없다."고 하면서 오히려 "나가서 죽었으면 좋겠다."고 하여, 「오늘이 마침 아들(피의자) 생일날입니다」라고 거듭 말씀드렸으나 "몸이 아프고 춥다."고 괴로워하는 아들은 거들떠보지도 않았습니다.

어쩔 수 없이 본인이 피의자를 데리고 와 상처를 치료한 후, 잠에서 깨어난 피의자를 당일 오후 ○시경 다시 집으로 데려갔으나, 피의자 고모(여동생) 역시 "얘(피의자)를 왜 여기에 데리고 왔느냐?"하면서 본인과 조카에게 핀잔만 주는 것이었습니다.

본인이 가출한 피의자를 처음 만난 며칠 후, 피의자를 설득하여 집으로 함께 갔을 때에도 조모께서는 "추후에 달라고 하지 않을 것이니 가져가라!"고 피의자가 어떤 쓸모없는 물건인 것처럼 말씀하였습니다.

그동안 가출과 불량한 행위를 반복하여 부모 및 가족들에게 많은 실망을 안겨 준

사실을 참작하더라도 큰 사고를 당한 아들(피의자)을 대하는 피의자 가족들의 태도는 너무 냉정하기 이루 말할 수 없었습니다.

그러나 이처럼 냉대 받는 가정환경 속에서 자란 피의자는 가출 중에도 어버이날에는 문 밖에 카네이션을 놓아두는 것을 잊지 않았고, 길에 쓰러져 갈증에 시달리는 노인에게 물을 사 드리고 파출소까지 모셔다 주는 선행으로 피의자가 재학 중이던 인천 선인중학교에서 선행상을 받을 수도 있었으나 불량 학생으로 분류되어 표창을 받지 못하였다는 사실을 피의자 복학 문제를 상의하기 위하여 학교를 방문하였을 때, 1학년 담임선생이었던 ○○○ 선생님으로부터 전해 들었습니다. 또한 피의자는 아직까지 부모나 가족 등 그 누구도 미워하거나 원망하지 않는 여린 마음을 가지고 있는 소년입니다.

존경하는 검사님!

본인은 이 소년을 평생 친아들처럼 생각하여 선도하며 교화시켜 보겠습니다. 또한 피의자도 제3자들이 오해할 정도로 친자식 이상으로 본인을 잘 따르고 있습니다. 이는 그동안 본인과 피의자 간에 서로 마음의 문을 열고 나눠 온 대화 속에서 맺어진 깊은 신뢰와 애정이 뿌리를 이루고 있기 때문이라고 확신하고 있습니다. 피의자를 만난 지 이제 ○○여일 정도 밖에 지나지 않았지만 피의자에게 심적으로 많은 변화가 오고 있음을 본인 주위에 있는 여러 사람들도 이를 인정하고 있습니다.

본인은 피의자에게 열과 성을 다하여 평범한 소년으로 성장할 수 있도록 최선의 노력을 다 할 것임을 약속드립니다. 또한 피의자 역시 지금까지의 잘못을 절실히 뉘우치고 크게 후회할 뿐만 아니라 머리를 삭발하고 절에 들어가라고 하면 절에라도 들어가겠다는 비장한 마음으로 새로운 생활을 다짐하고 있으며, 또한 본인과 절친한 친구인 ○○○(○○세, ○○ 패션회장 및 서울 서부 ○○부총재) 및 ○○○(○○세, 주식회사 ○○○○ 대표이사)는 본인을 협조하여 피의자를 자신의 회사에 지난 ○월 ○일 입사시킬 예정이었으나 인천 서부경찰서 소년계 ○○○ 형사가 피의자 계류 사건으로 인한 가정법원 심리를 ○월 ○일(○요일)이나 ○월 ○일(○요일)중에 받을 것을 통보하여 현재 입사를 보류 중에 있으며, ○○○(○○세, ○○유선방송 및 CATV방송) 회장도 피의자 선도를 위한 후원을 적극 약속하고 있습니다.

이런 현실에 비추어 피의자를 사회적으로 격리시키는 것보다는 본인과 주위 사람들이 애정을 가지고 선도하는 것이 피의자에게 더욱 효과적인 교화 방안이라고 생각하고 있습니다.

존경하는 검사님.

이번 사건이 이제 만 ○○세(20○. ○. ○일생)가 불과 10여일 밖에 지나지 않은 어린 피의자에게 전화위복의 기회가 될 수 있도록 너그러우신 온정을 간곡히 당부드리고자 합니다.

이와 같은 반성의 기회를 주신다면 본인은 피의자를 가슴에 묻고 살면서 부끄러움 없는 소년으로 성장할 수 있도록 있는 힘껏 노력할 것을 거듭 약속드립니다. 부디 현명하신 ○○○ 검사님의 선처가 있기를 두 손 모아 기대합니다.

끝으로 검사님의 건강과 가정에 행운과 축복이 함께 하시기를 간절히 기원합니다. 감사합니다.

20○○.　　○.　　○.

위 탄원인　○　　○　　○　(인)

**○○지방검찰청 ○○○ 검사님　귀하**

# 탄 원 서

사 건 :

탄 원 인 : ○　　○　　○ (000000-0000000)

　　　　　　○○시 ○○로 ○○(○○동)

　　　　　　전화 : 010-3456-7890

피탄원인 : ○　　○　　○ (000000-0000000)

　　　　　　○○시 ○○로 ○○(○○동)

## 탄 원 내 용

존경하는 재판장님께,

탄원인은 ○○시 ○○구 ○○동에서 ○○제조업을 하고 있으며 피탄원인은 탄원인 처의 친구입니다.

20○○. ○. ○. 탄원인의 처가 피탄원인이 금 ○○○원을 빌려달라고 애원하면서 전화가 왔다 하여 얼굴도 한 번도 본 적 없는 피탄원인에게 제 처만 믿고 금 ○○○원을 내놓은 것입니다. 하지만 1주일만 쓰고 돌려주겠다는 당초 약속과는 달리 1년이 지난 기간까지 감감무소식이고 피탄원인이 기거하는 ○○시 ○○구 ○○동에 탄원인의 처가 찾아갔는데 헛걸음만 하고 피탄원인을 만나지 못하였고, 탄원인이 몇 차례 전화를 했는데도 통화가 되지 않자 탄원인도 처의 친구인 관계로 참으려 하였으나 지금 경영하고 있는 사업의 부진으로 돈 한 푼이 아쉬운 실정이므로 피탄원인을 관할 경찰서에 고소하여, 현재 피탄원인은 ○○구치소에 수감중입니다.

존경하는 재판장님

피탄원인은 지금 무일푼으로 남편과도 별거 중에 있으며, 두 자녀까지 책임지고 있는 실정이며 게다가 시누이의 집에서 얹혀살고 있는 참으로 딱한 사정입니다.

피탄원인이 울면서 사죄하고, 또 앞으로 자신이 일하여 번 돈의 일부를 달달이 갚는 식으로 빌려간 돈 ○○○원을 차차 갚겠다고 약속하였습니다.

재판장님 피탄원인을 선처하시어 어린 두 자녀에게 하루 속히 돌아가 안정을 찾을 수 있도록 해 주십시오.

20○○. ○. ○.

위 탄원인 ○ ○ ○ (인)

**○○지방법원 형사○단독 재판장님  귀하**

# 탄 원 서

사　　건 :

탄 원 인 : ○　　○　　○ (000000-0000000)

　　　　　　○○시 ○○로 ○○(○○동)

　　　　　　전화 : 010-3456-7890

피탄원인 : ○　　○　　○ (000000-0000000)

　　　　　　○○시 ○○로 ○○(○○동)

## 탄 원 내 용

존경하는 검사님!

곳곳에 봄이 오는 소리가 들리고 있으나 아침저녁으로는 쌀쌀한 기운이 남아 일교차가 큽니다. 환절기에 검사님의 건강을 기원합니다.

저는 ○○협회 회장직을 맡고 있는 ○○○라고 합니다. 언제 얼굴을 뵌 적도 없고, 성함조차도 모르는 검사님을 향해 이렇게 글을 쓰게 된 것은 재판을 받고 있는 피의자가 하루라도 빨리 가족의 품으로, 그리고 회사의 품으로 돌아올 수 있기를 기원하면서 검사님의 관용과 선처를 바라는 마음에서입니다.

지난 ○일 토지분할 경계측정을 하는 과정에 불미스런 사건으로 업무 방해죄가 적용되어 피의자가 수사를 받고 있습니다. 피의자야말로 사회에서 '법 없이도 살 수 있는 사람'으로 인정받고 있는 사람입니다. 그가 무슨 죄를 지을 것이라고 우리는 상상도 할 수 없습니다. 그런 그의 성격과 소신이 자신들의 생존권을 위해 싸우는 노동자들을 외면하지 못하고, 함께 싸웠다는 것이 큰 죄가 되고 말았습니다.

저는 ○○협회를 대표하여 피의자가 ○○지역을 사랑하고 ○○회사의 노동자를 대변하는 충정에서 우발적인 행동을 한 것이라고 생각하고 있습니다.

피의자를 깊이 배려하시어 새로운 마음으로 노동자를 대변할 수 있는 기회를 가질 수 있도록 건의하오니 선처해 주시기를 간곡히 바랍니다.

한 가정의 가장으로서, 노부모를 극진히 모시는 효자로서 사랑하는 가족 품으로 돌아갈 수 있도록, 그리고 그가 사랑하는 노동자들의 품으로 돌아갈 수 있도록 검사님의 선처를 다시 한 번 호소합니다.

검사님의 건승을 기원하면서 이만 줄입니다.

20○○.　○.　○.

위 탄원인 ○　○　○ (인)

○○**지방검찰청** ○○○ **검사님　귀하**

# 탄 원 서

사  건 :

탄 원 인 : ○  ○  ○ (000000-0000000)
　　　　　○○시 ○○로 ○○(○○동)
　　　　　전화 : 010-3456-7890

피탄원인 : ○  ○  ○ (000000-0000000)
　　　　　○○시 ○○로 ○○(○○동)

## 탄 원 내 용

존경하는 검사님께

오늘도 공정한 법 집행을 위해 애쓰시는 검사님께 경의의 말씀을 드립니다.

다름이 아니라 사건번호 위 폭행사건(고소인 : ○○○, 피고소인 : ○○○)과 관련하여 피의자 ○○○에 대한 관대한 처분을 간곡히 부탁드리고자 이 글을 드리게 되었습니다.

간단히 제 소개를 드리자면, 저는 피의자의 형으로서 현재 ○○에서 근무를 하고 있습니다.
이번에 피의자가 이번 사건 때문에 무척 고통스러워하기에 이를 지켜보는 형으로서 마음이 편치 않습니다.

피의자는 평소 마음이 여리고 가족으로서 지금까지 지켜본 바로는 남을 악의적으로 해칠만한 사람이 아닙니다. 일시적인 흥분상태로 화를 낼지도 몰라도 누구한테 함부로 상처를 주거나 남을 다치게 할 사람도 아니며 제가 그동안 줄곧 피의자를 지켜 보아온 형으로서 그런 일도 없었습니다.

이번 사건이 터진 이후로 줄곧 피의자는 식사도 제대로 먹지 못하고 있으며 참회의 눈물로 반성을 하고 있습니다. 얼마 전에는 함께 식사를 하는데 1인분 분량의 식사를 반 이상을 남기고 그날의 상처와 후회로 하루하루를 지내고 있었습니다. 식사도 제대로 하지 못하고 얼굴도 창백해지고 차츰 야위어 가고 있습니다. 이러다가 정말 큰 병이라도 얻지 않을까 걱정이 됩니다.

아직 피의자에 대한 처벌수위가 결정된 상태는 아니라고 들었습니다. 이미 피의자는 자신이 저지른 실수에 대한 지금까지의 잘못을 절실히 뉘우치고 크게 후회하고 있습니다.

이와 같은 반성의 기회를 주신다면 본인은 피의자를 가슴에 묻고 살면서 두 번 다시 이와 같은 사건이 일어나지 않도록 있는 힘껏 노력할 것을 거듭 약속드립니다. 부디 현명하신 ○○○ 검사님의 선처가 있기를 두 손 모아 기대합니다.

끝으로 검사님의 건강과 가정에 행운과 축복이 함께 하시기를 간절히 기원합니다.
감사합니다.

20○○.  ○.  ○.

위 탄원인  ○  ○  ○  (인)

**○○지방검찰청 ○○○ 검사님  귀하**

# 탄 원 서

사　　건 :

탄 원 인 : ○　　○　　○ (000000-0000000)

　　　　　○○시 ○○로 ○○(○○동)

　　　　　전화 : 010-3456-7890

피탄원인 : ○　　○　　○ (000000-0000000)

　　　　　○○시 ○○로 ○○(○○동)

## 탄 원 내 용

존경하는 재판장님께


탄원인은 피탄원인의 처로서 현재 결혼 10년째에 접어들어 슬하에 1남 1녀를 두고 단란한 가정을 꾸려하고 있습니다.

그런데 얼마 전 남편이 도박사건에 연루되어 현재 ○○구치소에 수감중입니다. 제 남편은 여태까지 도박이라곤 손에 대지 않는 성실할 가장입니다. 이번 일도 친구들로 어울려 혼자 사는 ○○○이라는 친구의 집에서 술 한 잔 마시고 그곳에서 판이 벌어져 어쩔 수 없이 어울려 화투를 치다가 세들어 사는 피탄원인의 친구 ○○○이 상습적으로 사람들을 데리고 와 술을 마시고 도박을 일삼은데 분개하여 집주인이 그날 밤 경찰서에 도박판이 벌어졌다고 제보하여 도박 등 특별단속기간에 구속된 것입니다.


존경하는 재판장님

피탄원인은 평소 술도 잘 마시지 않고 도박 같은 것을 일절하지 않는 모범적인 가장입니다. 피탄원인의 성실성은 가정뿐만 아니라 주위 사람들도 다 알고 있습니다.

이런 피탄원인이 어쩌다 만난 친구들과 어울려 재미삼아 낀 도박에 연루되어 이러한 불미스러운 일이 일어난 것입니다.

피탄원인의 평소 생활상을 참작하시어 피탄원인을 법이 허용하는 범위 내에서 최대한의 관용을 베풀어 주시어 하루속히 사랑하는 가족들의 품으로 돌아올 수 있기를 부탁드립니다.


20○○.  ○.  ○.

위 탄원인  ○  ○  ○  (인)


○○지방법원 형사○단독 재판장님  귀하

[사례 23] 여친이 남친의 죄에 대하여 형기를 감면 호소

# 탄 원 서

사　　건 :

탄 원 인 : ○　　○　　○ (000000-0000000)

　　　　　　○○시 ○○로 ○○(○○동)

　　　　　　전화 : 010-3456-7890

피탄원인 : ○　　○　　○ (000000-0000000)

　　　　　　○○시 ○○로 ○○(○○동)


# 탄 원 내 용

존경하는 검사님.

본인은 피의자 ○○○의 여자친구로서 많은 시간을 함께 보내며 피의자를 선도하고자 노력하고 있으며 먼저 피의자가 죄를 저질러 물의를 일으킨 점에 대하여 진심으로 사과를 드립니다.

현재 피의자 ○○○는 본인을 의지하고 있을 뿐만 아니라 이전의 불규칙한 생활습관에서 탈피하려고 애쓰고 있으며, 본인이 적절한 방안을 물색해 주면 그대로 이행할 것을 약속하는 등, 피의자 스스로가 절실히 반성하고 있습니다.

본인이 피의자의 몸 상태를 확인한 결과, 상처가 매우 심하여 몇 년 전에 교도소에 있다가 병으로 인해 가출소하였습니다. 그 후 큰 수술도 받고 아무 문제도 없이 열심히 생활했는데 남은 형을 살아야 한다고 다시 교도소로 들어갔습니다.

이번 사건이 피의자에게 전화위복의 기회가 될 수 있도록 남아있는 피의자 ○○○의 남아있는 형기가 감면될 수 있도록 담당 검사님의 너그러우신 온정을 간곡히 당부 드리고자 합니다.

이와 같은 피의자 ○○○의 남아있는 형기가 감면될 수 있도록 도와주신다면 본인은 피의자를 가슴에 묻고 살면서 부끄러움 없는 사회인으로 성장할 수 있도록 있는 힘껏 노력할 것을 거듭 약속드립니다. 부디 현명하신 검사님의 선처가 있기를 두 손 모아 기대합니다.

끝으로 검사님의 건강과 가정에 행운과 축복이 함께 하시기를 간절히 기원합니다.

감사합니다. .

20○○.　○.　○.

위 탄원인 ○　○　○ (인)

**○○지방검찰청 ○○○ 검사님　귀하**

# 탄 원 서

사　　건 :

탄 원 인 : ○　　○　　○ (000000-0000000)

　　　　　　○○시 ○○로 ○○(○○동)

　　　　　　전화 : 010-3456-7890

피탄원인 : ○　　○　　○ (000000-0000000)

　　　　　　○○시 ○○로 ○○(○○동)

## 탄 원 내 용

탄원인은 ○○시청 상하수도사업소 업무과에서 요금업무를 담당하는 공무원이고, 피탄원인 ○○○은 ○○시청 청경으로 근무중인 자로 피탄원인과 탄원인은 형제 기간이며 6남매 중 피탄원인은 장남입니다.

탄원인이 이 탄원서를 올림은 다름이 아니오라 피탄원인이 음주 교통사고를 내어 피해자와 원만히 합의를 하였으나 향후 처벌관계에 있어서 법의 관용을 호소하기 위해 이 글을 올립니다.

피탄원인은 20○○. ○. ○. 00:00경 ○○사격장에서 ○○○, ○○○, ○○○ 고향지인들과 체육대회를 마치고 그곳에서 약간의 음주를 한 후 자가운전을 하여 귀가 중 신호대기중인 영업용 차량을 후미에서 경미하게 접촉사고를 내었다는 사실을 탄원인은 뒤늦게 들어 알게 되었습니다.

그래서 민원인은 동생 된 입장에서 피해운전사를 만나 백배사죄하고 어려운 살림 살이에 합의금을 지불한 뒤 서로 원만하게 해결을 보았습니다.

그런데 피탄원인의 위 교통사고는 이미 경찰서에 접수가 되어 처벌문제를 남겨놓고 있습니다.

피탄원인은 약 10년 전 오토바이를 운전하다 교통사고를 당하여 그때 머리를 다쳐 그로 인하여 부인과 이혼을 한 뒤 그때부터 현재 고2, 중1의 여식을 키워오면서 용기를 잃지 않고 어렵게 살아가고 있습니다.

금번 이 사고 후 피탄원인이 정상적인 사람이었다면 사과 말 한마디만 하였더라면 아무 일 없이 끝났을 문제를 가지고 일이 확대되었다는 것을 피해운전사로부터 들었는바, 이를 미뤄보더라도 형인 피탄원인은 아직도 정상적인 정신상태가 아님을 짐작할 수 있을 것입니다.

이미 때 늦은 후회를 해본들 무슨 소용이 있겠으며 이후 이와 같은 일이 재발되지 않도록 마음을 고쳐먹는데 최선을 다하도록 탄원인과 아울러 노력하겠습니다. 피탄원인의 노모는 장애자로 노환에 시달리고 있으며 나름대로 숱한 세월이 흐르는 동안 딸자식을 위해 혼신의 노력을 다해 온 피탄원인의 정성을 저희 형제들은 물론 이웃들도 잘 알고 있습니다.

존경하는 서장님!
어미 없이 딸자식을 키우는 아버지의 심정 그 무엇으로 다 표현하리까마는 탄원인도 딸자식도 키우는 아버지로서 문득 눈물이 앞을 가리네요.
이제 피탄원인은 맹세를 하였습니다. 다시는 형제와 딸자식에게 걱정 끼치는 일이 두 번 다시 발생하지 않도록 하겠다고 굳게 약속을 하였습니다.

비록 가난한 농촌의 집안에서 장남으로 태어난 피탄원인은 한때나마 단란한 가정을 꾸려오다 불의의 오토바이 사고로 인해 처와 헤어진 뒤 일시 방황하다 이제 마지막으로 딸자식이라도 훌륭하게 키우려고 노력하는 모습들이 너무나 안쓰럽습니다.

이러한 피탄원인의 어려운 사정을 참작하시어 법의 최대한 관용과 선처를 구하고자 이렇게 실낱같은 형제간의 정의로 이 탄원서를 올리오니 한번만 용서해 주시기 바랍니다.

20○○.　　○.　　○.

위 탄원인 ○　○　○ (인)

○○경찰서장님　귀하

# 탄 원 서

사　　건 :
탄 원 인 : ○　　○　　○ (000000-0000000)
　　　　　　○○시 ○○로 ○○(○○동)
　　　　　　전화 : 010-3456-7890
피탄원인 : ○　　○　　○ (000000-0000000)
　　　　　　○○시 ○○로 ○○(○○동)

## 탄 원 내 용

탄원인과 피탄원인은 친구의 소개로 몇 번 만나 서로 사귀면서 가까워진 사이로서 나이도 결혼할 만큼 돼서 만나서인지 결혼까지 생각하게 되었습니다.

하지만 차츰 가까워지면서 피탄원인은 탄원인을 소유하려 하였고 그 강도가 점점 강해져 20○○. ○. ○. 00:00경에는 저녁식사 후 드라이브를 갔다가 탄원인의 의사와 무관하게 강제로 추행하려 하며 이를 저지하는 과정에서 탄원인에게 상해를 입게 하였습니다.

탄원인은 그 후론 남자 기피증이 생길 정도로 심한 정신적 충격을 받아 피탄원인을 경찰서에 고소하게 된 것입니다.

피탄원인은 재판 중 탄원인에게 진심으로 사과하였으며, 피탄원인의 노쇠하신 부모님까지도 탄원인에게 울면서 사죄하였습니다.

여자로서 힘든 일이지만 피탄원인의 부모님을 보면서 저는 피탄원인을 용서하기로 마음먹었습니다.

그동안 구금생활을 통하여 피탄원인은 자신의 잘못을 뉘우쳤으리라 생각되며, 피탄원인이 석방되어 노쇠하신 부모님 곁으로 돌아가 부모님을 편히 모실 수 있도록 존경하는 재판장님의 선처를 바랍니다.

20○○.　○.　○.<br>
위 탄원인　○　○　○　(인)

○○지방법원 형사○단독 재판장님　귀하

# 탄 원 서

탄 원 인 : ○   ○   ○ (000000-0000000)
　　　　　○○시 ○○로 ○○(○○동)
　　　　　전화 : 010-3456-7890

## 탄 원 내 용

중구를 위해 불철주야 노고하심을 시장님께 충심으로 감사드립니다.

다름이 아니오라 거주자 우선주차구역에 주차를 하고 있는 구민으로서 거주자 우선주차구역에 주차하지 말아야 할 비거주자 차량주차들로 인한 피해가 막심하여 이렇게 탄원서를 아래와 같이 제출하오니 시정될 수 있도록 선처하여 주시기 바랍니다.

## 아　　래

1. 비거주자 차량단속의 소홀성 : 경고장 부착만으로는 단속이 곤란하다고 사료되온바, 바로 견인조치 할 수 있도록 개정하여 주시기 바라며, 주차위반 차량에 대한 신고전화를 하여도 연결이 되지 않는 상황이 빈번히 발생하고 있어 효율적인 단속이 곤란한 실정이라고 사료됩니다.

2. 또한 이로 인한 거주자 차량은 비거주자 주차로 인하여 부득이 다른 곳에 주차를 해야 하는 경우가 왕왕 있사온데, 지역 내 특성상 구역이외에는 타 차량의

통행에 불편을 끼칠까봐 달리 주차 할 곳이 없어 인근(10m 이내) 도로 주변에 주차를 할 수밖에 없는 실정이나, 구에서 나온 주차단속에 걸려 주차위반 및 견인조치로 인한 금전적, 시간적 피해가 막심한 실정입니다.

3. 그런 반면에 현실적으론 비거주자 차량에는 경고장만이 부착되고 아무런 조치가 이루어지지 아니 한다는 것은 백번 천번 부당한 행정 조치라고 사료되온 바 조속한 시일 내에 개선하여 주시기를 기원합니다.


20○○.  ○.  ○.
위 탄원인 ○  ○  ○ (인)


○ ○ 시 장 귀하

# 탄 원 서

사 건 :

탄 원 인 : ○  ○  ○ (000000-0000000)

○○시 ○○로 ○○(○○동)

전화 : 010-3456-7890

피탄원인 : ○  ○  ○ (000000-0000000)

○○시 ○○로 ○○(○○동)

## 탄 원 내 용

탄원인과 일간지 ○○신문의 편집국장이고, 피탄원인은 본 신문의 사회부 기자로 20○○. ○. ○. 상해치사사건 관련기사를 사건에 충실하여 진실 그대로 기재하였음에도 불구하고 기사와 관련된 사건의 ○○○이 그 기사는 사건외 ○○○을 형사처분을 받게 할 목적으로 허위로 기재하였다고 피탄원인을 무고 혐의로 고소하였습니다.

존경하는 재판장님

피탄원인은 항상 국민의 알권리를 충족시켜 주기 위해 진실에 부합되는 사실만을 기사화 하는 모범적인 기자이며 기자상도 몇 번 받은 적이 있는 성실한 직업인입니다.

이런 피탄원인이 무고 혐의로 고소를 당하여 재판중이라니 참으로 믿어지지 않고 이해가 가지 않습니다.

부디 진실을 밝히시어 죄 없는 피탄원인을 하루속히 석방하여 주십시오.

20○○. ○. ○.

위 탄원인 : ○  ○  ○ (인)

**○○지방법원 형사○단독 재판장님 귀하**

# 탄 원 서

사　　건 :

탄 원 인 : ○　　○　　○ (000000-0000000)
　　　　　　○○시 ○○로 ○○(○○동)
　　　　　　전화 : 010-3456-7890

피탄원인 : ○　　○　　○ (000000-0000000)
　　　　　　○○시 ○○로 ○○(○○동)

## 탄 원 내 용

탄원인은 피해자 ○○○(9세)의 어머니입니다.

20○○. ○. ○. 00:00경 그날은 마침 어린이 날이라 피해자 ○○○이 가족들에게 받은 용돈으로 평소 사고 싶어하던 책들을 사러 동네 서점으로 가는 길에 피탄원인 ○○○이 뒤에서 다가오더니 피해자를 밀쳐 넘어뜨리고 피해자의 지갑을 훔쳐 달아나는 것을 그곳을 지나던 대학생 사건외 ○○○이 붙잡았습니다.
탄원인의 딸인 피해자는 그때의 충격으로 지금도 깜짝 깜짝 놀라고 잘 때는 식은 땀을 흘리곤 합니다.

탄원인은 딸의 그런 모습을 보고 너무 안쓰럽고 화가나 피탄원인을 고소하여 현재 ○○경찰서에 수감중입니다.

존경하는 재판장님

한참 티없이 맑아야 할 나이에 위와 같은 일을 저지른 피탄원인의 죄가 가벼운 것은 아닙니다만, 그 후로 매일같이 저를 찾아와 사죄하며 눈물을 흘리는 피탄원인의 부모를 볼 때마다 탄원인도 자식을 키우는 입장에서 가슴 아프지 않을 수 없습니다. 그래서 피탄원인의 행동은 밉지만 피탄원인을 용서하기로 마음먹었습니다.

재판장님 피탄원인을 선처하시어 피탄원인이 하루속히 가정과 학교에 돌아가 열심히 살아갈 수 있도록 석방의 은전을 베풀어 주시기 바랍니다.


20○○.    ○.    ○.

위 탄원인  ○    ○    ○  (인)


○○지방법원 형사○단독 재판장님  귀하

# 탄 원 서

사    건 :

탄 원 인 :  ○   ○   ○ (○○○○○○-○○○○○○○)
　　　　　　○○시 ○○동 ○○○
　　　　　　전화 : 010-3456-7890

피탄원인 :  ○   ○   ○ (○○○○○○-○○○○○○○)
　　　　　　○○시 ○○동 ○○○

## 탄 원 취 지

현재 음주교통사고 건으로 재판계류 중인 피탄원인에 대하여 다음과 같이 탄원하오니 선처하여 주시기 바랍니다.

## 탄 원 내 용

탄원인은 ○○운수소속 ○○바 ○○○호 영업용택시 운전기사로 종사하고 있습니다. 피탄원인은 자신의 승용차를 운전하여 당시 신호대기중인 탄원인이 영업용차량을 추돌하여 탄원인에게 경미한 인피, 물피를 입게 하였습니다.
탄원인은 사고당일 하루의 영업실적을 올리기 위해 열심히 운전에 임하고 있었는데 추돌사고를 당하고보니 화가 치밀어 항의하는 과정에서 술 냄새가 나 "술 마시고 운전을 하면 되느냐"고 소리치면서 피탄원인을 고발하게 되었던 것입니다.

그런데 나중에 자세히 알고 보니 피탄원인은 약 16년째 ○○시청 청경으로 근무를 해오면서 약 10년 전 오토바이를 운전하다 교통사고를 당해 그 때 머리를 다쳐 그로 인하여 부인과 이혼을 한 뒤 그때부터 현재 고 2, 중 1의 딸자식을 키워오면서 어렵게 살아가고 있다는 사실을 알게 되었습니다.

그리고 사고 후 피탄원인은 탄원인을 찾아와 백배 사죄하면서 치료비일체와 합의금 300만원을 주어서 받고 합의를 해주어 그것으로 끝이 난줄 알았는데 피탄원인은 그 일이 아직도 끝이 나지 않고 법의 심판을 기다리고 있다는 소식을 듣게 되었습니다.

존경하는 재판장님!
피탄원인의 노모가 장애자로 노환에 시달리고 있다는 사실도 이번에 알았습니다. 그리고 합의금마저 피탄원인의 동생인 ○○시청 상수도사업소에 근무를 하고 있는 ○○○가 부담을 한 사실도 알게 되었습니다. 이러한 피탄원인의 가정사가 비단 그네들 뿐만 아니라 탄원인 역시 어려운 여건 속에서 언제나 위험이 도사리고 있는 점을 감안하면 지금에 와서 생각을 하니 그때 왜 고발을 했을까?라고 후회스러운 게 솔직한 탄원인의 심정입니다.

탄원인은 위 추돌사고로 인하여 당시 3일간 병원에 입원해 있다가 퇴원을 한 후 본래의 업무에 복귀하여 현재 정상적으로 운전기사로 종사하고 있습니다.

부디 탄원인은 피탄원인을 최대한 선처해 주실 것을 간곡히 원하오며 귀 법원의 무궁한 발전을 기원하겠습니다.

20○○. ○. ○.
위 탄원인 : ○ ○ ○ (인)

**○○지방법원 형사○단독 재판장님  귀하**

# 탄 원 서

사 건 :

탄 원 인 :　　○　　○　　○ (○○○○○○-○○○○○○○)
　　　　　　　○○시 ○○동 ○○○
　　　　　　　전화 : 010-3456-7890

피탄원인 :　　○　　○　　○ (○○○○○○-○○○○○○○)
　　　　　　　○○시 ○○동 ○○○

## 탄 원 내 용

존경하는 검사님!

바쁜 업무 일정에도 국가와 국민의 근간과 기본권을 지킨다는 긍지와 명예로 사시는 검사님께 다시 한 번 존경의 마음을 담아서 감사의 인사를 드립니다.

저는 20○○년 ○월 ○일 ○○구 ○○동 ○○사거리에서 발생한 교통사고로 면허가 취소된 ○○○의 어머니입니다.

모친상을 당한 친구의 상가집에서 술을 마시고 대리운전을 부르려고 기다리던 제 아들 ○○○은 ○시경 갑자기 골목 끝에서 ○○○씨가 울면서 달려오는 것을 보았습니다.

한 동네에 살고 있는 ○○○씨는 머리에 피가 뚝뚝 흐르고 있는 사내아이를 안고 맨발로 달려오고 있었습니다. 그 당시 골목에는 제 아들 혼자 밖에 없었고 워낙 다급한 상황이라 본인이 조금 전 술을 마신 사실도 잊고 승용차에 아이를 태우고 병원으로 향했습니다.

○○병원 응급실은 차로 ○분 거리 밖에 되지 않아 빨리 가면 아이를 살릴 수 있다고 생각한 제 아들은 급하게 차를 몰고 가던 중 음주단속 중이던 경찰관의 심문을 받게 되었고 결국 음주운전 혐의(도로교통법 위반)로 면허가 취소되었습니다.

존경하는 검사님, 비록 제 아들이 음주운전이라는 반사회적 행동을 했지만 피 흘리고 죽어가는 아이의 생명을 구하기 위해 부득이하게 운전대를 잡은 것이니 면허 취소 처분을 재고하여 주시기 바랍니다.

세상이 각박해져 가고 있는 요즘, 남의 자식이 다쳤다고 해서 직접 병원으로 데리고 갈 수 있는 사람이 몇이나 되겠습니까. 평소 저의 아들은 어렵고 불쌍한 사람들을 보면 그냥 지나치지 못하는 심성이 고운 아이입니다. ○년 동안 장애인 복지시설에서 목욕 봉사를 하며 선행을 베푸는 착한 아이입니다. 법 없이도 살 만큼 착한 아들이므로 제 아들의 면허가 유지될 수 있도록 넓은 아량으로 선처해 주시길 간절히 바랍니다.

바쁘신 와중에도 길지 않은 글 읽어주셔서 감사드립니다. 항상 건강하시길 기원 드립니다.

20○○년 ○월 ○일

위 탄원인 ○ ○ ○ (인)

**○○지방검찰청 ○○○ 검사님　귀하**

# 제3편
## 진정서 작성례

## 1. 진정서의 개념

진정이란 개인 또는 단체가 국가나 공공기간에 대하여 일정한 사정을 진술하여 유리한 조치를 취해줄 것을 바라는 의사표시이고 진정은 고소, 고발과 달리 대상에 제한 규정이 없다. 진정사건도 고소, 고발사건과 마찬가지로 검사가 직접 조사하기도 하지만 사법경찰관에게 지휘를 할 수 있다. 경찰서에 제출한 진정사건이나 검사의 지휘에 의한 진정사건은 사법경찰관이 내사를 한 후 진정사건 내사결과보고서를 작성하여 내사 기록과 함께 검찰로 송치한다.

| 진정 | 탄원 |
|---|---|
| 진정이란 개인 또는 단체가 국가나 공공기관에 대하여 일정한 사정을 진술하여 유리한 조치를 취해줄 것을 바라는 의사표시입니다 | 탄원이란 개인 또는 단체가 국가나 공공기관에 대하여 일정한 사정을 진술하여 도와주기를 바라는 의사표시입니다. 진정과 탄원은 고소·고발과 달리 대상에 대한 제한규정이 없습니다. |

## 2. 진정서의 형식

진정서에는 정해진 형식이 없고 어떠한 형식이든 자신의 주장내용만 담고 있으면 된다. 그러나 형식에 제한이 없다고 하여도 필수적으로 기재해야 할 부분이 있을 뿐만 아니라 진정의 원인 사실과 진정이유 등에 관하여는 빠짐없이 상세하게 기재해야 하며 또한 그 주장을 뒷받침할 증거자료나 목격자의 확인서 등이 있어야 효과를 기대할 수 있다.

## 3. 진정의 종류

1) 일반적인 진정 : 인·허가, 면허, 등록, 신고 등 고충민원을 제외한 모든 종류의 민원
2) 고충민원 : 민원사항 중에서 행정기관의 위법, 부당하거나 소극적인 처분 및 불합리한 행정제도로 인하여 국민의 권리를 침해하거나 불편, 부담을 주는 사항에 관한 진정
3) 경찰청장에 대한 진정 : 운전면허와 관련된 진정

## 4. 진정서 작성방법

### (1) 경어체를 사용하여 작성하기

진정서는 공문서가 아니기 때문에 규정된 양식이 필요 없다. 따라서 백지(A4용지)나 편지지에 일정한 격식(진정인 및 피진정인의 이름과 주소, 진정하고자 하는 내용)만 갖추면 해당 관서에 접수가 된다. 이때 진정서의 작성은 불피요한 감정적인 표현은 지양하되 경어체로 작성하여 읽는 이로 하여금 불쾌감을 줄 수는 있는 일은 지양하여야 한다.

### (2) 육하원칙에 따라 간명하게 작성하기

진정서를 작성하는 경우 진정하고자 하는 내용을 분명하고, 명확하게 기재하여 상대방이 이를 충분히 이해하고 그 뜻을 정확하게 알 수 있도록 기재하여야 한다. 따라서 그 내용을 육하원칙에 따라 작성하는 것이 좋은데, 가령 누가, 누구에게, 어떠한 사항을 (무엇을), 어떻게(왜, 어떠한 이유로) 선처하기를 바란다는 등의 진정 내용을 간명하게 기재하면 된다.

### (3) 진정서 접수방법

가령 근로기준법에 관련된 사항으로 진정서를 제출하고자 하면 회사 관할 노동부 사무소에 접수하면 되며, 만약 공장이 여러 곳에 소재하고 있는 경우에는 자신이 근무하는 공장의 관할 노동사무소에 제출하면 된다. 또한 일반 수사사건에 대한 진정의 경우에는 주소지를 관할하는 경찰서에 이를 접수하면 되고, 그 외 각각의 진정은 진정하고자 하는 해당 행정관서에 직접 접수하면 된다.

접수할 때에는 접수처에 접수하는 것보다는 직접 담당 수사관으로부터 자문을 얻은 후 행동을 취하는 것이 더 유리하며, 우편으로도 접수가 가능하지만 직접 제출하는 것이 보다 신속하게 처리됨에 유의하여야 한다.

## 5. 진정서 목차

### (1) 진정인

진정인의 인적사항(이름, 주민번호, 주소, 연락처 등)을 기재하면 된다.

### (2) 피진정인

피진정인의 인적사항(이름, 주민번호, 주소, 연락처 등)을 기재하면 된다.

### (3) 진정취지

진정을 통하고 궁극적으로 얻고자 하는 내용을 간결, 명확, 확정적으로 기재하면 된다.

### (4) 진정이유

진정취지를 얻고자 하는 이유 즉, 진정에 이르게 된 경위(육하원칙에 따라 기재), 위반 사실 등을 구체적으로 기재한 후 어떤 법규 위반으로 인해 마땅히 어떠한 제재가 수반 되었어야 함을 기재하면 된다.

### (5) 증거자료

진정인 보충조사과정에서 구체적인 증거자료를 첨부하여 제출하시면 됩니다.

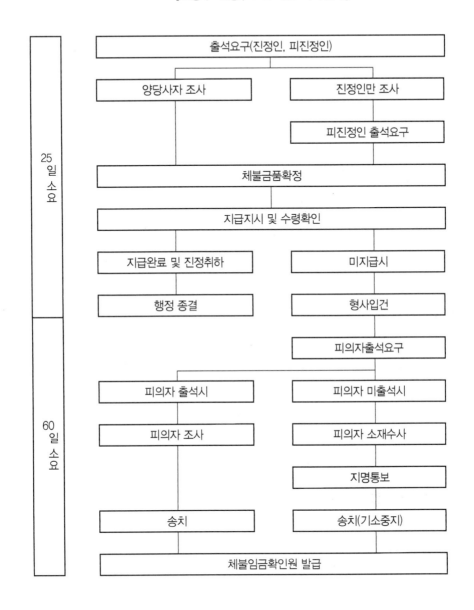

[노동부 진정 / 고소사건 처리절차]

출석요구(진정인, 피진정인)

양당사자 조사 · 진정인만 조사

피진정인 출석요구

체불금품확정

지급지시 및 수령확인

지급완료 및 진정취하 · 미지급시

행정 종결 · 형사입건

피의자출석요구

피의자 출석시 · 피의자 미출석시

피의자 조사 · 피의자 소재수사

지명통보

송치 · 송치(기소중지)

체불임금확인원 발급

25일 소요

60일 소요

# 〈노동부 진정/ 고소사건 처리 절차〉

## ■ 진정이란 ?

진정(陳情)이란, 근로자가 사업주의 근로기준법 위반사항을 근로감독관에게 알리고 관련조치를 취해줄 것을 요구하는 행위입니다. 근로기준법 제105호에 따라 근로감독관은 노동관계법령 위반의 죄에 관한 '사법경찰관'의 자격으로 근로자의 <u>진정사건에 대해 근로자와 사용자를 조사하고, 사업주의 위법사항에 대해서는 시정조치를 내리며, 시정조치를 이행치 않을시 사용자를 검찰에 형사고발을 할 수 있습니다.</u>

## ■ 진정사건의 처리절차

○ 진정 - 사실관계 조사 - 체불임금확정 - 지급지시 - 지급종결 또는 부 지급시 고소

○ 고소/고발 - 사용자 입건 - 범죄사실에 대한 수사 - 체불임금 확정·지급권유 - 수사결과 검찰에 송치

## ■ 접수 및 관할

○ 진정사건의 접수
원칙상 문서, 구두, 전화, 우편 등의 방법으로 접수할 수 있으나 현실적으로는 문서(진정서)를 제출해야만 합니다. 진정서는 자유로운 형식으로 근로자가 미리 작성하여 제출할 수도 있고, 관할 지방노동사무소에 간단한 진정서 양식이 비치되어 있어 직접 작성할 수도 있습니다.

○ 진정사건의 접수처

사업장(회사)을 관할하는 지방노동사무소


○ 진정사건의 접수방법

– 상기의 관할 노동사무소를 직접 방문하여 진정서 제출

– 상기의 관할 노동부사무소에 우편으로 진정서 접수

– 노동부 인터넷 홈페이지 '민원접수'를 통한 진정서 작성


○ 진정사건의 지정

대개의 경우 근로감독관은 동(洞)별로 지정되어 있어 사업장 주소지 관할 근로감독관이 사건을 조사하게 됩니다.


○ 출석 및 조사

진정사건이 지방노동사무소에 접수되면 노동부에서 근로자와 사용자에게 출석요구를 하여 대개 10일~14일 후 근로자와 사업주를 상대로 사실조사를 진행합니다.

조사는 우선 신고인(근로자)의 요구사항을 세밀하게 조사합니다. (다만, 사건이 경미한 경우에는 근로자에 대한 조사를 생략할 수 있습니다.) 근로자 조사이후 사용자에 대한 조사를 진행하고 경우에 따라 근로자와 사용자를 함께 조사할 수도 있습니다. 아울러 조사를 위해 필요한 경우 참고인의 출석을 요구할 수도 있습니다.


조사과정에서 근로자는 자신의 주장을 입증할 수 있는 각종 자료를 준비하여 조사에 응하는 것이 좋습니다. 경우에 따라 조사전에 미리 근로감독관 앞에서 진술할 내용을 메모지에 작성하여 일부 진술내용이 누락되지 않도록 하는 것도 요령입니다.


○ 조사결과의 처리

근로감독관은 당사자 조사도중 서로화해를 권하거나 사용자에게 시정명령을 내려 이를 이행토록 할 수 있습니다. 당사자 간에 서로 화해하거나 시정명령이 이행되는 경우 근로감독관은 진정사건을 내사를 종료하고 시정명령이 이행되지 아니하면 사용자를 검찰로 입건송치 합니다.

■ 처리기한

1차적으로 사건 접수일로부터 25일 이내에 처리함 (단, 고소 고발사건은 2개월 이내에 수사를 완료하여 검찰에 송치함)

부득이한 사유로 25일 이내에 사건을 처리하기 곤란하다고 인정하는 경우에는 1회 연장할 수 있습니다.

■ 재진정

이미 처리된 사건이라도 근로자가 이의를 제기하여 재진정서를 제출하면 관할 지방노동사무소에서는 담당근로감독관을 변경하여 재차 조사, 처리합니다.(단, 근로자가 취하서를 제출한 경우에는 제외)

## 6. 진정취하

진정의 취하는 민사소송법상 원고가 자신이 제기한 진정의 전부 또는 일부를 취소하겠다는 의사표시를 의미한다. 이러한 진정의 취하는 진정에 대한 결과가 확정되기 전까지 언제든지 할 수 있는데, 보통의 경우 진정제기 후 합의가 완료되어 더 이상 사법 절차의 진행을 원치 아니하는 경우 혹은 수사를 더 이상 진행할 수 없는 경우 제출하는 경우가 많다. 이때 진정취하서는 진정서를 제출한 기관에 우편, 직접 제출하는 방법으로 하면 족하다.

# 진정(고소) 취하서

## 1. 당사자 및 사건번호

○ 피해자(진정인, 고소인)

 - 성 명 :                   (주민등록번호 :       -       )

 - 주 소 :              (☎              )

○ 피진정인(피고소인)

 - 성 명 :                   (주민등록번호 :       -       )

 - 사업체명 :

 - 소 재 지 :            (☎                )

○ 사건번호(접수번호) :


## 2. 취하사유 및 형사처벌에 관한 의사

가. 취하사유 :


나. 형사처벌을 희망하는지 여부 :


다. 기타

피신고인에 대한 형사처벌을 희망하지 않을 경우, 향후 이를 철회할 수 없고 동 사
건에 대하여는 다시 진정이나 고소할 수 없음을 안내받아 알고 있음을 확인합니다.

2006.   .   .

취하인  성 명          (인)

000000    귀하

# 진 정 서

진 정 인 : ○　　○　　○ (000000-0000000)
　　　　　○○시 ○○로 ○○(○○동)
　　　　　전　화 : 010-3456-7890
피진정인 : ○　　○　　○ (000000-0000000)
　　　　　○○시 ○○로 ○○(○○동)

## 진 정 취 지

위 사건에 관하여 아래와 같은 사유로 진정서를 제출하오니 피진정인에 대하여 법정 최고형으로 엄중 처벌하여 주시기 바랍니다.

## 진 정 사 실

1. 피진정인은 서울 ○○에서 ○○라는 상호로 의류 도소매업을 경영하는 자이고, 진정인은 서울 ○○구 ○○동 ○○ 지상에 건립하는 ○○타워 상거건립분양추진위원회 본부장직을 역임하였던 바, 20○○. ○월경 진정 외 ○○○이 당시 위 ○○타워 상가 건립추진위원회 본부장으로써 위 상가분양 대행 업무를 맡고 있던 진정인에게 분양대금 계약금을 선도금으로 주고 상가를 확보할 계획으로 피진정인에게 선도금으로 진정인에게 줄 돈을 빌려줄 것을 부탁하게 되었던 바, 같은 달 ○○경 위 ○○○이 피진정인으로부터 금○○원을 빌리고 진정인에게 좋은 점포가 있다면 잡아달라는 부탁을 하면서 계약금 및 청약금 등의 선도금조로 금 ○○원을 주고 진정인이 작성한 수취인이 미기재된 영수증을 받아서 피진정인에게 줌으로써 피진정인이 영수증을 소지하게 되었으나 진정인은 ○○○에게 위 돈은 상가분양 청약금으로 납입하고 나머지 돈은 ○○○의 처에게 송금으로 변제하였습니다.

2. 아울러 진정인 ○○○은 사업부진 등으로 피진정인에게 위 돈을 변제하지 못하고 채무에 쫓겨 잠적하기에 이르렀고 피진정인은 진정인에게 돈을 준적이 없음에도 위 ○○○으로부터 받아 보관하고 있던 영수증을 제시하여 직접 진정인에게 돈을 교부한 한 양, ○○법원에 진정인을 상대로 상가분양대금을 받고 상가분양을 하여 주지 않았다고 돈을 반환하라는 소를 제기하여 피진정인이 보관하고 있던 영수증을 증거자료로 제출함으로서 위 사실을 모르는 법원으로부터 금 ○○원을 지급하라는 판결이 선고되었습니다.

3. 따라서 피진정인은 소송사기에 의하여 받은 동원 위탁금 사건의 집행력 있는 판결정본에 의하여 20○○. ○경 진정인과 피진정인의 형 ○○○구 명의로 되어 있는 종중 토지를 경매신청 하여 낙찰대금을 횡령하였습니다.

4. 그렇다면 피진정인은 진정인에게 돈을 준 사실도 없고 진정인이 ○○○에게 돈을 받고 작성 교부한 수취인 미기재 영수증을 이용하여 진정인에게 돈을 주었다는 터무니 없는 사유를 들어 소송사기로 받은 판결을 가지고 진정인에게 위와 같이 막대한 손해를 보게 함으로서 진정인은 더 이상 참을 수 없어 진정하게 되었으므로 철저한 사실조사를 거쳐 법정최고형으로 엄중 처벌하여 주시기 바랍니다.

20○○.　○.　○.

위 진정인　○　○　○　(인)

○○경찰서장　귀중

# 진 정 서

진 정 인 : ○  ○  ○
    ○○시 ○○로 ○○(○○동)
    전  화 : 010-3456-7890
피진정인 : ○  ○  ○
    ○○시 ○○로 ○○(○○동)

## 진 정 취 지

위 진정인은 아래와 같이 임금체불로 인하여 진정서를 제출하오니 적의조치하여
주시기 바랍니다.

## 진 정 사 실

1. 진정인은 20○○. ○. ○.자에 피진정인인 회사에 입사하여 20○○. ○. ○.까
   지 근무를 한 근로자이며 피진정인은 우 주소지에서 ○명의 근로자를 고용하여
   제조, 납품하는 ○○상사의 대표입니다.

2. 진정인은 20○○. ○. ○. 피진정인에게 동년 20○○. ○. ○.까지 근무한다는
   의사표시를 한 후 사표를 제출하여 ○. ○.까지 근무를 한 바 있습니다. 당시
   피진정은 무분별한 경영으로 경영수지의 악화로 인력구조를 단행한다는 말을
   수차례 하여 진정인이 사표를 제출하지 않을 수 밖에 없었습니다.

3. 그렇다면 피진정인은 진정인에게 미지급 임금 및 퇴직금 합계 금  ○○만원을
   지급하여야 하는데 차일피일 미루며 아직까지 지급하지 않고 있습니다.

4. 따라서 진정인은 위의 사유로 진정에 이르게 되었으며 이를 충분히 조사하시어 피진정인측이 체불임금 금 ○○만원을 지급할 수 있도록 적으조치하여 주시기 바랍니다.

### 증거방법 및 첨부서류

1. 임금체불확인서                                                      1통


20○○.   ○.   ○.
위 진정인 ○   ○   ○ (인)


○○지방고용노동청  귀중

# 진 정 서

진 정 인 : ○○시 ○○구 ○○동 123-12번지

(전화. 000-000-0000)

진 정 인 : ○ ○ ○

피진정인 : ○○시 ○○구 ○○동 ○○번지

(주)○○ 대표이사 ○○○

## 진 정 요 지

임금체불에 대한 지급 청구 요청 진정서입니다.

## 진 정 내 용

진정인은 피진정인이 운영하고 있는 (주)○○○에서 20 . ○○. ○○. ~ 20 . ○○. ○○ (○○개월) 근무한 직원으로 20 . ○○. ○○. 일부 퇴사한 근로자입니다.

피진정인은 본인의 임금에 대한 퇴사이전 6개월에 대한 금액에 대해 사전통보 없이 일방적으로 체불하여 상여금을 포함한 총 00,000,000원을 체불하고 있으며 각종수당 및 미사용 연차수당에 대해서는 지불하지 않고 차일피일 미루고 있습니다.

이에 퇴사한 진정인은 생계에 막대한 어려움을 겪고 있습니다.

진정인은 위의 사유로 진정에 이르게 되었으며 이를 충분히 조사하시어 피진정회사측이 진정인에게 체불임금 금 00,000,000원을 지급할 수 있도록 선처하여 주십시오

20 . 00. 00.
위 진정인 ○ ○ ○ (印)

OO지방 노동사무소장 귀하

# 진정서

진정인

주소 :

전화 :

피진정인

## 진정요지

부당해고의 건 (근로기준법 제30조 위반)

단체협약 위반의 건 (노동조합 및 노동관계조정법 제92조 위반)

## 진정내용

1. 사건 경위

– 1995.11.24.에 입사하여 현재 노조 대의원으로 있으며,

– 2001.3.23. 회사측은 대표이사 이순신의 명의로 운전기사들이 임금삭감에 동의할 것을 요구하는 공고문('부탁의 말씀'제하)을 부착함

– 2001.3.23. 16시 50분경 진정인이 이 공고문을 보고 격분하였으나 게시판에 부착된 공고문은 손대지 아니하고 동일한 내용의 문서를 훼손하였는바,

– 2001.3.29.에 회사측은 4.4에 징계위원회를 개최하여 '사내통제혼란 및 회사명예 실추'를 이유로 징계할 것임을 통보하였고,

– 2001.4.4. 징계위원회를 개최하여 자진사직 유예기간(2001.4.6~5.5)을 설정하고

이에 응하지 않을 시 2001.5.6으로 해고한다는 사실상의 해고조치를 결정하였으며,

– 2001.4.13. 진정인이 이에 불복하여 재심을 청구하였으나,

– 2001.4.16. 회사측은 일방적으로 재심을 기각처리하여 불이익을 가하였습니다.

## 2. 진정의 내용

### 1) 근로기준법 제30조 위반

– 진정인은 노조대의원으로써 회사와 노조가 2001년도 임금교섭중임에도 불구하고 회사측이 노조와의 합의없이 일방적으로 임금삭감을 강요하는 공고문을 부착하였기에 이에 격분한 것은 사실이나,

– 회사 대표이사 명의로 부착된 정식 공고문('부탁의 말씀' 제하)을 훼손한 것이 아니라 소사영업소장 책상위에 있는 단순 유인물을 훼손한 것에 불과한 것입니다.

– 만약 본인이 회사 대표이사 명의로 공식적으로 부착된 공고문을 훼손한 것이라면 어떠한 징계조치도 달게 받아야 할 것이지만, 사실이 그러하지 않음에도 불구하고 근로자에게 죽음이나 다름없는 해고조치를 강행한 것은 상식적으로도 이해될 수 있는 것이 아니며, 징계사유와 징계양정이 불일치한 징계권남용에 해당한다 할 것입니다.

### 2) 노동조합및노동관계조정법 제92조 위반

– 2001.3.28.에 공포된 노동조합및노동관계조정법 제92조에서는 단체협약 중 '징계 및 해고의 사유와 중요한 절차에 관한 사항'을 위반하는 경우 처벌토록 하고 있는바,

– 단체협약 제40조 제3항에서 "해고의 경우에는 노조에 사전 통고하여 동의를 득함을 원칙으로 한다."고 정하고 있음에도 불구하고

– 피진정인 회사는 진정인에 대한 해고결정시 어떠한 형태로 노동조합으로부터 동의를 득하지 못하였습니다.

– 따라서 피진정인은 동법 제92조에 따라 처벌됨이 마땅하다 할 것이므로 이를 조사하시어 의법조치해주시기 바랍니다.

## 3. 결 론

진정인은 피진정인회사의 부당해고에 대해 해고의 효력이 발휘되는 5.5. 이후 경기지
방노동위원회에 부당해고구제신청을 제기할 것이지만, 그 이전이라도 귀 사무소에서
피진정인회사의 근로기준법 제30조(부당해고)와 노동조합및노동관계조정법 제92조
(단체협약위반) 위반행위에 대해 엄중히 조사하여 마땅한 시정조치를 취해주실 것을
이렇게 진정합니다.

### * 첨부자료

– 징계결정 통보서
– 단체협약 관련조항
– 재심청구에 대한 회신


                          2001년 4월 25일
                          위 진정인


○○지방노동사무소 귀중

# 진정서

진 정 인 : ○ ○ ○

        ○○시 ○○구 ○○동 123-12 (전화 : 012-345-6789)


피진정인 : ○ ○ ○ (○○산업 대표이사)

        ○○시 ○○구 ○○동 123-34 (전화 : 012-345-6789)


## 진 정 요 지

해고수당의 건


## 진 정 내 용


### 1. 당사자 간의 지위

진정인은 20 년 0월 0일에 피진정인이 운영하는 ○○산업에 입사하여 20 년 0월 0일에 해고당한 근로자이며 피진정인은 위 주소지에서 00명의 근로자를 고용하여 자동차부품을 제조/납품하는 ○○산업 대표입니다.


### 2. 진정에 이르게 된 경위 및 진정내용

1) 피진정인측의 부당해고의경위

진정인은 20 년 0월 0일경 회사에서 ○○동으로 부품을 납품하러 가던 중 상대방의 졸음운전으로 인하여 가벼운 접촉사고가 발생하게 되어 거래처에 납품이 지연될 같아 거래처에 연락하여 접촉사고로 인하여 납품이 지연될 것 같다는 사정을 이야기 하였으나 거래처에서 늦게 납품되면 안되는 상황이기에 다른 거래처를 사용하겠다고 하였고 이를 회사에 보고하였습니다.

그 후 접촉사고를 해결하고 회사로 복귀하였으나 피진정인은 접촉사고로 인하여 거래처 납품손실의 이유를 따져 일방적으로 해고를 해버렸습니다.

이에 진정인은 가해차량으로 인한 불가피한 상황이였음을 설명하였으나 피진정인은 막무가내로 해고를 해 버린 것이였습니다.


2) 해고수당의 청구

진정인의 고의가 아니였음에도 불구하고 접촉사고의 불가피한 상황을 이해하지 못한 채 진정인의 사정을 전혀 고려하지 않고 부당하게 해고하였습니다.

이에 피진정인은 근로기준법 제26조(해고의 예고)를 준수하지 않고 일방적인 해고를 진행하였기에 회사에 복직하더라도 피진정인과의 신뢰가 무너진터라 같이 근무할 수 없으며, 근로기준법 제26조(해고의 예고)에 의거 해고를 30일전에 예고하지 아니한 채 즉시 해고를 하였기에 30일분 이상의 금액을 지급할 의무가 있습니다.

진정인은 월 000만원의 급여를 지급받아 왔음으로 피진정인은 최소한 이 금액을 해고수당으로 지급하여야 할 것입니다.

## 첨 부 서 류


1. 20  년 0월 월급명세서 사본 1부.


20  .  .  .

위  진정인    ○   ○   ○ (인)


○ ○ 지방노동사무소 귀중

# 제4편
# 합의서 작성례

## 1. 서설

### 가. 의의

합의서란 상대방과 법률적 문제가 생긴 경우, 그에 대한 합의점을 찾아 그 내용을 증명하는 문서를 말한다.

합의서는 모든 법률분쟁의 소지가 있는 곳에서 활용되어지는 데, 일반적으로, 이혼을 할 경우 작성되는 경우, 범죄나 기타 과실로 타인에게 피해를 준 경우 작성되는 경우 등에 많이 활용된다.

### 나. 합의서의 기능

일반적으로 피해에 대한 금전적인 배상에 관한 합의를 하게 되는 경우, 손해배상책임의 유무나 범위가 불명확한 유동적인 상황인 경우가 많다. 따라서 합의 당시에 당사자가 인식을 하지 못하고 있는 손해라든가 합의 후 증대되는 손해에 대해서는 그 권리에 대한 포기조항의 효력을 인정하지 않는다. 합의에 대한 대법원의 입장을 보면 일단 합의의 성립은 인정하되 합의의 사항에 관한 의사표시의 합리적 해석을 통하여 합의 당시 인식하고서 포기하였던 손해만을 포기한 것이고, 이를 넘는 부분은 포기하지 않은 것으로 본다고 판시하고 있다. 그러나 합의의 성립이 부정되거나 그 효력의 일부만 인정되는 경우이더라도 합의 당시에 피해자가 받은 합의금은 손해배상의 일부로 보아 인정손해에서 제외한다.

합의를 하면 민사소송으로 손해배상을 청구하는 것보다 신속하게 손해배상금을 받을 수 있다. 그러나 합의를 한 이후에는 합의 내용에 대해서 변경이 쉽지 않으므로 성급하게 합의를 하게 되면 예상치 못한 손실을 볼 수도 있다.

아래에서는 일반적인 합의의 요건 및 효력 등에 대하여 설명하고, 이후 개별적으로 가장 빈번히 이루어지는 이혼에 따른 합의서를 설명하고, 후에 형사합의서 등에 대하여 설명하기로 한다.

## 2. 합의의 요건

합의가 성립하려면 당사자 서로 대립하는 수 개의 의사표시의 합치, 즉 '합의'가 있어야 하며, 의사표시의 객관적 합치와 주관적 합치가 있어야 한다. 이는 모든 합의의 성립에 공통적으로 요구되는 최소한도의 요건이다. 낙성합의는 이 요건만 갖추면 합의서를 작성하지 않아도 합의가 성립한다. 그러나 요물합의에 있어서는 그 밖에 일방의 합의 당사자가 일정한 급부를 해야 합의가 성립한다.

### 가. 합의의 성립요건

합의의 유효·무효는 합의의 성립을 전제로 하여 당사자가 합의한 대로 효과가 생기느냐 않느냐를 이야기 하는 것으로 합의가 불성립으로 끝난 경우 유효·무효의 문제는 생기지 않는다. 따라서 합의의 성립요건과 효력발생요건은 별개이다.

### 나. 합의의 효력발생요건

합의는 그 효력을 발생하려면 일반적 요건으로서 당사자가 권리능력 및 행위능력을 가지고 있어야 하고 의사표시의 의사와 표시가 일치하고 하자가 없어야 하며 또한 그 내용이 확정·가능·적법하고 사회적 타당성이 있어야 한다. 그리고 보통의 경우에는 합의는 성립과 동시에 효력이 발생하나 정지조건·시기와 같은 효력의 발생을 막게 되는 사유가 있으면 합의의 성립시기와 효력발생시기가 달라질 수 있다.

### 다. 대리인에 의한 합의

### (1) 대리행위의 효력

합의서에 대리인이 그 권한 내에서 본인을 위한 것임을 표시한 의사표시는 직접 본인에게 대해 효력이 생긴다. 이때 대리인은 행위 능력자임을 요하지 않는데, 행위 무능력자를 대리인으로 선임하여 혹 불측의 손해를 입는다 하더라도 그 효과는 본인에게 귀속하여 본인이 손해를 감수하면 그만이기 때문이다. 또한 대리인이 수인인 때에는 각자가 본인을 대리한다. 그러나 법률 또는 수권행위에 다른 정하는 바가 있는 때에는 그러하지 아니하다. 한편, 대리행위는 최고, 채권양도의 통지, 채무승인 등에도 가능하다. 그러나 사실행위와 불법행위의 대리는 불가능하다.

## (2) 대리행위의 하자

의사표시의 효력이 의사의 흠결, 사기, 강박 또는 어느 사정을 알았거나 과실로 알지 못한 것으로 인하여 영향을 받을 경우에 그 사실의 유무는 대리인을 표준으로 하여 결정한다. 특정한 합의를 위임한 경우에 대리인이 본인의 지시에 좇아 그 행위를 한 때에는 본인은 자기가 안 사정 또는 과실로 인하여 알지 못한 사정에 관하여 대리인의 부지를 주장하지 못한다.

## (3) 대리권의 범위

권한을 정하지 않은 대리인은 대리의 목적인 물건이나 권리의 성질을 변하지 아니하는 범위에서 그 이용 또는 개량하는 행위만을 할 수 있다. 따라서 대리인과 합의를 체결할 때에는 대리권의 유무와 수권의 범위를 확인하는 것이 좋다. 보통 인감증명이 첨부된 위임장이 있으면 대리권과 수권의 범위를 확인할 수 있을 것이다. 대리인은 본인의 허락이 없으면 본인을 위하여 자기와 합의를 하거나 동일한 합의에 관하여 당사자쌍방을 대리하지 못한다. 그러나 채무의 이행은 할 수 있다. 이를 자기합의 및 쌍방대리 금지 원칙이라 한다.

## (4) 복대리

대리권이 합의에 의하여 부여된 경우에는 대리인은 본인의 승낙이 있거나 부득이한 사유가 있는 때가 아니면 복대리인을 선임하지 못한다.

이 규정에 의하여 대리인이 복대리인을 선임한 때에는 본인에게 대하여 그 선임감독에 관한 책임이 있다. 대리인이 본인의 지명에 의하여 복대리인을 선임한 경우에는 그 부적임 또는 불성실함을 알고 본인에게 대한 통지나 그 해임을 태만한 때가 아니면 책임이 없다. 임의대리인과는 달리 법정대리인은 그 책임으로 복대리인을 선임할 수 있다. 한번 선임된 복대리인은 위임관계가 종료할 때까지 그 권한 내에서 본인을 대리하며, 복대리인은 본인이나 제3자에 대하여 대리인과 동일한 권리의무가 있다.

## 라. 제3자를 위한 합의

합의당사자가 아닌 제3자로 하여금 직접 합의 당사자의 일방에 대하여 어떠한 권리를 취득하게 하는 것을 목적으로 하는 합의를 '제3자를 위한 합의'라 한다. 예컨대 A·B 사이의 합의로 A가 B에게 자동차 1대를 급부할 채무를 지고, B가 그 대가로서 100만원을 직접 제3자 C에게 지급할 채무를 부담하는 것과 같다. 이때에 A를 요약자, B를 청약자 또는 채무자, C를 수익자(제3자)라고 부른다. 널리 제3자(C)에게 채권을 발생시키는 일이 없이, 다만 제3자(C)에 대하여 급부할 것을 당사자의 일방(A)이 상대방(B)에게 청구할 수 있는 채권의 발생을 목적으로 하는 합의도 포함하나 본래의 엄격한 의미에 있어서의 제3자를 위한 합의는 그러한 합의를 포함하지 않고 제3자(C)가 직접 당사자의 일방(B)에 대하여 급부를 청구할 수 있게 되는 합의를 가리킨다.

## 3. 합의의 해제, 해지, 취소, 철회

### 가. 합의의 해제

유효하게 성립하고 있는 합의의 효력을 당사자 일방의 의사표시에 의하여 그 합의가 처음부터 있지 않았던 것과 같은 상태에 복귀시키는 것을 합의의 해제라고 한다. 그리고 그러한 일방적 의사표시에 의하여 합의를 해소시키는 권리를 해제권이라고 한다. 그러나 합의 후 당사자 쌍방의 합의실현 의사의 결여 또는 포기로 인하여 쌍방 모두 이행의 제공이나 최고를 하지 않고 장기간 이를 방치하였다면 그 합의는 당사자 쌍방이 합의를 실현하지 아니할 것이라고 묵시적으로 합의 해제되었다고 보아야 할 것이다.

### 나. 해제합의

해제는 해제권자의 일방적 의사표시로 성립하는 법률행위이다. 그것은 단독행위이며 이른바 '해제합의'와는 구별해야 한다. 해제합의는 합의당사자가 전에 맺었던 합의를 체결하지 않았던 것과 같은 효과를 발생시킬 것을 내용으로 하는 합의로서 반대합의 또는 합의해제라고 일컫는다. 실무상 종종 이면합의로 이러한 반대합의를 체결하는 것을 볼 수 있다. 어떻든 이러한 해제합의도 하나의 합의이고 해제와는 본질적으로 다르므로 합의자유의 원칙상 유효함은 물론이다. 그러나 만일 여기서 분쟁이 발생한다면 당사자

쌍방이 합의를 실현할 의사가 있었는지의 여부는 합의가 체결된 후에 여러 가지 사정을 종합적으로 고려하여 판단해야 한다.

합의를 맺지 않았던 것과 같은 효과가 발생함으로써 당사자 사이에 어떠한 법률관계가 인정되느냐는 해제합의의 내용과 부당이득에 관한 규정에 의하여 정해지게 된다. 즉, 합의에서 생긴 효과가 소급적으로 소멸하는 결과 아직 이행하지 않은 채무는 소급적으로 소멸하여 이행할 필요가 없게 되나 이미 이행되어서 소멸한 채무는 부활한다. 주의할 것은 해제합의의 소급효는 제3자의 권리를 해하지 못한다는 점이다. 원래 합의의 효력은 제3자에게 영향을 미치지 않는 것이 원칙이기 때문이다.

### 다. 해제와 해지

해제에 의하여 합의는 처음부터 있지 않았던 것과 같은 효과가 생긴다. 즉, 해제는 소급효가 있다. 따라서 아직 이행하지 않은 채무는 소멸하고 이미 이행한 것은 법률상의 원인을 잃게 되어 각 당사자는 원상회복의 의무를 부담하게 된다. 이처럼 합의의 해제는 소급효가 있으나 임대차·고용·위임·조합 등과 관련한 이른바 계속적 합의에 있어서는 채무불이행 등을 이유로 합의관계를 도중에서 소멸시키더라도 이미 완전히 목적을 달성하고 있는 기왕의 부분까지도 이를 처음부터 없었던 것과 같이 할 필요나 이유가 없다. 이때에는 이행되지 않은 부분을 이후에 한하여 장래에 향하여 소멸시키는 것으로 충분하다. 이와 같이 소급효 없이 장래에 향하여 합의를 소멸(종료)시키는 것을 민법은 특히 '해지'라고 한다.

### 라. 해제와 취소

해제는 '취소'와는 구별해야 한다. 권리자의 일방적 의사표시에 의하여 법률행위의 효력을 소급적으로 소멸시키는 점에서는 양자가 같다. 그러나 해제는 합의에 특유한 제도인 데 대하여 취소는 합의에 한하지 않고 모든 법률행위에 관하여 인정되며 취소권의 발생원인은 무능력·의사표시의 하자·착오 등이 있는 때에 법률의 규정에 의거하여 발생하나 해제는 채무불이행을 원인으로 하는 법정해제권외에 당사자 사이의 합의에 의하여서도 발생한다. 또한 그 효과에 있어서도 취소의 경우에는 부당이득에 의한 반환

의무가 생길 뿐이나 해제의 경우에는 원상회복의무가 생긴다.

### 마. 해제와 철회

해제는 '철회'와도 구별된다. 철회는 아직 종국적인 법률효과가 발생하고 있지 않은 법률행위나 의사표시의 효력을 장차 발생하지 않도록 막는 것이다. 그런데 해제는 이미 효력을 발생하고 있는 합의를 소멸시켜 그 효력을 소급적으로 소멸케 하는 것이므로 철회와는 본질적으로 다르다.

### 바. 해제의 효과

합의의 해제 제도는 합의 당사자를 상대방의 채무불이행으로부터 구제하기 위한 하나의 법적 수단이다. 합의의 해제는 합의를 해소시켜서 처음부터 그러한 합의가 있지 않았던 것과 같은 상태로 되돌아가게 하는 것을 목적으로 한다. 즉, 합의의 해제에 있어서의 기본적 효과는 합의상의 법률적 구속으로부터 해방 · 원상회복 · 손해배상의 3가지이다.

## 4. 합의서 작성 시 주의할 점

합의서는 주로 일방당사자의 과실 등에 의해 피해를 본 경우 가해자와 금전적인 합의를 보는 경우가 대부분이다. 이에 아래에서는 금전적 피해에 대한 배상으로 진행되는 합의서를 전제로 그 작성 시 주의할 점을 설명한다.

### 가. 피해자의 입장에서 주의할 점

**(1) 상대방 확인의 문제**

합의를 할 때 피해자 입장에서는 손해배상의 책임이 누구에게 있는지, 지급능력은 있는지, 또 대리인이 할 경우 그 대리권이 있는지에 대하여 명확히 확인하여야 한다.

**(2) 책임의 분별**

형사상의 책임이 있는 합의의 경우, 피해자 입장에서는 형사상의 합의는 물론 민사상의 합의 모두 가능하다. 이 때 주의할 점은 합의의 내용이 형사상의 고소 · 고발 등에 대한 합의로 형사처벌을 면하게만 하는 것인지, 민사상의 책임도 면하게 해주는 것인지에 대한 정확한 분별이 있어야 한다.

### 나. 가해자의 입장에서 주의할 점

가해자가 합의를 할 때에는 권한이 있는 자와 합의를 해야 하며 피해자가 가지고 있는 모든 청구권을 포기한다는 내용과 합의당시의 피해정도와 합의 후 발생할 수 있는 후유증에 대하여 예견하였다는 내용을 기재하는 것이 바람직하다. 이러한 점에 대하여 분설하면 아래와 같다.

① 가해자는 피해자에게 진심으로 사과하고 성의를 다하여 합의에 응해야 한다.

② 합의를 할 때에는 가능하면 변호사, 행정사나 법률관계를 잘 아는 사람이 주선하는 것이 유리하다.

③ 교통사고로 인하여 다수의 사상자가 발생한 대형사고인 경우와 같이 많은 손해배상 청구권자가 있는 때에는 그들 중 대표자와 합의를 하는 경우에는 대표자가 진정한 대리권의 수여여부와 대리권의 범위를 확인해야 한다. 대리권이 없는 무대리권자와 합의를 보았다면 본인(피해자)에 대해서는 무권대리이므로 효력이 발생하지 않을 수도 있기 때문이다.

④ 합의를 할 때에는 가해자와 피해자의 감정이 대립되지 않도록 조심해야 한다.

⑤ 합의를 할 때에는 피해자의 입장에서 손해의 정도, 범위, 피해자의 과실유무 등에 대하여 정확한 인식을 해야 한다. 필요한 경우에는 피해자에게 손해의 정도나 범위에 대한 자료를 제출하도록 요구해야 한다.

⑥ 가해자가 아무리 성의를 다한다 하더라도 피해자의 입장에서는 만족할 수가 없는 것이므로 가해자는 피해자를 설득시키는 데 전력을 다해야 한다.

⑦ 피해자와 여러 번 대화를 하다 보면 피해자의 주장도 명백해질 때가 있으므로 타협이나 양보를 할 때를 잘 파악해야 한다.

## 다. 미성년자와의 합의 시 주의할 점

미성년자란 만 19세 미만의 자를 말한다. 그런데 미성년자가 법률행위(합의를 하는 것)를 함에는 법정대리인의 동의를 얻어야 한다. 그러나 권리만을 얻거나 의무만을 면하는 행위는 그러하지 아니하다. 위의 규정에 위반한 행위는 취소할 수 있다. 그러나 법정대리인이 범위를 정하여 처분을 허락한 재산은 미성년자가 임의로 처분할 수 있다. (용돈으로 100,000원을 주면서 마음대로 쓰도록 하는 경우) 또 미성년자가 법정대리인으로부터 허락을 얻은 특정한 영업에 관하여는 성년자와 동일한 행위능력이 있다.

### (1) 법정대리인의 동의와 허락은 취소할 수 있다

어떤 법률행위에 대하여 법정대리인의 동의를 하였다 하더라도 미성년자가 아직 법률행위를 하기 전에는 그가 한 동의와 허락을 취소할 수 있다. 따라서 합의체결시 상대방이 미성년자인 경우에는 법정대리인의 동의를 얻었는지 여부를 확인하는 것이 무엇보다도 중요하다.

### (2) 미성년자와 합의를 체결한 상대방은 최고권을 행사하라

미성년자와 합의를 맺은 상대방은 미성년자가 성인이 된 후에 이에 대하여 1월 이상의 기간을 정하여 그 취소할 수 있는 행위의 추인여부의 확답을 최고할 수 있다. 성인으로 된 자가 그 기간 내에 확답을 발하지 아니한 때에는 그 행위를 추인한 것으로 본다. 미성년자가 아직 능력자가 되지 못한 때에는 그 법정대리인에 대하여 최고를 할 수 있고 법정대리인이 그 기간 내에 확답을 발하지 아니한 때에는 그 행위를 추인한 것으로 본다. 특별한 절차를 요하는 행위에 관하여는 그 기간 내에 그 절차를 밟은 확답을 발하지 아니하면 취소한 것으로 본다. 최고와 확답의 의사표시는 내용증명우편을 이용하는 것이 좋다.

### (3) 미성년자의 상대방은 철회권과 거절권이 있다

미성년자와 체결한 합의는 추인이 있을 때까지 상대방이 그 의사표시를 철회할 수 있다. 그러나 상대방이 합의당시에 미성년자임을 알았을 때에는 철회할 수 없다. 합의와는 달리 미성년자의 단독행위는 추인이 있을 때까지 상대방이 거절할 수 있다. 위 철회나 거절의 의사표시는 미성년자에 대하여도 할 수 있다.

### (4) 미성년자가 사술을 쓴 경우

미성년자가 사술로써 합의 상대방에 대하여 자신이 성인인 것으로 믿게 한 때에는 그 행위를 취소하지 못한다. 미성년자가 사술로써 법정대리인의 동의가 있는 것으로 믿게 한 때에도 위와 같다.

### 라. 기재사항

#### ① 이행기를 명확하게 표시하라.

채무이행의 확정한 기한이 있는 경우에는 채무자는 기한이 도래한 때로부터 지체책임이 있다. 채무이행의 불확정한 기한이 있는 경우에는 채무자는 기한이 도래함을 안 때로부터 지체책임이 있다. 채무이행의 기한이 없는 경우에는 채무자는 이행청구를 받은 때로부터 지체책임이 있다. 그러므로 합의당사자는 합의서에 이행기를 명확하게 표시하는 것이 좋다.

#### ② 기한의 이익이 상실되는 경우도 있다.

채무자가 담보를 손상, 감소 또는 멸실하게 한 때, 채무자가 담보제공의 의무를 이행하지 아니한 때에는 기한의 이익을 주장하지 못한다.

#### ③ 강제이행을 청구할 수 있다는 뜻을 기재하여 주의를 환기시켜라.

채무자가 임의로 채무를 이행하지 아니한 때에는 채권자는 그 강제이행을 법원에 청구할 수 있다. 그러나 채무의 성질이 강제이행을 하지 못하는 경우도 있다. 위의 채무가 법률행위를 목적으로 한 때에는 채무자의 의사표시에 갈음할 재판을 청구할 수 있고, 채무자의 일신에 전속하지 아니한 작위를 목적으로 한 때에는 채무자의 비용으로 제3자에게 이를 하게 할 것을 법원에 청구할 수 있다. 그 채무가 부작위를 목적으로 한 경우에 채무자가 이에 위반한 때에는 채무자의 비용으로써 그 위반한 것을 제거하고 장래에 대한 적당한 처분을 법원에 청구할 수 있다.

④ "이행보조자의 고의, 과실은 채무자의 고의, 과실이 된다." 라고 기재하라.

채무자의 법정대리인이 채무자를 위하여 이행하거나 채무자가 타인을 사용하여 이행하는 경우에는 법정대리인 또는 피용자의 고의나 과실은 채무자의 고의나 과실로 본다.

⑤ 이행지체 중의 손해배상은 채무자의 책임이다.

채무자는 자기에게 과실이 없는 경우에도 그 이행지체 중에 생긴 손해를 배상해야 한다. 그러나 채무자가 이행기에 이행하여도 손해를 면할 수 없는 경우에는 그러하지 않는다.

⑥ 손해배상의 범위와 방법을 미리 특정 하라.

특별한 사정으로 인해 발생한 손해는 채무자가 그 사정을 알았거나 알 수 있었을 때에 한하여 배상의 책임이 있다. 다른 의사표시가 없으면 손해는 금전으로 배상한다. 그러므로 합의 당사자는 합의서에 손해배상의 범위와 방법을 미리 특정 하는 것이 좋다. 채권자가 그 채권의 목적인 물건 또는 권리의 가액전부를 손해배상으로 받은 때에는 채무자는 그 물건 또는 권리에 관하여 당연히 채권자를 대위한다.

⑦ 이행지체와 전보배상에 대하여 약정하라.

채무자가 채무의 이행을 지체한 경우에 채권자가 상당한 기간을 정하여 이행을 최고하여도 그 기간 내에 이행하지 않거나 지체 후의 이행이 채권자에게 이익이 없는 때에는 채권자는 수령을 거절하고 이행에 갈음한 손해배상을 청구할 수 있다.

⑧ 과실상계비율을 정하는 것도 생각해 보라.

채무불이행에 관하여 채권자에게 과실이 있는 때에는 법원은 손해배상의 책임 및 그 금액을 정함에 이를 참작해야 한다.

⑨ 합리적인 범위 내에서 손해배상액의 예정을 하라.

합의 당사자는 채무불이행에 관한 손해배상액을 예정할 수 있다. 손해배상의 예정액이 부당히 과다한 경우에는 법원은 적당히 감액할 수 있다. 손해배상액의 예정은 이행의 청구나 합의의 해제에 영향을 미치지 않는다. 위약금의 약정은 손해배상액의 예정으로 추정한다. 당사자가 금전이 아닌 것으로써 손해배상에 충당할 것을 예정한 경우에도 위의 규정을 준용한다.

## 5. 협의이혼에 따른 합의서

### 가. 의의

이혼을 하는 방식에는 협의에 의한 이혼과 재판에 의한 이혼이 있는 바, 그 신고방법 및 절차에도 각 이혼의 방식에 따라 진행방식에 약간의 차이가 있다. 본서에서는 이혼의 방식 중 협의이혼에 관하여 중점적으로 기술하고, 재판상이혼 중에도 양당사자간 합의에 의하여 조정 등으로 마무리 될 수 있으므로, 그 합의서에 대하여는 서식례에서 보여주기로 한다.

### 나. 협의이혼의 합의서

### (1) 협의이혼 합의서 작성

이혼, 사망은 혼인의 해소의 원인이 된다. 그 중 이혼은 당사자가 생존하고 있으면서 혼인을 해소하는 것으로서 민법상 이혼에는 협의이혼과 재판상 이혼이 있는데 부부간 협의에 의하여 이혼하는 협의이혼(민법 제834조)은 유효한 혼인을 협의에 의하여 해소하는 계약의 일종이다. 협의이혼이 성립하려면 부부가 이혼의사의 합치 하에(실질적 요건), 이혼의사확인절차를 거쳐 이혼신고를 하여야 한다(형식적 요건).

이러한 협의이혼의 과정 중 양당사자의 의사의 합의점이 성립하는 경우, 그 내용을 기재하는 것이 협의이혼합의서인데, 협의이혼 합의서에는 이혼의 확정적인 의사표시, 이에 따른 위자료 지급의 문제, 재산분할의 문제, 자녀가 있는 경우 그 양육권 및 친권의 지정문제 및 양육비 산정의 문제 등을 각 합의하여 기재한다.

## (2) 협의이혼 신고

이혼을 하고자 하는 사람은 가정법원으로부터 확인서 등본을 교부 또는 송달받은 날부터 3개월 이내에 그 등본을 첨부하여 신고를 행하여야 하고 3개월의 기간이 경과한 때에는 그 가정법원의 확인은 효력을 상실한다(가족등록법 제75조 제2항, 3항). 그리고 협의이혼신고서에 가정법원의 이혼의사확인서등본을 첨부한 경우에는 증인 2인의 연서가 있는 것으로 본다(동법 제76조). 한편, 이혼의 신고서에는 다음 사항을 기재하여야 한다(동법 제74조).

외국인 부부 역시 동일한 상거소지 또는 외국인 부부와 가장 밀접한 관련이 있는 곳이 대한민국이라면 대한민국 법에 의한 협의이혼신고를 할 수 있다(국제사법 제39조, 제37조).

## (3) 효 과

이혼신고는 창설적 신고로 본다. 따라서 이혼의사 확인을 받았더라도 이혼신고를 하지 않는 한 이혼이 성립하지 않는다.

## 6. 형사합의서

### 가. 형사합의서

교통사고 등 각종 형사사건에서 중요한 것은 가해자와 피해자, 상호간에 원만한 합의를 이루는 일이다. 양쪽이 원만한 합의점을 조율한 다음에는 사고 내용과 합의 조건의 내용으로 구성된 합의서를 작성한다. 형사합의서는 일반적으로 범죄 또는 기타 과실로 인하여 타인에게 피해를 입혔을 경우, 금전 등으로 적절히 피해를 보상해 주기로 하여 작성하는 문서를 의미한다. 합의서 작성 후에는 서명날인하고 인감증명서를 첨부한 후 해당 기관에 제출하도록 한다.

### 나. 합의서 작성방법

### (1) 피해자가 처벌을 원치 않는다는 의사표현 반드시 명시

법원이나 수사기관 등은 단순히 가해자 등과의 합의서가 제출되었다는 사실만으로 피해자가 처벌을 원치 않는다고 판단하는 것이 아니라 명시적인 처벌불원의 의사가 있고,

또한 합의내용과 주변의 상황을 종합하여 판단하기 때문에 합의를 하는 가해자의 입장에서는 "가해자의 처벌을 원치 않는다."는 내용을 반드시 삽입하는 것이 좋다.

### (2) 피해자의 인감도장 및 인감증명서를 첨부

합의서 작성시 합의내용 및 합의서가 피해자 및 피해자의 법정대리인 등을 통하여 진정하게 성립된 문서라는 사실을 입증하기 위하여 반드시 피해자의 인감증명 등을 첨부하는 것이 좋다.

### (3) 가해자의 대리인이 합의할 경우에는 대리인과 가해자와의 관계를 증빙할 수 있는 자료 첨부

### (4) 추후 민, 형사상 어떠한 이의도 제기치 아니한다는 내용

이는 부제소합의라고 칭하는데, 이러한 문구가 합의서에 삽입되어 있을 경우 합의 후 더 이상의 분쟁소지를 방지하기 위하여 반드시 부제소 합의와 관련된 문구를 삽입하는 것이 좋다.

다만, 교통사고 피해자의 경우에는 합의시 합의금의 성격을 '재산상 손해배상의 일부'라고 명확히 해야 한다. 이와 함께 형사합의금이 나중에 손해배상 소송에서 공제돼 피해자가 보험회사를 상대로 보험금청구권을 행사할 때 피해자에게 채권을 양도하고, 가해자가 보험회사에 그에 대한 채권양도를 통지하도록 하는 것이 좋다. 그래야만 민사소송에서 위자료가 아닌 재산상손해배상액에서 형사합의금이 공제되기 때문이다.

## 7. 서식례

[서식] 합의서(형사)

# 합  의  서

피 해 자  △ △ △

　　　　○○시 ○○구 ○○길 ○○

　　　　(주민등록번호)


가 해 자  ○ ○ ○

　　　　○○시 ○○구 ○○길 ○○

　　　　(주민등록번호)


가해자와 피해자간의 (죄명 입력) 사건에 관하여 피해자는 ***만원의 합의금을 지급받고[충분한 피해보상이 이뤄진 경우 합의금액 기재] 가해자에 대하여 추후 민·형사상 책임을 묻지 않기로 원만히 합의하였습니다. 가해자의 선처를 바라는 바입니다. [선택적으로 "가해자에 대한 형사 고소를 취하하는 바입니다."도 가능]


　　　　　　　　20○○.  ○.  ○.


　　　　　　　　가 해 자  ○ ○ ○ (인)


　　　　　　　　피 해 자  △ △ △ (인)

**참고: 합의서에는 피해자 측의 인감증명서를 첨부하는 것이 원칙이며, 부득이하게 받을 수 없는 경우에는 피해자 신분증 사본이라도 첨부하여야 합의서의 진위가 법원에서 인정될 수 있음.

# 합 의 서

고 소 인  ○   ○   ○ (000000 – 0000000)

   ○○시 ○○구 ○○로 12(○○동)

   (전화번호 : 000 – 0000)


피고소인  ○   ○   ○ (000000 – 0000000)

   ○○시 ○○구 ○○로 23(○○동)

   (전화번호 : 000 – 0000)


고소인은 피고소인을 폭행죄로 고소한 사건에 관하여 고소인은 피고소인으로부터 일체의 피해를 변제 받고, 민·형사상의 이의를 제기하지 않겠기에 본 합의서를 작성 각자 1통씩 나누어 가짐.


첨부서류 : 고소인의 인감증명서  1통


              20  .   .   .


              고 소 인 ○ ○ ○  (인)


              피고소인 ○ ○ ○  (인)


**○○경찰서장  귀하**

# 합 의 서

피 해 자  ○  ○    ○ (000000 - 0000000)

　　　　　○○시 ○○구 ○○로 12(○○동)

　　　　　(전화번호 : 000 - 0000)


가 해 자  ○  ○    ○ (000000 - 0000000)

　　　　　○○시 ○○구 ○○로 23(○○동)

　　　　　(전화번호 : 000 - 0000)


1. 상기 피해자는 2000. ○. ○. 22:30경 ○○시 ○○동 ○○번지 앞 노상에서 가해자
　로부터 구타를 당하여 3주간의 치료를 요하는 안면부 찰과상을 입고 이를 신고하
　여 귀서에서 수사 중인 바,

2. 2000. ○. ○. 피해자의 집에서 가해자의 처로부터 치료비 등으로 현금 ○○○원을
　받았기 때문에 처벌을 원치 않으며 이후 이건으로 민,형사상의 이의를 제기치 않
　겠기에 본 합의서를 작성 각자 1통씩 나누어 가짐.


첨부서류 : 피해자의 인감증명서  1부


　　　　　　　　20  .  .  .


　　　　　　피해자 ○ ○ ○  (인)

가해자 ㅇ ㅇ ㅇ  (인)


입회인 ㅇ ㅇ ㅇ  (인)



**ㅇㅇ경찰서장  귀하**

(또는 ㅇㅇ지방검찰청 ㅇㅇ지청  귀중)

## 자동차교통사고합의서

### 갑(가해자측)

| 성  명 | | 주민등록번호 | |
|---|---|---|---|
| 주   소 | | | |
| 자동차등록번호 | | 소   속 | |
| 운전면허번호 | | 전 화 번 호 | |

### 을(피해자측)

| 성  명 | | 주민등록번호 | |
|---|---|---|---|
| 주   소 | | | |
| 자동차등록번호 | | 소   속 | |
| 운전면허번호 | | 전 화 번 호 | |

상기 갑·을은      년   월   일      시   분경

　　　지점에서 발생한 교통사고(치상·물적피해)에 대하여 원만히 합의되어 향후 민·형사상 책임을 묻지 않기로 하였기에 상호 서명·날인한 합의서를 제출합니다.

·　　·　　·

**접수경찰관 확인**

이 합의서는 피해자(본인·직계존속·직계비속·배우자)가 제출한 것임을 확인함.

(제출자 성명          ㉑)

(       주민등록번호       )

접수자 계급  성명      ㉑

갑 :                    (인)

을 :                    (인)

입회 :                  (인)

경 찰 서 장   귀하

# 합 의 서

가 해 자 ○ ○ ○

○ ○ 시 ○ ○ 구 ○ ○ 길 ○ ○

(111111 − 1111111)

피 해 자 △ △ △

○ ○ 시 ○ ○ 구 ○ ○ 길 ○ ○

(111111 − 1111111)

가해자와 피해자간의 (금전대여 사기고소) 사건에 관하여 아래와 같이 원만히 합의

합니다.

## 아 래

1. 가해자는 위 사건과 관련하여 피해자에게 금○○○원을 20○○. ○. ○.까지 변제한다. 가해자가 이를 이행하지 않을 경우 20○○. ○. ○.부터 다 변제할 때까지 연 20%의 지연손해금을 지급한다.

2. 피해자는 위 합의서를 교부받고 위 사건 고소를 직접 취하하거나 고소취하 인감증명서를 가해자에게 교부하기로 한다.

3. 가해자가 합의서를 교부한 날부터 ○일 이내에 위와 같이 이행하지 않을 경우 피해자는 합의내용을 취소할 수 있다.

20○○. ○. ○.

가 해 자 ○ ○ ○ (인)

피 해 자 △ △ △ (인)

# 합　의　서

사　　건　　20○○가단 ○○○○호　손해배상(자)

원　　고　　조 ○ ○

피　　고　　김 ○ ○

　위 사건에 관하여 원고와 피고는 다음과 같이 합의한다.

# 다　　음

1. 피고는 원고에게 위자료 및 손해배상금조로 금 40,000,000원을 20○○. 1. 21.까지
　지급한다.
2. 원고의 나머지 청구는 포기한다.
3. 원고는 추후 민·형사적 일체의 이의를 제기하지 아니한다.
4. 원고와 피고는 20○○. 10. 20. 10:00 변론기일에 상기 내용과 같이 법정화해
　하기로 합의한다.
5. 소송비용은 각자 부담한다.

20○○.　○.　○.

원고　조 ○ ○　(인)
피고　김 ○ ○　(인)

**○○지방법원 귀중**

# 퇴직합의서

| 부 서 | | 직 위 | |
|---|---|---|---|
| 성 명 | | 연 락 처 | |

상기 본인은 금번에 사직을 함에 있어서 퇴직 위로금의 수령 및 기타 퇴직과 관련하여 다음과 같이 회사와 합의합니다.

1. 회사는 퇴직 위로금 일금        원정을 20  년  월  일까지 본인의 통장계좌로 현금입금을 하겠다는 사실을 확인함.

2. 상기 본인은 퇴직 위로금 수령 이후라도 여하한 퇴직의 부당성을 제기하지 아니하겠으며, 퇴직은 본인의 자발적 의사에 기한 퇴직임을 재차 인정 함.

3. 본인은 회사에서 지득한 영업상의 비밀을 외부에 누설하지 않겠으며 외부에 발설 시에는 이에 대해 일체의 책임을 지겠음.

4. 본인은 회사의 기밀이 누설될 위험이 있는 동종 경쟁업체에 퇴직위로금 수령일로부터 1년간 재취업하지 않겠음.

20 년 월 일

작성자        (인)

○ ○ ○ **대표이사 귀하**

# 계약변경합의서

■ 공 사 명 : ○○○○

■ 공    종 : ○○○


상기 공사계약과 관련하여 ○○ 건설회사(이하 '갑'이라 칭한다) 간에 아래와 같이 계약변경 사항에 합의한다.


## - 아        래 -


| 공      종 | | ○○○ | |
|---|---|---|---|
| 공사<br>금액 | 변경전 | 일금        원정 (₩            ) | |
| | 변경후 | 일금        원정 (₩            ) | |
| 변경사유 | | ○○○로 인한 변경 | |


○○○○년 ○○월 ○○일

| 구   분 | 갑 | 을 |
|---|---|---|
| 회사명 | | |
| 대표자 | | |
| 연락처 | | |

# 양 도 합 의 서

양도인(이하 "갑)은 양수인(이하 "을")에게 ○○○을 아래와 같이 양도하기로 하며
본 계약을 체결한다.

## – 양 도 사 항 –

| 항 목 | 양 도 일 자 | 양 도 금 액 |
|---|---|---|
| | | |
| | | |
| | | |
| | | |
| | | |
| | | |
| 합 계 | | |

상기 양도인은 양수인에게 일정한 금액을 받고 내용을 20  년   월   일 양도하기로
합의하였으며, 양도후 모든 권한은 양수인에게 있으며 권한에 대한 어떠한 의의제기
를 하지 않을 것을 약속합니다.

20 년 월 일

(갑) 주  소 :
　　 회 사 명 :
　　 대 표 자 :  ○ ○ ○ (인)
　　 연 락 처 :

(을) 주  소 :
　　 회 사 명 :
　　 대 표 자 :  ○ ○ ○ (인)
　　 연 락 처 :

# 연장근로합의서

다음과 같이 연장근로를 실시함에 있어 동의함을 확인함.


1) 합의기간 :

2) 1일 연장근로시간 :

3) 합의 후 1일 총 근로시간(휴게시간 제외) :


| 동 의 자 | | | |
|---|---|---|---|
| (부 서 명) | (직 책) | (성 명) | (서 명) |
| (부 서 명) | (직 책) | (성 명) | (서 명) |
| (부 서 명) | (직 책) | (성 명) | (서 명) |
| (부 서 명) | (직 책) | (성 명) | (서 명) |
| (부 서 명) | (직 책) | (성 명) | (서 명) |
| (부 서 명) | (직 책) | (성 명) | (서 명) |
| (부 서 명) | (직 책) | (성 명) | (서 명) |
| (부 서 명) | (직 책) | (성 명) | (서 명) |
| (부 서 명) | (직 책) | (성 명) | (서 명) |


○○○○년 ○○월 ○○일


대 표 자 : ○○○(인)

근로자대표 : ○○○(인)


○○○○ 주식회사

# 하도급금액 정산합의서

**공 사 명 :**

**변경금액 :** 변경 전 일금          원정 (₩          )

변경 후 일금          원정 (₩          )

**공사기간 :** 변경 전 20 년   월   일 ~ 20 년   월   일

변경 후 20 년   월   일 ~ 20 년   월   일

**변경사유 :**

**※ 첨      부**

20 년   월   일 계약을 체결한 본 하도급공사에 관련하여 상기와 같이 변경(증, 감) 정산하는 것을 합의한다. 본 합의서는 2부 작성하여 서명 및 날인한 후, 각각 1통씩 보관하기로 한다.

20 년  월  일

도급인 : ○ ○ ○ (인)

수급인 : ○ ○ ○ (인)

# 합의서

갑 : 0 0 0 0 주식회사

00 00구 00동 00번지

대표이사 0 0 0

을 : 0    0    0 (000000 - 0000000)

00시 00동 00번지 00아파트 0동 00호

위 당사자를 "갑"과 "을"로 정하고 다음과 같이 합의한다.

# 다   음

1. "갑"이 "을"을 상대로   .   .   . OO지방검찰청에 고소하여 현재 0 0 0 검사실
   에서 수사중인 횡령피의 사건은 합의와 동시에 고소 취하한다.
2. "갑"과 "을"의 합의는 위 형사사건에 한한다.
3. "을"의 "갑"에 대한 불법행위로 인한 민사적인 책임은 별도로 한다.

"갑" : 0 0 0 0 0 주식회사

대표이사   0 0 0

"을" : 0   0   0

# 합의서

피해자 ○ ○ ○

        ○○시 ○○구 ○○동 ○○번지

가해자 ○ ○ ○

        ○○시 ○○구 ○○동 ○○번지


서기 ○○년 ○월 ○일 10 : 00경 ○○시 ○○구 ○○동 ○○번지 노상에서 서울 영 ○○호 차에 의해 발생한 교통사고에 대하여 가해자는 피해자에 치료비 일체(퇴원시까지)를 부담하고 그 외로 손해배상금(본건 발생 후 수익 상실금과 향후관계 포함) 및 위자료조로 일금 5,000,000원정을 공여하며, 피해자는 상기 금원을 수령하고 상호 본 사고 건 종결에 원만히 합의하였음.

고로 피해자는 차후 본 사고 건에 대하여 여하한 방향으로라도 이의의 제기와 기타의 재요구를 하지 않겠음은 민·형사상의 소를 제기치 않을 것을 자에 확약하고 훗일에 증하기 위하여 본 합의서에 서명날인(무인)함.


년 월 일

위 피해자 ○ ○ ○ (인)

위 가해자 ○ ○ ○ (인)

입회인 ○ ○ ○ (인)

○○시 ○○구 ○○동 ○○번지

# 합의서

고소인

피고소인

위 당사자 간 ○○시 ○○구 ○○동 소재 ○○빌딩 ○호 점포의 양수양도 과정에서 권리금 400만원의 미해결 문제로 위 (갑)이 위 (을)을 상대로 20○○년 ○○월 ○○일자 사기 등 죄로 ○○경찰서에 제기한 고소사건에 관하여 위 (을)은 위 (갑)으로부터 권리금조로 받았던 금 400만원을 위 (갑)에게 전액 환불하고 쌍방은 원만히 합의하였음. 고로 위 (갑) 고소인은 위 (을) 피고소인에 대한 형사 처분을 원하지 않음은 물론 앞으로 본건에 대해서는 이의를 제기하지 않겠으며 민·형사상의 소 또한 제기하지 않을 것을 확약하고 본 합의서에 서명 날인함.

# 합 의 서

피 해 자 : ○ ○ ○

주소기재


가 해 자 : ○ ○ ○

주소기재


피해자는 20 년 ○월 ○일 발생한 ○○사건에 관하여 가해자로부터 손해배상금 조로 금 ○○○만원을 지급받고 향후 이 사건에 관하여 민 · 형사상 일체의 이의를 제기하지 아니한다.


※ 이 합의 이후 향후 치료가 필요하거나 후유증이 발생할 경우 가해자는 이에 대하여 별도로 손해배상 책임을 부담한다.




20 년   ○월   ○일


피해자   ○ ○ ○   (인)

가해자   ○ ○ ○   (인)

# 합의서

피 해 자 : ○ ○ ○

주민등록번호 :

주　　　소 : ○○시 ○○구 ○○동 ○번지

가 해 자 : ○ ○ ○

주민등록번호 :

주　　　소 : ○○시 ○○구 ○○동 ○번지

위 당사자는 20○○년 ○월 ○일 ○○:○○경　○○시 ○○구 ○○동 ○번지 소재 ○○에서 사소한 시비 끝에 발생된 치상사건에 관하여 다음과 같이 합의한다.

1. 가해자는 피해자에게 치료비와 위자료 등 기타 손해배상으로 금 ○○○원을 지급 하되 본 합의와 동시에 금 ○○○원을 지급하고 피해자는 이를 영수하였다. 단, 잔여금 ○○○원은 20○○년 ○월 ○일까지 완급하기로 한다.

2. 이로써 피해자는 본 합의서 성립 이후 위 1.의 사항 이외에는 민·형사상 일체의 이의를 제기하지 아니한다. 단, 후유증 발생시 후유장애비 일체를 가해자가 부담 한다.

3. 본 합의에 관하여 관련 제3자의 이의가 있을시에는 이의자의 위 당해 당사자가 그 책임을 부담한다.

4. 본 합의를 일방이 위약시에는 위약자는 위약으로 인하여 발생되는 상대방의 손해를 배상한다.

본 합의를 확실히 이행하기 위하여 본 증서 2통을 작성하여 양 당사자간 이의없음을 확인하고 각자 기명 날인하여 각 1통씩 보관한다.y

20○○년 ○월 ○일

위 피해자    ○ ○ ○ ㉐
가해자      ○ ○ ○ ㉐

[서식] 합의서 - 대물사고

갑 : 피해자 주소 : _____
　　　　성명 : _____
을 : 가해자 주소 : _____
　　(피보험자)
　　　　성명 : _____
병 : 보 험 자 : 　○○○○보험회사


200 년 월 일 시 분경 　　　　　　　에서 발생한 자동차사고로 입
은 손해에 대하여 갑(갑의 상속인 또는 대리인)은 을 또는 을의 수임인 겸 보험자인
병과 수리비용 및 다채료(또는 휴차료) 등 법률상 손해배상금 일체에 관하여 상호 원
만히 합의하였으므로 이에 관한 일체의 권리를 포기하며 향후 어떠한 사유가 있어
도, 民·刑事上(민·형사상)의 소송(訴訟)이나 이의(異議)를 제기하지 아니할 것을
확약하고, 후일의 증거로서 이 합의서에 서명·날인한다.


〈합의조건〉

　_____

　_____

　_____


※ 휴·대차료(또는 영업손실)등 간접손해부분에 대하여 보상담당자로부터

　안내 받았으나, 이에 대한 청구는 포기함을 확인합니다.


200 년 월 일

확인자 : 　　　　　㊞


200 년 월 일

위 피 해 자 _____ ㊞
(상속인   또는   대리인)
주민등록번호 _____ – _____

위 가 해 자 _____ ㊞
또는
가해자의  수임인겸  보험자

입 회 인   주소
성명 _____ ㊞

_____

_____

◑ 위 합의금을 아래의 지정한 예금계좌로 송금하여 주시기 바랍니다.
은행명 : _____   계좌번호 : _____   예금주명 : _____

※ 은행계좌에 이상이 있거나 은행의 지급업무가 정상적으로 수행되지 못하
는 경우에는 입금일이 지연될 수 있습니다.

_____

_____


# 위 임 장

본인은 본인의 [관계 :        ]인 주소 _____

성명 _____ (주민등록번호 _____ – _____)


에게 위 자동차사고에 대한 합의금의 청구 및 영수에 관한 권한 일체를 위임합니다.

200   년   월   일

위임자 주소 : _____   성명 : _____ ㊞

(대인사고용)

# 합 의 서

갑 : 피해자 주소 : _____

         성명 : _____

을 : 가해자 주소 : _____
     (피보험자)

         성명 : _____

병 : 보 험 자 : ○○○○보험회사

200 년 월 일 시 분경 에서 을 소유_____호 차량이 야기한 자동차사고로 인하여 갑이 손해를 입은데 대하여, 갑(갑의 상속인 또는 대리인)은을 또는 을의 수임인 겸 보험자인 병으로부터 다음 금액을 손해배상금으로 확실히 수령하고 상호 원만히 합의하였으므로, 이후 이에 관하여 일체의 권리를 포기하며 어떠한 사유가 있어도 民·刑事上(민·형사상)의 소송(訴訟)이나 이의(異議)를 제기하지 아니할 것을 확약합니다.
또한 손해사정인으로부터 손해사정에 영향을 미친 중요사항에 대한 설명 및 보험금 지급내역서를 교부받았음을 확인하고 이 합의서에 서명·날인한다.

__수령금액 금_____원정 (₩_____)__

| 내      용 | 금      액 |
|---|---|
|  |  |
|  |  |
|  |  |

200 년 월 일

위 피 해 자 _____ ㉑
(상속인 또는 대리인)

    주민등록번호 _____ - _____

위 가 해 자
    또는
가해자의 수임인겸 보험자 ㉑

입 회 인 주소

       성명 ㉑

.................................................................

◗ 위 합의금을 아래의 지정한 예금계좌로 송금하여 주시기 바랍니다.
    은행명 : _____ 계좌번호 : _____ 예금주명 : _____

※ 은행계좌에 이상이 있거나 은행의 지급업무가 정상적으로 수행되지 못하는 경우에는 입금일이 지연될 수 있습니다.

# 위 임 장

본인은 본인의 [관계 :                ]인 주소 _____

　　성명 _____ (주민등록번호 _____ ━ _____)

에게 위 자동차사고에 대한 합의금의 청구 및 영수에 관한 권한 일체를 위임합니다.

200 년　월　일

위임자　주 소 : _____　성 명 : _____ ㊞

　　　　주 소 : _____　성 명 : _____ ㊞

　　　　주 소 : _____　성 명 : _____ ㊞

　　　　주 소 : _____　성 명 : _____ ㊞

**○○○○보험회사**

---

# 보험금 지급내역서

보험금 청구권자 :

| 지 급 항 목 | 세 부 산 출 근 거 | 금　　액 |
|---|---|---|
|  |  |  |
|  |  |  |
|  |  |  |
|  |  |  |
| 합　　계 |  |  |

상기와 같이 보험금 지급내역을 알려 드리오니 문의사항이 있으시면 아래 담당자에게 연락주시면 친절히 안내하여 드리겠습니다.

| 업무담당 |  | Tel : |  | 책임손해사정인 |  |
|---|---|---|---|---|---|

# 공사타절합의서

| 공 사 명 | |
|---|---|
| 계약 금액 | |
| 계약연월일 | |

상기 계약건에 대하여 "을"의 사정으로 인해 "을"은 공사를 계속 수행할 수 없게 되어 20 년    월    일 이후의 잔여 공사를 포기하고 타절 정산함에 있어 아래 사항을 합의한다.

## - 아    래 -

■ 공사중지시점 20 년    월    일까지 아래 금액으로 타절 정산하고 "을"은 이후 일체의 민·형사상 이의를 제기하지 아니한다.

(단위 : 원)

| 당 초 계 약 금 액 | 타 절 계 산 금 액 | 비    고 |
|---|---|---|
| | | |

■ "갑"은 "을"이 보증금에 갈음하여 제출한 전문건설공제조합 보증서에 대한 권리를 주장하지 아니한다.


20 년  월  일



(갑) 주 소 :
회사명 :
대표자 :              (인)
연락처 :


(을) 주 소 :
회사명 :
대표자 :              (인)
연락처 :

# 합 의 서

**고 소 인**  성  명:                    (주민번호 :          )

　　　　　　주  소:

**피 고소인**  성  명:                    (주민번호 :          )

　　　　　　주  소:

고소인은 피고소인과 아래와 같이 합의하였으므로 고소를 취하합니다.

## - 아 래 -

위 고소인은 20○○년 ○○월 ○○일 위 피고소인으로부터 성폭행을 당하여 고소를 한 바 있으나 위 피고소인이 죄를 뉘우치고 신의성실을 다하였으므로 이에 만족하여 고소를 취하하오니 선처하여 주시기를 바랍니다.

20  년  월  일

위 고소인 :                    (인)

○○지방경찰서 귀중

# 합 의 서

| 시설공사관리번호 | | 계 약 번 호 | |
|---|---|---|---|
| 공 사 명 | | | |
| 공 사 현 장 | | | |

당사는 귀사 계약 체결하여 시공 중에 있는 상기 공사에 대하여 다음과 같이 계약내용이 변경됨에 합의하고 하등의 이의를 제기치 않고 계약자로서의 의무를 성실히 이행할 것을 확약합니다.

| 합 의 내 용 |
|---|
| |

20 년 월 일

**계약상대자**
  주 소 :
  상 호 :
  대표자 :

**공동수급인**
  주 소 :
  상 호 :
  대표자 :

**연대보증인**
  주 소 :
  상 호 :
  대표자 :

**○○건설 사장 귀하**

# 공 유 물 분 할 합 의 서

_____ 와 _____ 은 공유물의 분할방법을 다음과 같이 합의한다.

제 1 조 【공유물의 표시】_____ 와 _____ 가 균등한 지분으로 공유하고 있
　　　　는 부동산은 다음과 같다.

　　　주 소 :

　　　토 지 :

　　　건 물 :

제 2 조 【분할의 방법】위 공유부동산은 _____ 로서 분할한다.

제 3 조 【분할의 표시】위 공유부동산을 기준으로 하여 분할하되 당사자 간에 동일한
　　　　면적으로 하며 그 분할선은 별지 도면과 같다.

제 4 조 【분할의 절차】분할로 인한 비용은 쌍방이 균분하여 부담한다. 분필로 인하여
　　　　소유권 이전등기절차에 필요한 서류는 _____ 에서 상호 교환

제 5 조 　　하여야 한다.

　　　　【분할의 시기】분할절차는 _____ 까지 완료하고 동일분할이 이루어지는 것

제 6 조 　　으로 한다.

　　　　【담보책임】분할된 이후 1년 이내에 분할된 부분에 관하여 공유로 인한 권리

제 7 조 　　관계를 주장하는 자가 있을 경우 쌍방은 서로 책임을 진다.

　　　　【계약의 해제와 손해배상】이 공유물의 분할절차를 진행하던중 당사자 일방이
　　　　그가 부담한 의무를 이행치 아니할 경우 손해액은
　　　　_____ 원으로 예정하고 상대방에게 이를 배상하

여야 하며 그 이후는 위 공유물을 매매하여 가액으로 분할하기로 한다. 단, 당사자 일방이 공유물을 매수하고자 할 경우는 평가액의 반액을 상대방에게 지급하고 단독명의로 소유권 이전등기를 완료하는 데 필요한 의무를 이행하여야 한다.

위 계약의 성립을 증명하기 위하여 본 계약서 2통을 작성하여 각 1통씩 보관한다.

년  월   일

성 명 :                    ㉙

성 명 :                    ㉙

# 인 수 기 본 합 의 서 (양도 양수 약정서)

○○○주식회사(이하 "회사"라 칭한다)의 경영권 및 "회사"발행주식 중 일부를 양도 양수하기 위하여 홍길동(이하 "갑"이라 칭한다)과  ○○○주식회사(이하 "을"이라 칭한다)간에 다음과 같이 약정한다.

"갑" 주　　　소:
　　　주민등록번호:
　　　성　　　명:

"을" 주　　　소:
　　　상　　　호:
　　　대 표 이 사:

## - 다　음 -

제1조(매매약정의 대상)
1."회사"의 경영권 및 경영권에 종속되는 일체의 권리와 의무.
2."갑"의 소유인 "회사"의 발행주식 보통주(　　　)주 액면금액　(　　　　)원.

제2조(매매 약정기준)
1. 본 기본합의서의 매매약정은 별첨의 "회사" 제(　)기 대차대조표(　년　월 일 현재 )를 기준으로 한다.( 이하 "기준대차대조표"라 한다)

제3조(매매대금)

1. "회사"의 경영권 및 주식(보통주 몇 주)의 매매대금은 금(              )원으로 함을 원칙으로 한다.

2. 기본실사 및 정밀실사 결과에 따라 "기준 대차대조표"를 수정하며 수정후 대차대조표(이하 "수정대차대조표"라 한다)의 자본총계액이 감소될 경우 그 감소액을 차감한 금액으로 한다. 단, 재고자산 부족으로 인한 감소액 중 금 (              )원내의 금액은 업무상 착오분으로 인정하여 차감금액에서 제외한다.

3. 본조 2항 단서의 한도를 초과하는 감소액 및 자산감소의 원인이 고의에 의한 것이라고 인정되는 금액은 2항의 단서에 불구하고 매매대금에서 차감한다.


제4조(계약금지급 및 주식인도)

1. 본 기본합의서 체결시 "을"은 "갑"에게 계약금으로 금 (              )원을 지급한다.

2. "갑"은 계약금 수령과 동시에 "회사"주식 보통주 (     )주와 주식 명의개서에 필요한 서류 일체를 "을"에게 인도한다.

3. "을"은 본 약정 해제시 2항의 주식을 "갑"이 지불할 위약금으로 대체할 수 있다.


제5조(기본 실사)

1. "을"은 "회사"의 자산 및 부채를 파악하기 위하여 기본실사를 실시한다.

2. "을"은 "기준 대차대조표"에 의거하여 실사하며 대차대조표상의 전 계정과목에 대하여 실사할 수 있다.

3. 기본실사의 범위는 "을"이 정한다.

4. 기본실사의 기간은 "갑"과 "을"의 합의로 정한다.


제6조(실사협조)

1. "을"이 실사에 필요한 인원을 "회사"에 파견할 경우 "갑"은 전적으로 협조한다.

2. "갑"은 기본실사를 위하여 "을"이 파견한 요원에게 "회사"의 장부, 전표, 증빙서 및 관련서류 일체를 제공한다.

3. "갑"은 "을"이 요청하는 경우 지급어음책, 수표책을 열람케 하고 자산 및 부채실사가 가능토록 협조한다.

4. "갑":은 "을"이 요청하는 경우 "회사"의 임직원을 실사업무에 협조하도록 조치한다.

### 제7조(수정대차대조표)

1. "을"은 기본실사결과 및 계약 후 실사일까지의 회계상 변동사항을 전표, 장부, 증빙서에 의거 확인 후 수정하여 "수정 대차대조표"를 작성한다.

2. 작성된 "수정 대차대조표"는 "갑"의 동의를 얻어 확정한다.

### 제8조(약정의 해제)

1. "을"은 기본실사 결과 "갑"의 고의 또는 현저한 실수에 의한 자본총액 감소가 확인되고 그 결과에 의하여 "회사"의 정상적 운영이 불가능하다고 판단될 경우 본 약정을 해제할 수 있다.

2. "갑"은 "을"이 본 약정을 위반하여 중도금의 지급을 지체할 경우 본 약정을 해제할 수 있다.

### 제9조 (위약금)

1. "갑"의 귀책사유에 의하여 본 약정을 해제할 경우 "갑"은 "을"에게 위약금조로 금 (      )원을 지급하며, "을"은 "갑"에게 회사주식 (        )주를 반환한다.

2. "을"의 귀책사유에 의하여 본 약정을 해제할 경우 "을"은 "갑"에게 회사주식(      )을 반환한다.

### 제10조(중도금)

1. 기본실사 결과 중대한 해약사유가 발견되지 아니할 경우 "을"은 "갑"에게 중도금 조로 금 (    )원을 지급한다.
2. 중도금 지급일자는 "갑"과 "을"의 합의로 정한다.

### 제11조(경영권 및 잔여주식의 양도 양수)

1. "을"의 중도금 지급과 동시에 "갑"은 잔여주식 (    )주와 경영권을 "을"에게 양도하고, 소유권 이전 및 등기, 등록에 필요한 서류 일체를 "을"에게 인도한다.
2. "갑"은 "을"의 원만한 회사경영을 위하여 필요한 모든 조치를 취한다.

### 제12조(인계인수 협조)

1. "갑"은 "을"의 "회사" 인수 과정에 차질이 없도록 임직원의 이직방지에 최선을 다한다.
2. "갑"은 "회사"의 임직원 중 "을"이 필요로 하는 인력에 대하여 "을"의 동의없이 자기자신을 위하여 채용하지 않는다.
3. "갑"은 경영권 양도를 이유로 "회사"의 거래선과 별도의 거래를 하지 않는다.

### 제13조(특수관계인인 임직원)

1. "회사"에 재직중인 "갑"의 특수관계인인 임원은 퇴직하며, 퇴직일자는 양자간의 합의로 정한다.

### 제14조(정밀실사)

1. 매매대금을 확정하기 위하여 "을"은 정밀실사를 실시하고 그 결과를 "갑"에게 제출하여 합의한다.
2. 정밀실사의 기간은 경영권 양도양수일로부터 (   )일간으로 한다.

### 제15조(비정상적 거래 등)

1. 경영권 양도 양수일 이전에 발생한 비정상적 거래가 확인되고, 그 거래에 의하여 회사의 순자산 가액이 감소되었을 경우 그 감소액을 정산금액에서 차감한다.

2. "기준 대차대조표"상에 반영되지 아니한 "회사"의 채권 채무 및 제세공과금 중 ( )년 ( )월 ( )일 이전에 발생한 거래 등에 의하여 순자산 감소가 확인될 경우 그 금액을 정산금액에서 차감한다.

### 제16조(정산 및 잔금)

1. 제14조의 정밀실사 완료 후 "을"은 "수정 대차대조표" 및 정밀 실사결과에 의거 정산금액을 산정하고 "갑"과 협의 결정한다.

2. "을"은 "갑"에게 결정된 정산금액을 잔금으로 지급한다.

### 제17조(기타사항)

1. "을"은 "갑"이 "회사"를 위하여 제공한 "갑" 소유 부동산에 대한 제 금융기관의 담보권을 제 16조의 정산 완료 후에 해지한다.

2. 해지의 기일은 "갑"과 "을"이 협의하여 결정한다.

### 제18조(적용법규, 관할법원)

1. 본 기본합의서에 규정하지 아니한 사항에 대하여는 상법의 규정을 준용한다.

2. 본 기본합의서의 약정내용으로 인하여 발생하는 일체의 분쟁 해결법원은 ( ) 소재지 관할 법원으로 한다.

## 부 칙

1. 매매약정기준을 확정하기 위한 첨부서류:

   가. 대차대조표( 기준일자 명시)

나. 손익계산서(기간 명시)

다. 제조원가명세서(기간 명시)


2. "갑"과 "을"은 본 기본합의서의 내용을 확고하게 하기 위하여 기본합의서 2부를 작성, 서명날인 후 각 1부씩 보관한다.




년    월    일



"갑"    주        소:

주민등록번호:

성        명:                    (인)




"을"    주        소:

상        호:

대 표 이 사:                    (인)

# 하자보수 합의서

| 갑 | | | | | |
|---|---|---|---|---|---|
| | 성 명 | 박○○ | 연락처 | ○○○-○○○○-○○○○ | |
| | 주 소 | ○○시 ○○구 ○○로 | | | |
| 을 | | | | | |
| | 성 명 | 이○○ | 연락처 | ○○○-○○○○-○○○○ | |
| | 주 소 | ○○시 ○○구 ○○로 | | | |
| 내 용 | | | | | |

을 "이○○"은 지난 20○○년 ○○월 ○○일 자택 내 인테리어 공사를 갑 "박○○ "에게 700,000원의 금액을 받고 공사를 진행하였습니다.

공사 후 6개월간 A/S를 약속하였고, 6개월간 문제없이 생활하였습니다.

6개월 후 누수가 발생하였고 갑 "박○○"이 누수로 인하여 하자보수를 요청하였고 을"이○○"는 보수에 대한 금액을 요구하였습니다.

6개월의 A/S 기간이 지나 금액을 요구하였지만 공사 중 문제로 인하여 누수가 발생하였음을 확인하였습니다.

을 "이○○"는 공사 중 문제로 인하여 누수가 발생함을 확인하였고, 갑 "박○○"과 대화를 통하여 A/S기간이 지났지만 금액을 주지 않기로 확인하였습니다.

을 "이○○"는 누수로 인하여 하자보수를 하는 것에 확실하게 이행할 것을 확인합니다.

---

위의 내용과 같이 하자보수를 합의 하였고 이행할 것임을 확인한다.

20○○년 ○○월 ○○일

갑 : 이○○ (인)

을 : 박○○ (인)

# 계약해지 합의서

1. 계약당사자

  갑 :

  을 :

2. 계약내용 :

3. 계약금액(원)

4. 계약기간 :   년 월 일 ~ 년 월 일

5. 계약조건 :

  1)

  2)

  3)

6. 해지사유 :

7. 해지 합의 조건

년 월 일

갑 　　　　 (인)
을 　　　　 (인)

# 대물변제에 인한 동산 양도, 양수계약 합의서

양 도 인(갑)　 ○　 ○　 ○(123456-1234567)

　　　　　　　○○시 ○○구 ○○동 123-123

　　　　　　　○○아파트 00동 000호


양 수 인(을)　 ○　 ○　 ○(123654-3216547)

　　　　　　　○○시 ○○구 ○○동 ○가 123-654


위 양도인 ○○○을 "갑"이라 편의상 칭하고, 양수인 ○○○를 "을"이라 칭하여 당사자간
대물변제에 인한 동산 양도, 양수 계약서를 작성하고 이에 합의한다.


## 다　　　음


1. 양도인 "갑"은 양수인 "을"로부터 서기 2000. ○ .○. 금000(삼백만)원을 변제기일
   서기 이자는 정함이 없이 차용한 사실이 있음을 확인한다.


2. 양도인"갑"은 양수인"을"로부터 차용한 금○○○만원을 현재까지 변제하지 아니하였
   으므로 채무의 변제방법으로 양도인 "갑"소유의 별지목록기재 유체동산을 금○○만
   원으로 평가하여 위 채무금 삼백만원의 변제에 갈음하여 양수인 "을"에 양도하고 "
   을"은 양수 승낙한다.


3. 양도인 "갑"은 양수인 "을"에게 양도한 별지목록기재 유체동산의 인도이행은 2000
   년 ○○월 ○○일 물건소재지에서 이행하기로 한다.

4. 양수인 "을"은 양도인 "갑"으로부터 양도받은 별지목록기재 유체동산을 인도받으면 채무금 금〇〇〇만원은 전부 청산된것으로 한다.

위 양도.양수 계약 합의서를 확실히 하기위해서 본계약서 0통을 작성 양도인"갑"과 양 수인"을"은 각자 기명날인하여 공증받아 0통씩 소지한다.

2000.　　.　　.

양 도 인 (갑)　　〇　　〇　　〇

양 수 인 (을)　　〇　　〇　　〇

## 물 건 목 록(1)

| 순번 | 품 명 | 모델명사양 | 수량 | 비 고 |
|------|-------|-----------|------|-------|
| 1 | 서랍장 | | 1 | |
| 2 | 장농 | | 1 | 안방 |
| 3 | 문갑 | | 1 | 안방 |
| 4 | 장식장 | | 1 | 안방 |
| 5 | TV | | 1 | 거실 |
| 6 | 비디오 | | 1 | 거실 |
| 7 | TV | | 1 | 작은방 |
| 8 | 침대 | | 1 | 작은방 |

| 9 | 피아노 | | 1 | 작은방 |
|---|---|---|---|---|
| 10 | 책상 | | 1 | 작은방 |
| 11 | 컴퓨터 | | 1 | 작은방 |
| 12 | 프린트 | | 1 | 작은방 |
| 13 | 책장 | | 1 | 작은방 |
| 14 | 냉장고 | | 1 | 주방 |
| 15 | 세탁기 | | 1 | 베란다 |
| 16 | 전화기 | | 3대 | |
| 17 | 전자렌지 | | 1 | 주방 |
| 18 | 가스오븐렌지 | | 1 | 주방 |
| 19 | 정수기 | | 1 | 주방 |
| 20 | 오디오셑트 | | 1 | |
| 21 | 그림 | | 4점 | 벽 |
| | | | | |

| 물건 소재지 | OO시 OO구 OO동 123-4 OO아파트 00동 000호 |
|---|---|
| 비 고 | 금OOO원정 |

# 관 할 합 의 서

○○○ (주민등록번호)
○○시 ○○구 ○○길 ○○(우편번호 ○○○-○○○)


◇◇◇ (주민등록번호)
○○시 ○○구 ○○길 ○○(우편번호 ○○○-○○○)



위 당사자 사이에 200○. ○. ○.자 체결한 임대차계약에 관한 소송행위는 ○○지방법원을 제1심의 관할법원으로 할 것을 합의합니다.



첨 부 : 임대차계약서    1통.



200○년   ○월   ○일


위 합의자  ○○○ (서명 또는 날인)
◇◇◇ (서명 또는 날인)

# 불 항 소 합 의 서

사 건  20○○가합○○○ 근저당권설정등기말소

원 고  ○○○

피 고  ◇◇◇

위 사건 제1심 판결에 대하여 쌍방 당사자(원고, 피고)는 모두 항소하지 않기로 합의

한다.

20○○.  ○.  ○.

위 원고  ○○○ (서명 또는 날인)

위 피고  ◇◇◇ (서명 또는 날인)

# 계약변경 합의서

20  년 월 일 계약 체결한 _____ 공사 건에 대하여 계약의 일부를 아래와 같이 변경함  에 합의한다.

## 아   래

1. 계약금액 : * 당초계약금액 : 금             원정(₩          )
* 변경계약금액 : 금             원정(₩          )

2. 공사기간 : * 변경전 : 2003년   월  일 – 200 년 월  일
* 변경후 : 2003년   월  일 – 200 년 월  일

3.  기타변경사항 :

4.  본 합의서에 첨부한 서류는 계약서에 첨부한 내용과 동일한 효력을 가진다.

5.  본 합의서 이외 사항에 대해서는 당초 계약서 각 조항에 의한다.

6.  본 합의서를 입증하기 위하여 합의서 2부를 작성하여 "갑", "을" 쌍방이 서명날인 하여 각 1부씩 보관 한다.

20 년  월  일


"갑"    ○○○ ○○○


"을"    주 소 :                "연대보증인"    주 소 :
        상 호 :                               상 호 :
        대표자 :                              대표자 :

# 이 혼 합 의 서

부(갑) OOO

    OO시 OO구 OO동 OO번지

처(을) OOO

    OO시 OO구 OO동 OO번지


위 갑과 을은 이혼, 위자료, 자녀의 양육 및 재산분할에 관하여 아래와 같이 합의한다.


1. 갑과 을은　 년　 월　 일까지 이혼한다.

2. 갑은　　 년　 월　 일까지 을에게 위자료조로 금 00000원을 지급한다.

3. 장남 OOO은 갑이, 장녀 OOO은 을이 각 양육한다.

4. 갑은　　 년 월 일부터　　 년　 월　 일까지 을에게, 을의 정에 대한 양육비조로
   매월 말일 금 500,000원을 지급한다.

5. 갑은　　 년　 월　 일까지 을에게, 을이 갑과 혼인시 지참하였던 혼수품 일체를 인
   도하고, 을은 이를 인수한다.

6. 갑은　　 년　 월　 일까지 재산분할조로 갑 소유인 토지를 을에게 증여하고,　　 년
   　 월　 일까지 을 앞으로 위 토지에 대한 소유권이전등기를 경료하여 주기로 한다.


위 합의를 증명하기 위하여 본서 2통을 작성하고 각자 서명 날인한 후, 각각 이를 1통
씩 보관한다.


　　　　　　　　　　 년 월 일

[제2호 서식]

# 협의이혼의사확인신청서

당사자  부 ○○○ (주민등록번호:  -  )

     등록기준지:

     주  소:

     전화번호(핸드폰/집전화):

     처 ○○○ (주민등록번호:  -  )

     등록기준지:

     주  소:

     전화번호(핸드폰/집전화):

**신청의 취지**

 위 당사자 사이에는 진의에 따라 서로 이혼하기로 합의하였다.

 위와 같이 이혼의사가 확인되었다.

 라는 확인을 구함.

**첨부서류**

 1. 남편의 혼인관계증명서와 가족관계증명서 각 1통.

  처의 혼인관계증명서와 가족관계증명서 각 1통.

 2. 미성년자가 있는 경우 양육 및 친권자결정에 관한 협의서 1통과 사본 2통 또는

  가정법원의 심판정본 및 확정증명서 각 3통 (제출___, 미제출___)[3]

 3. 주민등록표등본(주소지 관할법원에 신청하는 경우) 1통.

 4. 진술요지서(재외공관에 접수한 경우) 1통. 끝.

```
        년    월    일

┌─────────────────────┬──────────────────┐
│      확인기일        │     담당자        │
├───┬─────────────────┼──────────────────┤
│1회│  년 월 일 시     │                  │
├───┼─────────────────┤  법원주사(보)     │
│2회│  년 월 일 시     │  ○○○    ㉑      │
└───┴─────────────────┴──────────────────┘
┌─────────────────────┬──────────────────┐
│   확인서등본 및      │      교부일        │
│ 양육비부담조서정본 교부│                  │
├─────────────────────┤                  │
│                     │                  │
│   부 ○○○    ㉑     │                  │
│   처 ○○○    ㉑     │                  │
└─────────────────────┴──────────────────┘
```

신청인  부  ○  ○  ○  ㉑

　　　　처  ○  ○  ○  ㉑


○ ○ 가 정 법 원    귀 중



[제3호 서식]

# 자의 양육과 친권자결정에 관한 협의서


사 건        호            협의이혼의사확인신청


당사자    부 성      명

　　　　　　주민등록번호            －


　　　　　모 성      명

　　　　　　주민등록번호            －


**협 의 내 용**


1. 친권자 및 양육자의 결정 ( □에 ✔표시를 하거나 해당 사항을 기재하십시오).

| 자녀 이름 | 성별 | 생년월일(주민등록번호) | 친권자 | 양육자 |
|---|---|---|---|---|
| | □ 남<br>□ 여 | 년 월 일<br>(     –     ) | □ 부 □ 모<br>□ 부모공동 | □ 부 □ 모<br>□ 부모공동 |
| | □ 남<br>□ 여 | 년 월 일<br>(     –     ) | □ 부 □ 모<br>□ 부모공동 | □ 부 □ 모<br>□ 부모공동 |
| | □ 남<br>□ 여 | 년 월 일<br>(     –     ) | □ 부 □ 모<br>□ 부모공동 | □ 부 □ 모<br>□ 부모공동 |
| | □ 남<br>□ 여 | 년 월 일<br>(     –     ) | □ 부 □ 모<br>□ 부모공동 | □ 부 □ 모<br>□ 부모공동 |

2. 양육비용의 부담 ( □에 ✔표시를 하거나 해당 사항을 기재하십시오. )

| 지급인 | □ 부 □ 모 | 지급받는<br>사람 | □ 부 □ 모 |
|---|---|---|---|
| 지급방식 | □ 정기금 | | □ 일시금 |
| 지급액 | 이혼신고 다음날부터 자녀들이 각 성년에<br>이르기 전날까지<br>미성년자 1인당 매월 금_____원<br>(한글병기:          원) | | 이혼신고 다음날부터 자녀들이 각 성년<br>에 이르기 전날까지의 양육비에 관하여<br>금_____원<br>(한글병기:         원) |
| 지급일 | 매월 일 | | 년 월 일 |
| 기타 | | | |
| 지급받는<br>계좌 | (     ) 은행     예금주 :         계좌번호 : | | |

3. 면접교섭권의 행사 여부 및 그 방법 ( □에 ✔표시를 하거나 해당 사항을 기재하십시오. )

| 일 자 | 시 간 | 인도 장소 | 면접 장소 | 기타(면접교섭시 주의사항) |
|---|---|---|---|---|
| □ 매월<br>____째 주<br>____요일 | 시 분부터<br>시 분까지 | | | |
| □ 매주<br>____요일 | 시 분부터<br>시 분까지 | | | |
| □ 기타 | | | | |

# 첨 부 서 류

1. 근로소득세 원천징수영수증, 사업자등록증 및 사업자소득금액 증명원 등 소득금 액을 증명하기 위한 자료 – 부, 모별로 각 1통
2. 위 1항의 소명자료를 첨부할 수 없는 경우에는 부·모 소유 부동산등기부등본 또 는 부·모 명의의 임대차계약서, 재산세 납세영수증(증명)
3. 위자료나 재산분할에 관한 합의서가 있는 경우 그 합의서 사본 1통
4. 자의 양육과 친권자결정에 관한 협의서 사본 2통

**협의일자 :**    년  월  일


**부 :**          (인/서명)    **모 :**          (인/서명)

| ○ ○ 가정(지방)법원 | | 판사 확인인 |
|---|---|---|
| 확인일자 | . . . | |

## 자의 양육과 친권자결정에 관한 협의서 작성요령

※ 미성년인 자녀(임신 중인 자를 포함하되, 이혼에 관한 안내를 받은 날부터 3 개월 또는 법원이 별도로 정한 기간 내에 성년이 되는 자는 제외)가 있는 부 부가 협의이혼을 할 때는 자녀의 <u>양육과 친권자결정</u>에 관한 협의서를 확인 기일 1개월 전까지 제출하여야 합니다.

※ 이혼의사확인신청후 양육과 친권자결정에 관한 협의가 원활하게 이루어 지지 않는 경우에는 신속하게 가정법원에 그 심판을 청구하여야 합니다.

※ 확인기일까지 협의서를 제출하지 아니한 경우 이혼의사확인이 지연되거나 불확인 처리될 수 있고, 협의한 내용이 <u>자녀의 복리</u>에 반하는 경우 가정법 원은 보정을 명할 수 있으며 보정에 응하지 않는 경우 불확인 처리됩니다.

※ 이혼신고일 다음날부터 미성년인 자녀들이 각 성년에 이르기 전날까지의 기 간에 해당하는 양육비에 관하여는 양육비부담조서가 작성되며, 이혼 후 양 육비부담조서에 따른 양육비를 지급하지 않으면 <u>양육비부담조서</u>에 의하여 강제집행할 수 있습니다. 그 외 협의사항은 '별도의 재판절차'를 통하여 과 태료, 감치 등의 제재를 받을 수 있고, 강제집행을 할 수 있습니다.

※ 협의서 작성 전에 가정법원의 상담위원의 상담을 먼저 받아 보실 것을 권고 합니다.

## 1. 친권자 및 양육자의 결정

친권자는 자녀의 재산관리권, 법률행위대리권 등이 있고, **양육자**는 자녀와 공동생활을 하며 각종의 위험으로부터 자녀를 보호하는 역할을 합니다. 협의이혼시 친권자 및 양육자는 자의 복리를 우선적으로 고려하여 부 또는 모 일방, 부모 공동으로 지정할 수도 있으며, 친권자와 양육자를 분리하여 지정할 수도 있습니다(공동친권, 공동양육의 경우는 이혼 후에도 부모 사이에 원만한 협의가 가능한 경우에만 바람직하며, 각자의 권리·의무, 역할, 동거기간 등을 별도로 명확히 정해 두는 것이 장래의 분쟁을 예방할 수 있습니다).

임신 중인 자의 특정은 자녀이름란에 '모가 임신 중인 자'로 기재하고 생년월일란에 '임신 ㅇ개월'로 기재함으로 하고, 성별란은 기재할 필요가 없습니다.


## 2. 양육비용의 부담

자녀에 대한 양육의무는 친권자나 양육자가 아니어도 부모로서 부담하여야 할 법률상 의무입니다. 양육비는 자녀의 연령, 자녀의 수, 부모의 재산상황 등을 고려하여 적정한 금액을 협의하여야 합니다. 경제적 능력이 전혀 없는 경우에는 협의에 의해 양육비를 부담하지 않을 수 있습니다. 이혼신고 전 양육비 또는 성년이후의 교육비 등은 부모가 협의하여 "기타"란에 기재할 수 있으나, 양육비부담조서에 기재되지 않으므로, 강제집행을 위하여는 별도의 재판절차가 필요합니다.


## 3. 면접교섭권의 행사 여부 및 그 방법

「민법」 제837조의2 규정에 따라 이혼 후 자녀를 직접 양육하지 않는 부모(비양육친)의 일방과 자녀는 서로를 만날 **권리**가 있고, 면접교섭은 자녀가 양쪽 부모의 사랑을 받고 올바르게 자랄 수 있기 위해 꼭 필요합니다. 면접교섭 일시는 자녀의 일정을 고려하여 **정기적·규칙적**으로 정하는 것이 자녀의 안정적인 생활에 도움이 되고, 자녀의 인도장소 및 시간, 면접교섭 장소, 면접교섭시 주의사항(기타 란에 기재) 등을 자세하게 정해야 장래의 분쟁을 방지할 수 있습니다.

## 4. 첨부서류

협의서가 자녀의 복리에 부합하는지 여부를 판단하기 위해 부, 모의 월 소득액과 재산에 관한 자료 등이 필요하므로 증빙서류를 제출합니다.

## 5. 기타 유의사항

법원은 협의서원본을 2년간 보존한 후 폐기하므로, 법원으로부터 교부받은 협의서등본을 이혼신고 전에 사본하여 보관하시기 바랍니다.


[제6호 서식]

# 협의이혼제도안내

## 1. 협의이혼이란

○ 부부가 자유로운 이혼합의에 의하여 혼인관계를 해소시키는 제도로, 먼저 <u>관할 법원의 협의이혼의사확인을 받은 후 **쌍방이 서명 또는 날인**한 이혼신고서에 그 확인서등본을 첨부하여 시(구)·읍·면의 장에게 신고</u>함으로써 이혼의 효력이 발생합니다.

여기서 "시"라 함은 "구"가 설치되지 않은 시를 말합니다.

## 2. 협의이혼절차는

가. 협의이혼의사확인의 신청

　① 신청시 제출하여야 할 서류

　　㉮ 협의이혼의사확인신청서 1통

　　　- 부부가 함께 작성하며, 신청서 양식은 법원의 신청서 접수창구에 있습니다.

　　　- 기일의 고지는 전화 등으로 할 수 있으므로, 신청서에 전화연락처를 정확히

기재하여야 하며, 전화연락처 변경시에는 즉시 법원에 신고하여야 합니다.

㉯ 남편의 가족관계증명서와 혼인관계증명서 각 1통

처의 가족관계증명서와 혼인관계증명서 각 1통

– 시(구)·읍·면·동사무소에서 발급

㉰ 주민등록등본 1통

– 주소지 관할 법원에 이혼의사확인신청을 하는 경우에만 첨부합니다.

㉱ <u>미성년인 자녀</u>(임신 중인 자를 포함하되, 이혼에 관한 안내를 받은 날부터 3개월 또는 법원이 별도로 정한 기간 이내에 성년에 도달하는 자녀는 제외)가 있는 부부는 이혼에 관한 안내를 받은 후 그 자녀의 <u>양육과 친권자결정에 관한 협의서 1통과 사본 2통</u> 또는 가정법원의 심판정본 및 확정증명서 각 3통을 제출하되, 부부가 함께 출석하여 신청하고 이혼에 관한 안내를 받은 경우에는 협의서는 <u>확인기일 1개월 전까지 제출할 수 있고</u> 심판정본 및 확정증명서는 확인기일까지 제출할 수 있습니다. 자녀의 양육과 친권자결정에 관한 협의가 원활하게 이루어지지 않는 경우에는 신속하게 가정법원에 심판을 청구하여 심판정본 및 확정증명서를 제출하여야 합니다. <u>미제출 또는 제출지연시 협의이혼확인이 지연되거나 불확인될 수 있습니다.</u>

– 특히 이혼신고 다음날부터 미성년인 자녀가 성년에 이르기 전날까지의 기간에 해당하는 <u>양육비에 관하여 협의서를 작성한 경우 양육비부담조서가 작성되어 별도의 재판없이 강제집행을 할 수 있으므로 양육비부담에 관하여 신중한 협의를 하여야 합니다.</u>

㉲ 이혼신고서

– <u>이혼신고서는 법원에 제출하는 서류가 아니고 시(구)·읍·면사무소에 이혼신고할 때 제출하는 서류입니다. 그러나, 법원에 신청할 때 미리 이혼신고서 뒷면에 기재된 작성방법에 따라 부부가 함께 작성하여 서명 또는 날인한 후 각자 1통을 보관하고 있다가 이혼신고할 때 제출하면 편리합니다.</u>

– 신고서양식은 법원의 신청서 접수창구 및 시(구)·읍·면사무소에 있습니다.

ⓑ 부부 중 일방이 외국에 있거나 교도소(구치소)에 수감중인 경우

   – 재외국민등록부등본 1통(재외공관 및 외교통상부 발급) 또는 수용증명서(교도소 및 구치소 발급) 1통을 첨부합니다.

② 신청서를 제출할 법원

   ○ 이혼당사자의 등록기준지 또는 주소지를 관할하는 법원에 부부가 함께 출석하여 신청서를 제출하여야 합니다.

   – 부부 중 일방이 외국에 있거나 교도소(구치소)에 수감중인 경우에만 다른 일방이 혼자 출석하여 신청서를 제출하고 안내를 받으며, <u>첨부서류는 신청서 제출 당시에 전부 첨부하여야 합니다.</u>

③ 이혼에 관한 안내

   ○ <u>법원으로부터 이혼에 관한 안내를 반드시 받아야 하고,</u> 상담위원의 상담을 받을 것을 권고 받을 수 있습니다. 특히 미성년인 자녀의 양육과 친권자결정에 관하여 상담위원의 상담을 받은 후 협의서를 작성할 것을 권고합니다.

   ○ <u>신청서 접수한 날부터 3개월이 경과하도록 이혼에 관한 안내를 받지 아니하면 협의이혼의사확인신청은 취하한 것으로 봅니다.</u>

④ 이혼숙려기간의 단축 또는 면제

   ○ 안내를 받은 날부터 미성년인 자녀(임신 중인 자를 포함)가 있는 경우에는 3개월, 성년 도달 전 1개월 후 3개월 이내 사이의 미성년인 자녀가 있는 경우에는 성년이 된 날, 성년 도달 전 1개월 이내의 미성년인 자녀가 있는 경우 및 그 밖의 경우에는 1개월이 경과한 후에 이혼의사의 확인을 받을 수 있으나, 가정폭력 등 급박한 사정이 있어 위 기간의 단축 또는 면제가 필요한 사유가 있는 경우 이를 소명하여 사유서를 제출할 수 있습니다. 이 경우 특히 상담위원의 상담을 통하여 사유서를 제출할 수 있습니다.

○ 사유서 제출 후 7일 이내에 확인기일의 재지정 연락이 없으면 최초에 지정한 확인기일이 유지되며, 이에 대하여는 이의를 할 수 없습니다.

⑤ 신청서의 취하

○ 신청서 접수 후에도 이혼의사확인을 받기 전까지 부부 일방 또는 쌍방은 법원에 신청을 취하할 수 있습니다.

⑥ 협의이혼의사의 확인

○ 반드시 부부가 함께 본인의 신분증(주민등록증, 운전면허증, 공무원증 및 여권 중 하나)과 도장을 가지고 통지받은 확인기일에 법원에 출석하여야 합니다.

○ 확인기일을 2회에 걸쳐 불출석한 경우 확인신청을 취하한 것으로 보므로 협의이혼의사확인신청을 다시 하여야 합니다.

○ 부부의 이혼의사와 미성년인 자녀가 있는 경우 그 자녀의 양육과 친권자결정에 관한 협의서 또는 가정법원의 심판정본 및 확정증명서가 확인되면 법원에서 부부에게 확인서등본 1통 및 미성년인 자녀가 있는 경우 협의서등본 및 양육비부담조서정본 또는 가정법원의 심판정본 및 확정증명서 1통씩을 교부합니다.

○ 확인기일까지 협의를 할 수 없어 가정법원에 심판을 청구한 경우에는 확인기일에 출석하여 그 사유를 소명하여야 합니다.

○ 자녀의 복리를 위해서 법원은 자녀의 양육과 친권자결정에 관한 협의에 대하여 보정을 명할 수 있고, 보정에 불응하면 불확인 처리됩니다.

○ 불확인 처리를 받은 경우에는 가정법원에 별도로 재판상 이혼 또는 재판상 친권자지정 등을 청구할 수 있습니다.

나. 협의이혼의 신고

○ 이혼의사확인서등본은 교부받은 날부터 3개월이 지나면 그 효력이 상실되므로, 신고의사가 있으면 위 기간 내에 당사자 일방 또는 쌍방이 시(구)·읍·면

사무소에 확인서등본이 첨부된 이혼신고서를 제출하여야 합니다.
- 이혼신고가 없으면 이혼된 것이 아니며, 위 기간을 지난 경우에는 다시 법원의 이혼의사확인을 받지 않으면 이혼신고를 할 수 없습니다.
- <u>미성년인 자녀가 있는 경우 이혼신고 시에 협의서등본 또는 심판정본 및 그 확정증명서를 첨부하여 친권자지정 신고를 하여야 하며</u>, 임신 중인 자녀는 이혼신고 시가 아니라 그 자녀의 출생신고 시에 협의서등본 또는 심판정본 및 그 확정증명서를 첨부하여 친권자지정 신고를 하여야 합니다.
- 확인서등본을 분실한 경우: 확인서등본을 교부받은 날부터 3개월 이내라면 이혼의사확인신청을 한 법원에서 확인서등본을 다시 교부받을 수 있습니다.
- 법원은 협의서원본을 2년간 보존한 후 폐기하므로, 법원으로부터 교부받은 협의서등본을 이혼신고 전에 사본하여 보관하시기 바랍니다.

다. 협의이혼의 철회
○ 이혼의사확인을 받고 난 후라도 이혼할 의사가 없는 경우에는 시(구)·읍·면의 장에게 확인서등본을 첨부하여 이혼의사철회서를 제출하면 됩니다.
- 이혼신고서가 이혼의사철회서보다 먼저 접수되면 철회서를 제출하였더라도 이혼의 효력이 발생합니다.

## 3. 협의이혼의 효과는

○ 가정법원의 이혼의사확인을 받아 신고함으로써 혼인관계는 해소됩니다.
○ 이혼 후에도 자녀에 대한 부모의 권리와 의무는 협의이혼과 관계없이 그대로 유지되나 미성년인 자녀(임신 중인 자 포함)가 있는 경우에는 그 자녀의 양육과 친권자결정에 관한 협의서 또는 가정법원의 심판에 따릅니다.
○ <u>특히, 이혼신고 다음날부터 미성년인 자녀가 성년에 이르기 전날까지의 기간에 해당하는 양육비에 관하여 양육비부담조서가 작성되며, 이혼 후 양육비부담조서에 따른 양육비를 지급하지 않으면 양육비부담조서정본에 가정법원이 부여</u>

<u>한 집행문을 첨부하여 강제집행을 할 수 있습니다.</u>

○ 이혼하는 남편과 다른 등록기준지를 사용하기를 원하는 처는 별도의 등록기준지 변경신고를 함께 하여야 합니다.

| 법원명 | | 사건번호 | | 담당재판부 | 전화: | 확인기일 | 1회: . . . |
|---|---|---|---|---|---|---|---|
| | | | | | | | 2회: . . . |
| | | | | | | 이혼안내 받은 사실을 확인함 | ㉑ |

---

3) 해당하는 란에 ○ 표기할 것. 협의하는 부부 양쪽이 이혼에 관한 안내를 받은 후에 협의서는 확인기일 1개월 전까지, 심판정본 및 확정증명서는 확인기일까지 제출할 수 있습니다.

※ 이혼에 관한 안내를 받지 아니한 경우에는 접수한 날부터 3개월이 경과하면 취하한 것으로 봅니다.

# 이 혼 조 정 안

최○○와 박○○은 다음과 같은 내용으로 조정절차에 의하여 이혼하기로 한다.

## - 다   음 -

1. 최○○와 박○○은 이혼한다.

   가. 최○○와 박○○은 각자 상대방에게 갖는 위자료 및 재산분할청구권을 포기한다.

   나. 그 외에 이 조정 성립 당시 최○○와 박○○ 각각의 명의로 되어 있는 재산은 각자의 소유로 최종 귀속됨을 확정한다.

2. 사건본인 박○○(000000-0000000)에 대한 친권행사자 및 양육자로 최○○를 지정한다.

3. 박○○은 최○○에게 양육비로 2019. 5.부터 사건본인 박○○이 성년이 될 때까지 매월 25일에 금 800,000원씩을 지급한다. 단, 사건본인들이 성장함에 따라 적절한 시기에 양육비 증액에 관하여 상호협의하여 결정하기로 한다.

4. 면접교섭에 관하여 다음과 같이 정한다.

   가. 박○○은 2019. 5.부터 사건본인이 성년에 이르기까지 다음과 같이 사건본인을 면접교섭 할 수 있다.

      1) 매월 둘째, 넷째주 토요일 오전 10:00부터 그 다음날 일요일 18:00까지,

      2) 구정, 추석 연휴기간 중 각 1박 2일씩,

      3) 여름, 겨울방학기간 중 각 6박 7일씩

   나. 박○○은 사건본인의 거주지로 와서 사건본인을 데려가 면접교섭을 행하고, 면접교섭이 끝난 후 사건본인을 사건본인의 거주지에 데려다 주어야 한다.

5. 이 조정내용 위반하거나 불이행하는 당사자는 상대방에게 위약금으로 금 50,00

0,000원을 지급한다.

6. 이 조정의 내용은 협의상이혼 및 재판상이혼의 어느 경우에도 모두 유효하며, 양 당사자를 구속한다.

7. 이 조정내용의 위반이나 불이행으로 발생하는 분쟁의 1심 관할법원은 서울중앙지방법원으로 한다.

8. 소송비용 및 조정비용은 각자의 부담으로 한다.

## 첨부서류

1. 인감증명서(최신혜, 박대근)                          각 1통

2016.  6.  .

최00(000000-000000 ) _____(인)

주소: _____

주민번호: _____

박00(000000-0000000) _____(인)

주소: _____

주민번호: _____

# 약정서(이혼합의서)

약정인

    갑: 유

        주소: 부산시 수영구 광안동 ~~~~

    을: 김

        주소:

갑과 을은 이혼함에 있어 다음과 같이 합의한다.

## 다 음

1. 갑과 을은 이혼한다.

2. 갑과 을은 서로 간 위자료 없이 이혼한다.

3. 갑과 을의 자녀(000)의 양육과 친권자결정, 양육비 지급 및 면접교섭에 관련된 사항은 2020년 00월 00일 작성하여 00지방법원에 제출한 '자의 양육과 친권자결정에 관한 협의서'에 따른다.

4. 재산분할은 아래와 같이 정한다.
    가) 이혼 일 기준, 갑 명의로 되어 있는 '부동산(00시 00읍 00리 000 및 부속 토지·집기 / 00시 00읍 00리 A빌라 102호), 자동차와 금융재산(자동차, 보

험금, 예금, 주식, 채무 등) 등 모든 재산'은 갑에게 확정적으로 귀속된다.

나) 이혼 일 기준, 을 명의로 되어 있는 '부동산(00시 00면 00리 000 및 부속
토지·집기), 자동차와 금융재산(자동차, 보험금, 예금, 주식, 채무 등) 등 모
든 재산'은 을에게 확정적으로 귀속된다.

다) 갑과 을은 이혼 후 상대방의 퇴직금 및 연금 등 이혼 후 발생한 소득 일체에
대한 분할 청구권을 포기한다. 즉, 각자 명의의 퇴직금 및 연금은 각자 수령
하고 상대방의 연금에 대한 분할연금액은 0원으로 한다. 또한 이혼 후 발생
하는 자산 및 소득에 대한 어떤 청구도 하지 않는다.

5. 갑과 을은 위에서 정한 것 외에도 각자 명의로 된 적극 및 소극 재산에 대하여 모
두 그 명의대로 각자에게 확정적으로 귀속되도록 한다.

6. 약정서 2부를 작성하여 자필 서명날인한 후 1부씩 소지하기로 한다.


2020년  월  일


서 명


갑 :　　　　　(날인)

을 :　　　　　(날인)

# 합 의 서

이 ○ ○(        -          )

　　주 소 : 서울

　　연락처 : 010


　　　　(        -          )

　　주 소 :

　　연락처 :


이○○과　　　는 다음과 같이 합의한다.

## - 다 음 -

1. 이○○은　　에게 합의금으로 15,000,000원을 지급한다. 다만 위 금원 중 10,000,
   000원은 2019. . .경까지 지급하고, 나머지 금 5,000,000원은 2019. . .부
   터 2019. . .까지 매달 1,000,000원 씩 지급키로 한다.

2. ____는 이 합의 후 다음과 같이 이○○의 직장생활 및 일상상활의 안정을 저해하는
   행위를 하지 않기로 약속한다.

　　가. ____는 향후 이○○, 그의 가족, 친지, 지인, 기타 제3자 등에게 이미옥의 일상
　　　　생활이나, 고용유지나, 직장생활의 안정이나 그 업무에 해가되는 내용을 발설,
　　　　언급, 설명, 연락, 기타 언어 또는 문자로 표현하지 않기로 한다.

　　나. ____는 이○○과 관련된 CD, USB, 동영상테이프, 음성기록, 사진, 프린트물,
　　　　녹음, 기타 저장장치 등 증거자료의 원본과 사본을 전부 폐기한다.

　　다. ____는 향후 위 모든 증거자료를 이○○ 및 그 가족, 친지, 지인, 제3자에게 제

시, 제공, 사용, 교부, 공개, 열람제공하지 아니한다.

　　라. ____는 향후 이OO의 의사에 반하여, 100m 이내의 접근을 하거나, 주거지 또는 직장 등 일상생활 영위장소에 출입하거나, 이OO 또는 그 친지나 관계 지인들에게 면담을 요구하거나, 평온한 생활을 침해할 수 있는 내용의 전화를 걸거나, 이메일 또는 문자메시지 또는 메신저 등의 통신수단으로 연락을 하거나, 각종 매체를 이용하여 악의적으로 이OO을 표현하여서는 아니된다.

　　마. ____는 위 가, 나, 다, 라항을 위반하여 이OO이 직장에서 징계를 당하거나 퇴사를 하거나 명예가 훼손되는 등 불이익을 받는 경우, 또는 일상생활의 평온함이 깨질 경우 이OO에게 위약금으로 15,000,000원을 지급한다.

3. ____는 향후 이OO에 대해 민·형사상 일체의 권리를 포기한다. 또한 일체의 이의제기, 제소행위를 하지 아니한다(부제소합의).

본 합의 내용을 증명하기 위하여 당사자들은 본 합의서 2장을 자필 서명날인 후 각 1장씩 보관한다.

첨부서류 : 인감증명서 　1부(　　　　)

2019. 8. .

이OO : _____(인)

주민번호 : _____

주 소 : _____

　　　　　 : _____ (인)

주민번호 : _____

주 소 : _____

# 이 혼 합 의 서

사　　건　　2000드합0000 이혼 등

　　　　　　　2000드합0000(병합) 이혼 등

원　　고　　최 00

피　　고　　권 00

사건본인　1. 최 00

　　　　　　2. 최 00

위 사건에 관하여 원고와 피고는 다음과 같이 합의한다.

## - 다　음 -

1. 원고와 피고는 이혼한다.

2. 원고와 피고는 각자 상대방에 대하여 갖는 위자료 청구를 포기한다.

3. 가. 원고는 피고에게 장래 양육비로 75,000,000원을 지급한다. 2018. 1. 1.부터
   202-. . .까지 총 00개월 동안 매월 000,000씩의 양육비로 충당한다. 다
   만, 이를 위해 원고는 소외 박00{(481103-2011918, 주소 : 서울 00구 00로
   9번길 74 봉천빌라 301호)}에 대하여 갖는 임대차보증금 반환채권 150,000,
   000원 중 75,000,000원을 피고에게 양도하고, 박00에게 위 채권양도 통지
   를 한다.

   나. 박00은 원고에게 2018. 3. 31.까지 75,000,000원을 지급한다. 기한 도과시
   연 12%의 지연이자를 가산하여 지급한다.

   다. 위 가.항 외 현재 원.피고 쌍방이 보유하고 있는 적극재산 및 소극재산에 관

하여는 각자 명의대로 각자에게 소유권 및 변제책임이 귀속됨을 확인한다.

4. 원고는 위 3의 나.항 기재 75,000,000원을 박00으로부터 반환 받음과 동시에 피고 소유의 부동산에 한 서울가정법원 2000즈단0000 부동산가압류의 신청을 취하하고 집행을 해제한다.

5. 사건본인들의 친권행사자 및 양육자로 피고를 지정한다.

6. 가. 원고는 피고에게 사건본인들의 양육비로 2018. 3.부터 사건본인들이 각 성년에 이르기까지 사건본인 1인당 각 500,000원씩 매월 말일에 지급한다.

나. 피고는 원고에 대하여 갖는 과거 양육비 청구를 포기한다.

7. 가. 원고는 2014. 3.부터 사건본인들이 각 성년에 이르기까지 다음과 같이 사건본인들을 면접교섭 할 수 있다.

1) 매월 둘, 넷째주 토요일 오전 09:00부터 일요일 20:00까지,

2) 구정, 추석 연휴 기간 중 1박 2일씩,

3) 여름, 겨울방학기간 중 7일씩,

나. 원고는 사건본인들의 거주지로 와서 사건본인들을 데려가 면접교섭이 끝난 후 사건본인들을 피고의 거주지에 데려다 주어야 하고, 피고는 면접교섭에 적극 협조한다.

다. 만일, 피고가 위 가., 나.항의 면접교섭사항을 준수하지 아니하거나 원고의 사건본인들에 대한 면접교섭을 방해하는 행위를 할 경우 그 각 행위시 마다 원고에게 위약벌로 금 1,000,000원씩을 지급한다.

8. 원고와 피고는 위에 정한 사항 이외에는 이 사건 조정성립일 이후 서로 상대방에 대한 위자료, 재산분할, 양육비 등 이 사건 이혼과 관련된 일체의 금전 기타 청구를 하지 아니하고, 그에 관한 일체의 분쟁(민사, 형사, 가사 등 모두 포함)을 제기치 하니 하며, 권리행사도 포기한다(부제소 합의).

9. 소송비용 및 조정비용은 각자의 부담으로 한다.

2018. . .

원　고 : ＿＿＿＿＿ (인)

주민번호 : ＿＿＿＿＿＿＿＿＿

주　소 : ＿＿＿＿＿＿＿＿＿＿＿＿＿＿＿


피　고 : ＿＿＿＿＿ (인)

주민번호 : ＿＿＿＿＿＿＿＿＿

주　소 : ＿＿＿＿＿＿＿＿＿＿＿＿＿＿＿


안 00 : ＿＿＿＿＿ (인)

주민번호 : ＿＿＿＿＿＿＿＿＿

주　소 : ＿＿＿＿＿＿＿＿＿＿＿＿＿＿＿

제5편

내용증명 작성례

## 1. 개 설

내용증명우편이란 내용물이 봉인되어 발송되는 일반 등기우편의 경우와 달리 발송인이 그 내용물을 봉인하지 아니한 채 3부를 우체국에 제출하면, 그 중 1부를 우체국에서 보관하고 1부는 수취인에게 발송하고 나머지 1부는 발신인이 가져가기 때문에, 이후 발송인이 수취인에게 어떤 내용의 문서를 언제 발송하였는지를 공적으로 증명하여 줄 수 있는 우편제도를 말한다.

## 2. 내용증명의 작성 및 발송

### 가. 작성방법

내용증명을 작성하는데 특정된 형식이 있는 것은 아니고 일반적으로 A4용지에 내용증명, 통지서, 최고서 등 의사표시의 내용에 맞는 제목을 붙이고 그 아래에 수신인의 성명과 주소를 기재한 다음 상대방에게 통지하려는 내용을 기재하고 작성 날짜와 발신인의 성명과 주소 그리고 날인을 하면 된다.

내용증명에 별도로 첨부할 서류(계약서, 확인서 등)가 있으면 그 서류 명을 기재한 다음 첨부하면 된다. 내용증명은 발신용 1통, 우체국보관용 1통, 발신자 소지용 1통 총 3부를 작성한다.

### 나. 발 송

(1) 작성한 내용증명은 3통을 우체국에 편지봉투4)와 같이 제출하면 우체국은 내용증명의 원본과 등본이 모두 같은지 확인한 다음 내용증명을 몇 월, 며칠자로 발송하였다는 직인을 찍은 다음 1통은 편지봉투에 넣어 수신인에 발송하고 1통은 발신인에게 돌려주고 나머지 1통은 우체국에서 3년간 보관한다. 따라서 그 사이 본인이 가지고 있는 내용증명을 분실한 경우에는 우체국에 그 등본의 교부를 청구할 수 있다.

(2) 우리의 법제도상 의사표시의 대부분은 상대방에게 도달되어야 그 효력이 발생하므로, 내용증명우편을 발송할 때에는 동시에 **배달증명**도 신청해 두는 것이 편리하다.

---

4) 편지봉투에 보내는 사람 및 받는 사람의 성명과 주소는 내용증명에 기재된 발신인과 수신인의 성명과 주소가 반드시 일치해야 한다. 다르면 우체국에서 받아주지 않으므로 주의해야 한다.

배달증명 우편으로 보내게 되면 수신인에게 배달되었는지를 발신인에게 서면으로 알려준다.

법원 내에 우체국이 있어 쉽게 이용할 수 있다

## 3. 내용증명우편의 효력

내용증명우편은 우체국에서 누가, 누구에게, 언제, 어떤 내용의 문서를 발송하였다는 사실 그 자체만을 증명하여 줄 뿐, 그 내용의 사실여부나 진실성에 대한 부분까지 입증하여 주는 것은 아니다. 다만 이러한 내용증명우편에 대한 상대방의 답신내용은 유력한 증거가 될 수 있고, 또한 발송인이 소송을 위한 다른 입증자료를 가지고 있지 아니한 경우에 상대방이 이러한 내용증명우편을 받고도 아무런 답변이 없으면, 내용증명의 사실을 묵시적으로 동의한 것으로 보아 이러한 내용증명을 소송의 첨부서류로 이용할 수 있는 것이다(다만, 묵시적으로 동의한 것으로 보는지 여부는 판사의 재량이다).

## 4. 발송 후 조치

### 가. 재증명 청구

내용증명의 발송인 및 수취인은 3년간 발송우체국에 발송인 및 수취인이라는 사실을 증명한 다음 내용증명의 재증명을 청구할 수 있다.

### 나. 등본 열람청구

내용증명의 발송인 및 수취인은 3년까지 발송우체국에 발송인 및 수취인이라는 사실을 증명한 다음 내용증명의 등본 열람할 수 있다.

## 다. 배달조회

발신인은 배달증명이 아니더라도 인터넷 우체국(http://www.epost.go.kr/)에서 그 배달여부를 확인할 수 있다.

# 내용증명

수신인(임대인) 이 ○ ○
서울시 ○○구 ○○동 123 (5층)


발신인(임차인) 김 ○ ○
서울시 ○○구 ○○동 89 빌리지
○○아파트 101-201호


제      목   주택임대차계약 해지 통보


위 발신인 김○○은 서울시 ○○구 ○○동 89 빌리지 임대아파트 101호에 임차보증금 금 20,000,000원에 거주하고 있는 자인 바, 20○○. ○. ○. 기간이 만료될 예정임에 따라 주택임대차보호법 제6조에 의거, 위 임대차계약의 해지를 통보하오니, 위 기간이 만료되는 즉시 위 임차보증금을 반환하여 주시기 바랍니다.


20○○. ○. ○.
위 통지인 김 ○ ○ (인)

＊ 첨부서류 : 임대차계약서 사본     1통


**이○○ 귀하**

---

■ 작성 · 접수방법

1. 수신인과 발신인의 성명, 주소, 내용을 기재한 다음 날짜와 발신인의 성명과 날인을 한다. 내용증명에 별도로 첨부할 서류(계약서, 확인서 등)가 있으면 그 서류명을 기재한다.
2. 발신용 1통, 우체국보관용 1통, 발신자 소지용 1통 총 3부를 작성한다.

# 내용증명

발신인 : 김 ○ ○

　　　　서울시 ○○구 ○○동 40-4 ○○아파트 503호


수신인 : ○○창호 이○○

　　　　경기도 ○○시 ○○구 ○○3동 12


**제 목 : 채무부존재 통지서**

1. 귀하의 하시는 일이 일익 번창하길 바랍니다.

2. 귀하가 2013. 4. 3.자로 발송한 채권양도 · 양수금 이행 촉구서는 잘 받아 보았
   습니다. 귀하는 발신인에 대한 ○○종합건설의 채권 6,750,000원을 ○○종합
   건설로부터 채권양도 · 양수계약에 따라 인수하였음으로 발신인은 귀하에게 채
   권양도 · 양수금 6,750,000원을 지급해야 할 의무가 있다면서 발신인으로 하여
   금 2013. 4. 17일까지 위 양수금 6,750,000원을 입급 하라는 통고를 하였습니
   다.

3. 그러나 귀하가 양수하였다고 주장하는 발신인에 대한 ○○종합건설의 공사대금
   청구채권은 ○○종합건설이 미시공 및 하자공사로 인한 보수비등으로 모두 정
   산되어 존재하지 않는 것이며, 오히려 위 공사대금으로도 정산되지 못한 하자공
   사비를 위 ○○종합건설이 발신인에게 배상해 주어야 합니다.

4. 따라서 귀하가 최고한 양수금 채권은 위 ㅇㅇ종합건설의 발신인에 대한 공사대
   금 채권이 있음을 전제로 하는 것인데 위에서 본바와 같이 ㅇㅇ종합건설의 발신
   인에 대한 채권은 존재하지 않기 때문에 귀하의 채권도 존재하지 않는 것인 바,
   귀하의 최고는 사실과 다른 내용으로 발신인은 귀하에게 지급할 채무가 없음을
   통고하는 바입니다.

20ㅇㅇ.  ㅇ.  ㅇ.

위 발신인  김 ㅇ ㅇ (인)

---

■ 작성 · 접수방법

1. 수신인과 발신인의 성명, 주소, 내용을 기재한 다음 날짜와 발신인의 성명과 날인을 한다. 내용증명에 별도로
   첨부할 서류(계약서, 확인서 등)가 있으면 그 서류명을 기재한다.
2. 발신용 1통, 우체국보관용 1통, 발신자 소지용 1통 총 3부를 작성한다.

# 내용증명

받는 사람     성명 :

               주소 :

보내는 사람     성명 :

               주소 :

## 〈부동산의 표시〉

〈매매금액〉 금       원

계약금 :       원은 2000년  월   일(계약일) 지급한다.

중도금 :       원은 2000년  월   일(계약일) 지급한다.

잔 금 :       원은 2000년  월   일(계약일) 지급한다.

1. 위와 같이 내용의 매매계약을 양당사자 사이에 체결한 후 귀하는 위 매매대금 중 계약금과 중도금만을 지급한 채 지금껏 잔금     원에 대하여는 지급치 아니하고 있는 상황입니다. 이에 본인은 귀하에게 이미 그 지급을 독촉하는 내용의 내용증명을 2000. 00. 00. 발송한 바 있습니다.

2. 다시 그 매매잔금의 지급을 독촉하오니, 이를 2000. 00. 00.까지 지급해 주시기 바랍니다. 만일 위 기일까지 이를 지급치 아니할 경우 2000. 00. 00.자로 별도의 서신통보 없이 본 내용증명으로 본건 계약이 해제됨을 알려드립니다.

3. 이에 따라 본건 계약이 해제되면 계약금은 몰취되고 그 외 중도금 중 일부금 원은 계약해제로 인한 손해액으로 감액한 후 나머지 금액에 대하여는 반환 또는 공탁할 것임을 알려드립니다.


20○. 00. 00.
발신인 000(인)

# 내 용 증 명

발 신 인 ○ ○ ○
　　　　주 소

수 신 인 ○ ○ ○
　　　　주 소

## 공 사 대 금 청 구

1. 본인은 20○○. ○. ○○. 귀하 소유의 ○○시 ○○구 ○○길 ○○ 소재 ◎◎연립주택(25세대)의 도배 및 바닥공사에 대하여 아래와 같이 도급계약을 체결하였습니다.

   (1) 공 사 기 간 : 20○○. ○. ○○. 착공

   (2) 총　대　금 : 금 38,000,000원

   (3) 대금지급방법 : 공사착수시에 선급금으로 금 5,000,000원을 지급하고, 나머지는 공사가 끝나는 즉시 전액 지급하기로 함.

2. 본인은 위 계약에 따라 선급금으로 금 5,000,000원을 받고, 20○○. ○. ○○. 공사에 착수하여 같은 해 ○○. ○. 도배 및 바닥공사 일체를 완료하였는데, 귀하는 나머지 공사대금 33,000,000원을 지금까지 지급하지 않고 있습니다.

3. 따라서 본인은 귀하가 본 내용증명 우편을 받은 날로부터 1주일 이내에 위 공사대금 33,000,000원을 지불하지 않을 때는 민사상 손해배상 청구를 하겠으니 이점 양지하시기 바랍니다.

20○○. ○. ○.

위 발신인 ○ ○ ○

| | |
|---|---|
| 내용증명 | · 내용증명은 우편법 시행규칙 제25조 ①항 4호 가목에 따라 등기취급을 전제로 우체국창구 또는 정보통신망을 통하여 발송인이 수취인에게 어떤 내용의 문서를 언제 발송하였다는 사실을 우체국이 증명하는 특수취급 제도입니다. <br> 예컨대 채무이행의 기한이 없는 경우 채무자는 이행의 청구를 받은 때로부터 지체책임을 지게 되며 이 경우 이행의 청구를 하였음을 증명하는 문서로 활용할 수 있습니다. |
| 내용증명의 활용 | · 민법은 시효중단의 한 형태로「최고」를 규정하고 있으며「최고」후 6월내에 재판상의 청구, 파산절차참가, 화해를 위한 소환, 임의출석, 압류 또는 가압류, 가처분을 하지 않는 경우 시효중단의 효력이 없는 것으로 규정하고 있습니다. <br> 따라서 소멸시효가 임박한 경우「최고서」를 작성하여 내용증명우편으로 송부하고 소송 시「최고」를 하였음을 입증하는 자료로 사용할 수 있습니다. <br><br> · 계약의 해제(해지), 착오 등을 이유로 취소하는 경우 내용증명을 통하여 의사표시를 하는 것이 후일 분쟁을 미리 예방 할 수 있는 방법이 될 수 있습니다. <br><br> · 민법 제450조는 지명채권의 양도는 양도인이 채무자에게 통지하거나 채무자의 승낙을 요하며, 통지나 승낙은 확정일자 있는 증서에 의하지 않으면 채무자 이외의 제3자에게 대항할 수 없도록 규정하고 있습니다. <br> 따라서 채권의 양도통지를 할 경우 내용증명에 의하여 통지하면 제3자에게도 대항할 수 있게 됩니다. <br> (※ 배달증명은 확정일자 있는 증서로 보지 않음 대법원 2001다80815) |
| 제출부수 | · 3부를 작성하여 봉투와 함께 우체국에 제출 |
| 기  타 | · 내용증명 우편은 3년간 보관하며 분실한 경우에도 재발급  받을 수 있음 |

# 내 용 증 명

**제목 : 임차건물 보일러 누수 수리 요청**

수신 : ○ ○ ○

주소 : ○○시 ○○구 ○○동 ○○－○○


발신 : ○ ○ ○

주소 : ○○시 ○○구 ○○동 ○○－○○


1. 귀하의 무궁한 발전을 기원합니다.


2. 다름이 아니옵고 귀하는 위 부동산의 임대인으로서 ○○시 ○○구 ○○로 ○○○, ○○동 ○○호 건물에 대하여 임대보증금 금○○만원, 임대기간을 20  .  .  .부터 20  .  . .까지 총 ○년간으로 하는 임대차계약을 본인과 체결한 바 있습니다.


3. 그러나 본인은 위 건물을 사용하던 도중 보일러가 수명이 다하여 노후화됨으로써 누수가 발생하여 생활하는데 막대한 불편을 겪고 있는 상황입니다. 이에 대하여 임대인인 귀하에게 구두상으로 수차에 걸쳐 보수를 요구하였으나 귀하가 보수를 하여주지 않아 이에 정식으로 보수하여 주실 것을 독촉하는 바이오니 조속한 시일 내에 하자를 보수하여 주시기 바랍니다.


4. 민법 제623조, 제626조에 의하여 임대인은 임대물의 사용, 수익에 필요한 상태를 유지하게 할 의무를 부담하고, 임차인이 임차물의 보존에 관한 비용을 지출한 때

에는 임대인에게 그 비용을 청구할 수 있습니다. 우리 대법원 판례는 대파손의 수리, 건물의 주요 구성부분에 대한 대수선, 보일러 교체와 같은 기본적 설비 부분의 교체등과 같은 대규모의 수선은 임대인이 부담해야 한다(대법원 1994. 12. 9. 선고 94다34692판결)고 판시하고 있는 바, 수명이 다한 보일러의 교체는 임대인의 부담으로 판단되오니 조속한 하자 보수를 바랍니다.


20 . . .


발신인  ○ ○ ○  (인)

# 내 용 증 명

발 신 인  ○ ○ ○

　　　　　주 소


수 신 인  ○ ○ ○

　　　　　주 소


1. 본인은 채무자 ◆◆◆에 대한 채권자로서, 귀하는 ◆◆◆에 대하여 20,000,000
   원의 대여금채무를 부담하고 있는 제3채무자입니다.


2. 본인은 ○○지방법원 20○○타채○○호로 ◆◆◆가 귀하에 대하여 가지는 위 대
   여금채권에 대한 채권압류 및 추심명령을 받았고, 그 채권압류 및 추심명령 정본
   이 2018. 6. 10. 피고에게 송달되었습니다.


3. 본인은 추심명령에 따라 귀하께 위 대여금채권에 대한 직접 지급을 요청드리는
   바입니다(민사집행법 제229조 제2항) 그럼에도 불구하고 귀하께서 2018. △.
   △.까지 의무를 이행하지 아니하신다면, 본인으로서는 부득이 추심소송 등 법적
   조치를 취할 수밖에 없사오니 이 점 양지하시기 바랍니다.


　　　　　　　20○○.  ○.  ○.

　　　　　　　위 발신인  ○ ○ ○

# 내 용 증 명

발 신 인    갑

           주소


수 신 인    을

           주소


**임대차계약 해지 통고**


1. 본인(발신인, 이하 '본인'이라 칭함)은 0000년 00월 00일 귀하(수신인, 이하 '귀하'라고 칭함)에게 아래와 같은 약정내용으로 본인 소유의 주택을 임대한 바 있습니다.

## - 아  래 -


임대차목적물 : 00시 00로 00번길 00  00길 000호 아파트 000㎡

임차보증금 : 금 00,000,000원

월 임대료 : 금 000,000원

임대차기간 : 0000년 00월 00일부터 0000년 00월 00일까지


2. 귀하께서는 위 계약에 따라 본인에게 계약금 0,000,000원을 계약 당일 지급하고, 나머지 임대보증금의 잔금 00,000,000원은 같은 해 00월 00일 지급하였고,

위 잔금지급일부터 위 임대차목적물에 입주하여 거주하고 계십니다.

3. 그런데, 위 임대차계약은 현재부터 그 기간의 만료일인 0000년 00월 00일까지 약 3개월 정도 밖에 남지 않았는바, 임대인인 본인으로서는 계약조건의 변경(임대차보증금 또는 차임의 인상 - 구체적 내용 설시)없이는 귀하와 위 임대차계약을 갱신할의사가 없음을 통지합니다.

4. 따라서, 만약 귀하께서 위 계약조건의 변경에 동의하지 않으신다면, 위 계약기간이 만료하는 즉시 위 임대차계약은 종료됨을 통지하는 바, 귀하께서는 위와 같은 점을 양지하여 주시기 바랍니다. 그리고, 귀하께서는 계약기간 만료일에 본인으로부터 임대차보증금을 지급받는 동시에 위 임대차목적물을 본인에게 명도해주시기 바랍니다.


20○○.   ○.   ○.
발신인   갑 (서명 또는 날인)


수신인   을   귀하

# 내 용 증 명

발 신 인　○ ○ ○

　　　　주 소

수 신 인　○ ○ ○

　　　　주 소

## 대여금 변제 최고

1. 귀하의 무궁한 발전을 기원합니다.

2. 귀하는 20○○. ○. ○. ○○:○○경 ◎◎◎와 사이에 체결한 계약에 따라 ◎◎◎
   에 대하여 금 ○○○원의 채무를 부담하고 있습니다.

3. 본인은 20○○. ○. ○. ○○:○○경 ◎◎◎으로부터, 제2항 기재 채권을 양수하
   였고, 이에 ◎◎◎는 20○○. ○. ○.경 채권양도사실을 귀하께 통지하였습니다.

4. 제2항 기재 채권의 변제기일이 도래하였으므로, 이에 귀하께 원금 금 ○○○원을 2
   0○○. ○. ○.까지 본인에게 지급하여 줄 것을 최고하며, 만약 귀하께서 이행치 아
   니할시 부득이 법적인 조치를 취할 수밖에 없음을 통지하니 양지하시기 바랍니다.

　　　　　　　20○○.　○.　○.

　　　　　　　위 발신인　○○○

# 내 용 증 명

발 신 인 ○ ○ ○
　　　주 소

수 신 인 ○ ○ ○
　　　주 소

## 손해배상금 지급 청구

1. 귀하의 무궁한 발전을 기원합니다.

2. 20○○. ○. ○. 경, 본인은 공인중개사인 귀하의 중개 하에 서울시 ○○구 ○○길 ○○주택에 관하여 보증금 5,000만원으로 정한 임대차계약을 체결한 사실이 있습니다. 그런데 최근 이 사건 주택에 관하여 임의경매절차가 진행되었고, 본인은 후순위자라는 이유로 배당을 전혀 받지 못하였습니다.

3. 이 사건 계약을 체결하기 전, 귀하는 이 사건 주택의 시세 및 권리관계에 관한 사항을 제대로 확인하지도 않은 채 본인에게 혹여 경매절차가 진행되더라도 보증금을 모두 반환받을 수 있을 것이라는 거짓된 정보를 전달하였고, 본인은 그 정보를 믿고 상대방과 계약을 하였습니다.

4. 따라서 본인이 입은 임대차보증금 상당의 손해는 귀하의 과실에 의한 것인 바, 본인은 귀하에게 금○○○원의 손해배상금을 20○○. ○. ○.까지 지급하여 줄 것을 최고합니다.

20○○. ○. ○.
위 발신인 　○ ○ ○

# 내 용 증 명

수신인 　○○○ (주민등록번호)

　　　　○○시 ○○구 ○○길 ○○(우편번호 ○○○○○)

　　　　전화 · 휴대폰번호:

발신인 　◇◇◇

　　　　○○시 ○○구 ○○로 ○○(우편번호 ○○○○○)

　　　　전화 · 휴대폰번호:

1. 귀하의 무궁한 발전을 기원합니다.

2. 피상속인 망 XXX(주민등록번호, 최후주소: )의 법정상속인 발신인 ◇◇◇은 위 망인의 재산상속에 대한 상속포기신고가 ●●가정법원 2018느단1234호로 수리되었습니다.

3. 이에 발신인 ◇◇◇은 위 망인의 수신인 ○○○에 대한 채무에 대하여 일체의 법적 책임이 없으므로, 이를 참고하여 본인에게 채무의 변제를 청구하는 일이 없도록 유의바랍니다.

## -첨부-

1.상속포기결정서

　　　　　　20○○. ○. ○.

　　　　　　위 발신인 　◇◇◇ (서명 또는 날인)

# 내 용 증 명

발 신 인    갑
　　　　　　주소

수 신 인    을
　　　　　　주소

귀하(수신인, 이하 '귀하'라고 지칭함)께서는 채무자 병이 본인(발신인, 이하 '본인'이라고 지칭함)에 대하여  ～채권(예, 임차보증금채권, 예금채권 등등)을 가지고 있다고 주장하시면서, 위 채권에 관하여 00지방법원으로부터 2018타채0000호 채권압류 및 추심명령을 발령받았고, 제3채무자인 본인은 2018.  .  . 에 위 법원으로부터 위 채권압류 및 추심명령을 송달받았습니다.

하지만, 채무자 병은 본인에 대하여 아무런 채권을 가지고 있지 않습니다.
(또는, 채무자 병이 본인에 대하여 ～ 채권을 가지고 있었던 것은 사실이지만, 본인이 위 채권압류 및 추심명령을 송달받기 이전인  2017.  .  .경 위 채권은 모두 변제되어 소멸된 상태입니다.)
따라서, 본인은 귀하께 지급할 아무런 추심금채무가 존재하지 않고, 위 채권압류 및 추심명령도 본인에게는 아무런 효력이 없다고 할 것입니다.

귀하께서는 위와 같은 점을 양지하여 주시기 바랍니다.


　　　　　　　20○○.  ○.  ○.
　　　　　　　발신인   갑 (서명 또는 날인)

수신인   을   귀하

# 내 용 증 명

시 행 일 자 :   2018.  .  .   ○○○

수      신:    김○○

　　　　　　 ○○시 ○○구 ○○길 ○○

발      신:    ◇◇종합건설주식회사

　　　　　　 ○○시 ○○구 ○○로 ○○

제      목:    채권양도 통지

## 1. 통지인(임차인)의 수신인(임대인)에 대한 임대차보증금 반환채권 존재

통지인은 수신인에 대하여 ○○시 ○○구 ○○로 ○○아파트 ○○호(이하 '이 사건 부동산'이라고 합니다)에 관한 임차보증금 반환채권 1억 2천만 원을 가지고 있습니다.

## 2. 채권양도계약의 체결

통지인(임차인)은 채권양수인 홍○○에게 1억 8천만 원을 차용하였으나 이를 변제하지 못하였습니다. 이에 통지인과 양수인은 20○○. ○. ○○.에 채무변제에 갈음하여 통지인(임차인)이 임대인에게 갖는 임대차보증금 반환채권을 양도하는 계약을 체결하였습니다.

## 3. 채권양도 통지권한 수여

양도인은 채권양도통지를 위하여, 양수인 홍○○에게 양도인이 임대인에게 통지하여야 할 채권양도 사실의 통지권한을 수여하였습니다.

## 첨 부 서 류

1. 채권양도 통지권한에 대한 위임장
1. 임대차보증금 반환채권 양도계약서 사본


20○○.  ○.  ○.


위 김○○ (서명 또는 날인)

# 내 용 증 명

발 신 인 ○ ○ ○

　　　　주 소


수 신 인 ○ ○ ○

　　　　주 소


## 불법추심행위 금지요청

1. 귀사의 무궁한 발전을 기원합니다.


2. 귀사는 본인이 20○○. ○. ○. 귀사로부터 금 ○○○○○○○원을 대출하였음을
   이유로 본인에게 대출금채무의 변제를 지속적으로 요청하고 있습니다.


3. 본인은 ○○지방법원 ○○○○호로 파산 및 면책 신청을 하여 20○○. ○. ○. 면
   책결정을 받은 바 있습니다. 채무자 회생 및 파산에 관한 법률 제566조는 면책을
   받은 채무자는 파산절차에 의한 배당을 제외하고는 파산채권자에 대한 채무의 전
   부에 관하여 그 책임이 면제된다고 규정하고 있고, 채권의 공정한 추심에 관한 법
   률 제12조 제4호는 채권자가 회생절차, 파산절차 또는 개인회생절차에 따라 전부
   또는 일부 면책되었음을 알면서 법령으로 정한 절차 외에서 반복적으로 채무변제
   를 요구하는 행위를 금지하는 한편, 이를 위반한 자에게는 동법 제17조 제3항에
   따라 500만 원 이하의 과태료가 부과됩니다.

4. 결국 본인은 귀사에 대해 부담한 대출금 채무에 대하여 변제할 책임이 없으며, 귀
   사는 본인에게 채무 변제를 요구하여서는 안됩니다. 만약 귀사에서 계속 본인에게
   위 채무 변제를 요구하는 경우, 부득이 법적인 조치를 취할 수밖에 없음을 통지하
   니 양지하시기 바랍니다.


              200○.  ○.  ○.


              위 발신인   ○○○

# 내용증명

발신인  성명

　　　　주소

　　　　연락처

수신인  성명

　　　　주소

　　　　연락처

1. 귀하께서는 2000. 00. 00.경 본인으로부터금 000원을 이자는 월 2%, 변제기는 2000.00. 00.으로 정하여 차용한 사실이 있습니다. 이후 귀하는 이자는 계좌이체의 방법 또는 직접 현금을 지급하는 방법으로 지급해 오다가 2000. 00. 00.경부터는 일방적으로 이조차 지급하지 아니하고 있는 실정입니다.

2. 그사이의 본인의 사정도 예전과 같지 아니하여 위 대여금을 변제받아야만 하는 상황에 처하였습니다. 이 때문에 부득이 위 금원의 변제를 받고자 본건 내용증명을 발송하오니 넓은 마음으로 혜량하여 주시고 이를 2000. 00. 00.경까지 반환하여 주실 것을 간곡히 부탁드립니다.

3. 만일 위 기한까지 지급치 아니할 경우에는 부득이 귀하를 상대로 민형사상의 모든 조치를 강구할 수밖에 없는 상황이니, 이점 양지하시여 원만히 해결되기를 희망합니다.

　　　　　　　　20○○.　○.　○.

　　　　　　　　위 발신인　○○○

# 내용증명

받는 사람 　성명 :

　　　　　　주소 :


보내는 사람 성명 :

　　　　　　주소 :


## 〈부동산의 표시〉


〈매매금액〉 금　　　　　원

계약금 :　　　　원은 2000년　월　일(계약일) 지급한다.

중도금 :　　　　원은 2000년　월　일(계약일) 지급한다.

잔　금 :　　　　원은 2000년　월　일(계약일) 지급한다.


귀하와 본인은 2000. 00. 00.경 위와 같은 계약을 체결하였고, 귀하는 위 계약에 근거하여 계약시인 2000. 00. 00.경 계약금 000원을 지급한 사실이 있습니다.

그러나 그 후 귀하께서는 중도금지급기일인 2000. 00. 00. 사건에 아무런 협의도 없이 이를 지급치 아니하며 그 기일을 지체하였고, 이에 본인은 계약이행을 촉구하기 위하여 귀하에게 2000. 00. 00.경 및 2000. 00. 00.경 두차례에 걸쳐 전화로 그 이행을 독촉한바 있습니다.

그러나 귀하는 위와 같은 독촉에도 불구하고 계속해서 그 지급을 지체하였고, 이에 본인은 부득이 2000. 00. 00.경 중도금 이행지체를 이유로 계약해제를 통보한 바 있습니다.

이에 본건 계약은 위 계약해제 통지에 따라 2000. 00. 00.경 해제되었지만, 이를 확실히 하기 위해 다시 한번 내용증명에 의한 계약해제를 통보하는 바입니다.

20○○.　○.　○.

위 발신인　○○○

# 내 용 증 명

수 신 인 : 최 OO

경기도 OO시 OO면 OO리 OOO


발 신 인 : OOO

경기도 OO시 OO면 OO리 478-8번지


제    목 : 토지반환 및 지료 관련 내용증명


귀 하의 무궁한 발전을 기원합니다.


본사는 2014년 4월 23일부로 OO리 OOO-5번지의 소유주가 됐고, 얼마 전에 귀하가 본사의 토지를 침범했다는 사실을 확인했습니다.


위성사진으로 확인해본 결과 2012년도 경에는 귀하의 토지(OO리 OOO번지) 영역에 맞게 농작물이 심어져 있었지만, 그로부터 1년 뒤인 2013년도 위성사진에는 본사의 토지를 침범하여 농작물이 심어져 있었습니다.(첨부1.2 위성사진 참고)


본사는 침범 당한 토지 회수를 위해 공신력 있는 한국지적공사에 의뢰하여 2015년 1월 말경에 귀하 입회 하에 측량을 진행할 것입니다.


더불어 측량을 마친 후인 2015년 2월 28일 이전까지 귀하가 침범한 본사의 토지 반환을 요청하는 바이며, 귀하의 사정이 여의치 않다면 임대형식으로 매월 토지사용료를 받겠습니다.

법정다툼까지 가지 않는 원만한 해결을 위한 협조 부탁 드립니다.

첨부1. 2012년경 000번지 위성사진
첨부2. 2013년경 000번지 위성사진
첨부3. 중원주식회사 담당자 연락처

문서서식포탈비즈

2014년    12월    31일

발신인 : 중 원 주 식 회 사
        대표이사 김 성 훈    (인)

# 내 용 증 명 서

수신자　　성 명 : 홍길동

　　　　　주 소 : ○○시 ○○구 ○○동

발신자　　성 명 : 성춘향

　　　　　주 소 : ○○시 ○○구 ○○동

　　　　　연락처 : 　 － 　 －

제 목 : 건축물의 하자보수를 청구하는 경우

1. 귀하(사)의 무궁한 발전을 기원합니다.

2. 본인은 본인 소유의 ○○시 ○○구 ○○동 ○번지 지상에 건물을 신축하기 위하여　 년　 월　 일 귀사와 건축공사도급계약서를 작성하고 공사를 시작하였습니다.

3. 그 후 귀사는 공사를 완공하여 신축건물을 본인에게 인도하여 본인은 이를 인도 받는 즉시 위에서 약정한 공사대금을 전액 지급하였습니다. 그러나 신축한 건물의 내부에서 ○○○○의 하자가 발생되어 본인은 계약서상의 하자보수 기간을 이유로 귀사에 하자 보수를 하여 줄 것을 수차에 걸쳐 요구하였으나 귀사는 하자보수를 계속해서 지연하여 부득이 본 내용증명을 통하여 하자보수를 이행할 것을 다시 한번 요청하는 바입니다.

4. 아울러 본 증서의 도달 후 7일 이내에 귀사가 아무런 이유 없이 본인의 요구를 이행하지 않을 경우 본인은 제3자에게 하자보수를 하고 이에 따른 보수비용 등 청구의 소송을 제기할 수밖에 없사오니 불미스러운 일이 발생하지 않도록 협조하여 주시기 바랍니다.

<br>

<br>

년  월  일

<br>

위 발신자 :　　　　(인)

# 내 용 증 명 서

- 수신자    성 명 :
            주 소 :
- 발신자    성 명 :
            주 소 :
            연락처 :

■ 제 목 : 명의도용에 대한 항의

1. 본인은 ○○년 ○월부터 ○월까지 귀사의 건설현장 일용직으로 일했습니다. ○○년 ○월에서 ○월까지 ○달 간 귀사에서 일용직으로 일하다 동 년 ○월말 그만두고 다른 건설사 현장에서 ○월초부터 현재까지 일을 하고 있습니다.

2. 그런데 ○○월 ○○일에 전 노동부로부터 '일용직 근로자 고용보험 피보험자격 신고사실 통지서'를 받아 이유를 알아보니 귀사에서 불법 취업자를 고용하고 저의 명의를 불법으로 계속 사용하고 있었습니다.

3. 회사에 고용된 직원이 아님에도 불구하고 본인의 명의를 도용하여 사용한 것은 형법에 의거 명의 도용죄에 해당됩니다.

4. 귀사의 명의 도용 행위에 대한 사과를 요구하며 아울러 명의도용에 대한 손해배상을 청구합니다. 만약 이에 불응 시 경찰서에 고소할 것이니 양지하시기 바랍니다.


【증빙서류】
① 고용보험 피보험자격 신고사실 통지서




20 년 월 일


위 발신자 :        (인)

# 내용증명

통 지 인 : ○○주식회사

대표이사 : ○○○


수 신 인 : ○○주식회사

대표이사 : ○○○


## ■ 물품교환 및 대금반환 청구 내용증명


1. 귀사의 무궁한 발전을 기원합니다.

2. 귀사에서 당사에 판매한 물품의 하자로 인한 반품청구의 건으로 말씀드립니다.

3. 당사에서는 20 년    월    일에 당사를 방문한 판매사원 ○○○을 통해서 귀사의
   생산품인 ○○을 구입하기로 하여 물품대금 일금          원정 (₩          )
   을 지급하였습니다. 그로부터 ○○일 후인 20 년    월    일에 귀사의 물품이 당사
   에 납품되었으나, 수령 후 확인결과 견본품과 달리 수령한 물품은 중대한 하자로
   인하여 작동이 불가능한 상태에 있습니다.

4. 당사는 20 년    월    일까지 구입한 물건의 교환을 청구하며 동시에 해당 기일까

지 교환이 이루어지지 않을 시는 당사에서 지급한 대금 일금          원정
(₩          )을 반환하여 주실 것을 청구하는 바입니다.


5. 내용을 확인하시고도 연락이 없을 시 법적 조치로 해결할 것이며, 지불방법 및 시
   간을 제시해 주시면 감사하겠습니다.




                        20 년  월  일




                통 지 인 : ○○주식회사
                주    소 :
                대표이사 :        (인)


                수 신 인 : ○○주식회사
                주    소 :
                대표이사 :        (인)

# 내 용 증 명 서

- 일 시:
- 수신자:

  사업자번호(생년월일) :

- 주 소:
- 연락처:


- 발신자:

  사업자번호(생년월일) :

- 주 소:
- 연락처:


- **제 목: 귀하(사)에서 임대하여 사용한 ○○장비의 사용료 지급을 요청드립니다.**

1. 귀하(사)의 무궁한 발전을 기원합니다.

2. 귀하는 본사와 20○○년○○월○○일 자로 ○○ 장비 임대에 관한 계약을 체결하고 20○○년 ○○월 ○○일부터 20○○년 ○○월 ○○일까지 ○○공사현장에 본사 소유의 ○○장비를 아래와 같이 임대하여 사용하였습니다.

                         － 장비 임대료 내역 －

| 장비명 | 형 식 | 등록번호 | 사용일수 | 사용료 | 비 고 |
|---|---|---|---|---|---|
| | | | | | |
| | | | | | |
| | | | | | |
| | | | | | |
| | | | | | |
| 합 계 | | | | | |

3. 그러나 본사가 위 ○○장비를 정해진 날짜에 제공하였고 귀하 또한 정상적으로 인수하여 ○○일간 사용하였음에도 불구하고 아직까지 장비사용에 대한 이용대금을 지급하지 않고 있어 본사는 20○○년 ○○월 ○○일 까지 장비사용료를 아래의 계좌로 지급하여 주실 것을 다시 한 번 독촉하는 바입니다.

| 입금은행 | ○○은행 | 계좌번호 | ○○○-○○-○○○○○○ |
|---|---|---|---|
| 예금주 | ○○○ | 입금액 | ○,○○○,○○○원 |

4. 혹 귀하가 위 시한도 지키지 않을 경우 본사는 귀하를 상대로 가압류 및 사용요금 청구의 소송을 제기할 수밖에 없사오니 귀하의 성의 있는 조치를 통한 원만한 사태 해결을 기대합니다.


20○○년 ○○월 ○○일


임대료 청구인 ○○○  (인)

# 내 용 증 명 서

- 수신자　　성 명 :
　　　　　　주 소 :

- 발신자　　성 명 :
　　　　　　주 소 :
　　　　　　연락처 :

**■ 제　목 : 방문판매물품에 대해 반품하려는 경우**

청구금액　금 ○○○○원정

1. 귀하(사)의 무궁한 발전을 기원합니다.

2. 다름이 아니옵고 귀사의 판매 담당 직원이 본인의 집을 방문하여 금○○○원상당
   의 ○○물품을 권유받아 본인은 이를 20○.○.○.자로 구입하였습니다.

3. 그러나 위 물품을 구입하고 보니 실제로 본인의 집에는 위 물품이 필요로 하지 않
   을 것 같아 이에 20○.○.○.자로 이를 반환하고자 하오니 물품을 반환하는 대로
   위 구입대금 금○○○원을 환불하여 주실 것을 요구하는 바입니다.

4. 참고로 위 물품은 구입 후 열어보기만 하였을 뿐 물품은 구입당시의 모습 그대로
   이며, 원만히 처리되지 않을 경우에는 방문판매등에관한법률 등에 입각하여 유관
   기관에 시정조치를 요구할 것임을 알려 드립니다.


                      20 년  월  일


                   위 발신인 :        (인)

# 내 용 증 명 서

- 수신자　　성 명 :
　　　　　　주 소 :

- 발신자　　성 명 :
　　　　　　주 소 :
　　　　　　연락처 :

## ■ 제  목 : 전세금 인상 청구

1. 귀하의 무궁한 발전을 기원합니다.

2. ○○년 ○월 ○일 귀하에게 ○○○ 소재 본인 소유의 아파트를 금 ○○○만원에 임대하여 지난 ○○월 말일로 벌써 만 ○○년이 경과하게 되었습니다.

3. 그러나 귀하께서도 잘 아시다시피 그동안의 물가가 상승하였을 뿐만 아니라 건물분 재산세를 포함하여 각종의 제공과금이 증액되고 있어 인근 건물의 임대료도 현저하게 상승하였습니다.

4. 따라서 부득이하게 전세금을 20○○년 ○○월부터 금 ○○○천만원으로 인상하게 되어 이를 통보하오니 양해하여 주시기 바랍니다.

5. 본 금액은 최소한의 증액이라 사료되오니 금년 ○○월 분부터 증액된 전세금을 지급하여 주시기 바랍니다.


【증빙서류】
① 전세계약서


20 년 월 일


위 발신자 :　　　　(인)

# 내용증명

수신: ○○○

주소: 서울시 ○○구 ○○동 ○○○번지


발신: ○○○

주소: 서울시 ○○구 ○○동 ○○○번지


**제목: 임대차계약 면적의 착오에 의한 계약변경 관련 내용증명**


부동산의 표시 : 서울시 ○○구 ○○동 ○○○번지 지상 건물 ○층


1. 귀하의 무궁한 발전을 기원합니다.


2. 다름이 아니옵고 귀하는 위 부동산의 소유주로서 이에 대하여 임대보증금 금○○
   ○원, 임대기간을 1998. ○. ○.부터 2년간으로 하는 임대차계약을 본인과 체결
   한 바 있습니다.


3. 그러나 본인은 귀하가 위의 임대차계약상의 면적이 ○○㎡이라고 주장하여 이에
   계약을 하였으나 본인이 사용하고 있는 실재 면적은 ○○㎡ 이므로 이는 계약서
   상과 판이하게 차이가 나므로 본 내용증명을 통하여 이를 바로잡음은 물론이고
   이에 따른 보증금의 차액을 지급할 것을 청구하오니 본 내용증명서를 송달받은
   후 7일 이내로 이를 이행하여 주시기 바랍니다.

4. 혹 귀하가 아무런 이유없이 위의 이행을 지체할 경우 본인은 임대차계약을 귀하의 과실을 원인으로 해지함은 물론이고 보증금의 반환 및 위약금 청구소송을 제기할 것이오니 부디 불미스러운 일이 발생하지 않도록 많은 협조 부탁 드립니다.

20 . . .

발신인 ○○○ (인)

# 내 용 증 명

임차인 : 백 ○ ○ (전화번호 : 012-345-6789)
○○시 ○○구 ○○동 123번지


임대인 : 홍 ○ ○ (전화번호 : 012-345-6780)
○○시 ○○구 ○○동 3번지


제 목 : 부동산임대차계약 조건 변경의 건


1. 먼저 귀하의 가정에 행복이 가득하기를 기원합니다.

2. 위 임대인과 20○○년 ○○월 ○○일에 체결한 임대차계약이 20○○년 ○○월 ○○일자로 계약의 만료가 다가왔음을 알려드립니다. 그런데 금년 물가상승과 이례적인 유가 폭등으로 인해 연장 계약 시 현재의 임대조건으로는 계약유지가 어려울 것으로 사료됩니다.

3. 그리하여 임대차계약조건을 불가피하게 변경코자 하오니 귀하께서 본 서면을 받으시고 7일 이내에 통보해 주실 것을 요청 드립니다. 변경 조건은 아래와 같이 통보해 드립니다.

– 아 래 –

□ 임대차계약 변경 조건

– 보증금 1억 4천 / 월 200만원

– 한달 공과요금 분할은 50%

20○○년 ○○월 ○○일


임 차 인 : 백 ○ ○ (인)

# 내용증명

임차인 : 백 ○ ○ (전화번호 : 012-345-6789)

○○시 ○○구 ○○동 123번지


임대인 : 홍 ○ ○ (전화번호 : 012-345-6780)

○○시 ○○구 ○○동 3번지


**제 목 : 부동산임대차 계약 만료에 의한 퇴거 요청의 건**


1. 먼저 귀하의 가정에 행복이 가득하기를 기원합니다.


2. 위 임대인과 20○○년 ○○월 ○○일에 체결한 임대차계약이 20○○년 ○○월
   ○○일자로 만료됨을 알려 드립니다.


3. 귀하께서는 현재까지 계약연장에 대한 언급이 없으므로 계약이 만료되는 20○○
   년 ○○월 ○○일자로 퇴거를 요청드립니다. 만일 위 기간내에 퇴거를 시행하지
   아니할 경우에는 법적 절차대로 진행하도록 하겠습니다. 차후 계약연장에 대해서
   는 따로 통보를 주시면 상의하도록 하겠습니다.


20○○년 ○○월 ○○일


임 차 인 : 백 ○ ○ (인)

# 내용증명


발신인    성명
          주소


수신인    성명
          주소



**제  목: 명예훼손에 따른 손해배상 관련 내용증명**


1. 귀하의 무궁한 발전을 기원합니다.


2. 다름이 아니옵고 본인은 20   년   월   일 귀하를 포함한 수십명의 친목계원들
   과 함께 ○○식당에서 친목을 다지고 있던 중 귀하가 본인을 비방할 목적으로 있
   지도 않은 거짓말을 하며 본인의 명예를 훼손하여 본인은 사회적 지위 및 정신적
   으로 심한 곤경과 고통에 빠져 있습니다.


3. 이에 본인은 귀하가 당시 모여있던 친목계원들 앞에서 본인에게 정중히 사과하고
   귀하가 본인을 비방하기 위해 한 말들은 모두 귀하가 지어낸 거짓말임을 분명히
   고하고, 귀하의 위의 행동으로 말미암아 발생한 본인의 정신적 피해에 대하여 손
   해배상을 하여 주실 것을 요구하는 바입니다.

4. 혹 귀하가 본인의 요구를 이행하지 않을 경우 본인은 귀하를 상대로 명예훼손에 따른 손해배상청구의 소송을 제기할 것이오니 부디 불미스러운 일이 발생하지 않도록 많은 협조 부탁드립니다.


20 년 월 일


발 신 인

# 내용증명

발신인  성명
　　　　주소


수신인  성명
　　　　주소


## 제  목 : 회사자금횡령에 대한 청구건

1. 수신인은 2000. 00. 00. 광주출장을 다녀와서 출장비 지급신청서를 제출하였습니다.

2. 지급신청서에 기재되어있는 숙박비, 식대비, 교통비, 유류비 등이 포함하여 총 300,000원이 2000. 00. 00.경 지급이 되었습니다.

3. 그런데 차 후 알아본 결과 수신인이 신청하신 출장비 지급신청서가 과도하게 청구된 사실이  밝혀졌습니다. 본사에서는 그 전 지급신청서 또한 검토 해 본 결과 3차례에 걸쳐 이런 방식으로 수령된 사실이 있었으며 이는 수신인이 계획적으로 회사 자금을 횡령한 것으로 보입니다

4. 위 건에 대하여 수신인에게 서면으로 통보하오니 2000. 00. 00.까지 회신바라며 이유 없이 회신이 없을 시는 어쩔 수 없이 사기, 횡령, 공문서위조, 부정행사 등의 법적 조치를 취할 것을 통보합니다.


　　　　　　　　20  년  월  일


　　　　　　　　발 신 인

# 내용증명

발신인   성명

           주소

           연락처


수신인   성명

           주소

           연락처


1. 먼저 귀하의 무궁한 번영을 기원합니다.

2. 본인은 귀하에게 에 서울시 양천구 소재의 본인 소유의  제 2번째 층 전체를 1개월 금 만원에 임대하였는 바, 지난 10월 말일로 벌써 만 1년이 경과하게 되었습니다. 그러나 귀하께서도 잘 아시다시피 그 동안의 물가가 상승하였을 뿐만 아니라 건물분 재산세를 포함하여 각종의 제공과금이 증액되고 있어 인근 건물의 임대료도 현저하게 상승하였습니다. 따라서 현재의 1개월 금 만원은 상당하지 아니하다고 생각하는 것입니다.

3. 그리하여 부득불 임대료를 분부터 1개월 금 만원으로 인상하지 않을 수 없음을 통보하오니 양해하여 주시기 바랍니다. 본 금액은 최소한의 증액이라 사료되오니, 금년 7월분부터는 증액된 대로 매월 말일에 본인의 거소 및 전용계좌로 임대료를 지불하시기 바랍니다.


20 년  월  일


발신인 김 0 0 (인)

# 내용증명

발신인    성명

주소


수신인    성명

주소


**제 목 : 건물 주인이 동일건물 내에 같은 업종을 임대한 경우의 건**


1. 귀하의 무궁한 발전을 기원합니다.

2. 귀하께서는 20○○년 ○○월 ○○일 아래 부동산의 소유주인 본인과 ○○시 ○○
   구 ○○동 000호 소재지의 0층 000㎡ 2년간 보증금 0,000,000원 / 월 000만원
   에 체결한 바 있습니다.

3. 임대계약 당시 1층 건물은 핸드폰대리점이었으며 2층을 인비아이스크림 매장으로
   사용한다고 하고 계약을 체결하였습니다.

4. 그러나 계약 후 2개월이 지난 현재 본 건물 1층에 예스아이스크림 매장이 입점을
   준비중입니다. 이에 본인은 귀하에게 아무런 말도 듣지 못한 상황이며 이는 본 계
   약을 일방적으로 위반한 것입니다. 이에 본인은 임대차계약의 해지 및 건물내부

의 인테리어비용 등 보증금과 함께 위약금과 손해배상금의 지급을 요청합니다.

5. 위 건에 대하여 20○○년 ○○월 ○○일까지 회신이 없을 경우 어쩔 수 없이 법적
조치를 취할 것을 통보합니다.


□ **부동산의 표시**
○○시 ○○구 ○○동 123호


20○○년 ○○월 ○○일


발 신 자 : 0 ○ ○ (인)

# 내용증명

발 신 자 :

주　　소 :


수 신 자 :

주　　소 :


**제　　목 : 공사재개 요청**


1. 귀사의 무궁한 발전을 기원합니다.

2. 거래처로부터 서울시 강서구 00동 000에 지상건물을 신축하기 위해 자사에 의뢰
   받아 그 일부를 귀사에 하도급하여 2000. 00.00.부터 같은 해 2000. 00. 00.까
   지 완공하기로 하고 공사대금 1억원을 지급하였습니다. 이에 건설공사하도급계약
   서를 작성하였습니다.

3. 그러나 귀사는 4월초부터 공사자재 상승에 따라 공사비가 많이 든다는 이유로 공
   사를 중단한 체 공사대금을 추가요구하고 있습니다.

4. 하지만 공사대금에 계약서상에 이미 명시를 한 것이며 공사 도중 공사자재가 상승

하였다고 해서 공사비를 추가요구하는 것을 부당한 사항입니다.

5. 따라서 귀사는 공사를 재개하여 계약상의 2000. 00. 00.경까지 완공하여 주시기
   바랍니다.

6. 만약 공사를 재개하지 않을 경우 계약위반 및 파기를 통한 손해배상을 청구할 예
   정이오니 이점 유념하시기 바랍니다.


                           2000. 00. 00.


                           발신인 0 0 0 (인)


                                                                    )

# 내용증명

발신인　성명

　　　　주소

수신인　성명

　　　　주소

1. 귀하의 무궁한 발전을 기원합니다.

2. 본인은 귀하 소유인 ○○시 ○○구 ○○동 12-1 소재 000 ㎡에 대해 건물을 신축
   하기 위해 20○○년 ○○월 ○○일 계약금 2,000만원을 지급하고 매매계약을 체
   결한 바 있습니다.

3. 하지만 본인의 사업장이 서울로 이전을 하게 되어 위 대지에 건물을 신축하기 어
   려워 계약금 2,000만원을 포기하고 매매계약을 해제하고자 합니다.

20○○년　○○월　○○일

0○○ (인)

# 내용증명

수신: ○○○

주소: ○○시 ○○구 ○○동 ○○○번지


발신: ○○○

주소: ○○시 ○○구 ○○동 ○○○번지


**제목: 임대차계약 해지 및 보증금 반환 관련 내용증명**


부동산의 표시 : ○○시 ○○구 ○○동 ○○○번지 지상 건물 ○층


1. 귀하의 무궁한 발전을 기원합니다.

2. 다름이 아니옵고 귀하는 위 부동산의 소유주로서 이에 대하여 임대보증금 금○○
   ○원, 임대기간을 20 . ○. ○.부터 2년간으로 하는 임대차계약을 본인과 체결하
   였던 바 본인은 더 이상의 임대 기간 연장을 원하지 않습니다.

3. 그래서 임대기간이 종료되는 20 . ○. ○. 보증금을 지급할 것을 요구하는 바이
   며 이에 협조 부탁 드립니다.


20 . ○. ○.

발신인 ○○○ (인)

# 내용증명

발신자 :

주 소 :

연락처 :


수신자 :

주 소 :

연락처 :


**제  목: 공유부동산 임대에 따른 차익반환 건**


〈부동산의 표시〉

소재지 :


1. 귀하의 무궁한 발전을 기원합니다.

2. 본인과 귀하는 위 소재의 대지 및 건물에 대해 2006년 10월 13일 공동명의로 매수
   하여 소유권이전등기를 하였습니다.

3. 이후 2008년 3월 31일경 본 건물에 대해 임대를 주기 위해 건물을 확인하던 중 이미 건물에 임대차계약이 체결되어 제3자가 사용중임을 확인하였으며, 이는 홍길동이 본인에게 아무런 상의 또는 통보없이 무단으로 제3자에게 2007년 1월 2일 임대차계약을 체결하여 임대보증금 1,000만원과 월임대료 50만원을 편취한 사실이 있습니다.

4. 따라서 귀하여 무단 임대로 인한 편취금 중 임대보증금 절반인 500만원과 현재까지 월 임대료 750만원 중 절반인 375만원을 요구하는 바이오니 본 내용증명을 송달 후 7일이내에 이행하여 주시기 바랍니다. 만약 위 요구를 이행치 않을 경우 법적인 소송을 제기할 것이므로 이점 유념하시기 바라며 불미스러운 일이 발생하지 않도록 많은 협조 바랍니다.

2008년  4월  16일

발신인 : 이 순 신 (인)

# 내용증명

수신자 :

주 소 :


발신자 :

주 소 :


## 제 목 : 공인중개사의 과실로 인한 손해배상 청구에 관한 건


### 〈부동산의 표시〉


소재지 :

면 적 :


1. 귀하의 무궁한 발전을 기원합니다.

2. 본인이 사업장을 증설하기 위해 위 소재지 주변의 공인중개소를 찾고 있던 중 본
   건물에 대해 하자가 전혀 없으면 하자가 있을 경우 모든 책임이 귀하가 책임지겠

다는 말에 중개를 의뢰하였습니다.

3. 이에 본 건물의 방문하여 내부시설과 사업장으로 가능여부를 판단 후 2008년 4월 2일 임대보증금 2,000만원, 2008년 5월 1일부터 임대기간을 2년간으로 하는 임대차계약을 체결하였으며 귀하에게 부동산 중개비 150만원을 지급하였습니다.

4. 그러나 2008년 5월 1일 입주를 하기 위해 본 건물을 방문하였을 때 위 소재지의 부동산은 제3자에게 매매된 상태이며 원 소유주였던 백두산은 잠적을 한 상태입니다.

5. 이에 임대보증금 2,000만원에 대해 피해를 받은바 귀하는 본 내용증명을 송달받은 날로부터 7일이내에 임대보증금 보상 및 부동산중개 수수료 150만원을 보상하여 주시기 바랍니다.

6. 귀하가 위 내용을 이행하지 않을 경우 법원의 손해배상청구를 진행할 예정이오니 부디 불미스러운 일이 발생하지 않도록 협조 부탁 드립니다.

2008년 5월 10일

이순신 (인)

# 내용증명

발신인 성명

　　　주소



수신인 성명

　　　주소



## 제　목: 납품이행독촉


1. 귀하(사)의 무궁한 발전을 기원합니다.

2. 다름이 아니옵고 본인은 귀사의 기능성의자를 구입하기 위하여 20○○년 ○○월 ○○일자로 구매계약을 체결하여 20○○년 ○○월 ○○일자로 물품을 납품 받기로 하고 구매대금을 지급하였습니다.

3. 그러나 귀사는 계약과는 달리 물품을 납품하기로 한 시한이 수일이 지났음에도 불구하고 아직까지 납품할 생각을 않고 있사오니 본 내용증명을 수령한 후 7일 이내에 물품을 납품하여 주실 것을 통보합니다.

4. 혹 귀하가 본인의 요구를 이행하지 않을 경우 본인은 위 계약을 해제함은 물론이

고 이에 따른 계약대금의 반환 및 위약금을 청구할 것이오니 이점 양지하시기 바랍니다.



20○○년  ○○월  ○○일


이○○ (인)

# 내용증명

발신인    성명

        주소

수신인    성명

        주소

## 제 목: 반품 관련 내용증명

1. 귀하(사)의 무궁한 발전을 기원합니다.

2. 다름이 아니옵고 본인은 귀사의 판매직원의 설명을 듣고 화장품을 이십만원 (₩ 200,000)을주고 구입하였습니다.

3. 그러나 구매당시 직원으로부터 들은 설명대로 이를 사용하여 보니 당시의 설명이 과장되게 설명된 것으로서 본인이 사용하기에는 그 용도가 너무도 맞지 않으므로 본인은 위 물품을 반환함은 물론이고, 위 물품을 판매할 당시 과장된 설명으로 판매 한 귀사 직원의 과실로 인하여 위 물품을 반환하게 된 만큼 물품을 반환하는 대로 위 구입대금 이십만원 (₩ 200,000) 을 환불하여 주시기 바랍니다.

4. 원만히 처리되지 않을 경우에는 관계 법률에 입각하여 유관기관에 시정조치를 요구할 것임을 알려 드립니다.

2000. 00. 00.


발신인 000 (인)

# 내용증명

발신인　　성명

　　　　　주소

수신인　　성명

　　　　　주소

**제목 : 임대차계약 해지 및 보증금 반환 관련 내용증명**

부동산의 표시 : ○○시 ○○구 ○○동 12-34 지상 3층건물

1. 귀하(사)의 무궁한 발전을 기원합니다.

2. 본인은 위 부동산의 소유주로서 이에 대하여 임대보증금 일천만원(₩10,000,00 0), 임대기간을 20○○년 ○월부터 2년간으로 하는 임대차계약을 귀하와 체결하 였던 바, 본인은 계약만기일인 20○○년 ○월(2개월 전) 이미 내용증명을 통하여 더 이상의 임대기간을 연장하지 않겠다는 통보를 한 바 있습니다.

3. 그러나 귀하는 이미 임대기간이 종료되었음에도 불구하고 건물을 명도할 생각을

하지 않고 있어 이에 본인이 구두상으로 수차에 걸쳐 명도를 요구하였으나 귀하는 전혀 명도 할 의사가 없는 관계로, 본인은 본 내용증명을 통하여 마지막으로 건물을 명도 할 것을 요구하는 바입니다. 따라서 본 내용증명을 송달받는 7일 이내로 귀하는 본 건물을 명도하여 주시기 바랍니다.

4. 혹 본인의 주장을 아무런 이유없이 지체할 경우 본인은 이에 따른 건물명도 및 원상회복청구를 함은 물론이고 이에 따른 제반비용 또한 청구 할 것이오니 부디 불미스러운 일이 발생하지 않도록 많은 협조 부탁 드립니다.


2000. 00. 00.

김○○ (인)

# 내용증명

발신인    성명

           주소


수신인    성명

           주소


## 제 목: 누락된 퇴직금지급청구

1. 귀하(사)의 무궁한 발전을 기원합니다.

2. 다름이 아니옵고 본인은 귀사에서 20○○년 ○○월 ○○일 부터 20○○년 ○○월
   ○○일까지 약 4년 8개월을 근무하고 퇴직을 하였습니다.

3. 그러나 본인은 퇴직후 지급 받은 퇴직금을 확인해 본 결과 본인이 계산한 퇴직금
   과 귀사로부터 수령 받은 퇴직금이 차이가 나서 이에 귀사의 경리부에 문의하여
   확인해 보니 퇴직금의 산정방법 중 약간의 착오가 발견되어 이에 본 내용증명을
   통하여 정식으로 수정하여 줄 것을 통보하오니 귀사는 다시 한번 계산하시어 차액
   부분을 즉시 지급하여 주시기 바랍니다.


20○○년 ○○월 ○○일


발신인    이 ○ ○    (인)

# 내용증명

수 신 인 : 홍 길 동

　　　　　서울시 강남구 역삼동 718-27


발 신 인 : 한 라 산

　　　　　부산시 동래구 수안동 41-6


**제목 : 매매계약취소**


1. 본인은 귀하가 판매하는 0000제품을 2000. 00. 00. 구매하였습니다.


2. 그런데 저는 현재 미성년자로서, 물품을 구입할 당시 법정대리인인 부모의 동의없
　이 물품매매계약을 체결하였습니다.


3. 현행 민법에 의하면, 미성년자가 일정한 법률행위를 하기 위해서는 원칙적으로 법
　정대리인의 동의를 얻어야 하고, 동의를 얻지 않고 한 법률행위는 미성년자 또는
　그의 법정대리인이 취소할 수 있다고 규정하고 있습니다(제5조, 제140조).


4. 이에 귀하와의 매매계약을 취소합니다.


　　　　　　　　　2000. 00. 00.


　　　　　　　　　000(인)

# 내용증명

발신인　성명 :

　　　　주소 :

　　　　연락처 :


수신인　성명 :

　　　　주소 :

　　　　연락처 : :


**제　목 : 등기절차청구 및 계약해제통지**


1. 본인 2000. 00. 00. 귀하로부터 00빌라를 금 7,800만원에 매수하기로 하고 계약
   금 800만원을 선 지급하였고 나머지 잔금 7,000만원은 2008년 5월 1일에 지급하
   기로 하고 소유권이전등기 또한 당일에 이전하기로 약정하였습니다.

2. 그러나 2000. 00. 00. 잔금 7,000만원을 수신인에게 지급하였음에도 불구하고
   소유권이전등기를 이행하기 않고 있습니다.

3. 따라서 본건 건물 인비빌라에 대한 소유권이전을 2000. 00. 00.까지 등기이전하
   여 통보하여 주시기 바랍니다.

4. 만약 위 일자까지 소유권이전등기를 진행하지 않을 시에는 손해배상 및 법적절차를 진행하도록 하겠으니 이점 유의하시기 바랍니다.


### ※ 물건의 표시


서울시 관악구 보라매로 70, 101호

부동산 60㎡



2008년 5월 5일


발 신 인 : ０ ０ ０ (인)

# 내용증명

임치인 성명 :

주소 :


수치인 성명:

주소 :


제 목 : 임치계약해지 및 임치물 반환청구의 건


2008년 1월 14일 임치계약에 의해, 귀하에게 임치한 자동차부품 제조기계는 본사와
의 계약 만료에 따라 2008년 4월 11일자로 임치계약을 해지함과 동시에 반환을 청구
합니다. 따라서 2008년 4월 25일까지 반환을 부탁드리며 이후 사용 시 재계약을 체
결하도록 하겠습니다.


2008년 4월 14일


임 치 인 : 000 (인)

# 내용증명

수신인 :

발신인 :

## 제  목 : 임차건물하자수리건

먼저 귀하의 가정에 행복이 가득하기를 기원합니다. 다름이 아니라 본인이 귀하와 2000. 00. 서울시 관악구 봉천구 111, 101호에 대하여 보증금 1억원, 월세 30만원, 월세는 매월 20일에 지급하기로 하며, 계약기간은 2000. 00. 00.부터 24개월 정하는 내용의 전세계약을 체결한 사실이 있습니다.

그런데 계약이 끝난 후 얼마 지나지 않아 지붕에서 빗물이 새고 벽면에 균열이 조금씩 발생하고 있으며 현재 가족들이 안전에 위험을 느끼므로 빠른 시일에 수리가 필요합니다. 따라서 조속히 건물수리를 청구합니다.

2000. 00. 00.

발신인 000(인)

# 내용증명

수신인 :

발신인 :

**제 목 : 0000 대금청구 취소요청**

1. 본인은 2000. 00. 00. 귀사가 제조 판매하는 00000을 배송받은 바 있으며, 이틀 후 대금청구서를 받은 사실이 있습니다.

2. 그러나 본인은 00000를 주문한 사실이 전혀 없습니다. 그럼에도 불구하고 이와 같은 행위는 일방적인 것이며 본인의 허락없이 일어난 것에 대해 매우 불쾌한 일 입니다.

3. 따라서 본인은 위 물품을 구입하고 싶은 생각이 전혀 없으므로 0일 안으로 회수를 하시기 바랍니다. 만약 0일 이내에 회수하지 않을 경우 본 제품을 폐기하도록 하 겠습니다.

2000. 00. 00.

발신인 000(인)

# 내용증명

수 신 자 :

발 신 자 :


구입내역 : 계약일자 :

구입물품 :

계약금액 :


**제　　목 : 의류 반품요청의 건**


1. 본인은 2008년 4월 14일, 000소재 귀사의 매장에서 정장을 0,000,000원에 구입한바 있습니다.


2. 구매 후 집에 돌아와 착용을 해보니 옷사이즈가 맞지 않는다는 이유로 2000. 00. 00. 위 매장을 방문하여 반품을 요청하였으나 매장의 종업원이 반품을 거부하고 있음.


3. 본인은 본 의류가 사이즈에 맞지않아 반품할 의사가 있음을 서면으로 통보하오니 귀사에서는 2000. 00. 00.까지 위 정장을 반품처리하여 줄 것을 요구함.


2000년 00월 00일

발 신 자 : 000(인)

# 내용증명

수 신 자 :


발 신 자 :



본인 소유의 서울시 관악구 보라매로 30 소재 건물임대에 관하여 귀하와의 임대 계약 기간 2년이 2000. 00. 00.자로 만료되어 1년간 연장계약을 하였으나 본인의 개인 사정에 의해 해외 이민을 갈 예정이라 본 건물 관리가 어렵게 되었습니다.

그래서 본인 소유의 건물를 귀하께서 현재 시가 3억원에 매수해 주실 것을 청구하는 바입니다.



2000. 00. 00.

발신인 000 (인)

# 내용증명

수 신 자 :

발 신 자 :

## 제목 : 불량품 반품 및 환불요청

1. 귀사의 발전을 기원합니다.

2. 귀사에서 판매한 컴퓨터 본체 10대 중 하드웨어 불량으로 소프트웨어 설치가 정상적으로 이루어지지 않는 본체 2대가 발생하였습니다. 세부적인 조사를 실시한 결과 총 4대에 대해 하드웨어가 불량인 것을 확인하였으며 제조사 또한 계약한 부품과는 상이한 것이었습니다.

이에 나머지 6대에 대해서도 귀사의 컴퓨터 본체를 의심하지 아니할 수 없게 되었으며 불량 하드웨어를 포함한 본체 총 10대를 반납하오니 기 지급한 본체액 금 520만원에 대해 20○○년 ○○월 ○○일까지 환불하여 주시기 바랍니다.

2000. 00. 00.

발신인 000 (인)

# 내용증명

발 신 자 :

수 신 자 :

**제목 : 잔여학원료 반환청구**

1. 본인은 2000 .00. 00. 귀사를 방문하여 2000. 00. 00.부터 2000. 00. 00.까지 과정인 생활영어 초/중급 강좌를 수강하기로 하고 수강료 300만원 전액을 신용카드로 일시불 결제하였습니다.

2. 이에 2000 .00. 00.까지 강좌를 수강하던 중 귀사의 내부 사정으로 인해 임시 휴강으로 3주간 강좌를 수강하지 못하였으며 현재까지도 개강의 소지가 전혀 없음을 인식되고 있기에 미수강한 3개월 분 300만원에 대해 환급해 줄 것을 요청합니다.

3. 미수강한 수강료에 대해 3회에 걸쳐 전화 및 방문 요청을 하였으나 이를 무시하고 연락을 회피하였기에 내용증명을 발송하오니 2000. 00. 00. 까지 환급해 주시기 바라며, 미조치 시 법적 조치를 취하도록 하겠으니 유념하여 주시기 바랍니다.

2000. 00. 00.

발 신 자: 000 (인)

# 내용증명

발 신 인 :


수 신 인 :



본인은 귀하로부터 2000. 00. 00. 서울 관악구 보라매로 27 40㎡ 의 건물을 전세계약 그 3억원에 임대하여 사용하고 있습니다. 하지만 2000. 00. 00. 현재 시세가 2억 2,000만원으로 급격히 하락했습니다.


본인이 알아본 결과 주택임대차보호법 제 7조에 계약기간 중이라도 보증금의 감액을 요구할 수 있다고 합니다. 저는 귀하와의 원만한 해결을 원합니다. 이에 본인은 00,000,000원으로 계약금을 조절하고 00,000,000원을 반환하여 주셨으면 합니다.


만약 이를 원하지 않는다면 저는 법적으로라도 대응 할 것입니다. 회신 기다리겠습니다.


2000 .00. 00.


발신인 000 (인)

# 내용증명

발 신 인 :


수 신 인 :


본인이 소유지인 서울시 관악구 보라매로 11에 대해 귀하와 20○○년 ○월 ○일, 1년 간 사용할 것을 계약하고 20○○년 ○월 ○일 계약이 만료되어 토지에 대한 가건물 철거 및 대지를 반납할 것을 요청하였습니다.


하지만 귀하는 이를 무시하고 가건물을 이용하여 지속적으로 사업을 운영하고 있으며 이에 대한 답변 또한 없는 터라 토지매매 대한 막대한 지장을 초래하고 있는바 20○ ○년 ○월 ○일한 가건물 철거 및 대지를 반납하여 주시기 바랍니다.


이에 응하지 않을 시 법적 조치를 취하도록 하겠으니 이점 유념하시기 바랍니다.


2000. 00. 00.


발신인 000 (인)

# 내용증명

**수 신 인**

이 름 :

주 소 :


**해약 대리점**

주 소 :


**계약 내용**

계약일 :

계약금 :

중도금 :

잔 금 :


**해약사유**

내 용 : 대리점 계약서 제7조[최저주문수량]에 의거 최저수량은 10개로 규정하고 있으나 귀사에서 최저 20개를 주문하도록 강요하고 있으며 제9조[반품]에 대해서도 수송시 파손된 물건에 대해서도 반품을 해주지 않고 있어 운영이 어려움이 느끼는바 이는 귀사의 계약 위반에 해당되는 사항이므로 본 대리점 계약에 대해 해약하여 주시기 바랍니다.


위와 같은 사유로 계약 해지를 통보하는 바입니다.

2000. 00. 00.


발 신 인
이 름 :   (인)
주 소 :

# 내용증명

발신인 : 주 소

　　　　성 명

수신인 : 주 소

　　　　성 명

## 제　목 : 차임(월세)지불 요청

귀하와 20　　년　　월　　일 부동산 임대차(월세)　계약을 체결(보증금

　　원정, 월세　　　원)하고 월세는 매월　일기준으로 지불하도록 계약을 체결

하였으나 20　년　월부터　개월간의 월세를 지불해 주지 않아 부득이 통고서를 우

송하오니 양지하시고 20　년　월　일까지 지불하여 주시기 바랍니다.

20　년　월　일까지 월세를 불입해 주지 않을 경우에는, 부득이 한 조치(계약해지)

로 인한 불이익이 없도록 하시기 바랍니다.

20　년　월　일

발신인 000 (인)

# 내용증명

발신인 : 주 소
　　　　성 명

수신인 : 주 소
　　　　성 명

## 제목 : 물품대금청구

귀하의 하시는 일에 행운이 함께 하시길 바라며, 귀하와 거래함에 있어 미결제 된 물품 대금이 있어 이에 대한 해결을 하지 않는바, 다음과 같이 알려드리오니 확인 하시고 이에 대한 결과를 통보 바랍니다.

위의 내용을 확인하시고도 연락이 없으면 법적조치로 해결 할 것이며, 아래 금액을 확인 하시고 지불방법 및 시간을 제시해 주시기 바랍니다.

2000. 00. 00.

발신인 000 (인)

# 내용증명

수신인 　 O　O　O(　－　)

　　　　 OO시 OO구 OO동 00

　　　　 OO맨션 00동 00호

발신인 　 O　O　O(　－　)

　　　　 OO시 OO구 OO동 00

　　　　 OO맨션 00동 00호

### 제목 : 명도협조요청

발신인과 귀하는 OO시 OO구 OO동 00 OO맨션 0동 00호를 임대차보증금000원, 임대차기간 20 　 년 월 일부터 20 　 년 월 일까지, 월차임 　 원으로 정하여 임대차계약을 체결하였습니다.

위 임대차계약은 기간만료로 종료되었으므로 귀하께선 2000년 OO월 　 일까지 명도하여 주시기 바랍니다.

만약 그 전이라도 위 부동산을 명도하고자 하는 경우 미리 알려주시기 바라며, 원활한 명도가 이루어질수 있도록 협조바라는 바입니다.

　　　　　　　　　　 20 ． 　 ． 　 ．

　　　　　　　　　　 위 발신인 　 O　O　O

O　O　O 　 귀하

# 내용증명

수신인   ○ ○ ○( - )

○○시 ○○구 ○○동 00

○○맨션 00동 00호

발신인   ○ ○ ○( - )

○○시 ○○구 ○○동 00

○○맨션 00동 00호

**제  목: 가건물 철거 및 토지반환 관련 내용증명**

부동산의 표시 :

1. 귀하(사)의 무궁한 발전을 기원합니다.

2. 본인은 위 토지 소유주로서 귀하가 본인의 토지 중 ○○㎡상에 본인의 허락도 없이 무단으로 가건물을 설치하여 사용하고 있으므로 조속한 시일 내로 위 토지상의 가건물을 철거하고 토지를 즉시 반환하여 줄 것과 그간 무상으로 사용한 부당이득금 또한 반환하여 줄 것을 본 내용증명을 통하여 정식으로 통보하는 바입니다.

3. 만약 본인의 통보에도 귀하가 아무런 이유 없이 이행을 지체할 경우 본인은 귀하
   를 상대로 가건물철거 및 부당이득금 청구의 소송을 제기할 것으로 이에 따른 제
   반비용 또한 아울러 전가할 것이오니 부디 불미스러운 일이 발생하지 않도록 협
   조 부탁드립니다.


                        20 년  월  일


                        발신인          (인)

# 내용증명

수신: ○○○

주소: ○○시 ○○구 ○○동 ○○○번지


발신: ○○○

주소: ○○시 ○○구 ○○동 ○○○번지


**제목: 임대차계약 종료에 따른 계약해지통보 관련 내용증명**


부동산의 표시 : ○○시 ○○구 ○○동 ○○○번지 지상 건물 ○층


1. 귀하의 무궁한 발전을 기원합니다.


2. 다름이 아니옵고 귀하는 위 부동산의 소유주로서 이에 대하여 임대보증금 금○○
   ○원, 임대기간을 20 . ○. ○.부터 2년간으로 하는 임대차계약을 본인과 체결하
   였던 바 돌아오는 20 . ○. ○.이 임대기간이 종료되는 날로서 본인은 더 이상 계
   약을 연장할 의사가 없어 본 내용증명을 통하여 임대기간이 종료됨과 동시에 본
   계약해지할 것을 통보하는 바입니다.

3. 따라서 본인은 계약이 종료되는 대로 위 부동산을 귀하에게 명도할 것이므로 귀하 또한 차질 없이 본인에게 위 임대보증금을 지급하여 주실 것을 부탁드립니다.

4. 본 내용증명서를 발송하는 것은 서로간의 의사표현을 서면상으로 하는 것이 현명 할 것으로 판단되어 발송하는 것이오니 부디 너그러운 마음으로 이해하시기 바랍니다.

20 . ○. ○.

발신인 ○○○ (인)

# 내용증명

발 신 인   O   O   O(123456-1234567)

　　　　　　OO시 OO구 OO동 0가 00-00

　　　　　　OO자동차 OOO판매점(OOO옆)


수 신 인   O   O   O(123456-1234567)

　　　　　　OO시 OO구 OO동 0가 00-00

　　　　　　OO자동차 OOO판매점(OOO옆)


## 통   보   내   용

1. 본인은 OO시 OO구 OO동 0가 00-00 OO자동차 OOO판매점(이하 대리점이라함)
   의 동업자인 귀하께 2000. OO. OO. 별첨 첨부 합의서와 같이 동 계약을 체결하
   여 동업관계로 현재까지 유지하여 왔었습니다.


2. 본인은 합의서의 내용에 따라 0년간의 효력으로 2000. OO. OO. 본계약이 종결
   되어 귀하께 본인의 투자금 OOO원을 청구하였으나, 귀하께선 현재까지 차일피일
   기일의 연기만 구하고 있으므로 부득이 정식으로 이건 내용통보를 발송하오니 받
   는 즉시 빠른 시일내로 본인의 투자금 전액이 회수 될 수 있도록 협조 요청 바라는
   바입니다.

　　　　　　　　20 .　　.　　.

　　　　　　　　위 발 신 인　　　O O O

# 내용증명

발신인 : 주 소
　　　　　성 명

수신인 : 주 소
　　　　　성 명

**제 목 : 임차보증금 반환 요청**

1. 임대차계약 관계

　　임대기간 : 20　년　월　일 ~ 20　년　월　일 까지

　　임차보증금 金　　　　　　　원정(₩　　　　　　　)

2. 위의 임대차 기간이 만료가 되어가므로 기간만료 ○월 전에 부동산 중개업소에 중개의뢰를 하였으나, 임대차기간이 만료되면 저희는 이사를 가야하므로 그때까지 임대가 되지 않을 경우에도, 사정을 고려하여 임차보증금은 반환해 주어야 할 것을 수차례 전화로 말하였으나, 돈이 없으니 새로 임차인을 구하여 임대금액이 들어오면 빼가라는 말만 되풀이 하고 있으며, 임대금액도 시세가 떨어져 있으나

똑같은 금액으로 정하고 있어 현실적으로 임대가 쉽지않는 상황에서 우리는 이 사를 가야 하므로 본의는 아니나 부득히 내용증명을 발송하오니 이해하시고 임차보증금을 반환하여 주시기 바랍니다.

만약 내용증명 발송후 에도 반환해 주시  지 않으면 부득히 법적으로 조치를 취할 것이오니 이에 대한 비용등 제반 손해  배상에 책임을지시기 바랍니다.

20 년 월 일

발송인 000(인)

# 내용증명

수신: ○○○

주소: 서울시 ○○구 ○○동 ○○○번지


발신: ○○○

주소: 서울시 ○○구 ○○동 ○○○번지


**제목: 사용용도 원상복구 관련 내용증명**

부동산의 표시 : 서울시 ○○구 ○○동 ○○○번지 지상 건물 ○층


1. 귀하의 무궁한 발전을 기원합니다.

2. 다름이 아니옵고 본인은 위 부동산의 소유주로서 이에 대하여 임대보증금 금○○
   ○원, 월임료 금 ○○○월, 임대기간을 1998. ○. ○.부터 2년간으로 하는 임대차
   계약을 귀하와 체결한 바있습니다.

3. 그러나 귀하는 임대차계약서 상에 임차건물의 사용용도를 명시하였음에도 불구하
   고 임대인인 본인과 사전에 한마디 상의도 없이 일방적으로 임차한 건물의 업종을
   변경하였습니다. 따라서 귀하는 본 내용증명을 송달받은 후 7일내로 기존 업종으

로 원상태를 회복하여 주시기를 독촉하는 바입니다.

4. 혹 귀하가 원상복구와 명도일시를 아무런 권한 없이 지체할 경우 본인은 귀하의 과실을 원인으로 하여 귀하와의 임대차계약을 해지함도 불사할 것이오니 부디 불미스러운 일이 발생하지 않도록 많은 협조 부탁 드립니다.


20  .  .  .


발신인 ○○○ (인)

# 내용증명

수신: ○○○

주소: 서울시 ○○구 ○○동 ○○○번지


발신: ○○○

주소: 서울시 ○○구 ○○동 ○○○번지


**제목: 임대차계약해지 및 보증금 반환 관련 내용증명**

부동산의 표시 : 서울시 ○○구 ○○동 ○○○번지 지상 건물 ○층


1. 귀하의 무궁한 발전을 기원합니다.

2. 다름이 아니옵고 본인은 귀하들의 가장이던 △△△와 위 건물에 대하여 임대보증금 금○○○원, 임대기간을 20○○. ○○. ○○.부터 2년간으로 하는 임대하는 임대차계약을 체결하였습니다.

3. 그러나 2개월 후면 임대계약이 종료가 되는바 본인은 더 이상의 계약의 연장을 원하지 않으나원하지 않으나 임대인인 △△△가 사망하여 부득이 △△△의 상속인들인 귀하들에게 각 통보하오니 본인은 계약종료와 동시에 본인의 점유부분을 명도할 것으로 이에 따른 보증금을 지급하여 주실 것을 아울러 통보하는 바입니다.

4. 본인이 내용증명서를 발송하는 것은 서로간의 의사표현을 서면상으로 하는 것이
   현명할 것으로 판단되어 발송하는 것이오니 부디 너그러운 마음으로 이해하시고
   본 내용에 있어 차질 없는 처리 부탁드립니다.


                        20○○.○○.○○

                        발신인 ○○○ (인)

# 내용증명

수신: ○○○

주소: 서울시 ○○구 ○○동 ○○○번지

발신: ○○○

주소: 서울시 ○○구 ○○동 ○○○번지

**제목: 무단전대를 원인으로 계약해지 통보**

부동산의 표시 : ○○시 ○○구 ○○동 ○○○번지 지상 건물 ○층

1. 귀하의 무궁한 발전을 기원합니다.

2. 다름이 아니옵고 본인은 위 부동산의 소유주로서 이에 대하여 임대보증금 금○○
   ○원, 월임료 금 ○○○월, 임대기간을 20  .  ○.  ○.부터 2년간으로 하는 임대차
   계약을 귀하와 체결한 바있습니다.

3. 그러나 귀하는 20  .  ○월경 임대인인 본인과 사전에 한마디 동의도 없이 일방적
   으로 임차한 건물을 △△△에게 불법 전대를 하였습니다. 이는 불법 전차를 한것
   이며 엄연한 불법으로서 본인은 본 내용증명을 통하여 임대차계약은 귀하의 계약

조건 위반으로 인하여 해지되었음을 통보하는 바 이므로 귀하는 본 내용증명을 송달받은 후 7일내로 건물을 명도하여 주시기 바랍니다.

4. 혹 귀하가 원상복구와 명도일시를 아무런 권한 없이 지체할 경우 본인은 건물명도 및 원상회복 청구소송을 제기할 것은 물론이고 이에 따른 제반비용을 전가할 것이오니 부디 불미스러운 일이 발생하지 않도록 많은 협조 부탁 드립니다.

20 . ○. ○.

발신인 ○ ○ ○ (인)

# 내용증명

수신: ○ ○ ○

주소: 서울시 ○ ○구 ○ ○동 ○ ○ ○번지

발신: ○ ○ ○

주소: 서울시 ○ ○구 ○ ○동 ○ ○ ○번지

**제목: 임대차계약 해지 관련 내용증명**

부동산의 표시 : 서울시 ○ ○구 ○ ○동 ○ ○ ○번지 지상 건물 ○층

1. 귀하의 무궁한 발전을 기원합니다.

2. 다름이 아니옵고 본인은 위 부동산의 소유주로서 이에 대하여 임대보증금 금○○
   ○원, 월임료 금○○○원, 임대기간을 1998. ○. ○.부터 2년간으로 하는 임대 차
   계약을 귀하와 체결한 바있습니다.

3. 그러나 본인과 귀하는 2000. ○. ○.임대차계약이 종료되었음에도 불구하고 상호
   간 아무런 의사표시가 없어 이 계약이 묵시적으로 갱신되었습니다. 그러나 본인은

개인의 사정에 의하여 계약을 종료하고자 합니다. 그러므로 귀하는 계약의 해지를 통보하는 본 내용증명을 송달받은 후 6개월이 되는 2000. ㅇ월경까지는 본인에게 위 부동산을 명도하여 주시기 바라옵고, 아울러 본인도 명도와 동시에 위 임대보증금을 지불 할 것임을 통보하는 바입니다.

4. 본 내용증명서를 발송하는 것은 서로간의 의사표현을 서면상으로 하는 것이 현명할 것으로 판단되어 발송하는 것이오니 부디 너그러운 마음으로 이해하시기 바랍니다.

20 . . .

발신인 ㅇㅇㅇ (인)

# 내용증명

수신: ○○○

주소: 서울시 ○○구 ○○동 ○○○번지


발신: ○○○

주소: 서울시 ○○구 ○○동 ○○○번지



**제목: 임대차계약 종료에 따른 계약해지통보 관련 내용증명**


부동산의 표시 : 서울시 ○○구 ○○동 ○○○번지 지상 건물 ○층



1. 귀하의 무궁한 발전을 기원합니다.

2. 다름이 아니옵고 귀하는 위 부동산의 소유주로서 이에 대하여 임대보증금 금○○
   ○원, 임대기간을 1998. ○. ○.부터 2년간으로 하는 임대차계약을 본인과 체결하
   였던 바 돌아오는 2000. ○. ○.이 임대기간이 종료되는 날로서 본인은 더 이상
   계약을 연장할 의사가 없어 본 내용증명을 통하여 임대기간이 종료됨과 동시에 본
   계약해지할 것을 통보하는 바입니다.

3. 따라서 본인은 계약이 종료되는 대로 위 부동산을 귀하에게 명도할 것이므로 귀하 또한 차질 없이 본인에게 위 임대보증금을 지급하여 주실 것을 부탁드립니다.

4. 본 내용증명서를 발송하는 것은 서로간의 의사표현을 서면상으로 하는 것이 현명할 것으로 판단되어 발송하는 것이오니 부디 너그러운 마음으로 이해하시기 바랍니다.

20 . . .

발신인 ○ ○ ○ (인)

# 내용증명

수신: ○○○
주소: ○○시 ○○구 ○○동 ○○○번지

발신: ○○○
주소: ○○시 ○○구 ○○동 ○○○번지

**제목: 임대차계약 해지 관련 내용증명**

부동산의 표시 : ○○시 ○○구 ○○동 ○○○번지 지상 건물 ○층

1. 귀하의 무궁한 발전을 기원합니다.

2. 다름이 아니옵고 본인은 위 부동산의 소유주로서 이에 대하여 임대보증금 금○○○원, 월임료 금 ○○○월, 임대기간을 20 . ○. ○.부터 2년간으로 하는 임대차계약을 귀하와 체결한 바 있습니다.

3. 그러나 귀하는 위의 계약과는 달리 20 . ○월분부터 현재까지 월임료를 일체 지급하지 지급하지 않은 상황으로 현재 연체된 월임료 만도 금○○○원에 달할 정도입니다. 이에 본인은 귀하에게 수차에 걸쳐 연체된 임료를 지급할 것을 독촉하였

음에도 불구하고 귀하는 이에 대하여 전혀 반응이 없어 본인은 본 내용증명을 통하여 임대차계약을 해지함을 정식으로 통보하는 바이오니 내용증명서를 송달받은 후 7일내로 연체된 임대료 임대료 금○○○원의 지급과 귀하가 점유하고 있는 건물을 명도하여 주시기 바랍니다.

4. 혹 귀하가 명도일시와 연체된 임대료의 지급을 아무런 권한 없이 지체할 경우 본인은 건물명도 및 월임료의 청구소송을 제기할 것은 물론이고 이에 따른 제반 비용의 전가와 그간의 연체된 월임료에 대해서도 소송을 통하여 연 2할 5푼의 이자를 가산할 것이오니 부디 불미스러운 일이 발생하지 않도록 많은 협조 부탁 드립니다.

20 . ○. ○.

발신인 ○○○ (인)

# 내용증명

발신인 : ○ ○ ○

○○시 ○○구 ○○동 ○○번지

수신인 : ○ ○ ○

○○시 ○○구 ○○동 ○○번지

본인이 귀하로부터 임대차기간을 정하지 아니하고 임차하고 있는 다음 기재의 건물은 이번에 제가 근무처를 ○○으로 옮기게 됨에 따라 더 이상 임차할 필요가 없게 되었습니다.

따라서 귀하와의 건물임대차계약을 해지하고자 합니다. 민법 제635조 제2항 제1호의 규정에 의하여 본 서면 도달 후 1개월이 경과하면 계약은 종료되는 것이므로 그 때 본 건물을 명도 하겠으니 귀하에게 맡기고 있는 임대보증금 500만원을 반환하여 주실 것을 부탁드립니다.

그 동안 본인과 본인의 가족의 편의를 위해 노고를 아끼지 않으신데 대하여 다시 한 번 감사드리며 귀하의 안녕을 기원합니다.

## 다          음

임대 건물 : ○○시 ○○동 ○○번지

목조와즙 평가 건 면적 ○○㎡

200○ . . .

위 발신인 : ○ ○ ○

# 내용증명

발신인 : ○ ○ ○

○○시 ○○구 ○○동 ○○번지

수신인 : ○ ○ ○

○○시 ○○구 ○○동 ○○번지

1. 귀하와 발신인간에 "○○시 ○○구 ○○동 ○○-○○" 위 지상 건물에 대해서 임대보증금○○○원, 임대기간은 2000.○○.○○부터 2000.○○.○○까지로 정하여 임대차 계약서를 작성하고 그 계약금으로 금○○○원을 지불하였습니다.

2. 귀하와 발신인간의 계약을 하면서 계약서 상에 나타나지 않는 몇 가지의 조건 성취를 이유로 계약을 하고, 계약금을 지불한 것인데 귀하는 처음약속과는 다르게 싱크대설치와 2층창문 범죄 등 안전장치를 설치하고, 벽도배는 새로해 줄 것을 요청하여 그대로 하도록 승낙하고, 또한 당연한 일입니다.
   그리고 은행에 전세권을 담보로 대출을 받게되니 이에 합당한 조치를 제시하였습니다.

3. 귀하는 발신인의 이러한 제반사정을 이야기하여 알고 있음에도 일단 계약이 성립되니 싱크대 설치와 2층창문 안전장치, 방벽도배를 할수없다고 하였습니다.

   뿐만아니라, 2층은 등기부에 등기되어있지 않아 2층건물 증축등기를 하여야만 전세권설정이 가능하고, 은행으로부터 전세권에 대한 담보대출이 가능하다는 은행 직원의 상담내용을 귀하에게 통보한바, 2층증축 등기 수수료가 부담되어 할 수 없다는 것은 상식적으로 이해가 되지 않습니다.

4. 귀하와 발신인간에 맺은 임대차계약은 위 제반 내용상에 하자가 있어 임대의 목적을 달성할 수 없는 경우이며, 전적으로 귀하에게 임대차계약을 해지하게 되는 데 대한 책임 또한 있다할 것입니다. 부득이 임대차계약은 해지 할 수 밖에 없습니다.

귀하는 임대차계약의 보증금으로 받은 계약금 000원을 이통보 이 후 곧 반환해주시고 이후는 부득이 지연금에 해당되는 연0할0푼으로 변상 청구할 예정이니 참고하시기 바랍니다.

귀하의 건투을 기원합니다.

20 .    .    .

위 발신인      ㅇ ㅇ ㅇ

# 내용증명

발신인 : ○ ○ ○

○○시 ○○구 ○○동 ○○번지


수신인 : ○ ○ ○

○○시 ○○구 ○○동 ○○번지


본인은 귀하에게 200*. . . ○○시 ○○구 ○○동 ○○번지 소재 본인 소유의 ○○빌딩 제○번째 층 전체를 1개월 금 ○○○만원에 임대하였는 바, 지난 10월 말일로 벌써 만 ○년이 경과하게 되었습니다. 그러나 귀하께서도 잘 아시다시피 그 동안의 물가가 상승하였을 뿐만 아니라 건물분 재산세를 포함하여 각종의 제공과금이 증액되고 있어 인근 건물의 임대료도 현저하게 상승하였습니다.

따라서 현재의 1개월 금 ○○○만원은 상당하지 아니하다고 생각하는 것입니다.

그리하여 부득불 임대료를 200*. .월분부터 1개월 금 ○○○만원으로 인상하지 않을 수 없음을 통보하오니 양해하여 주시기 바랍니다. 본 금액은 최소한의 증액이라 사료되오니, 금년 .월분부터는 증액된 대로 매월 말일에 본인의 거소에 지참하여 다음달 분 임대료를 지불하시기 바랍니다.


20 . . .

위 발신인 ○ ○ ○

# 내용증명

발신인 : ○ ○ ○

○○시 ○○구 ○○동 ○○번지


수신인 : ○ ○ ○

○○시 ○○구 ○○동 ○○번지


## 제 목 : 퇴직 권고 통보

1. 귀하는 20○○년 ○○월 ○○일부터 20○○년 ○○월 ○○일까지 ○○일간 무단
   결근을 하였습니다. 그 후 회사에서 몇 번의 출근권고가 있었음에도 불구하고 아무
   런 회답도 없이 여전히 무단결근을 하였습니다.

2. 이는 취업규칙 제○조 제○항에 위반되는 행위로서 징계해고처분에 해당합니다.
   이에 취업규칙에 따라 귀하에게 권고퇴직 처분을 하고자 합니다.

3. 귀하가 권고퇴직 처분을 받아들일 생각이라면 이 문서가 도착한 날로부터 ○○일
   이내에 ○○월 ○○일을 퇴직일로 한 퇴직요청서를 인사부장 앞으로 발송하여 주
   시기 바랍니다.

4. 만약 ○○일 이내에 퇴직요청서를 발송하지 않았을 경우에는 유감스럽게도 ○○월
   ○○일자로 해고 처분할 것임을 알려드립니다.

20 년 월 일

위 발신인        (인)

# 내용증명

발 신 인 :

수 신 인 :

## 제    목 : 보험 전화 가입 사실 철회 관련 내용증명

1. 귀사의 무궁한 발전을 기원합니다.

2. 다름이 아니옵고 본인은 귀사의 텔레마케터의 설명을 듣고 비과세 저축형 종신보험을 20년간 매달 이십만원(₩ 200,000)씩 납입하는 조건으로 가입하였습니다.

3. 그러나 차후 텔레마케터가 보내온 보험증서에는 비과세 저축형이 아닌 납입기간 30년인 종신보험으로 가입처리가 돼 있는 것을 확인하고 다시 텔레마케터에게 확인하였지만 모르는 사실이라는 반응만 보여 보험 계약 사실을 철회함은 물론이고, 전달 납입한 보험금 이십만원(₩ 200,000)을 환불하여 주시기 바랍니다.

4. 원만히 처리되지 않을 시에는 관계 법률에 입각하여 유관기관에 시정조치를 요구할 것임을 알려 드립니다.

### - 첨  부  서  류 -

1. 보험증서                    1부

2009년 5월 20일

발 신 자 :   000  (인)

# 내용증명

발 신 인 :

수 신 인 :


1. 본인은 부산광역시 ○○구 ○○동 ○○○ 소재 주택의 증축공사를 귀하에게 요청하여 지난 달, 20 년 월 일 완전 철거를 시작으로 20 년 월 일에 완료되는 것으로 계약하여 공사가 시작되었습니다.


2. 상기 내용과 같이 일자에 맞춰 공사가 진행되어야 하나 20 년 월 일인 현재, 몇주 째 진척 없이 자재만 쌓여있는 상태입니다. 공사 진행과 관련하여 여러 번 연락을 드렸으나 그때마다 익일에 하시겠다고 하고는 지금까지 그대로입니다. 공사 완료 일정까지 일주일도 남지 않은 시점에서 더 이상의 계약 유지가 불가능하다고 생각됩니다.


3. 따라서, 20 년 월 일 공사비는 지급 중지하였음을 알려드리며 계약해지와 현재까지 지급된 계약금의 반환을 요청하는 바입니다.


2000. 00. 00.

발신인 000 (인)

# 내용증명

발 신 인 :

수 신 인 :

## 제목 : 무단결근에 따른 출근요청

1. 무단결근기간 : 20    년    월    일 ~ 20    년    월    일

2. 상기인은 20    년    월    일부터 현재까지 무단결근 상태이며, 수 차례의 유선을 통한 회사의 연락에도 응하지 않은 채 출근하지 않는 상태가 지속되고 있습니다.

3. 이로 인하여 회사는 막중한 생산에 손실이 예상되어 아래와 같이 출근요청하오니 요청기한 내 출근하기 바랍니다.

4. 출근하지 않을 경우는 당사 징계기준에 의거하여 퇴직일자, 피해규모에 따른 손실금액을 확정하여 회사물품 미반납에 따른 지급청구 및 무단결근에 따른 업무상 손해배상 청구 등 법적 절차를 진행할 예정입니다.

2000. 00. 00.

발신인 000(인)

# 내용증명

발 신 인 :

수 신 인 :

**제목 : 명예훼손에 따른 손배청구**

1. 귀하의 건승을 빕니다.

2. 본인은 20  년   월   일, ○○회사 ○○팀에서 귀하의 부하직원으로 일하고 있
   습니다. 그러나 귀하는 동료직원에게 본인과 상관없는 거짓사실을 유포하여 본인
   의 명예를 훼손시켰습니다.

3. 이에 본인은 동료직원으로부터 오해를 받으며 정신적 피해를 입었고 회사생활에
   극심한 지장을 받았습니다. 이에 귀하는 본인에게 정중히 사과하고 회사에 공식적
   인 사과문을 올리고 명예훼손에 대한 손해배상금을 지급해 줄 것을 요구합니다.

4. 귀하가 20  년   월   일까지 본인에게 요구를 이행하지 않을 경우 손해배상청구
   소송을 제기할 것을 알려드립니다.

2000. 00. 00.

발신인 0 0 0 (인)

# 내용증명

발 신 인 :

수 신 인 :

**제목 : 근로계약해지 통고**


1. 귀하(사)의 무궁한 발전을 기원합니다.


2. 발신인 본인은 20    년    월    일 퇴사예정일 20    년    월    일자로 작성한 사직
   서를 제출하여 20    년    월    일 ○○○사장님과 면담을 가졌으며, 업무인수인계
   와 후임자 채용을 위해 퇴사일을 20    년    월    일로 권유받아 승낙하고 근무를
   하였습니다.


3. 하지만 20    년    월    일을 퇴사일로 하는 사직서를 20    년    월    일에 다시
   재출했으나 ○○○사장님께서 이를 받아들이지 않고 사직서를 폐기한 후 계속적인
   근무를 강요하시어 본인은 본 내용증명을 통해 20    년    월    일 제출된 사직서
   에 기재된 20    년    월    일자로 퇴사하고자 합니다.


2000. 00. 00.

발신인 000 (인)

# 내용증명

발 신 인 :

수 신 인 :

## 제목 : 재판상이혼에 따른 양육비청구

1. 발신인 본인은 20   년   월   일 수신인 귀하와 법률상 혼인관계를 가졌으나 20   년   월   일 귀하가 다른 여성과 간통한 죄를 인정함으로써 20   년   월   일 협의이혼을 하였습니다.

2. 본인은 귀하와 혼인관계였을 시 태어난 ○ ○ ○(5세)에 대한 양육권을 합의하에 확보하였고 자녀 양육비로 귀하는 20   년   월   일부터 매달 ○ ○ ○ ○원을 지급하기로 약정하였습니다.

3. 그러나 귀하는 본인에게 위 약정한 기일부터 현재까지 양육비를 한번도 지급한 사실이 없을 뿐만 아니라 본인이 양육비를 청구할 때마다 욕설과 위협을 서슴지 않았습니다. 본인은 현재 당연히 지급 받아야하는 양육비를 제때 지급 받지 못해 경제적인 어려움을 겪고 있습니다.

4. 따라서 본인은 위 약정에 따라 귀하에게 20   년   월   일부터 20   년   월   일까지 자녀 양육비 ○ ○ ○ ○원을 청구, 통보합니다. 이를 지급치 아니할 경우 법적 소송을 통해 검토할 것이오니 빠른 시일 내로 지급해 주시기 바랍니다.

2000. 00. 00.

발신인 000 (인)

# 내용증명

발 신 인 :

수 신 인 :


**제목 : 보일러고장수리에 따른 수리비청구**


1. 본인은 귀하의  주택에 거주하는 임차인으로서 현재 사용중인 보일러가 잦은 문제를 발생하여 20  년  월  일 기사를 방문케 하여 진단을 받아보았습니다.


2. 해당 보일러의  부품이  이미 노후가 되어 부품교체가  필요한 상황입니다. 30만원의 비용이 들며, 법률구조공단에  문의한 결과 이는 임차인이 아닌 임대인이 부담해야한다고 합니다.


3. 현재 보일러의  고장으로 생활에 불편함이 많으므로 빠른 시일 내에 교체바라며, 20  년  월  일까지 보수되지 않는다면 부득이하게 본인이 자부담하여 교체하여  비용을 청구할 것입니다.


4. 임차인의 의무와  책임을 인지하시어 해당 사태에 대한 빠른 조치바랍니다.


2000. 00. 00.

발신인 0 0 0 (인)

# 내용증명

발 신 인 :

수 신 인 :

**제목 : 층간소음으로 인한 경고**

1. 귀하의 가정에 안녕을 기원합니다.

2. 발신인 본인과 수신인 귀하는 ○ ○ ○아파트의 상 · 하층에 입주하여 이웃으로
   지내고 있습니다. 그러나 본인은 귀하의 집에서 발생하는 지나친 소음으로 고충을
   겪고 있습니다. 낮에는 귀하의 애완견이 짖는 소리에 본인의 자녀가 낮잠을 이루
   지 못하고 밤에는 귀하의 피아노 연주 및 노래 등에 남편이 편하게 휴식을 취하지
   못합니다.

3. 귀하는 부득이하게 본인의 생활권을 제한하고 있음을 인정하여 층간 소음을 해결
   할 수 있도록 적극 협조하여 주시기 바랍니다. 이 통지서를 무시했을 경우 이웃 간
   에 분쟁이 일어날 수 있사오니 원만하게 해결하여 분쟁을 미연에 방지하고 쾌적한
   생활환경을 영위할 수 있기를 바랍니다.

2000. 00. 00.

발신인 0 0 0 (인)

# 내용증명

발 신 인 :

수 신 인 :

## 제목 : 체납관리비납부요청

1. 귀하의 가정에 무궁한 발전을 기원합니다.

2. 당 관리소에서는 체납관리비로 인한 아파트 관리상에 애로가 많으며, 성실히 수납에 협조하시는 다른 입주민의 불만 및 이의제기로 인하여 내용증명으로 체납 관리비 납부 요청서를 발송합니다.

3. 현재 보내드리는 체납내역은 20   년   월   일부터 20 년   월   일까지의 내역이며 연체금액이 포함되어 정산되었습니다.

4. 귀하의 가정에도 어려움이 많으시겠지만 20   년   월   일 체납관리비 납부 기일까지 은행에 납부하여 주시기 바랍니다.

5. 납부 기일까지 납부하지 않으실 때에는 우리아파트 관리 규약 제○○조에 의거하여 법원에 소를 제기 할 수 있음을 알려드립니다.

2000. 00. 00.

발신인 0 0 0 (인)

# 내용증명

수 신  명 칭 :
　　　　사무소 :


발 신  상 호 :
　　　　사무소 :
　　　　연락처 :


1. 귀 조합의 무궁한 발전을 기원합니다.


2. 당사는 20○○. ○. ○. ○○종합건설 주식회사와 당사가 건축하는 ○○군 ○○읍 ○○리 ○○○번지 토지 일대의 골프장 건설공사를 공사대금 ○○○원(부가가치세 포함), 이행보증금 ○○○원, 공사기간 20○○. ○. ○.부터 20○○. ○. ○.까지로 정하고 도급계약을 체결하였습니다. 도급계약시 당사와 ○○종합건설 주식회사는 채무불이행으로 인하여 도급계약이 해지되는 경우 당사가 위 이행보증금을 배상하기로 약정한 바 있습니다.


3. 귀 조합은 20○○. ○. ○. 당사에게 위 공사기간 동안 이행보증금에 관하여 조합원인 ○○종합건설 주식회사를 위하여 건설공제조합법상의 보증을 하고 당사에게 계약보증서를 제출하였습니다.


4. ○○종합건설 주식회사는 도급계약에 따라 공사를 시작한 후 20○○. ○. ○.까지 기성공사대금으로 총 ○회에 걸쳐 금 ○○○원을 지급 받고서도 아무런 예고

없이 20○○. ○월 하순경 부도를 내고 공사를 중단하였습니다. 이에 당사는 20○○. ○. ○. 위 도급계약에 따라 도급계약을 해지하고 그 뜻을 ○○종합건설 주식회사에게 통지하였습니다.

5. 따라서 귀 조합은 ○○종합건설 주식회사에 대한 건설공제조합법상의 보증인으로서 당사에게 위 이행보증금 ○○○원을 지급하여 주시기 바랍니다.

6. 본건 서면을 받은 날로부터 2주일 이내에 지급하지 아니하면 법원에 이행보증금 청구의 소를 제기하겠으니 양지하시기 바랍니다.


20 년 월 일


위 발신인 :            (인)

# 내용증명

받는 사람    성 명 :

주 소 :

보내는 사람    성 명 :

주 소 :

연락처 :

1. 본인은 귀하의 20○○. ○. ○. ○○시 ○○구 ○○동 ○○○ 소재 귀하의 ○○레스토랑 내부수리 공사를 금 ○○○원에 수리하기로 하는 계약을 체결하고 귀하가 원하는 시일 내에 공사를 완료하였습니다.

2. 그런데 귀하는 총 공사대금 ○○○원 중 20○○. ○. ○. 금 ○○○원을 1차로 지급하고, 20○○.○.○. 금 ○○○원을 2차로 지급한 후 나머지 금 ○○○원은 공사가 완료된 후 1주일 이내에 지급하여 주기로 하였으나 그 기간이 보름이나 지난 현재까지도 아무런 연락이 없이 나머지 공사대금을 지급하지 않고 있습니다.

3. 따라서 부득이 본 내용증명에 의한 통지서 발송하는 바이니 20○○. ○. ○.까지 지급하여 주시기 바라며 이 기간 내에 지급하지 않으시면 법적조치를 취할 것임을 밝혀두고자 합니다.

20 년 월 일

발신인 :      (인)

# 내용증명

받는 사람    성 명 :

              주 소 :


보내는 사람    성 명 :

              주 소 :

              연락처 :


1. 귀하의 사업이 날로 번창하길 기원합니다.


2. 본인은 20○○. ○. ○. 귀하와 ○○통신의 기계를 운송하여 설치하는 ○○공사를
   계약하고 같은 해 ○. ○. 동 작업을 시작하여 같은 해 ○.○. 작업을 끝냈습니다.


3. 그러나 당초계약과 달리 저의 은행계좌로 송금된 공사금액에 차이가 있어 이 부분
   에 대한 이의가 있음을 통보 드리며 20○○. ○. ○.까지 이에 상응한 적절한 조치
   가 없으면 법적소송을 통해 미납된 추가대금을 받을 수밖에 없겠기에 이를 통고합
   니다.


                  20 년 월 일

                  위 발신인 :      (인)

# 내용증명

받는 사람     성 명 :

주 소 :

보내는 사람     성 명 :

주 소 :

연락처 :

1. 본인과 귀하 간에 20○○. ○. ○.에 총 공사대금 ○○○원으로 하여 ○○공사계약
   을 체결하였습니다.

2. 위 공사는 20○○. ○. ○.까지 완공하기로 약정하였습니다. 그러나 계약시 발신
   인은 일부자재의 납기가 장기간 소요됨을 인지하였고, 귀하께서는 조속한 자재확
   보를 요청하고 공사의 진행을 하였으나 공사의 완공이 약정한 완공일보다 ○○일
   이나 늦은 20○○. ○. ○.에 완공되었습니다.

3. 따라서 공사가 지연되어 ○○○을 사용 못한 기간으로 인한 손해배상을 청구하오
   니 20○○. ○. ○.까지 발신인에게 청구액을 지급하거나, 잔금지급 시 변제토록
   하여 주시기 바랍니다.

20 년  월  일

위 발신인 :          (인)

# 내용증명

받는 사람    성 명 :

              주 소 :

보내는 사람    성 명 :

              주 소 :

              연락처 :


본인은 20ㅇㅇ. ㅇ. ㅇ. ㅇㅇ시 ㅇㅇ동 ㅇㅇ번지상 신축 건축물공사 중 철근골조 작업을 계약서 내용과 같이 귀하에게 도급을 하여 주었는바, 귀하는 동 공사 외 다른 공사를 여러 개 맡고 있는 관계로 동 공사 진행에 철근골조작업이 안되어 계속 지연되고 있으므로 본인에게 막대한 손실이 오고 또한 본인이 완성하여 주기로 한 기일도 맞출 수 없어 부득이 귀하와의 철근골조공사 도급작업을 해제하고자 합니다.


20 년 월 일

위 발신자 :      (인)

# 내용증명

받는 사람     성 명 :

             주 소 :

보내는 사람     성 명 :

             주 소 :

             연락처 :

1. 본인은 20○○. ○. ○. ○○시 ○○동 ○○ 2층 집을 증축하기 위해 귀하와 공사 대금 ○○○원, 공사기간 ○개월로 하는 공사계약을 체결하였습니다.

2. 우선 계약금으로 ○○○원을 지급하였는데 귀하는 공사를 진행하던 중 재료비 및 인건비가 많이 올랐다면서 공사금액을 올려주지 않으면 건축을 할 수 없다고 하였습니다.

3. 요즘 공사 자재비가 많이 올랐다는 이야기를 들어 알고 있지만 이렇게 일방적으로 공사를 중단하겠다는 것은 상식적으로 이해할 수 없는 행위입니다. 이렇게 계속 공사를 지연시키면 계약서에 기초하여 계약을 해제할 수도 있지만 이왕 귀하에게 공사를 맡기었으니 종전처럼 귀하가 완공하여 주셨으면 합니다.

4. 이렇게 공사 진행 의사를 밝혔음에도 공사를 재개하지 않을 경우 최후 방법으로 계약을 해제할 것이니 이 점 양지하시어 공사를 진행하여 주시기 바랍니다.

20 년 월 일

위 발신자 :        (인)

# 내용증명

수 신   상 호 :

　　　　사무소 :

발 신   성 명 :

　　　　주 소 :

　　　　전화번호 :


1. 본인은 20○○. ○. ○.에 귀사 영업부 직원 ○○○과 동 약관에 의한 월 금 ○○ ○원에 복사기 유지보수계약을 체결하였습니다.


2. 그러나 동 계약체결 후 복사기가 고장이 나서 귀사에 연락을 하면 제때에 와서 수리하는 날이 거의 드물고 월 정기검사를 실시하게 되어 있음에도 이를 이행하지 아니하며 어쩌다 한 번씩 들러 손을 보고는 부속이 낡아서 교환을 하여야 한다고 하여 이를 교환하고 부속품의 대금을 청구하고 유지보수계약을 하면 부속품도 무상으로 교환하여 준다고 하였는데 왜 부속품 교환에 따른 비용을 청구하느냐고 하면 부속품 교환은 계약내용에 해당되지 않기 때문에 이는 별도로 지급하여야 한다는 등 당초 계약시와는 판이하게 다른 이야기를 하고 서비스도 엉망이고 월 ○○ ○원의 비용만 추가로 낭비하는 꼴이 되므로 더 이상 귀사와 유지보수계약을 유지할 이유가 없으므로 이에 그 해제를 통보합니다.


20 년  월  일

발신인 :　　　　(인)

# 내용증명

수 신   상 호 :

　　　　사무소 :

발 신   성 명 :

　　　　주 소 :

　　　　연락처 :

1. 귀사의 제철 공장에서 배출하는 쇳가루, 분진 등 매연으로 인한 피해가 심각해 이
   렇게 피해 보상을 요구합니다.

2. 현재 ○○시 ○○동 인근 과일 수확량이 눈에 보일 정도로 줄어들고 있습니다. 귀
   사의 공장에서 밤마다 뿜어대는 연기로 인해 인근 과수원의 과일들 모두 원인 모
   를 병에 걸려 아무리 약을 해도 병이 없어지지 않을 정도로 심각한 상황입니다. 공
   해물질로 인해 빨래, 청소 등 생활에 지장이 있고 각종 공해가 포함된 공기를 호흡
   해 천식, 기관지염 등 호흡기질환과 만성두통에 시달리고 있으며 심야의 소음은
   잠을 설치게 해 만성피로에 시달리고 있습니다. 몇 번 전화를 해서 항의를 했지만
   담당자가 없다는 핑계를 대며 사건을 회피하고 있습니다.

3. 현재 저희 ○○동에서는 공해피해를 방지하기 위한 대책반을 운영하고 있으며 정
   신적, 육체적 피해 보상에 대한 법적 대응을 고려하고 있습니다. 하루 속히 귀사에
   서는 주민들의 피해현황을 파악하시고, 법에 따라 취할 수 있는 보상을 취해주시
   기 바랍니다.

　　　　　　　　　　20 년   월   일

　　　　　　　　　위 발신인 :　　　　　　(인)

# 내용증명

수 신　상 호 :

　　　　사무소 :

발 신　성 명 :

　　　　주 소 :

　　　　전화번호 :

1. 귀사의 무궁한 발전을 기원합니다.

2. 다름이 아니옵고 본인은 ○○○에게 납품하고자 귀사가 수입하는 ○○○ 물품을 구입하기 위해 구매계약을 체결하였으며, 20○○. ○. ○.까지는 기필코 물품을 납품 받기로 하고 이를 지키지 못 할시 구매대금의 두 배를 위약금으로 지급받는 것을 조건으로 구매대금을 지급하였습니다.

3. 그러나 귀사는 계약과는 달리 물품을 납품하기로 한 시한이 수일이 지났음에도 불구하고 아직까지 납품할 생각을 않아 아직까지 납품할 생각을 않아 본인은 ○○○에게 계약 불이행에 따른 위약금을 지급할 입장에 놓여있어 귀사와 계약을 통하여 약정한 구매대금의 두 배를 위약금조로 청구하고자 본 내용증명을 통하여 통보하는 바입니다.

4. 혹 귀사가 아무런 권한 없이 본인의 요구를 이행하지 않을 경우 본인은 귀사를 상대로 위약금청구의 소송은 물론이고, 이에 따른 제반비용 또한 전가할 것이오니 부디 불미스러운 일이 발생하지 않도록 협조 부탁드립니다.

20 년　월　일

위 발신인 :　　　　　　(인)

# 내용증명

받는 사람　　성　명 :

　　　　　　　주　소 :


보내는 사람　성　명 :

　　　　　　　주　소 :

　　　　　　　연락처 :


1. 귀댁의 안녕과 번영을 기원합니다.


2. 본인은 20○○. ○. ○.자로 귀하에게 ○○시 ○○동 ○○○상의 토지매매에 관하여 귀하에게 그 권한을 수여하였습니다.


3. 귀하는 위임받은 대리권에 충실하여야 함에도 불구하고 터무니없이 매수인과 담합하여 고의로 가격을 떨어뜨리는 행위를 하여 본인 및 매수자로부터 이중으로 수익을 얻으려고 함에 본인에게는 손해를 끼칠 우려가 있으므로 본인이 귀하에게 부여한 대리권을 20○○. ○. ○.부터 취소합니다.


　　　　　　　　　　　　20 년　월　일

　　　　　　　　　　　발신인 :　　　(인)

# 내용증명

받는 사람     성 명 :

주 소 :

보내는 사람     성 명 :

주 소 :

연락처 :

1. 본인은 20○○. ○. ○. 귀하에게 금 1억원을 대여하면서 이자는 연 20%, 변제기일은 20○○. ○. ○.로 약정하고 아래 부동산을 대물변제로 본인에게 이전할 것을 예약하고 소유권이전 담보가등기를 경료하였습니다.

2. 그런데 귀하는 변제기일이 도과하였음에도 불구하고 원금은 물론 이자도 지급하지 않고 있습니다.

3. 따라서 귀하 소유의 아래 부동의 대불변제예약은 그 조건이 성취되었으므로 부동산의 평가액과 채권액을 정산하여 통지합니다.

## － 아 래 －

가. 담보 가등기 표시 : ○○시 ○○동 ○○○   대   ○○㎡

나. 부동산 평가액 : 금 ○○○원

다. 채권액 : 원금 ○○○원, 이자 ○○○원, 합계 ○○○원,

20 년 월 일

발신인 :        (인)

# 내용증명

받는 사람        성 명 :

            주 소 :

보내는 사람      성 명 :

            주 소 :

            연락처 :

1. 삼가 귀댁의 안녕을 기원합니다.

2. 주채무자 ○○○씨는 20○○. ○. ○. ○○은행으로부터 ○○대출(금액 ○○○원)을 받은 사실이 있으며, 귀하와 본인은 ○○을 조건으로 하는 ○○보증인으로 등재되어 있습니다.

3. 주채무자 ○○○씨는 20○○. ○. ○.인 대출 만기일까지 대출금을 변제하지 않아 채권자인 ○○은행은 보증인인 귀하와 본인에게 채무변제에 대한 독촉장을 발송하였습니다.

4. ○○○ 신분인 본인은 신분상의 불이익과 ○○○때문에 ○○○을 피하기 위하여 20○○. ○. ○. 주채무자 ○○○씨의 대출금 ○○○원을 우선 변제하여 채권자인 ○○은행으로부터 대위변제확인서를 받았습니다.

5. 현재 행방불명인 주채무자에게는 청구하기가 힘들어 ○○은행에서 발행한 대위변제확인서를 근거로 보증인으로 함께 등록된 귀하에게 구상금 청구를 합니다.

6. 행방불명된 주채무자는 돈을 갚을 의도가 없이 도주한 것이 분명하므로 내용증명을 받은 즉시 본인이 변제한 금액 중 2분의 1의 금액을 본인에게 변제하여 주시길 바랍니다. 만약 불이행 시에는 법적 조치를 취할 수밖에 없으므로 협조하여 주시길 부탁드립니다.

20 년 월 일

발신인 :            (인)

# 내용증명

받는 사람      성 명 :

                주 소 :

보내는 사람     성 명 :

                주 소 :

                연락처 :

1. ○○시 ○○동 ○○○○○공업사 공장 내 ○○기기는 발신인의 소유입니다. 현재 동산의 시가는 ○○○원 상당입니다. 본인인은 ○○기기의 고장으로 인하여 20○ ○. ○. ○. 귀하에게 수리를 의뢰하였습니다.

2. 한편, 귀하는 20○○. ○. ○. 동산의 수리를 완료하고 본인에게 수리비 ○○○원 을 청구한 사실이 있습니다. 이에 본인은 당일 수리비를 지급하지 못하다가 20○ ○. ○. ○. 수리비 및 지연손해금을 지급하고 동산의 인도를 요구하였으나 귀하는 이를 거절하며 이미 ○○○에게 임대하였다고 하며 유치권을 주장하고 있습니다.

3. 따라서 본인은 수리비 및 지연손해금 일체를 변제공탁하고 수신인에 대하여 동산 의 인도를 청구합니다. 만약 인도집행이 불가능할 경우에는 동산의 시가 ○○○원 을 청구할 것이니 양지하시기 바랍니다.

20 년 월 일

발신인 :        (인)

# 내용증명

받는 사람      성 명 :

                 주 소 :

보내는 사람      성 명 :

                 주 소 :

                 연락처 :

1. 본인은 20○○. ○. ○. 귀하와 ○○사업을 함께 하기로 하고 자본금비율은 본인이 금 ○○○원 귀하가 금 ○○○원을 투자하되, 1차로 20○○. ○. ○.에 금 ○○만 원을, 2차로 20○○. ○. ○.에 금 ○○○원을 투입하고 나머지 금액은 20○○. ○. ○.에 투자하여 건물을 임대하고 필요한 인원을 채용하여 20○○. ○. ○.부터 사업을 시작하기로 하였습니다.

2. 그러나 1차분을 투자한 후 갑자기 본인의 둘째 아들 ○○○이 ○○병으로 병원에 입원하여 사경을 헤매고 있어 경황이 없는 나머지 본의 아니게 약속을 지키지 못 하게 되어 죄송한 마음 금할 길이 없으나 본인이 사업의 전망을 살펴보고 투자의 가치를 저울질하다가 투자금액을 입금하지 못한 것이 아니오니 넓은 아량으로 양 해하여 주시기 바라며 2차 투자액과 나머지 금액을 20○○. ○. ○.까지 전액투자 하고자 하오니 양해하여 주시기 바랍니다.

3. 한 번 더 본인의 피치 못할 사정을 이해하여 주시고 원만한 동업관계가 유지되었 으면 합니다.

                 20 년 월 일

                 발신인 :　　　　　(인)

# 내용증명

받는 사람      성 명 :

                 주 소 :

보내는 사람      성 명 :

                 주 소 :

                 연락처 :

1. 본인은 귀하로부터 ○○소재 건물과 대지를 ○○○원에 매수하기로 하는 매매계약을 체결하고 계약금과 중도금을 지급하였습니다.

2. 20○○. ○. ○. 잔금지급일에 잔금을 지급하러 갔더니 귀하는 본인에게 팔기로 한 건물과 대지를 더 비싼 값으로 ○○○씨에게 매도하였다면서 잔금수령을 거절하고 제가 이미 지급한 계약금과 중도금만 반환하겠다고 하였습니다.

3. 본인은 이미 중도금을 지급하였으므로 귀하는 일방적으로 계약을 해제할 수 없음을 밝힙니다.

4. 따라서 귀하의 위와 같은 이중매매를 20○○. ○. ○.까지 취소하여 주시기 바라며 만일 불응시는 부동산처분금지가처분신청 등의 법적 조치와 더불어 손해배상청구를 하겠으니 양지하시기 바랍니다.

20 년 월 일

발신인 :        (인)

# 내용증명

받는 사람      성 명 :

               주 소 :

보내는 사람     성 명 :

               주 소 :

               연락처 :

본인은 귀하 소유 부동산에 대한 본인이 보유한 다음 기재 저당권을 ○○○에게 양도하고자 그 뜻을 통지합니다.

## - 저 당 권 의 표 시 -

부동산의 표시 : ○○시 ○○동 ○○○

               대 ○○㎡

               위 지상

               시멘트 벽돌조 기와지붕 2층 주택

               1층 70㎡, 2층 70㎡

설정등기 : 20○○. ○. ○. 접수 제○○○호

원 인 : 저당권설정계약

채권액 : 금 ○○○원

변제기 : 20○○. ○. ○.

이 자 : 연 ○%

이자지급시기 : 매월 말일

채 무 자 : ○○○, ○○시 ○○동 ○○○

채 권 자 : ○○○, ○○시 ○○동 ○○○

**- 양 도 의  표 시 -**

양 수 인 : ○○○, ○○시 ○○동 ○○○

양도원인 : 20○○. ○. ○.  금 ○○○원의 금전소비대차계약

양도일자 : 20○○. ○. ○.

20 년  월  일

발신인 :          (인)

# 내용증명

받는 사람        성 명 :

　　　　　　　　주 소 :

보내는 사람      성 명 :

　　　　　　　　주 소 :

　　　　　　　　연락처 :

**부동산의 표시 :**

1. 삼가 귀댁의 안녕을 기원합니다.

2. 위 부동산에 대하여 본인은 소유주인 귀하와 계약금 ○○○원을 20○○. ○. ○.
   에 중도금 ○○○원은 20○○. ○. ○.까지, 잔금 ○○○원은 같은 해 20○○. ○.
   ○.까지 각 지급하기로 하는 부동산매매계약을 20○○. ○. ○. 체결하고, 계약당
   일 위 계약금을 지불하였습니다.

3. (계속 부동산 매매계약을 성립시키고 싶은 경우)그러나 본인이 위 중도금 납입 기
   일에 중도금을 납입하기 위하여 귀하에게 수령할 것을 요구하였으나 귀하는 납입
   기한이 지났음에도 불구하고 현재까지 수령을 거절하고 있습니다. 이에 본인은 위
   중도금과 잔금을 관할법원에 정식 공탁을 하고 이를 기화로 소유권이전등기청구의
   소를 제기할 것입니다. 또한 이에 따른 제반비용도 귀하에게 전가할 것이오니 부

디 불미스러운 일이 발생하지 않도록 협조 부탁드립니다.

4. (계약을 해제하고, 계약금과 위약금을 받고 싶은 경우)그러나 본인이 위 중도금 납입 기일에 중도금을 납입하기 위하여 귀하에게 수령할 것을 요구하였으나 귀하는 납입기한이 지났음에도 불구하고 현재까지 수령을 거절하고 있습니다. 이에 본인은 본 내용증명을 통하여 위 부동산매매계약은 해제되었음을 통보하는 바이고 이에 따른 계약금과 위약금을 20○○. ○. ○.까지 반환하여 주실 것을 통보하고, 만약 위 기일을 어길 시에는 계약금 및 위약금반환청구의 소를 제기할 것입니다. 또한 이에 따른 제반비용도 귀하에게 전가할 것이오니 부디 불미스러운 일이 발생하지 않도록 협조 부탁드립니다.


20 년   월   일


발신인 :          (인)

# 내용증명

받는 사람      성 명 :

                주 소 :

보내는 사람      성 명 :

                주 소 :

                연락처 :

1. ○○시 ○○구 ○○동 ○○ 소재 대지는 소유권이전등기를 경료한 본인 소유의 부동산입니다. 그런데 귀하는 본인 소유 토지에 인접한 ○○소재 토지를 불법 점유하고 무허가 가건물을 증축하고 불법점유 사용하였습니다.

2. 본인은 불법점유 사실을 귀하에게 고지하고 수십 차례 철거 요청하였으나 귀하는 아무런 이유 없이 건물 철거 및 토지의 인도 청구에 불응하여 오다가 근래에 이르러서는 위 불법 건물 중 일부를 친척에게 임대하는 등의 불법 행위를 자행하고 있었습니다.

3. 임대받은 부분 건물 중 일부가 본인 승낙 없이 불법하게 증축된 무허가 가건물임으로 일체의 시설을 하여서는 안 된다고 통보한 바 있으나 귀하는 본인의 통고를 무시하고 철재시설을 설치하였습니다.

4. 따라서 본인은 귀하를 상대로 가건물 및 시설물 철거와 불법 점유로 인한 대지의 인도를 구하고, 불법점유 토지에 대해 임대료 상당의 손해금을 청구합니다.

20 년 월 일

위 발신인 :       (인)

# 내용증명

받는 사람      성 명 :

                   주 소 :

보내는 사람      성 명 :

                   주 소 :

                   연락처 :

부동산의 표시 :

1. 삼가 귀댁의 안녕을 기원합니다.

2. 위 건물에 대하여 본인은 귀하가 사용하는데 아무런 하자가 없다는 말만 믿고 매매대금 ○○○원을 지급하고 매수하였습니다.

3. 그러나 본인이 위 건물을 사용하려고 보니 위 건물은 너무 낡아서 사용하는데 있어 매우 위험한 정도입니다. 이는 귀하가 위 건물을 사용함에 있어 중대한 문제가 있음에도 불구하고 이를 본인에게 속이고 매매한 것이므로 귀하는 20○○. ○. ○.까지 하자보수를 완료할 것을 통보하는 바이오니 부디 착오 없으시길 바랍니다.

4. 혹 귀하가 위 기간을 초과할 경우 본인은 귀하를 상대로 부동산매매계약을 해제한 것으로서 인정되어 이에 따른 매매대금반환청구의 소를 제기함은 물론이고, 제반 비용 또한 청구할 것이오니 부디 불미스러운 일이 발생하지 않도록 협조를 부탁드립니다.

                   20 년 월 일

                   발신인 :        (인)

# 내용증명

받는 사람     성 명 :

                주 소 :

보내는 사람    성 명 :

                주 소 :

                연락처 :

1. 삼가 귀댁의 안녕을 기원합니다.

2. 본인은 20○○. ○. ○. 귀하로부터 아래 부동산의 표시 기재 부동산을 금 ○○ ○원에 매수하여, 계약 당일 계약금으로 금 ○○○원을 지불하고, 잔금 ○○○원은 20○○. ○. ○. 소유권이전등기수속을 함과 동시에 지불하기로 약정하였습니다. 그러나 귀하는 위 약정에 위배하여 위 기일에 소유권이전등기수속을 행하지 아니하였습니다. 그리하여 본인은 20○○. ○. ○.에 위 소유권등기를 이전받고자 하오니 위 일시에 등기소에 나와서 위 등기절차에 협력해 주실 것을 부탁드립니다.

3. 만일 귀하께서 위 일시에 등기절차에 응하지 아니할 때에는 다시 계약해제의 통지를 하지 않아도 위 기일이 경과됨과 동시 본 매매계약을 해제됨을 통지하는 바입니다.

### - 부 동 산 의 표 시 -

20 년 월 일

발신인 :     (인)

# 내용증명

받는 사람      성 명 :

                 주 소 :

보내는 사람     성 명 :

                 주 소 :

                 연락처 :


1. 본인은 20○○. ○. ○. 귀하와 사이에 본인 소유 ○○시 ○○구 ○○동 ○○○ 소재 사무실 내부수리공사를 금 ○○○원에 하기로 하는 계약을 체결하고 당일 계약금 ○○○원과 20○○. ○. ○. 금 ○○○원을 지급하고 잔대금 ○○○원을 공사가 완료된 후에 지급하여 주기로 하였습니다.


2. 그러나 귀하는 공사진행 중 그 비용을 절약하기 위해 당초 계약서에 약정한 재료를 쓰지 않고 그보다 가격이 싼 ○○을 사용하는가 하면 도면상에는 3개의 룸 설치로 되어 있는데도 2개만 설치하는 등 하여 계약을 위반하고 있습니다.


3. 그러므로 통지인은 이를 당초 계약한 바와 같이 도면과 일치하도록 하여 주시기 바라옵고 아울러 이를 조속한 시일 내 이행치 아니하면 잔대금의 미지급은 물론 이에 따른 손해배상도 청구할 수 있음을 알려드립니다.


20 년 월 일

위 발신자 :        (인)

# 내용증명

받는 사람      성 명 :

주 소 :

보내는 사람      성 명 :

주 소 :

연락처 :

1. 본인은 20○○. ○. ○. ○○시 ○○동 ○○○ 소재의 창고를 임차하여 사용하고 있습니다. 그런데 창고의 천장이 내려앉고 물이 새는 등 시설이 노후하여 임차한 목적대로 창고로 쓰기 어렵게 되었습니다.

2. 그래서 20○○. ○. ○. 본인은 귀하에게 임대차계약의 내용에 따라 창고를 수선해 줄 것을 요구하였습니다. 귀하는 창고를 전면적으로 보수하기로 하고 ○○회사에 보수공사 도급을 줬습니다.

3. 그러나 20○○. ○. ○. ○○회사의 소속 직원들이 창고의 누수 부위를 수선하기 위한 작업을 하던 중 화재가 발생하였습니다. 화재예방조치를 하지 않은 채 용접을 하다가 잘못하여 창고에 불이 붙었고 긴급하게 화재진압을 하였으나 창고의 반이 화재로 그을렸습니다.

4. 민법 제391조에 따르면 수급인이 시설물 수선 공사 등을 하던 중 수급인의 과실로 인하여 화재가 발생한 경우 임대인은 화재 발생에 귀책사유가 있습니다. 따라서 본인은 귀하를 상대로 화재 발생에 따른 손해배상액 ○○○원을 청구합니다.

20 년 월 일

발신인 :      (인)

# 내용증명

수 신  상 호 :

　　　　사무소 :


발 신  성 명 :

　　　　주 소 :

　　　　연락처 :


1. 귀사의 무궁한 발전을 기원합니다.

2. 본인은 본인 소유의 ○○시 ○○동 ○○ 지상에 건물을 신축하기 위하여 귀사와 건축공사도급계약서를 작성하였습니다.

3. 그러나 공사가 거의 절반정도 진행되어 이에 본인이 공사현장을 확인해 본 결과 귀사는 공사대금의 이윤을 최대한 높이기 위하여 공사에 사용하는 자재를 위 건축공사 도급계약서상의 시방서에 명시한 최상급 자재가 아닌 최하품의 자재를 사용하여 계속해서 공사를 진행하고 있으므로 본인은 본 내용증명을 통하여 즉시 공사를 중지하고, 현재까지 사용한 자재를 시방서상의 등급 자재들로 변경하여 줄 것을 요구하는 바이며, 아울러 귀사와 체결한 건축공사도급계약서를 해제하고, 그간 기 지급된 공사대금을 반환하여 줄 것을 요구하는 바입니다.

4. 혹 귀사가 본인의 요구를 한 가지라도 이행하지 않을 경우 본인은 귀사를 상대로 손해배상 청구의 소송을 제기할 수밖에 없사오니 부디 불미스러운 일이 발생하지 않도록 협조 부탁드립니다.


20 년  월  일


발신인 :　　　　(인)

# 내용증명

받는 사람 　　성 명 :

　　　　　　　주 소 :

보내는 사람 　　성 명 :

　　　　　　　주 소 :

　　　　　　　연락처 :


부동산의 표시 :


1. 삼가 귀댁의 안녕을 기원합니다.

2. 본인은 위 부동산의 실제 소유주이나 사정에 의하여 위 부동산을 취득할 당시 귀하의 명의로 소유권이전등기를 명의신탁 하였습니다.

3. 그러나 현재 본인의 문제점이 원만히 해결되어 비로소 위 부동산의 소유자명의를 본인의 명의로 회복하고자 하오니 이를 원만히 진행할 수 있도록 많은 협조 부탁드립니다.

4. 아울러 본인이 귀하에게 본 내용증명을 발송하게된 것은 모든 내용을 서면으로 교환하는 것이 현명할 것으로 판단되어 발송하는 것이오니 부디 오해는 하지 말아 주시기 바랍니다.

　　　　　　　　　　　20 년　월　일

　　　　　　　　　　　위 발신인 :　　　　(인)

# 내용증명

받는 사람      성 명 :

                 주 소 :

보내는 사람      성 명 :

                 주 소 :

                 연락처 :

1. 본인은 ○년 전 아버지가 돌아가신 후 가정형편이 궁핍함에도 불구하고 어머니를 모시고 생활하고 있습니다.

2. 아버지는 돌아가시기 ○년 전 아버지 명의의 대지와 주택을 형님의 명의로 이전해 주면서 어머니와 동생인 저를 잘 돌볼 것을 부탁하셨습니다.

3. 그러나 형님은 아버지가 돌아가신 후 어머니를 모시려 하지도 않고 생활비도 주지 않아 다른 상속재산이 없는 어머니와 본인은 생계유지가 막막한 실정입니다. 그래서 형님께 어머니 부양비를 청구하였으나 여러 차례 외면하고 있습니다.

4. 따라서 본인은 아버지가 형님에게 증여한 재산에 대하여 유류분청구를 하려고 합니다. 형님께서 어머니 부양비를 지급해 주지 않을 경우 부득이하게 법에 호소하겠으니 이해하여 주시기 바랍니다.

20 년 월 일

발신인 :        (인)

# 내용증명

받는 사람      성 명 :

                    주 소 :

보내는 사람      성 명 :

                    주 소 :

                    연락처 :

1. 귀하는 20○○. ○. ○. 약속어음을 발행한 후 약속어음을 지급 보증한다는 뜻으로 표면에 기명날인을 하였습니다.

2. 귀하는 위 약속어음을 수취하여 ○○○에게 배서양도하였고, ○○○는 본인에 대한 물품대금의 지급방법으로 본인에게 다시 배서하였습니다.

3. 본인은 이 어음의 정당한 소지인으로 만기에 지급제시 하였으나 어음 지급을 거절 당하였습니다.

4. 따라서 귀하는 20○○. ○. ○.까지 약속어음 ○○○원을 지급하여 주시기 바라며 만일 불응 시는 법적인 조치를 하겠으니 양지하시기 바랍니다.

20 년 월 일

발신인 :         (인)

# 내용증명

받는 사람     성 명 :

              주 소 :

보내는 사람     성 명 :

              주 소 :

              연락처 :

1. 20○○. ○. ○. 귀하의 사원이 본인의 집에 방문하여 신문을 구독하면 상품권과 함께 무료 구독 선물을 준다고 하여 ○○신문을 구독하기로 하였습니다.

2. 무료 구독 ○개월에 상품권 ○○만원을 받고 ○○개월 약정으로 계약을 하였습니다. 이번 달은 유료 구독 ○개월째로 약정기간이 끝나 신문을 해지하려고 하니 귀 보급소에서는 해지하려면 그동안 무료로 본 ○개월치와 사은품을 배상하라고 하였습니다.

3. 본인은 약정기간이 종료하여 신문을 해지하는 것이므로 더 이상 ○○신문을 넣지 마시기 바랍니다. 더불어 계약 내용에 따라 귀 보급소의 배상 요구에 응할 수 없음을 밝히오니 이점 양지하시기 바랍니다.

20 년 월 일

위 발신인 :       (인)

# 내용증명

수 신  상 호 :

       사무소 :

발 신  성 명 :

       주 소 :

       연락처 :


1. 귀사의 무궁한 발전을 기원합니다.

2. 다름이 아니옵고 본인은 귀사에서 20○○. ○. ○.부터 20○○. ○. ○.까지 약 11 년을 근무하고 지난 3개월 전 퇴직을 하였습니다.

3. 그러나 본인은 퇴직 전 3개월치 임금 ○○○원과 퇴직금 ○○○원을 아직까지 지급 받지 못하여 이에 본 내용증명을 통하여 지급을 통보하는 바이오니 귀사는 20 ○○. ○. ○.까지 위 금원을 모두 지급하여 주시기 바랍니다.

4. 혹 귀사가 아무런 권한 없이 본인의 요구를 이행하지 않을 경우 본인은 귀사를 상 대로 노동청의 고발은 물론 퇴직금 등 청구의 소송을 제기할 것으로 이에 따른 제 반비용 또한 전가할 것이오니 부디 불미스러운 일이 발생하지 않도록 협조 부탁드 립니다.


20 년  월  일

위 발신인 :       (인)

# 내용증명

받는 사람      성 명 :

                    주 소 :

보내는 사람      성 명 :

                    주 소 :

                    연락처 :

1. 본인은 20○○. ○월 초순부터 귀하의 소유 부동산인 ○○시 ○○구 ○○동 ○○ 소재 ○○빌딩 ○층 점포를 (보증금 ○○만원, 월차임 ○○만원, 임차기간 ○년) 임차하여, '○○○'라는 상호로 숙녀복 정장 판매대리점을 개설하여 영업하고 있습니다.

2. 그러나 영업부진으로 20○○. ○.부터 ○개월간 차임을 연체하게 되었는데 귀하는 20○○. ○. ○. 오후 ○시경 술을 마시고 가게에 찾아와 차임을 내어놓으라며 고래고래 큰소리를 치며 행패를 부려 가게 안에서 옷을 고르던 여자 손님들이 놀라 도망가게 하였고, 그 이후에도 3차례나 술을 마시고 찾아와 가게 안을 기웃거리며 고소인에게 욕을 하는 등 영업방해를 한 사실이 있습니다.

3. 이에 본인은 도저히 장사를 할 수 없는 지경에 이르렀으니 계속 이렇게 영업을 방해하면 손해배상 등을 청구하겠으니 명심하시기 바랍니다.

20 년 월 일

발신인 :        (인)

# 내용증명

받는 사람  성 명 :

      주 소 :

보내는 사람  성 명 :

      주 소 :

      연락처 :

1. 본인은 부동산 담보권 실행 경매로 경매목적부동산에 임차인으로 거주하면서 ○○만원에 상당하는 개보수 비용을 지불하여 임대인을 채무자로 하는 개보수비용의 상환청구채권을 가지고 있습니다.

2. 따라서 보수비용 전액을 변제수령일까지 본 건 목적부동산을 점유하는 유치권을 행사할 수 있음을 통보합니다.

3. 20○○. ○. ○.까지 회신이 없을 시 유치권 행사에 이의가 없음을 알고 유치권을 행사하겠으니 이 점 양지하시기 바랍니다.

20 년 월 일

발신인 :   (인)

# 내용증명

받는 사람       성 명 :

                주 소 :

보내는 사람     성 명 :

                주 소 :

                연락처 :

1. 안녕하십니까?

   드릴 말씀은 다름이 아니오라 20○○. ○. ○. 귀하를 통해 ○○동에서 ○○동으로 이사를 하였습니다.

2. 이삿짐 직원 분들이 모두 돌아가신 후 미처 풀지 않은 이삿짐을 정리하던 중 집 안의 가보로 내려오는 도자기에 금이 가 있는 것을 발견했습니다.

3. 계약서에 중요 물품의 목록을 적은 다음 귀하에게 확인시키고 미리 날인을 받아 두지 않은 게 유감스럽습니다. 소비자피해보상규정에 의하면 사업자의 고의 · 과실로 인한 이사 화물의 멸실, 파손, 훼손에 대해서는 사업자가 직접 배상해야 한다고 알고 있습니다.

4. 귀하께서는 파손된 이삿짐에 대해 보상을 해주시길 요청 드립니다. 파손된 이삿짐은 사진 촬영을 해두었으므로 추후에 필요하시면 사진 요청을 해주시면 보내드리겠습니다.

20 년 월 일

위 발신인 :        (인)

# 내용증명

받는 사람      성 명 :

　　　　　　 주 소 :

보내는 사람    성 명 :

　　　　　　 주 소 :

　　　　　　 연락처 :


**제목: 인테리어 업체의 마감공사 하자에 대한 내용증명**

1. 귀하의 가정에 평온이 가득하길 기원합니다.

2. 발신인은 발신인 소유의 오피스텔을 임차하면서 20○○년 ○○월 ○○일 수신인
   의 인테리어 업체와 공사 계약을 하여 공사를 20○○년 ○○월 ○○일에서 20○
   ○년 ○○월 ○○일까지 실시했습니다.

3. 하지만 오피스텔 203호 마감공사 후속공정 작업 중 마룻바닥 자재가 오염훼손 되
   었습니다. 주거공간으로서 기능을 상실하여 세입자에게 이사비용까지 지불하여 떠
   나보냈습니다.

4. 발신인은 수신인에게 이에 대한 항의를 하였고 수신인은 이사비용 및 재공사비용
   등을 지불하며 20○○년 ○○월 ○○일부터 20○○년 ○○월 ○○일까지 재공사
   를 진행하기로 했습니다.

5. 그러나 약속을 어기고 공사를 실시하지도 않고 비용을 지불하지도 않았습니다. 뿐만 아니라 전화를 받지 않고 있는 상태입니다. 현재 발신인은 겨울이 오기 전 재공사가 필요하여 다른 업체에게 견적을 받아 진행하고 있습니다. 이에 따라 수신인은 도급계약서 제7조(하자보수)에 따른 사항을 지키지 않고 발신인에게 총 300,000,000원의 손해를 발생시켰습니다.

5-1. 마감공사하자 보수비용: 257,000,000원
① 마룻바닥 자재 구입비용: 57,000,000원
② 재공사비용: 200,000,000원

5-2. 이사비용: 43,000,000원
① 세입자 이사비용: 43,000,000원

6. 의무에 따른 수신인의 불이행이 명확하였고 따라서 발신인은 수신인에게 이사비용 및 재공사 비용 등 총 300,000,000원을 마감공사 하자에 대한 손해배상으로 청구합니다. 20○○년 ○○월 ○○일까지 손해배상을 해주지 않을 시 법적조치를 취할 것이니 양지하시고 협조 바랍니다.

20○○년 ○○월 ○○일

발신인 :　　　(인)

# 내용증명

받는 사람      성 명 :

                주 소 :

보내는 사람     성 명 :

                주 소 :

                연락처 :


1. 귀하의 사업이 번창하시기를 기원합니다.

2. 귀하의 내용증명을 잘 받아 보았습니다.

3. 본인은 귀하의 임차주택매수청구서를 20○○. ○. ○.에 송부 받아 살펴본 즉 귀하의 사정은 이해할만하나 동 주택은 금번에 본인의 아들 ○○○이 장가를 들게 되어 아들에게 살게 하려고 하기 때문에 귀하의 청구를 거절하오며 귀하가 다른 주택을 구입하는데 차질이 없도록 임차보증금은 귀하가 원하는 날짜에 언제든지 반환하여 줄 것이니 다른 주택을 구입하시기 바랍니다.

20 년 월 일

발신인 :       (인)

# 제6편
# 사실확인서 작성례

## 1. 사실확인서(진술서 등) 작성방법

사실확인서에 의미하는 사실이란 실제로 이루어진 일이거나 이미 일어난 일을 말한다. 따라서 그러한 사실을 사실확인서 또는 진술서 등의 형식으로 작성할 경우 경험한 사실을 6하 원칙에 의거하여 누가, 언제, 어디서, 무엇을, 왜, 어떻게 하였는지 등을 시간순서에 맞추어 상세히 기재하는 방법으로 작성하여야 한다. 또한 이에 더하여 사실확인서에는 당사자에 대한 정보(성명, 주소, 주민번호, 당사자와의 관계 등)와 함께 사실내용(언제 어떠한 사실을 어떻게 알게 되었는지 등의 사실내용 - 진술인이 진술 또는 사실확인하려는 사실관계), 첨부자료 등(주로 작성자의 신분증이나 주민등록증, 인감증명서 등 - 위조 아님을 증명하기 위한 목적)을 첨부하여 작성하는 것이 좋다.

[서식] 사실확인서 기재요령

---

### 사실확인서

확인자 성명 　　: 박 ○ ○ (000000-0000000)
　　주소　　　 :
　　연락처　　 :
　　당사자와의 관계 :


확인자는 언제 경 어떠한 사실을 직접 목격하고 경험하였는바, 다시 경험한 사실을 바탕으로 아래와 같은 사실을 확인합니다.

---

**- 아 래 -**

모두 : 사건당사자와 확인자의 관계 설명, 어떻게 문제된 사실을 경험(목격)
　　　 또는 알게 되었는지 간단히 언급

본문 : 자신이 직접 경험하거나 알게 된 사실을 6하 원칙에 맞추어 상세하게
　　　 글로 적시

결론 : 이상 진술이 사실임을 확인합니다.

**첨부서류**

1. 주민등록증사본(확인자 박00)

2021.  2.  .

위 확인자 박 0 0 (인)

00000    **귀중(제출할 기관명)**

## 2. 사실확인서 작성시 주의점

사실확인서 작성시 무엇보다 중요시 여겨야 하는 점은 만일 소송과정에서 작성자가 증인으로 소환되어 관련 내용을 법정에서 증언할 시 스스로 작성하여 제출한 사실확인서의 내용과 다른 내용을 진술할 경우 자칫 위증죄로 고소되어 처벌을 받을 수 있다는 점이다.

따라서 막연히 지인의 뜻에 맞추어 그를 도와주려는 의도로 이를 작성하였다가 자칫 위증죄로 처벌받을 수 있다는 점을 반드시 명심하면서 어쩔 수 없이 누군가를 위해 사실확인서를 작성하여 주는 경우에도 그 작성 후 혹시 모를 형사절차까지 염두 해 두고 작성자의 개인적 의견은 철저히 배제한 채 사실관계만을 6하 원칙에 맞추어 기재하는 것이 좋다.

[서식] 사실확인서 – 거주사실

# 거 주 확 인 서

| | 거 주 자 | 세 대 주 |
|---|---|---|
| 성　명 | | |
| 주민번호 | | |
| 주　소 | | |
| 실거주지 | | |
| 세대주와의 관계 | | |

| 거 주 지 정 보 | |
|---|---|
| 주 소 | |
| 세 대 주 | |
| 실소유자 | |
| 건물형태 | |
| 면 적 | |

상기 거주자 본인은 위와 같이 거주하고 있음을 거짓없이 증명합니다.

○○○○년 ○○월 ○○일

확인자 :　　　　　(인)

세대주 :　　　　　(인)

# 사 실 확 인 서

확인자 성　명 :
　　　　주민번호 :
　　　　주　소 :

상기본인은 채권자의 어머니이자 채무자의 장모로서, 채권자가 채무자와 결혼한 후 그 동안 겪었던 갖은 고충을 직간접적으로 보거나 들어왔고 특히, 채무자의 음주운전으로 인한 사고로 3세의 어린 손주가 사망하는 순간을 직접 목격한 사실이 있기에 그 사실을 아래와 같이 진술합니다.

## - 아　래 -

1. 본인은 딸인 채권자의 현재의 처지 및 상황을 생각하면 어머니로서　비통한 마음 그지없어 눈물만이 앞을 가릴 뿐입니다.

2. 채권자는 결혼을 하여 채무자의 폭행, 무책임, 발기부전 등으로 지금껏 한시도 행복한 삶을 살지 못하였습니다.

늘 채무자의 경제적 무능력에 때문에 생계문제를 고민하여야 하였고, 채무자의 성기능 불능으로 인하여 그 치료 및 그 치료과정에서 채무자로부터 갖은 고초를 당해야만 하였습니다. 하지만 이러한 고통들은 모두 채권자만이 짊어질 삶의 굴레였을 뿐, 사위인 채무자는 가장으로서의 책임감과 자신의 병중에 대한 치료는 포기한 채 늘 술에 취하여 살거나 피씨방에서 허송세월을 보낼 만큼 아주 한심한 인생을 살았던 사람입니다. 그런 사람이 심지어 채권자를 폭행하거나 갖은 욕설로 목욕까지 주는 일을 서슴지 않았다고 하니 말문이 막힐 뿐입니다.

3. 그러던 2008. 6.경 딸인 채권자는 더 이상 채무자만을 믿고 기다려서는 않되겠다는 생각을 하였는지 고향인 김해로 내려와 '진골가마솥감자탕'이라는 상호로 감자탕 집을 직접운영하며 사실상의 가족들의 생계를 책임지는 가장으로서의 역할을 하기 시작하였습니다.

그럼에도 채무자는 가족들의 생계는 마치 자신하고는 무관한 일인 양 여전히 일하는 것 자체를 꺼렸고, 식당일로 힘들어하는 채권자를 돕기는 커녕 식당운영 수익금을 가져가 매일 같이 유흥비 등으로 탕진하거나 피씨방에서 날을 새고 들어오는 등 서울생활과 별반 달라지지 아니하였고, 이 때문에 딸아이의 마음고생은 날로 심해져만 갔습니다. 그와 같은 모습을 옆에서 지켜보아야만 했던 본인의 마음도 너무 아파 딸아이를 부둥켜안고 함께 눈물을 흘린 것도 한 두 번이 아니었습니다.

4. 그러던 2009. 6. 3.경 딸인 채권자가 본인에게 연락을 하여 같은 날 밤 9시경 채무자인 사위와 함께 낙동강근처의 횟집으로 식사를 하러간 사실이 있습니다. 당시 채무자는 다른 식구들이 술을 마시는 사람이 없었기 때문에 혼자서 식사와 곁들여 소주 2병을 마셨는데, 식사가 끝날 무렵에는 많이 취한 상태에 있었습니다.

5. 그래서 그런지 채권자는 혹 채무자가 술에 취하여 장모인 본인 앞에서 실수를 할까 두렵다며 저녁식사를 끝내자마자 밤 10시 가 조금 넘은 시간에 부랴부랴 식당을 나온 후 먼저 본인을 집에 데려다 주겠다며 본인의 집이 있는 김해시 창유면으로 향하였고, 집에 도착한 시간은 밤 11:00경 이었습니다.

6. 그 곳에 도착한 후 채권자는 잠시 차량의 시동을 끈 후 채무자와 함께 하차하여 본

인과 대화를 나누게 되었는데, 대화도중 채무자가 어디론가 가버렸고 갑자기 차량의 시동이 켜졌습니다. 본인과 채권자 그 소리를 듣고 반사적으로 주차된 차량을 보는 순간 차량이 전진하면서 당시 차량근처에 있던 손주를 그대로 역과하는 사고가 발생하였습니다. 사고 당시 손주는 머리가 다쳐서 흰 물질이 쏟아져 나왔고 너무 놀란 본인과 채권자 아이를 안고 트럭을 얻어 타고 병원으로 향하였는데, 그 상황에서도 채무자는 자기의 아버지와 누나에게 전화만 하면서 상의를 하였습니다. 이제 갓 3세의 손주는 그 자리에서 즉사하였습니다.

이렇듯 채권자의 3세 아들은 음주운전을 한 아버지에 의하여 아주 어린 나이에 부모의 곁을 떠나 처참한 모습으로 저 세상으로 가고 말았습니다.

7. 그로 인한 충격으로 채권자는 그 자리에서 실신할 정도로 깊은 충격을 받았고, 현재까지도 정신과적 치료를 받으며 약물에 의존하지 아니하고는 생활이 힘들 정도로 쇠잔해진 상태에 있습니다.

그럼에도 채무자는 그러한 채권자의 슬픔이나 고통, 정신적인 상태 등은 안중에도 없는 듯, "애가 죽은지 수 개월이 지났는데 아직도 치료를 받고 있느냐, 나도 이제 지겹다"는 등의 말로 채권자를 냉대할 뿐, 단 한 차례도 그러한 채권자를 사랑으로 감싸고 이해하며 함께 고통을 극복하려는 노력은 없었습니다.

8. 심지어 시간이 흐를수록 아들의 사망에 대한 책임에 대하여도 "너에게도 책임이 있다, 애가 그렇게 된 건 엄마의 책임이다"는 말로 더욱더 고통스럽고 숨이 막히게 하였고, 채권자가 정신과적 치료를 받는 것에 대하여도 무척이나 못마땅하게 여기며 이를 중단할 것을 요구하며, 만일, 채권자가 정신과적 치료를 받으러 나가려고 할 경우 이를 막아서며 집안에 가두어 두려고 할 정도로 아주 민감한 반응을 보이기까지 하였습니다.

9. 그 때문에 정신적 공황에 빠져버린 채권자는 수차례에 걸쳐 자살이라는 극단적인
   생각을 하였을 정도로 상태가 더 악화되었고, 더 이상 그러한 채무자와 함께 한 공
   간에 있을 경우 숨이 막혀 죽어버릴 것만 같은 갑갑함과 채무자로 인하여 생긴 현
   재의 정신과적 치료를 위하여 급기야 최근에 서울 시댁집을 나와 현재는 혼자서
   생활을 하고 있는 실정입니다.

   지금도 딸인 채권자는 아들을 잃은 슬픔과 충격을 떨쳐 버리지 못하고 정신과적
   치료를 받고 있는 상황입니다.

   2009.  11.  .
   (인)

# 사실확인서

확인자 : 김00(0000000-000000)

경기 고양시 000동 000로 66-1

저는 류00영 장00 부부의 이웃에 살고 있습니다. 평소 두 분과 친하게 내면서 집에도 자주 놀러 다녔습니다.

류00 아저씨가 장00 아주머니에게 늘상 다정하고 자상하게 대하는 걸 보면서 금슬이 좋은 부부라며 많이 부러워해왔는데, 최근 두 분 사이가 예전 같지 않아서 걱정을 하던 중 두 분이 혼인신고를 하지 않은 사이라서 갈라서면 그만이라는 말을 듣고 깜짝 놀랐습니다.

부디 두 분 사이가 회복되어 혼인신고도 하시고 예전처럼 다정한 부부로 살 수 있기를 바랄 뿐입니다.

*첨부 : 주민등록증 사본

2011. 2. 15.

김 00

의정부지방법원 고양지원 귀중

# 제7편
# 의견서, 진술서, 확인서

## 1. 진술서

진술서는 피의자 또는 피고인이나 참고인 또는 목격자 등이 범죄사실이나 그 밖의 사실에 대해서 자기 스스로 기재한 서면을 의미한다. 이 때문에 이는 수사기관이 작성하는 진술조서와 구별되며, 피의자가 수사과정에서 자필로 작성한 진술서는 수사기관이 작성한 피의자 신문조서와 동일한 요건을 갖추었을 때 비로서 증거로 사용할 수 있다.

## 2. 확인서

### 가. 작성방법

확인서는 원칙적으로 특별히 정해진 양식은 없기 때문에 다양한 방법에 의하여 작성이 가능하다. 즉, 친필로 작성하여 서명 또는 날인을 해도 되고, 한글과 워드 등의 문서로 작성한 후 이를 출력한 다음 서명 또는 날인을 하는 방법으로 작성을 하여도 무관하다. 다만, 확인서에는 그 확인서를 통해 작성자가 확인해주고자 하는 내용이 반드시 기재되어 있어야 하며, 만약 확인해 주고자 하는 요지가 누락되었거나 모호하게 작성될 바에는 처음부터 확인서를 제출하는 아니하는 것이 좋다.

### 나. 기재사항

확인서 작성시 형식적 기재사항은 다음과 같다.
(1) 작성자의 성명
(2) 연락처, 주소, 관계
(3) 확인하고자 하는 내용의 요지
(4) 작성 연월일
(5) 작성자의 성명 또는 날인

### 다. 확인서의 효력

확인서는 당사자 간의 계약 또는 법률관계에서 중요한 증거자료로 활용될 수 있다. 그러나 이러한 확인서는 부차적인 증거로서의 효력만을 갖는 것이 보통이다.

# 보 조 인 의 견 서

사　건　　　　　20○○푸 ○○○호 절도 등
보호소년　　　　○　○　○

위 보호소년에 대한 절도등 보호사건에 관하여 위 보호소년의 보조인은 다음과 같이 의견을 개진합니다.

## 다　　음

### 1. 성장과정

보호소년 ○○○(이하 보호소년이라고만 합니다)은 부 김ㅁㅁ, 모 이ㅁㅁ의 1남 2녀 중 막내로 태어났습니다. 넉넉하진 않지만 단란한 가정의 외아들로 태어난 보호소년은 초등학교·중학교를 같은 나이 또래의 다른 청소년들처럼 별 탈 없이 무사히 마쳤습니다. 비록 학교 성적은 중간 이하였으나 성격이 온순하고 대인관계도 원만하여 부모님과 누나들의 사랑을 독차지하며 자랐습니다.

그런데 보호소년은 고등학교에 진학한 후부터 공부에 점점 흥미를 잃으며 학교생활에 적응하지 못하게 되고 말았습니다. 보호소년은 학교에 지각하거나 결석하는 날이 많아지더니 결국 고등학교 1학년을 채 마치지 못하고 출석일수 미달로 자퇴를 하게 되었습니다.

학교를 자퇴한 후 보호소년은 오토바이 운전 면허증을 취득한 후 오토바이 배달 아르바이트 등을 하며 지내오던 중 이 건 절도 등 범행에 이르게 되었습니다.

## 2. 보조인 의견

### 가. 보호소년의 성행

보호소년은 고등학교를 자퇴하기 전까지는 아무런 말썽도 일으키지 않던 착한 학생이었습니다. 그런데 학교를 그만둔 후 가정형편상 식당 등에서 아르바이트를 하며 비슷한 처지에 있는 선배, 후배들과 어울리면서 이 건에 이르게 된 것입니다.

보조인이 접견한 결과 보호소년은 철이 없기는 하나 아직 악성에 물들지는 않은 것 같아 보였습니다. 오히려 막내이자 외아들로 태어나 부모님과 두 누나들의 귀여움을 독차지하며 자란 가정환경 때문인지 같은 나이 또래의 다른 아이들보다 철이 없어 보였으며, 접견 내내 눈물을 흘리는 등 성정이 다소 연약해 보였습니다. 또한 이번 사건으로 체포되기에 이르자 자신의 행동에 대한 사회적 의미를 다소나마 깨닫고 반성하는 빛이 역력하였습니다.

### 나. 보호소년의 가정환경

보호소년은 부모님과 두 누나와 함께 생활하고 있습니다. 보호소년은 태어나서 지금까지 집을 가출하여 친구들과 어울리는 등의 행동은 한 번도 한 사실이 없으며, 학교의 보호범위에서 벗어난 고등학교 자퇴시부터 지금까지도 계속하여 부모님과 두 누나들의 보호하에 함께 생활하여 왔습니다.

보호소년의 아버님은 타이루공으로 일하고 있고, 보호소년의 어머님은 빌딩 청소일을 하고 있습니다. 또, 보호소년의 큰누나는 회사원으로 일하고 있으며, 작은 누나는 대입시험을 준비중입니다. 비록 넉넉하지는 않지만 단란한 가족환경 속에서 보호소년은 생활하고 있습니다.

보조인이 보호소년의 가족들을 면담한 결과, 보호소년의 가족들은 이번 보호소년의 행동에 대해 매우 놀라고 있으며 앞으로 보호소년의 보호, 양육에 최선을 다할 것임을 재차 다짐하고 있습니다.

## 다. 보호소년의 범행전력

보호소년은 이 건 범행 전에 자동차관리법위반으로 기소유예를 받은 사실이 있습니다. 이는 보호소년이 오토바이 면허 취득 후 구입한 오토바이를 불법 개조한 것에 대해 담당 검사님으로부터 용서를 받은 것입니다. 보호소년의 이 건 범행도 평소 친하게 지내던 선배가 알려준 방법대로 별 생각 없이 저지른 행동이었습니다.

보호소년은 위와 같이 자신의 범행에 대한 뚜렷한 죄의식이 없는 상태에서 범죄에 이르렀던 것입니다. 이제 보호소년은 이 건으로 자신의 행위가 가져올 결과에 대해 그 의미를 충분히 이해한 듯 보입니다.

## 라. 의견

위와 같은 사유로 보조인은 보호소년을 소년원에 송치하는 것보다는 하루빨리 가족의 품에서 새로운 마음으로 자신의 잘못을 반성하는 삶을 영위할 수 있도록 보호소년에 대하여 1호, 3호 처분과 함께 사회봉사명령을 내려주시는 것이 타당하다고 사료되어 의견서를 제출합니다.

20○○. ○. ○.

위 보호소년의 보조인

공익법무관 ○ ○ ○ (인)

○ ○ 가 정 법 원 소 년 제 ○ 단 독 귀 중

# 보 조 인 의 견 서

사    건        20○○ 푸 ○○○호 폭력행위등처벌에관한법률위반등

보호소년        ○ ○ ○

위 보호소년에 대한 폭력행위등처벌에관한법률위반등 보호사건에 관하여 위 보호소년의 보조인은 다음과 같이 의견을 개진합니다.

## 다      음

## 1. 성 장 과 정

보호소년 ○○○(이하 보호소년이라고만 합니다)은 2남 중 막내로 태어났습니다. 넉넉하진 않지만 단란한 가정에서 태어난 보호소년은 ○○중학교 ○학년에 진학한 후부터 공부에 점점 흥미를 잃으며 학교생활에 적응하지 못하게 되고 말았습니다. 보호소년은 이 때부터 오토바이에 흥미를 가지기 시작하였는데 결국 보호소년은 학교에 지각하거나 결석하는 날이 많아지더니 결국 ○학년을 채 마치지 못하고 출석일수 미달로 자퇴를 하게 되었습니다. 학교를 자퇴한 후 보호소년은 중국집 배달원, 주유소 주유원 등의 아르바이트 등을 하며 지내오던 중 이 건 범행에 이르게 되었습니다.

## 2. 보조인 의견

### 가. 보호소년의 성행

보호소년은 학교를 그만둔 후 가정형편상 식당 등에서 아르바이트를 하며 비슷한 처지에 있는 선배, 후배들과 어울리면서 이 건에 이르게 된 것입니다. 보호소년의 이 건 범행은 20○○. 가을경 집을 가출한 보호소년이 친구 집 등을 전전하며 지내다가 용돈이 떨어지자 철없이 저지른 범행입니다.

보조인이 접견한 결과 보호소년은 철이 없기는 하나 아직 악성에 물들지는 않은 것 같아 보였습니다. 또한 이번 사건으로 체포되기에 이르자 자신의 행동에 대한 사회적 의미를 다소나마 깨닫고 반성하는 빛이 역력하였습니다. 이제 보호소년은 다시 집에 들어가 검정고시를 통해 고등학교를 진학하려고 하고 있습니다.

### 나. 보호소년의 가정환경

보호소년에게는 부모님과 형이 있습니다. 보호소년의 아버님은 ○○운수 소속 배차과장으로 일하고 있으며 어머님은 가정주부입니다. 보호소년의 아버님은 현재 당뇨병으로 통원치료를 받고 있습니다. 보조인이 보호소년의 가족들을 면담한 결과, 보호소년의 가족들은 계속되는 보호소년의 범행에 대해 매우 놀라고 있으며 앞으로 보호소년의 보호, 양육에 최선을 다할 것임을 재차 다짐하고 있습니다.

### 다. 보호소년의 범행전력

보호소년의 이 사건 범행 전의 절도 등 전과들은 모두 오토바이를 훔치다 적발되어 처벌받은 것들입니다. 평소 오토바이를 무척 좋아하는 보호소년은 뚜렷한 죄책감 없이 오토바이를 타기 위해 오토바이를 훔쳐 타다가 기름이 떨어지면 버리고 다시 훔치는 등 자신의 범행에 대한 의미를 정확히 모르는 상태에서 범죄에 이르렀던 것입니다. 이제 보호소년은 이 건으로 자신의 행위가 가져올 결과에 대해 그 의미를 충분히 이해한 듯 보입니다.

**라. 의견**

위와 같은 사유로 보조인은 보호소년을 소년원에 송치하는 것보다는 하루빨리 가족의
품에서 새로운 마음으로 자신의 잘못을 반성하는 삶을 영위할 수 있도록 보호소년에
대하여 1호, 3호 처분과 함께 사회봉사명령을 내려주시는 것이 타당하다고 사료되어
의견서를 제출합니다.


20○○.   ○.   ○.


위 보호소년의 보조인
공익법무관   ○   ○   ○ (인)


○ ○ 가 정 법 원 소 년 제 ○ 단 독   귀 중

# 증 인 진 술 서

사 건   20○○가단○○○○○ 건물명도 등

원 고   ○○○

피 고   ◇◇◇


## 진술인(증인)의 인적사항


이       름 : ■■■

주민등록번호 : ○○○○○○-○○○○○○○

주       소 : ○○시 ○○구 ○○로 ○○

전화번호 : ○○○-○○○○(휴대폰 ○○○-○○○-○○○○)


1. 진술인(증인)은 월남전에 참전하였다가 19○○. ○○.에 제대하였는데 월남에서 모아온 돈이 있어 진술인의 어머니인 원고 ○○○와 토지를 매수하기로 의논하였습니다.

2. 그래서 19○○. 봄 소외 ◉◉◉로부터 이 사건 토지를 매수하기로 하는 계약을 진술인의 어머니인 원고 ○○○와 같이 체결하였고 비용은 진술인이 진술인의 어머니인 원고 ○○○에게 드린 돈을 진술인의 어머니인 원고 ○○○가 쌀로 바꾸어 5가마 반 정도 주고 소외 ◉◉◉로부터 이 사건 토지를 매수한 것입니다. 진술인이

비용을 댔기 때문에 가족들 중 진술인이 토지의 소유자인 셈입니다.

3. 이 사건 토지가 진술인의 형인 소외 망 ◆◆◆ 명의로 된 것은 이 사건 토지의 등기 명의인인 소외 ◉◉◉가 동네에 모습을 잘 보이지 않아서 명의이전을 쉽게 못했었고, 진술인은 그 뒤에 서울에서 생활을 하였기 때문입니다. 그런데 19○○.경 소외 ◉◉◉가 동네에 나타났을 때 마침 진술인의 형인 소외 망 ◆◆◆가 근처에 살고 있어 명의만 진술인의 형인 소외 망 ◆◆◆ 명의로 된 것입니다.

4. 위의 내용은 모두 진실임을 서약하며, 이 진술서에 적은 사항의 신문을 위하여 법원이 출석요구를 하는 때에는 법정에 출석하여 증언할 것을 약속합니다.


20○○.  ○.  ○.


위 진술인(증인) ■■■(서명) (날인)


○○지방법원  ○○지원 제○민사단독  귀중

| | |
|---|---|
| 관련조문 | • ① 법원은 증인과 증명할 사항의 내용 등을 고려하여 상당하다고 인정하는 때에는 출석·증언에 갈음하여 증언할 사항을 적은 서면을 제출하게 할 수 있다. ② 법원은 상대방의 이의가 있거나 필요하다고 인정하는 때에는 제1항의 증인으로 하여금 출석·증언하게 할 수 있다(민사소송법 제310조).<br>• 증인은 서류에 의하여 진술하지 못한다. 다만, 재판장이 허가하면 그러하지 아니하다(민사소송법 제331조).<br>• ① 법원은 효율적인 증인신문을 위하여 필요하다고 인정하는 때에는 증인을 신청한 당사자에게 증인진술서를 제출하게 할 수 있다. ② 증인진술서에는 증언할 내용을 그 시간 순서에 따라 적고, 증인이 서명날인 하여야 한다. ③ 증인진술서 제출명령을 받은 당사자는 법원이 정한 기한까지 원본과 함께 상대방의 수에 2(다만, 합의부에서는 상대방의 수에 3)를 더한 만큼의 사본을 제출하여야 한다. ④ 법원사무관등은 증인진술서 사본 1통을 증인신문기일 전에 상대방에게 송달하여야 한다(민사소송규칙 제79조). |
| 기　타 | • 증인의 증언내용이 주신문과 반대신문간에 있어서 전후가 상반되어 일관성이 없고 같은 증인의 제1심에서의 증언에 의하면 그 증언내용은 원고로부터 전해 들어서 알게 되었다는 것이니 그 증언은 조리상 자기의 경험에 의해서 알게 된 사실이 아님을 추단할 수 있어 궁극적으로 당사자인 원고의 주장과 다를 바 없는 내용이라고 보여지므로 같은 증언에 의하여 원고의 주장사실을 인정한 것은 위법함(대법원 1983. 11. 22. 선고 83다카653 판결).<br>• 증인신문조서의 기재에 관하여 불복이 있으면 민사소송법 제164조의 규정에 의한 이의의 방법에 의하여야 함. 따라서 증인신문조서에 증인들의 증언내용과 현저히 다르게 기재되어 있고, 증언한 바 없는 내용도 기재되어 있어 잘못이라는 이유를 상고이유로 삼을 수는 없음(대법원 1981. 9. 8. 선고 81다86 판결). |

# 진 술 서

사 건            20○○타채○○○    채권압류 및 추심명령

채권자            ○○○

채무자            ◇◇주식회사

제3채무자        ◆◆주식회사

위 사건에 관하여 귀원의 진술최고에 대하여 제3채무자는 아래와 같이 진술합니다.

## 아 래

1. 채권을 인정하는지의 여부 및 인정한다면 그 한도
   - 제3채무자는 위 채무자와의 사이에 임대차계약을 체결한 사실이 없으며, 따라서 위 채권압류 및 추심명령의 별지목록 기재의 임차보증금반환채무도 부담하고 있지 않음. 다만, 위 채무자회사의 대표이사 개인과의 임대차계약은 체결한 사실이 있으며, 그 임차보증금은 금 50,000,000원, 계약기간 20○○. ○. ○.부터 20○○. ○○. ○○.까지임.

2. 채권에 대하여 지급할 의사가 있는지의 여부 및 의사가 있다면 그 한도
   - 없음

3. 채권에 대하여 다른 사람으로부터 청구가 있는지의 여부 및 청구가 있다면 그 종류
   - 없음

4. 다른 채권자에게 채권을 압류 당한 사실이 있는지 여부 및 그 사실이 있다면 그 청구의 종류
   - 없음

20○○.　○.　○.

위 제3채무자 ◈◈주식회사

대표이사　◈◈◈ (서명 또는 날인)


○○지방법원　○○지원　귀중

---

| 제3채무자의 진술의 효력 | <ul><li>제3채무자가 진술을 한 뒤에도 그 진술내용에 잘못이 있거나 또는 사정변경이 있을 때에는 이를 정정하거나 보충할 수 있음.</li><li>제3채무자의 진술서에서의 인정은 청구의 인낙(민사소송법 제220조)과 같은 의미는 아님.</li><li>제3채무자의 진술은 단순한 사실의 진술에 불과하고 채무의 승인으로는 볼 수 없어 그 자체만으로는 아무런 구속력이 없어, 압류채권자로서는 제3채무자의 진술에 구애받지 않고 행동할 수 있으며(, 압류된 채권이 존재하지 않는다고 진술하더라도 압류채권자는 전부명령을 신청하거나 추심소송을 제기할 수 있음), 제3채무자 자신도 그 진술에 구애받지 않음(압류채권이 존재한다고 진술한 뒤에도 이후의 추심소송에서 채권이 발생하지 않았다고 주장하거나 무효라고 주장할 수도 있음). 다만, 특별한 경우 제3채무자의 주장이 이전의 주장과 모순되는 것으로서 신의칙상 허용되지 않을 수도 있으며, 채권이 존재한다는 진술이 재판 외의 자백이 되어 채권의 존재에 대한 사실상의 추정으로 작용할 수는 있음.</li><li>제3채무자가 고의 또는 과실로 허위의 진술을 함으로 말미암아 압류채권자에게 손해가 발생한 때에는 그 손해를 배상할 의무가 있음.</li></ul> |
| --- | --- |

# 진 술 서

사　　　건　　　20○○카기○○○　소송비용액확정결정신청

신 청 인(원고)　　　○○○

피신청인(피고)　　　◇◇◇


위 사건에 관하여 피신청인은 아래와 같이 비용에 대한 부인과 그 이유를 진술합니다.


## 다　　　음

　이 사건 소송의 사실관계는 기록에 의하면 명백한바, 신청인이 신청한 변호사보수비용은 별첨 변호사보수의소송비용산입에관한규칙 제3조의 별표와 전혀 상반되는 비용으로서, 비용산정에 있어서 어디에 근거를 두고 산정한 것인지 피신청인은 이를 이해할 수 없음을 진술합니다.


## 소 명 방 법

1. 변호사보수의소송비용산입에관한규칙 제3조의 별표


20○○.　○.　○.


위　피신청인(피고)　◇◇◇　(서명 또는 날인)


○○지방법원　○○지원　귀중

[서식] 진술서 - 소송구조(재산관계 진술서)

# 소송구조 재산관계진술서

<table>
<tr><td rowspan="2">신 청 인</td><td>이 름</td><td></td><td colspan="2">주민등록번호</td><td colspan="3"></td></tr>
<tr><td>직 업</td><td></td><td colspan="2">주 소</td><td colspan="3"></td></tr>
<tr><td rowspan="6">가족관계</td><td rowspan="2">이 름</td><td rowspan="2">신청인과<br>관계</td><td rowspan="2">나 이</td><td rowspan="2">직 업</td><td rowspan="2">월수입</td><td rowspan="2">동거여부</td></tr>
<tr></tr>
<tr><td></td><td></td><td></td><td></td><td></td><td></td></tr>
<tr><td></td><td></td><td></td><td></td><td></td><td></td></tr>
<tr><td></td><td></td><td></td><td></td><td></td><td></td></tr>
<tr><td></td><td></td><td></td><td></td><td></td><td></td></tr>
<tr><td rowspan="2">신청인의<br>월 수 입</td><td>금 액</td><td colspan="6"></td></tr>
<tr><td>내 역</td><td colspan="6"></td></tr>
<tr><td>수급권자<br>여 부</td><td colspan="7">□ 국민기초생활보장법상의 수급권자임<br>□ 한부모가족지원법상의 지원대상자임<br>□ 기초연금법상의 수급권자임<br>□ 장애인연금법상의 수급권자임<br>□ 북한이탈주민의 보호 및 정착지원에 관한 법률상의 보호대상자임<br>□ 수급권자 · 지원대상자 · 보호대상자 아님</td></tr>
<tr><td rowspan="2">신청인의<br>주 거</td><td>형 태</td><td colspan="6">아파트, 단독주택, 다가구주택, 연립주택, 다세대주택<br>기타(                              )</td></tr>
<tr><td>소유관계</td><td colspan="6">신청인 또는 가족 소유 (소유자 :            )<br>임대차(전세, 월세 : 보증금         원, 월세          원)<br>기타(                        )</td></tr>
<tr><td rowspan="5">신청인과<br>가족들이<br>보유한<br>재산내역</td><td>부동산</td><td colspan="6"></td></tr>
<tr><td>예금</td><td colspan="6"></td></tr>
<tr><td>자동차</td><td colspan="6"></td></tr>
<tr><td>연금</td><td colspan="6"></td></tr>
<tr><td>기타</td><td colspan="6"></td></tr>
</table>

신청인은 이상의 기재사항이 모두 사실과 다름이 없음을 확약하며 만일 다른 사실이 밝혀지는 때에는 구조결정이 취소되더라도 이의가 없습니다.

20 .  .  .

신청인  ○○○ (서명 또는 날인)

**○○지방법원 제○부(단독) 귀중**

## ※ 작성시 유의사항

1. **가족관계** : 배우자, 부모, 동거 중인 형제자매

2. **재산내역**

① **부동산** : 등기 여부에 관계없이 권리의 종류, 부동산의 소재지, 지목, 면적(㎡), 실거래가액을 기재

(예시) 임차권, 서울 서초구 서초동 ○○번지 ○○아파트 ○동 ○호 50㎡, 임대차보증금 ○○○만원

② **예금** : 50만원 이상인 예금의 예금주, 예탁기관, 계좌번호, 예금의 종류를 기재

(예시) 예금주 ○○○, △△은행 서초지점 계좌번호00-00-00, 보통예금, ○○○만원

③ **자동차** : 차종, 제작연도, 배기량, 차량등록번호, 거래가액을 기재

(예시) 캐피탈 1993년식, 1500㏄, 서울○○두1234, ○○○만원

④ **연금** : 액수 관계없이 연금의 종류, 정기적으로 받는 연금 액수, 기간을 기재

(예시) 유족연금 매월 30만원, 20○○. .  .부터 20○○. .  .까지

⑤ **기타** : 소유하고 있는 건설기계, 선박 또는 50만원 이상의 유가증권, 회원권, 귀금속 등을 기재

## ※ 첨부서면

1. 가족관계를 알 수 있는 주민등록등본 또는 가족관계증명서, 재산내역을 알 수 있는 등기부등본, 자동차 등록원부등본, 예금통장사본, 위탁잔고현황, 각종 회원증 사본

2. 다음에 해당하는 서류가 있는 경우에는 이를 제출하시기 바랍니다.

   - 근로자 및 상업 종사자 : 근로소득원천징수영수증 또는 보수지급명세서, 국민건강보험료부과내역서, 국민연금이력요약/가입증명서, 소득금액증명서
   - 공무원 : 재직증명서 또는 공무원증 사본
   - 국가보훈대상자 : 국가유공자임을 증명하는 서면
   - 국민기초생활보장법상 기초생활 수급권자 : 기초생활수급권자 증명서
   - 한부모가족지원법상의 지원대상자 : 한부모가족 증명서
   - 기초연금법상의 수급권자 : 기초연금수급 증명서 또는 기초연금 지급내역이 나오는 거래은행통장 사본
   - 장애인연금법상의 수급권자 : 수급자 증명서 또는 장애인연금 지급내역이 나오는 거래은행통장 사본
   - 북한이탈주민의 보호 및 정착지원에 관한 법률상 보호대상자 : 북한이탈주민등록
   - 소년 · 소녀가장 : 가족관계증명서
   - 국민기초생활보장법상 차상위자 : 국민건강보험료부과내역서, 국민연금이력요약/가 입증명서, 소득금액증명서, 지방세세목별과세증명서, 주택임대차계약서
   - 외국인 : 여권사본 또는 외국인등록증사본
   - 법인 : 대차대조표, 재산목록, 영업보고서, 손익계산서

# 무상거주사실 확인서

### 1. 무상거주자(신청인) 인적사항

| 성 명 | 주민등록번호 | 무상거주지 주소 | 연 락 처 |
|---|---|---|---|
|  |  |  |  |

### 2. 거주기간 및 소유자 또는 임차인

| 거주기간 | ( 년 월 일) ～ 현 재 |
|---|---|
| 건물소유자<br>또는<br>임 차 인 | 성 명 :<br>주민등록번호 :<br>신청인과의 관계 :<br>전 화 번 호 : |

상기와 같이 무상거주하고 있음을 확인합니다.


년 월 일


건물소유자 또는 임차인 :

# 부동산거래 사실확인서

## 1. 거래(매도) 부동산의 표시

1) 물건(내용)명 :

2) 물 건 지 :

3) 대지면적 :

4) 건축면적 :

5) 기    타 :

## 2. 거래부동산의 매도가액

금액 : 금            원정(₩            원정)

3. 계약일 : 20  년   월   일

   잔금일 : 20  년   월   일

본인은 위 부동산을 위 내용으로 거래한 사실을 확인하오며 또한 거래(매도)금액도 실제거래 금액임이 틀림없음을 확인합니다.

본 내용을 확실하게 하기 위하여 거래사실확인용 인감증명을 첨부하고 확인서에 기명 날인합니다.

첨 부 : 인감증명(거래사실확인용)   1부

20 년 월 일


**(갑)** 주　소 :

매　성　명 :　　○○○ (인)

도

인　연락처 :


**(을)** 주　소 :

매　성　명 :　　○○○ (인)

수

인　연락처 :

# 임대차 사실 확인서

## 〈부동산의 표시〉

소재지 :

1층 : ○방 ○칸 부엌 ○칸  2층 : ○방 ○칸 부엌 ○칸

3층 : ○방 ○칸 부엌 ○칸  4층 : ○방 ○칸 부엌 ○칸

| 담당 | | | |
|---|---|---|---|
| | | | |

위 부동산을 ○○회사(주)에 담보 설정함에 있어 동 부동산의 임대인(소유자), 임차인 및 이해개인은 임대차보호를 받기 위하여 아래와 같이 임대차보증금을 상호 확인하고, 향후 아래 기재한 임대차보증금 외에 여하한 임대차보증금도 귀사에 주장하지 않을 것임을 이에 자필서명날인으로 서약합니다.

만일 아래 임대차관계가 사실과 달라 귀사에 손해를 미치게 될 때에는 임차인과 임대인은 연대하여 민·형사상의 모든 책임을 감수할 것이며, 귀사의 여하한 조치에도 이의를 제기하지 않을 것을 확약합니다.

■ 확인자(소유자) : ○○○ (인)

■ 생년월일 :

■ 주   소 :

| 확인일자 | 임대내역 | 임차보증금 | 확인자 |
| --- | --- | --- | --- |
| 20 . . . | ○층 : 방 ○칸<br>부엌 ○칸 | 보증금 : 금 ○○백만원<br>월 세 : 금 ○○○천원 | 성 명 : ○○○ (인)<br>관 계 : 임차인의 ○○○ |
| 20 . . . | ○층 : 방 ○칸<br>부엌 ○칸 | 보증금 : 금 ○○백만원<br>월 세 : 금 ○○○천원 | 성 명 : ○○○ (인)<br>관 계 : 임차인의 ○○○ |
| 20 . . . | ○층 : 방 ○칸<br>부엌 ○칸 | 보증금 : 금 ○○백만원<br>월 세 : 금 ○○○천원 | 성 명 : ○○○ (인)<br>관 계 : 임차인의 ○○○ |
| 20 . . . | ○층 : 방 ○칸<br>부엌 ○칸 | 보증금 : 금 ○○백만원<br>월 세 : 금 ○○○천원 | 성 명 : ○○○ (인)<br>관 계 : 임차인의 ○○○ |
| 20 . . . | ○층 : 방 ○칸<br>부엌 ○칸 | 보증금 : 금 ○○백만원<br>월 세 : 금 ○○○천원 | 성 명 : ○○○ (인)<br>관 계 : 임차인의 ○○○ |

**(별 첨)**

① 임대차계약서 사본 각 1부             (현지조사자 확인)

② 주민등록등본(임차인) 각 1부            영 업 소 :

③ 인감증명서 (임대인) 각 1부            담   당 :          (인)

# 거래 사실 확인서

아래와 같이 거래 사실을 확인합니다.

| 결재 | | | | |
|---|---|---|---|---|
| | | | | |
| | / | / | / | / |

## 1. 부동산의 표시

| 소 재 지 | |
|---|---|
| 지　목 | |
| 면　적 | |

## 2. 인적사항

| 구 분 | 성 명 | 주민등록번호 | 주　　　소 | 비 고 |
|---|---|---|---|---|
| 매 도 인 | | | | |
| 매 수 인 | | | | |
| 양 수 인 | | | | |

## 3. 거래내용

| 매 매 총 액 | |
|---|---|
| 계 약 일 자 | |
| 잔금지급일자 | |

**상기 매도인**

본인은 위 표시 부동산을 상기 거래내용과 같이 거래한 사실이 틀림없음 매수인 을 확인합니다.


20○○년 ○○월 ○○일



위 확인자   주 소 :

성 명 : (인)

[서식] 확인서 - 공사

| 문서번호 | |
|---|---|

# 사 실 확 인 서

| | 공 사 명 | | | |
|---|---|---|---|---|
| 공사표시 | 공사업체 | | | |
| | 공사내용 | | | |
| 공사업체 | 업 체 명 | | 사 업 자<br>등록번호 | |
| | 대 표 자 | | 연 락 처 | |
| | 소 재 지 | | | |
| 공사비용 | 계 약 금 | 일 금 | 원정 ( ₩ | ) |
| | 공사비용 | 일 금 | 원정 ( ₩ | ) |
| | 총 합 계 | 일 금 | 원정 ( ₩ | ) |
| 공 사 기 간 | | | | |

상기 공사업체는 위 표시된 공사를 실시하여 완료하였음을 확인합니다.


년 월 일



확 인 자    업 체 명 :

담 당 자 :              (인)

# 경 작 사 실 확 인 서

| 실 경 작 자 | 주 소 | | | | |
| | 성 명 | | 주민등록번호 | | |
| 소 재 지 | 지 번 | 지 목 | 면 적(㎡) | 재배작물 | 비 고 |
| | | | | | |
| | | | | | |
| | | | | | |
| | | | | | |
| | | | | | |
| | | | | | |
| | | | | | |
| 용 도 | 영농보상금 청구용 | 제 출 처 | | | |

※ 경작농지가 많을 경우 붙임 할 것.

공익사업을 위한 토지 등의 취득 및 보상에 관한 법률 시행규칙 제48조의 규정에 의거 상기 농경지를 당해 사업일 이전부터 현재까지 경작하고 있음을 확인합니다.

20 년 월 일


토지소유자          성    명                         (인)
                  주민등록번호
                  주       소
                  전 화 번 호


통    장          성    명                         (인)
(농지위원)         주민등록번호
                  주       소
                  전 화 번 호


붙임 :

1. 인감증명서 1부.

2. 주민등록초본 1부.

3. 통장사본.

4. 인감도장

※ 임차농의 경우는 인감증명서를 토지소유자와 본인(임차농)의 것을 붙임 해야 합니다.

# 영 농 사 실 확 인 서

1) 인적 사항

| 이　　름 | |
|---|---|
| 주민등록번호 | |
| 주　　소 | |

2) 사실 확인

| 농지 소재지 | |
|---|---|
| 주재배 작물 | |

상기인은 영농조합법인의 영농자임을 확인합니다.


20 년　월　일

○ ○ ○ 법 인

| 발급번호 : 제　　호 | | 수 해 피 해 사 실 확 인 서 | | | | | | |
|---|---|---|---|---|---|---|---|---|

| 신청인 | 학생 | 학(부)과 | | 학년 | | 학 번 | | 성명 | |
|---|---|---|---|---|---|---|---|---|---|
| | | 주민등록번호 | | ~ | | 연 락 처 | | 전 화 (　) 　－ 핸드폰　　－　　－ | |
| | 보호자 | 성 명 | | | | 주민등록번호 | | ~ | |
| | | 주 소 | | | | 연 락 처 | | 전 화 (　) 　－ 핸드폰　　－　　－ | |

아래와 같이 수해피해 사실을 확인하여 주시기 바랍니다.

20 ． ． ．

신청인 : 학생과의 관계　　　성명　　　　　　(인) 또는 서명

| 피 해 구 분 | | | 피해일시 | 비 고 |
|---|---|---|---|---|
| 부·모가 사망 또는 부상 | 사 망 | 사망자 성명 :　　　　　관계 : | | |
| | 부 상 | 부상자성명 :　　　　　관계 : 　　(장애등급 :　　급) ※장애등급이 7등급이상일 경우 해당됨 | | |
| 농경지·과수원 | 농가단위 피해율 10~30%미만 | 경작면적(　　㎡)중 피해면적(　　㎡) | | |
| | 농가단위 피해율 30~50%미만 | 경작면적(　　㎡)중 피해면적(　　㎡) | | |
| | 농가단위 피해율 50%이상 | 경작면적(　　㎡)중 피해면적(　　㎡) | | |
| 주택·시설 | 일부파손 및 침수 | 건축 연면적(　　㎡)중 피해면적(　　㎡) | | |
| | 반파이상 및 유실 | 건축 연면적(　　㎡)중 피해면적(　　㎡) | | |
| | 완전파손 및 유실 | 건축 연면적(　　㎡)중 피해면적(　　㎡) | | |

| | 일부파손 및 침수 | 건축 연면적( m²)중 피해면적( m²) | | |
|---|---|---|---|---|
| 공장·점포 | 반파이상 및 유실 | 건축 연면적( m²)중 피해면적( m²) | | |
| | 완전파손 및 유실 | 건축 연면적( m²)중 피해면적( m²) | | |
| 기타 피해규모 | 피해내용 : 피해규모 : 전체규모( )중 피해규모( ) | | | |

※ 해당되는 항에 기재하고 확인자 날인후 투명테이프로 부착할 것.

위와 같이 수해피해 사실을 확인합니다.
20.    .    .

기관장 :                          (직인)

○○대학교총장 귀하

☞ 기타서류
1. 주민등록등본(보호자와의 관계가 불가능할 경우 호적등본)

# 고용주 사실확인서

| 인적사항 | 성 명 | | 주민번호 | |
|---|---|---|---|---|
| | 주 소 | | | |
| 근무사항 | 근무부서 | | 직 급 | |
| | 근무기간 | | | |
| 용 도 | | | | |

위와같이 근무사항을 확인합니다.


20 년 월 일


위 확인자 :              (인)


주식회사 ○○○

# 점유사실 확인서

| 성 명 | |
|---|---|
| 주민등록번호 | |
| 주 소 | |

상기인은 서울특별시 강남구 삼성동 ○○번지 ○○○아파트 ○○○동 ○○○호에 ○○○○년 ○○월 ○○일부터 ○○○○년 ○○월 ○○일 현재까지 계속 거주하고 있음을 확인합니다.

○○○○년 ○○월 ○○일

첨 부 : 1. 위촉장 사본 1부

확인자 ○○동 ○○통장

작 성 자 :            (인)

# 사고 목격 진술서

아래 본인은 20 년 월 일 시 분 경 OO 로타리에 대기중 , 차량(차량번호: 호)이 신호위반을 하여 돌진하며, 신호 대기중이던 (차량번호 호)을 정면으로 들이받아, 차량에 탑승해 있던 가 다쳐 차안에서 피를 흘리고 있는 사고를 목격하였습니다.

이를 확실히 하기 위하여 본인이 직접 자필로 작성하고 서명날인합니다.

20 . . .

위 진술인

성 명 :                    (印)
주민등록번호 :
주 소 :
전화번호 :

# 폭행 진술서

성 명 :　　　　정○○

주민등록번호 :　　○○○○○○-○○○○○○○

주 소 :　　　　○○시 ○○구 ○○로

본인은 20○○년 ○○월 ○○일 오전02:00시 김○○, 박○○ 폭행사건에 대하여 다음과 같이 진술서를 제출하는 바입니다.

## ■ 사건내용

상기 본인은 20○○년 ○○월 ○○일 오전 01:45분경 지인과 술자리를 가진 후 집으로 귀가하려고 택시를 기다리는 중 이였습니다.

택시를 타기 전에 갈증으로 인하여 근처 편의점을 방문하였고, 음료를 구입 후 다시 택시를 타기위하여 길을 가던 중 ○○○ 가게 옆 골목에서 김○○, 박○○씨를 목격하였고 신경 쓰지 않고 지나가려는 길이였는데 흡연 중이던 두 사람은 저에게 접근하였습니다.

접근 후 자신이 목이 마르니 구입한 음료를 나눠먹자고 이야기를 하였고, 본인은 그것을 거부하였습니다. 그러자 박○○씨가 욕설을 하였고 옆에서 김○○씨는 방치를 하였습니다.

욕설에 기분이 나쁜 본인은 그냥 무시하고 지나가려는데 박○○씨가 본인의 팔을 붙잡고 양손으로 저를 밀쳤습니다.

본인은 들고 있는 음료를 쏟으며 넘어졌고 박○○씨는 저의 모습을 보면서 웃었고 김○○씨는 그만 하자라는 식으로 박○○씨를 데리고 가려고 하였습니다.

그러자 박○○씨는 "네가 뭔데 나를 가르쳐 들려고 하냐? 라면서 김○○씨를 밀쳤고 김

○○씨도 바닥으로 넘어졌습니다.

김○○씨는 당황하며 박○○씨를 쳐다보자 박○○씨는 김○○씨를 발로 밟기 시작하였습니다.

본인은 박○○씨를 등 뒤에서 잡으며 폭력을 최대한 막으려고 하였으나, 박○○씨는 자기를 말렸다는 이유로 본인을 폭행하기 시작하였습니다.

그리고 김○○씨가 일어나 박○○씨를 주먹으로 먼저 가격을 하였고, 두 사람은 쌍방폭행을 하기 시작하였습니다.

본인은 그 즉시 112에 신고하여 약 5분 뒤 경찰이 도착하여 상황이 마무리가 되었음을 알려드립니다.

만약 이 진술이 거짓된 내용이 포함되었다면 그에 대한 죄를 받도록 하겠습니다.


20○○년 ○○월 ○○일


작성자 : 정○○ (인)

# 진 술 서

성    명 : ○ ○ ○

주    소 :

주민등록번호

**진술내용**

1. 진술인 본인은 주식회사 ○○○○산업의 창업(설립)당시 이사로 등재되며 당시 회사의 업무를 보고있던 임원이었습니다.

2. 최초 (주) ○○○○산업이 설립 될시 ○○○ 사장의 모든 경비 및 창업자금을 쏟아 부었고 이후 ○○○ 사장에게로 (주) ○○○○산업을 양도할시 사업이 문제없이 운영이 되고 있었기에 이후 ○○○ 사장님에게 최초 투자금 ○○○원을 빠른 시일 내로 반환 하기로 약정한 사실이 있습니다. 또한 투자금 반환시 특별히 약정한 바는 없지만 그동안의 이익금에 대한 반환 또한 구두 상 약속이 있었던 걸로 알고 있습니다.

3. 최초 (주) ○○○○산업이 창업당시 ○○○ 사장님이 모든 자금을 투자한 사실은모든 직원들이 알고 있으며 그 투자금을 빠른 시일내로 반환한다는 약속을 (주) ○○○○산업의 대표이사인 ○○○이 약속한 사실 또한 모든 직원들이 알고 있는 사실입니다.

20  .  .  .

위   진술인 ○   ○   ○

# 진 술 서

진 술 인  O  O  O(123456-1234567)
OO OOO구 OO동 12-3
OO아파트 123동 123호

OO지방법원 20  OO123456호 손해배상(기)사건에 관하여 진술인은 아래와 같이 진실만을 말할 것을 약속합니다.

## 아  래

1. OO OO구 OO동 123 소재 위지상 OO빌딩 123호는 OOO, OOO, OOO 3인의 소유로 하기로 하고, 등기비용을 감안하여 OOO 단독 명의로 하고, 추후 3인이 같은 비율로 처분하여 분배하기로 한 사실이 있습니다.

2. 등기비용을 받고 OOO는 123호에 대한 언급은 일체 하지 않았으며, 이후 진술인이 알아본바 처분도 되지 않는 지분을 이전 받았고, 3인의 명의로 받기로한 123호는 다른 사람에게 낙찰되어 실질적인 123호의 주인은 OOO가 아닌 제3자입니다.

3. OOO가 OOO에게 수 차례에 걸쳐 123호 지분을 달라고 한 것도 알고 있고, OOO는 처분도 되지 않는 지분을 OOO에게 가져가라고 한 걸로 알고 있습니다. 이는 분명히 OOO가 애초에 401호를 이전 받지도 않았고, 처분도 되지 않는 지분을 이전 받아 제3자가 이익을 볼 수 있게 한 것이나 다름이 없으므로 이모든 책임은 OOO에게 있다 할 것입니다.

20  .  .  .

위 진술인  O  O  O

# 제8편
# 반성문

## 1. 반성문

반성문을 작성하기 위해서는 자신의 무슨 잘못을 범하였고, 또 그 때문에 피해자는 어떠한 고통 속에 있는지 나아가 주변 사람들에게 얼마나 많은 실망감을 주었는지 등을 다시 한 번 깊게 생각한 후 작성할 필요가 있다. 자신이 무엇을 작성하였는지 조차 정확히 인식하지 못한 상태에서는 진심어린 반성문을 작성할 수 없기 때문이다.

따라서 자신의 잘못에 대한 진솔한 반성없이 오로지 죄를 감경받기 위한 목적으로 마지못해 또는 억지로 쓴 반성문은 아무리 좋은 말고 수식어로 표현이 되어 있다고 하더라도 그것을 읽는 사람들의 마음을 움직이거나 감동을 줄 수는 없는 것이다. 다만, 진정으로 반성문까지 작성하는 것이 억울하고 또는 자신의 잘못이 없다는 생각하는 경우에는 사건의 경위에 대한 사실적인 표현과 함께 무엇을 진심으로 억울하고 또 잘못이 없다고 생각하지는 지에 대하여 논리적으로 설명할 필요가 있다.

## 2. 반성문 작성방법

반성문을 어떻게 작성하는지, 또는 어떠한 내용으로 작성하는 것이 좋은지?. 이에 대한 정확한 답은 없다. 다만 내용의 분량이나 형식과 무관하게 자신의 행위에 대한 진솔한 반성을 담아 자신의 상황에 맞게 논리적으로 작성하는 것이 핵심이며, 이를 통해 피해자에게 얼마나 미안한 마음을 가지고 있는지를 전달하도록 작성하도록 하여야 한다. 자신의 글 쓰는 능력이나 표현력 부족하다고 전문가에게 의뢰하여 작성하는 것 및 남에게 대필을 맡겨서 작성하는 반성문의 경우 내용은 화려할지 모르나 진심이 묻어나지 않기 때문에 지양하여야 한다.

이러한 반성문의 작성은 보통 육하원칙에 맞추어 누가, 언제, 어디서, 무엇을, 어떻게, 왜가 들어가는 형태로 작성하거나 또는 서론, 본론, 결론 등으로 구분을 지어 읽는 사람에게 명확한 의사가 전달되도록 하여야 한다.

### 가. 육하원칙에 맞게 작성

반성문의 경우 읽는 사람의 가독성을 높이기 위하여 누가, 언제, 어디서, 무엇을 어떻게, 왜의 형식에 맞추어 어떠한 사건에 대하여 무슨 이유로 반성문을 작성하는지 명확하고 객관적으로 특히 처음과 맺음말이 일관성이 있도록 작성하여야 한다.

## 나. 사실에 기초하여 작성하기

반성문을 자신의 행위에 대한 반성의 내용이 구체적으로 담겨야 하기 때문에 실제 자신이 범한 행위를 기초로 작성하여야 하며, 과정이나 거짓된 표현은 오히려 반성을 진실성을 해할 우려가 있으므로 지양하여야 한다.

## 다. 감정에 호소 또는 읍소하는 글 지양

반성문은 자신의 잘못 및 그에 대한 반성 그리고 피해회복을 위한 노력, 재발방지대책 등이 담겨져 있어야 한다. 따라서 지나치게 감정에 호소 또는 읍소하는 글보다는 논리적으로 자신의 반성하는 내용과 앞으로의 계획 등을 구체적으로 밝혀 개전의 정이 현저함을 전달되도록 하여야 한다.

[서식] 반성문 작성방법

---

# 반성문

사        건        2022형제(고단) 0000 호
피의자(피고인)        박 0  0

위 사건에 관하여 피의자(또는 피고인)은 자신의 과오를 진심으로 반성하여 차후 다시는 같은 잘못을 반복하지 아니하겠다는 각오로 아래와 같은 내용의 반성문을 작성합니다.

---

## - 아 래 -

1. 자기소개

2. 사건의 경위
- 육하원칙에 맞게 작성
- 사실에 근거하여 작성
- 사건의 경위에는 "억울하다, 상대방의 잘못도 크다, 그럴 의도는 없었다, 본의 아니게, 오해에서 비롯되었다, 범죄가 될지 몰랐다, 술을 마셔서 기억이 나지 않는다"는 등의 표현은 지양하고, 진심어린 반성의 표현을 적시하는 것이 좋다.

3. 피해 내용 및 피해회복을 위한 조치(방안)
- 피해내용의 구체적 표시
- 피해회복을 위한 구체적인 조치 및 방안을 기재[피해자와의 합의 및 합의절충 노력, 공탁, 치료행위(OO크리닉) 등

4. 재발 방지를 위한 사후조치 내용
- 가족관계, 친구관계, 사회생활, 학교, 군생활 등에 근거하여 모범적인 시민임을 부각
- 재발방지를 위한 앞의 로의 다짐과 대책을 구체적으로 제시

5. 반성문을 작성하는 이유 및 다시 한 번 사과
- 감성에 호소하지 않고, 진심이 담긴 반성의 내용 표현

2022.  00.  00.

피의자(피고인) 박 0 0 (인)

**00경찰서(00법원 형사 제1단독)   귀중**

---

[참조]

반성문에는 반드시 아래 3가지 내용은 들어가야 합니다.

① 자신의 행동에 대한 반성, ② 피해자에 대한 사죄, ③ 재발(범)방지 다짐

그 외 기본적으로 글을 쓸 때는 상대를 높이고 나를 낮추는 표현을 하여야 하며, 글은 내가 피해자의 입장에서 기술하여야 함.

---

[서식] 반성문(형사)

# 반 성 문

사     건     2022고제 0000 절도

피 고 인     박 0 0

존경하는 재판장님

저는 현재 2022고단 0000호 절도 등 사건으로 재판을 받고 있는 박 00입니다.

저는 이 사건으로 재판을 받기 전 이미 특수절도죄로 징역 10월을 복역하고 만기 출소한지 00개월 정도에 불과한 시점에서 다시 이 사건 범행을 저지른 점에 대해서는 어떠한 변명의 여지가 없음을 잘 알고 있습니다.

00개월 전 출소 후 마땅한 기술도 없는 상황에서 코로나의 여파로 인하여 공사판 막노동 자리도 구하기 어려운 상황에서 부득이 생활비를 마련하기 위하여 이 사건 범행을 재차 저지르게 되었던 것이지만, 경위야 어찌되었던 정말 죄송하고 깊이 반성하고 있습니다.

이러한 경제적 사정으로 인하여 피해자와는 원만한 합의를 도출하지도 못하고 있는 실정입니다. 제 잘못으로 인해 큰 상처와 피해를 입은 피해자에게도 다시 한 번 진신으로 사죄를 드립니다.

제가 교도소에서 복역 중 아내가 출산까지 하였지만 아내의 곁에 있어주지도 못해 천추의 한의로 남아 있습니다. 제 아내는 출산과정에 많은 고통이 따랐는지 현재 심각한 산후 우울증에 여러 고통을 겪고 있는 상황이기도 합니다. 제가 만일 이 사건으로 다시 구속이 된다면 제 처자식은 당시 생계가 막막해 질 우려가 있습니다.

부디 위와 같은 저간의 사정을 두루 살피시어 한번만 용서해 주신다면 저는 최대한 신속히 취직을 하여 열심히 돈을 벌고 사회에 도움이 되는 사람이 됨은 물론 피해자에게도 피해회복을 위해 최선의 노력을 다하겠습니다. 결코 다시는 범죄를 저지르지도 않겠습니다.

존경하는 재판장님

부터 처자식의 부양을 위해서라도 이 번 한번을 마지막으로 관용을 베풀어 주시기를 삼가 부탁드립니다.


20  .  .  .


위 피고인 박   ○   ○


**서울중앙지방법원 형사 제00단독    귀중**


[서식] 반성문(형사, 행정사건 등 범용)

# 반 성 문

사      건      2022고단0000 폭행

피 고 인     최 ○ ○


저의 잘못된 생각으로 피해자에게 뜻밖의 피해를 드리게 된 점 진심어린 사죄의 마음으로 선처를 구합니다.


이렇게 ○○행위가 적발된 것이 참으로 다행이라고 생각합니다. 저의 잘못을 알게 해 주시고 저를 바른 길로 이끌어 주시려는 모든 분들께 정말 감사드립니다. 그리고 정말 죄송합니다. 자칫 잘못하면 인생을 망쳐버릴 수도 있는 무서운 ○○행위를 다시는 하지 않겠습니다.

앞으로 인생을 살아가며 후회할 이런 ○○은 두 번 다시는 하지 않을 것입니다. ○○○에 정말 죄송합니다.

다시는 이런 잘못을 하지 않고 진심의 반성을 위해 이 글을 썼습니다. 잘못된 일로 반성문을 쓰게 되어 참으로 부끄럽습니다. 또한 저를 믿고 사랑해 주신 ○○○과 ○○○님께 실망감을 안겨드려 참으로 죄송합니다. ○○한 것은 어떠한 말과 행동으로도 용서받기 힘들다는 것을 알고 있습니다. ○○한 제 잘못입니다. 아무리 ○○○하더라고 먼저 했어야 했는데 ○○를 ○○한 것은 나쁜 일이라 생각합니다.

○○는 어떤 식으로든 용납될 수 없다는 것을 잘 알고 있지만, 그 때는 ○○한 나머지 저도 모르게 ○○한 것 같습니다. ○○○을 망각하고 제가 큰 잘못을 저지르고 말았습니다. 지나간 일을 놓고 후회한다고 해도 아무 소용이 없겠지만 진심으로 죄를 뉘우치고 앞으로 그런 행동을 다시는 하지 않도록 다짐하였습니다.

반성문으로 선처를 구한다는 것은 제 잘못에 비해 너무 미약하다는 생각이 듭니다. 진심으로 ○○○에 용서를 비는 마음을 갖고 이러한 일이 앞으로 두 번 다시 일어나지 않도록 행동하고 생활한다면 저의 반성을 이해해 주실거라 믿습니다.

○○에 진심으로 선처를 구했지만, ○○을 생각할 때마다 더 죄송스러워집니다. 사죄하는 마음으로 ○○으로서의 본분을 지키며 앞으로 더 성실하고 열심히 살도록 하겠습니다.

저를 믿고 사랑해 주시던 분들께 이렇게 좋지 못한 모습을 보여드려 참으로 죄송하고, 송구스럽습니다. 앞으로는 어떤 일이 있어도 절대로 불법 행위를 저지르지 않겠습니다. 그리고 다시는 기대에 어긋나는 행동을 하지 않겠습니다. 믿고 지켜봐 주십시오.

정말 저의 잘못을 뉘우치며 반성하며 앞으로는 절대 이런 일을 하지 않겠습니다. 부디 넓은 마음으로 선처를 부탁드립니다. 다시 한 번 ○○○에 머리 숙여 사죄의 말씀을 드립니다.

2022. 00. 00.

위 피고인 최 ○ ○

**00지방법원 형사 제00단독  귀중**

[서식] 반성문(형사)

# 반 성 문

사　　　건　　2022고단0000 업무상횡령

피 고 인　　송 ○ ○

○○계모임의 총무 ○○○입니다.

이러한 불미스러운 일로 회원 여러분들에게 서신을 드리게 되어 대단히 죄송할 따름입니다.

저는 지난 ○○월부터 ○○계모임의 총무일을 맡아 왔습니다.

처음에는 나름대로 이 일을 잘 해보려고 했으나, 제가 어리석어 그만 이러한 일을 저지르고 말았습니다.

지금 생각해 보면 제가 '이 정도는 괜찮겠지'라는 안이한 생각을 했던 것 같습니다. 어떻게 감히 회원님들이 낸 곗돈을 마음대로 유용할 생각을 했을까요? 정말 죄송합니다.

그러나 한 가지 꼭 말씀드리고 싶은 것은 제가 임의대로 유용을 했을지언정 횡령은 하지 않았습니다.

차기 총무가 정해지는 대로 모든 서류를 넘겨드리도록 하겠습니다. 다시 한 번 고개 숙여 이번 일을 사과드립니다.

2022. 00. 00.

위 피고인 송 0

0

**00지방법원 형사 제00단독　　귀중**

# 반성문

사　　건　　2022고단000호 0000

피고인　　김 0 0

존경하는 재판장님 저는 위 사건의 피고인 000입니다.

## 1. 사건의 경위

공소장(또는 행정처분)에 기재된 사실관계의 범죄를 자행하게 된 경위는 다음과 같습니다.

－ 범죄를 저지르게 된 경위 및 사유를 간단하게 적시

－ 사건의 경위에는 "억울하다, 상대방의 잘못도 크다, 그럴 의도는 없었다, 본 의 아니게, 오해에서 비롯되었다"는 등의 표현은 지양

## 2. 범죄의 자백 및 반성

이번 사건으로 인하여 저의 행동이 피해자에게 형언할 수 없는 상처와 피해로 다가오는지 가슴 속 깊이 깨닫게 되었습니다. 이에 피해자에게 진심어린 사죄의 의사를 표하며 깊은 반성의 태도를 전달하고 있으며, 향후 이 사건과 관련하여 피해자에게 발생한 유무형의 일체의 손해를 보상해 나갈 것임을 다짐합니다.

－ 피해자와의 합의노력 및 과정, 합의여부를 적시

－ 합의를 위한 노력 무산 시 향후 공탁 유무

## 3. 재발방지를 위한 다짐

피고인은 향후 위와 같은 범죄를 다시는 범하지 아니할 것을 진심으로 다짐하며,

그 예방을 공고히 하기 위하여 OOO 등의 치료(크리닉)를 병행할 예정입니다.

뿐만 아니라 주변에도 위와 같은 범죄행위의 위험성을 경고하는 등 사법질서의 확립을 위한 노력은 물론 관련 기관 봉사를 통해 다시 한번 마음을 다잡을 계획이오니, 부디 법이 허용하는 범위 내에서 최대한의 선처를 부탁드립니다.


2022. 00. 00.

위 피고인 김 O O


**OO지방법원 형사 제OO단독    귀중**


[서식] 반성문(음주운전)

# 반성문

사    건    2022고단OOO호 도로교통법위반

피고인    정 O O


우선 저의 부주의로 인하여 여러 불편을 끼쳐드려 송구하게 생각합니다.

그리고 이 사건 음주운전에 대하여는 무어라 변명의 여지없이 깊이 반성하고 또 반성하며 어떠한 처벌도 달게 받을 각오가 되어 있습니다.

저는 2022년 1월 1일 01시경 서울대입구역 사거리근방에서 음주 단속으로 면허 취소가된 정00입니다.

당시 음주운전의 경위는 -------- 어떻습니다. 그 경위야 어찌되었든 짧았던 저의 행동으로 인한 결과에는 어떠한 처벌도 달게 받을 각오에는 변함이 없습니다. 또한 차후로는 어떠한 경우든 음주운전을 하지 않으려는 각오로 자동차 처분, ----- 등의 행위를 하는 등 재발방지를 위한 최선의 노력도 다하고 있습니다.

그럼에도 제가 이렇게 글을 쓰는 이유는 저의 과오로 인한 운전면허취소처분을 받게 될 경우 -------- 등의 저의 어려운 사정을 두루 살피시어 이 반성문으로나마 조금이라도 선처를 받고자 하는 마음에 염치없게도 이렇게 선처를 바라는 글을 쓰게 되었습니다.

저는 현 나이 45에 면허 취득한지 7년정 도 되었습니다. 그 동안 단한건의 도로교통법 위반 사실이 없이 운전을 해왔고, 평소에도 간혹 술을 마시게 되었을 경우 대리운전을 불러 귀가를 하였을 만큼 관련 법규를 철저히 준수하며 생활해 왔습니다.

한편, 저는 지금 ----- 소재 아파트 공사현장에서 건설자재 운반하는 일을 주로 하고 있으며 위 일은 운전면허가 반드시 필요한 업무이며, 만일 운전면허를 취소당할 경우 어쩔 수 없이 퇴사를 하여야 하는 사정이기도 합니다.

저는 위 일을 하면서 적은 월급이지만 한 가정의 가장으로서 슬하에 2남 1녀의 자녀들은 물론 시골에 계신 홀어머니까지 부양하고 있는 실정이기에 이 사건 음주운전으로 많은 벌금이 선고될 경우 간신히 한 달 벌어 한 달 먹고사는 형편에 당장 생계조차 곤란해 질 우려가 심대한 상황이기도 합니다.

저는 한 가정의 가장으로서 정말 열심히 살아보려고 성실히 생활해 왔지만 뜻하지 않게 이 사건 사안으로 이렇게 물의를 일으켜서 정말 죄송할 따름입니다.

한 번의 실수로 제 삶이 이렇게 어렵게 되어버렸습니다.

다시는 이 같은 실수는 저지르지 않겠습니다.
정말 진심으로 반성하고 있습니다.

부디 선처를 부탁드립니다.

2022. 00. 00.
위 피고인 정 0 0

00지방법원 형사 제00단독    귀중

---

[참고]

음주운전 반성문 작성시 핵심 구성으로 아래의 3가지 요소를 포함시켜야 한다.
① 자신의 행동에 대한 반성, ② 피해자에 대한 사죄 및 앞으로의 다짐, ③ 재발방지 다짐

# 반 성 문

사 건   2022고제 0000호 000

피 의 자   박 ○ ○

존경하는 검사님께

우선 제가 저지른 부끄러운 죄에 대하여 진심으로 피해자 분과 검사님께 사죄를 드립니다, 깊이 반성하고 있는 저의 진심을 담이 이 반성문을 작성하였습니다.

이 사건 이후로 많은 날을 어쩌면 제가 살아갈 모든 날들을 그런 짓을 자행한 제 자신에 대한 원망과 후회스러움으로 살아가야 할지 모를 것 같습니다.

파렴치한 죄를 저지른 저도 이렇게 날마다 고통스럽게 괴로운데 저 때문에 피해를 입은 피해자분은 얼마나 큰 고통을 받으셨을지 생각만 하면 너무 죄송스럽고 고통스럽기만 합니다.

어떠한 경위든 제 자신을 용서할 수 없으며 그 짧은 순간이 너무나도 많은 것을 바꿔버렸고 하루하루 커져가는 죄책감과 부끄러움은 저를 아무것도 하지 못하게 만들어 버렸습니다. 모든 날이 후회스럽고 피해자 분에게 죄송스러운 마음뿐입니다.

피해보상이 능사는 아닌 것을 잘 알지만 피해자와의 합의를 위해 그 동안 정말 많은 노력을 기울였습니다. 하지만 저의 노력과 진심이 부족하였던 탓인지 아직꺼자 피해자분과는 원만한 합의를 도출하지 못하였습니다.

너무나도 마음이 아프고 무겁기만 합니다.

피해자 분에게는 다시 한 번 죄송하다는 말씀드리며, 향후 피해자와의 합의를 위하여 끝까지 최대한의 노력을 다할 것이며, 다시는 이 사건과 같은 행위를 범하지 아니할 것을 마음속 깊이 다짐합니다.

마지막으로 피해자 분에게 다시 한 번 진심으로 죄송하다는 말씀드리고 싶습니다.

2022. 00. 00.
위 피고인 박 0 0

**00검찰청     귀중**

# 제9편
# 형사배상명령신청

## 1. 개념

형사배상명령이란 제1심 또는 제2심의 형사공판절차에서 법원이 유죄판결을 선고할 경우에 그 유죄판결과 동시에 범죄행위로 인하여 발생한 직접적인 물적 피해 및 치료비 손해의 배상을 명하거나, 피고인과 피해자 사이에 합의된 손해배상액에 관하여 배상을 명하는 제도를 말한다. 즉 피해자가 민사 등 다른 절차에 의하지 않고 가해자인 피고인의 형사재판절차에서 간편하게 피해배상을 받을 수 있는 제도이다.

## 2. 대상 및 범위

### 가. 대상범죄

형사배상명령의 대상은 상해, 중상해, 상해치사, 폭행치사상, 과실치사상, 절도, 강도, 사기, 공갈, 횡령, 배임, 손괴죄(위 각 범죄에 대하여 가중처벌하는 특정범죄가중처벌등에관한 법률 등 특별법상의 범죄도 포함됩니다)에 관하여 유죄판결을 선고할 경우와 위 죄뿐만 아니라 그 이외의 죄에 대한 피고사건에 있어서, 피고인과 피해자 사이에 손해배상액에 관하여 합의가 이루어진 경우 등이다.

### 나. 배상의 범위

형사배상명령의 경우 2006. 6. 14. 이전에는 배상명령을 할 손해는 '직접적인 물적 피해 및 치료비 손해'로 한정되지만, 그 이후에는 위자료도 포함된다. 예컨대 절도, 강도 등 재산범죄에 있어서는 피고인이 당해 범죄행위로 인하여 불법으로 얻은 재물 또는 이익의 가액이, 손괴의 경우에는 그 수리비가, 상해 등 신체에 대한 범죄에 있어서는 치료비 손해, 그리고 위와 같은 범죄로 피해자나 그 유족이 입은 정신적 고통으로 인한 손해가 그것입니다. 그 외에 기대수입 상실의 손해 등은 모두 제외됩니다. 다만, 피고인과 피해자 사이에 손해배상액에 관하여 합의가 이루어진 경우에는 그 합의된 금액이다.

## 3. 배상신청인과 상대방

위 각 범죄로 인하여 직접적인 물적 피해 및 치료비 손해, 정신적 고통을 입은 피해자 및 그 상속인, 그리고 피고인과 손해배상액에 관하여 합의한 피해자나 그 상속인이 배상신청을 할 수 있으며, 그 상대방은 당해 형사공판절차의 피고인이므로, 기소되지 아니한 다른 공범자나 약식명령이 청구된 피고인을 상대방으로 하여 배상신청을 할 수는 없다.

## 4. 형사배상명령 신청절차

피해자의 배상신청은 신청서에 피고사건의 번호·사건명 및 사건이 계속된 법원, 신청인의 성명·주소, 대리인이 신청할 때에는 그 성명·주소, 상대방 피고인의 성명·주소, 배상의 대상과 그 내용, 배상을 청구하는 금액을 기재하고 서명날인한 다음 상대방인 피고인의 수에 따른 부본을 첨부하여, 제1심 또는 항소심 공판의 변론종결시까지 당해 형사공판절차가 계속된 법원에 제출하여야 한다.

## 5. 배상명령의 효력

배상신청은 민사소송에 있어서의 소의 제기와 동일한 효력이 있고, 법원은 배상신청인에게 공판기일을 통지하여야 하며, 배상신청인은 공판기일에 출석하여 진술하고 증거를 제출할 수 있으나, 배상신청인이 불출석한 경우에도 법원은 그 진술 없이 배상신청에 관하여 재판할 수 있다.

위 절차를 통하여 확정된 배상명령 또는 가집행선고 있는 배상명령이 기재된 유죄판결서의 정본은 집행력 있는 민사판결 정본과 동일한 효력이 있으므로, 배상신청인은 그 정본을 이용하여 민사집행법 절차에 따라 강제집행을 할 수 있다.

다만, 배상신청인은 법원이 배상신청을 각하하거나 또는 신청을 일부만 인용하는 경우에도 이에 대하여 불복할 수 없다. 왜냐하면 그러한 경우에는 일반 민사소송을 제기할 수 있기 때문이다. 또한 신청을 전부 인용하거나 일부 인용하는 배상명령이 확정된 때에는 피해자는 그 인용된 금액의 범위 안에서는 다른 절차에 의한 손해배상을 청구할 수 없다.

## 6. 형사소송절차에서의 화해

피고인과 피해자 사이에 민사상 다툼에 관하여 합의한 경우, 당해 형사사건이 계속 중인 1심 또는 2심 법원에 공동으로 그 합의 내용을 공판조서에 기재하여 줄 것을 신청할수 있으며, 이 경우 민사소송법상의 화해와 동일한 효력이 있다.

[서식] 배상명령신청서

# 배 상 명 령 신 청

사　건　　　20○○고단 ○○○호 사기
피 고 인　　　○　　○　　○
배상신청인　　　○　　○　　○
　　　　　　　○○시 ○○구 ○○동 ○○○
　　　　　　　(전화: ○○○-○○○-○○○○)

## 신 청 취 지

1. 피고인은 배상신청인에게 10,000,000과 이에 대하여 배상명령신청서 부본송달 다음날부터 다 갚는 날까지 연 12%의 비율로 계산한 돈을 지급하라.
2. 위 제1항은 가집행할 수 있다.

라는 명령을 구합니다.

## 신 청 이 유

피고인은 20○○. ○. ○.경 피고인 소유의 건물 150평을 소외 ○○○에게 임대기간 ○년으로 정하여 임대차계약을 체결하여 동인으로 하여금 사용수익하게 하고 있었으므로 위 건물을 재차 임대하여 줄 수 없다는 사정을 잘 알면서도 그 사실을 모르는 배상신청인에게 위 건물 150평을 즉시 임대하여주겠다고 거짓말하여 이에 속은 배상신청인과 20○○. ○. ○. 임대차계약을 체결하고 당일 계약금 10,000,000원을 수령하여 이를 편취하는 불법행위를 하여 배상신청인에게 동액 상당의 손해를 가하였으므로 그 피해금을 보상받기 위하여 본 건 신청에 이르게 된 것입니다.

### 첨 부 서 류

1. 전세계약서 사본                    1통
1. 영수증 사본                        1통


20○○.  ○.  ○.
위 배상신청인  ○  ○  ○  (인)


○○지방법원  귀중

| 제출기관 | 사건계속 법원(소송촉진등에관한특례법25조1항) | 청구기간 | 1 또는 2심 공판의 변론종결 시까지(동법 26조1·2항) |
|---|---|---|---|
| 청구권자 | • 본인(피해자)<br>• 상속인(본인 사망시) | 관 할 | 사건계속 법원 |
| 제출부수 | 신청서 1부 및 상대방수만큼의 부본제출 | 관련법규 | 소송촉진등에관한특례법 |
| 배상명령을<br>신청할 수<br>있는<br>형사사건 | 1. 상해를 당했을 때<br>2. 상해를 당하여 불구가 되거나 난치의 병에 걸렸을 때<br>3. 폭행을 당하여 상처를 입거나 죽었을 때<br>4. 과실 또는 업무상 과실로 상처를 입거나 죽었을 때<br>5. 강간 등 성범죄를 당했을 때(혼인빙자간음 부분은 제외함)<br>6. 절도나 강도를 당했을 때<br>7. 사기나 공갈을 당했을 때<br>8. 횡령이나 배임의 피해자일 때<br>8. 재물을 손괴당했을 때<br>9. 고용 등 보호감독관계에 있는 자, 법률상 구금된 자를 감호하는 자, 장애인등 보호시설의 종사자에 의해 추행등을 당했을 때<br>10. 대중교통수단, 공연장 등 공중이 밀집하는 장소에서 추행을 당했을 때<br>11. 전화기, 우편, 컴퓨터 등을 통한 음란물 전송의 피해를 당한 때<br>12. 카메라등에 의해 동의 없이 신체를 촬영 당하거나, 이를 유포당한 때<br>13. 아동, 청소년에 대한 성매매, 성매매 강요사건의 피해자가 되었을 때로 한정 | | |
| 효 과 | • 배상명령이 기재된 유죄판결문은 민사판결문과 동일한 효력이 있어 강제집행도 할 수 있음<br>• 신청인은 신청이 이유없다고 각하되거나 일단 배상명령이 있으면 배상명령을 다시 신청할 수 없고 또 인용된 금액 범위내에서는 민사소송을 제기할 수도 없음 | | |
| 불복절차<br>및 기 간 | • 신청을 각하하거나 일부를 인용한 재판에 대하여는 불복을 신청하지 못함(소송촉진등에관한특례법 32조3항) | | |

# 배 상 명 령 신 청

사  건        20○○고단 ○○○호 사기

피 고 인       ○   ○   ○

배상신청인     ○   ○   ○

              ○○시 ○○구 ○○동 ○○○

              (전화: ○○○-○○○-○○○○)

## 신 청 취 지

1. 피고인은 배상신청인에게 10,000,000과 이에 대하여 배상명령신청서 부본송달
   다음날부터 다 갚는 날까지 연 12%의 비율로 계산한 돈을 지급하라.
2. 위 제1항은 가집행할 수 있다.

라는 명령을 구합니다.

## 신 청 이 유

1. 피고인은 ○년여 전에 신청인이 거주하는 동네에 이사 온 뒤로 온갖 감언이설과
   친절한 행위로 신용을 얻은 후, 신청인외 동네 사람들로부터 고율의 이자를 지급
   한다고 하며 거액의 금원을 차용하여 배상신청인에게 첫 달 한 달만 이자를 지급
   하고는 즉시 미국으로 출국 도주함으로서 배상신청인을 사기한 것입니다.

2. 따라서 배상신청인은 피고인으로부터 신청취지에 의한 금품상당액의 피해를 입

었으므로 피고인에 대한 형사사건의 판결과 동시에 위 피해금품을 변상해 주도록
하는 배상명령을 발하여 주도록 이에 신청합니다.

## 첨 부 서 류

1. 차용증 사본                    1부


20○○.  ○.  ○.
배상신청인  ○  ○  ○  (인)



○○지방법원    귀중

# 배 상 명 령 신 청

사　　　건　　　20ㅇㅇ고단 ㅇㅇㅇ호 ㅇㅇ

배상신청인　　　ㅇ　ㅇ　ㅇ
　　　　　　　　　ㅇㅇ시 ㅇㅇ구 ㅇㅇ길 ㅇ번지

피 고 인　　　△　△　△

**배상을 청구하는 금액 : 금 ㅇ,ㅇㅇㅇ만원**

## 배상의 대상과 그 내용

1. 피고인은, 사실은 타인으로부터 돈을 차용하더라도 이를 변제할 의사나 능력이 없음에도 불구하고, 20ㅇㅇ. ㅇ. ㅇ. 배상신청인에게 '돈을 빌려주면 고율의 이자를 지급하겠다'는 취지의 거짓말을 하여 이에 속은 배상신청인으로부터 즉석에서 차용금 명목으로 금 10,000,000원을 교부받아 이를 편취하였습니다.

2. 따라서 배상신청인은 피고인의 사기 범행으로 인하여 신청취지 기재 상당의 피해를 입었으므로 피고인에 대한 형사사건의 판결과 동시에 위 피해금품 상당의 금원을 지급하도록 하는 내용의 배상명령을 발해주시도록 이 건 신청에 이른

것입니다.


**첨 부 서 류**


1. 차용증사본                                        1부


20○○.  ○.  ○.
배상명령신청인    ○  ○  ○ (인)


○ ○ 지 방 법 원        형 사 제 ○ 부 귀 중

# 배상명령신청취하서

사　　건　　　　20○○초기 ○○○호

배상명령신청인　　○　　○　　○

　　　　　　　　　○○시 ○○구 ○○동 ○○○


위 사건에 관하여 ○○지방법원 20○○고단 ○○○ 사기사건의 배상명령신청인은
피고인 ○○○와 원만히 합의하였으므로 배상명령신청을 취하합니다.



　　　　　　　　　20○○.　○.　○.

　　　　　　　　　배상명령신청인　○　○　○　(인)



○○지방법원　귀중


▶ **참고** : 형사재판절차에서 피고인에 대한 유죄판결과 함께 배상명령결정까지 받았음에도 불구하
고 피고인이 배상명령결정에 따른 금액을 임의로 지급하지 아니할 경우, 위 배상명령결정은 민사판
결 정본과 동일한 효력이 있으므로 피해자는 그 결정문에 의거하여 민사집행법에 따라 강제집행을
신청하면 된다. 그리고 배상명령은 확정되더라도 기판력이 발생하는 것은 아니고 단지 집행력만 있
는 것이므로 형사상 유죄판결에도 불구하고 추후 손해배상책임이 없는 것이 밝혀진다면 채무자는
청구이의의 소나 부당이득반환청구소송을 통해 다툴 수 있다.

# 제10편
# 형사배상명령신청

기타 참고서식 편에는 고소, 고발, 진정, 내용증명, 탄원 등을 통하여 상대방의 불법행위 등이 어느 정도 규명되었을 때 민사상 피해회복을 위한 지급명령신청서 그리고 여러 사실관계를 입증하기 위한 절차의 일환으로 사실조회신청서, 문서송부촉탁신청서, 증인신청서(여비포기서) 등을 간단히 열거하였다.

[서식] 공판기일변경신청서

# 공판기일변경신청

사     건     20○○고단 ○○○○  절도

피 고 인     ○   ○   ○

위 사건에 관하여 공판기일이 20○○. ○. ○. 00:00로 지정되었으나, 피고인의 변호인의 변호인은 금일 사건수임을 변론준비 관계(기록등사, 피고인 접견 등)로 위 공판기일변경을 신청하오니 허가하여 주시기 바랍니다.

20○○.   ○.   ○.

위 피고인의 변호인 변호사   ○   ○
○ (인)

**○○지방법원  귀중**

[서식] 사실조회신청서

# 사 실 조 회 촉 탁 신 청

사 건  20○○구 ○○○○  평균임금결정처분 취소

원 고  ○ ○ ○

피 고  근로복지공단

위 사건에 관하여 원고는 다음사항에 대하여 사실조회촉탁을 신청합니다.

## 다 음

1. 조회할 곳

 (1) □□교통 주식회사 노동조합

  주소 : ○○시 ○○구 ○○길 ○○

 (2) ◎◎기업 주식회사 노동조합

  주소 : ○○시 ○○구 ○○길 ○○

 (3) ☆☆교통 주식회사 노동조합

  주소 : ○○시 ○○구 ○○길 ○○

2. 조회할 사항

20○○. ○.경부터 같은 해 ○.경까지 택시기사의 사납금 납입 후 1인당 일(日)수입금 및 월(月) 수입금의 평균 금액

20○○. ○. ○.

원고 ○ ○ ○ (인)

○ ○ 행 정 법 원 귀중

# 사 실 조 회 촉 탁 신 청

사 건　20○○가단○○○○임차보증금반환

원 고　○ ○ ○

피 고　○ ○ ○


위 사건에 관하여 원고는 귀원의 보정명령에 의거하여 다음과 같이 사실조회를 신청합니다.

## 다　　음

**1. 사실조회 촉탁할 곳**

　외교부

　주소: ○○시 ○○구 ○○로 ○○ (우편번호)


**2. 사실조회의 목적**

피고 ○ ○ ○의 주민등록은 일본 현지이주말소 되어 있어 송달 가능한 국내주소를 알 수 없는바, 피고 ○ ○ ○이 현재 외국(일본)에 거주하고 있는지 여부와 외국에 거주할 경우 현재 소송서류 등의 송달이 가능한 주소를 밝히기 위함.


**3. 조회할 사항 :** 별지와 같습니다.


**4. 첨부서류 :** 주민등록초본(말소자초본)　1통


**5. 참고사항 :** 다른 임차인 소외 ○ ○ ○의 피고에 대한 임차보증금 청구소송이

귀원 민사 ○단독에 같은 사유로 계류 중입니다. (20○○가단○○○○)


20○○.  ○.  ○.
원고  ○○○  (서명 또는 날인)



○○지방법원 제○민사부  귀중


[별 지]

# 사 실 조 회 촉 탁 할  사 항


○ 확인대상자

　성명 : ○○○ (○○○)

　주민등록번호 : ○○○○○○-○○○○○○○

　최후주소 :  ○○시 ○○구 ○○로 ○○ (우편번호)


○ 사실조회 촉탁할 사항

1. 위 ○○○ 이 현재 외국(일본)에 거주하고 있는지 여부.

2. (외국에 거주하고 있다면) 위 ○○○ 이 거주하고 있는 나라에서 소송서류 등
　을 송달받을 수 있는 ○○○ 거주국의 구체적인 주소.  끝.

# 문 서 송 부 촉 탁 신 청

사 건   20○○가단○○○○ 손해배상(자)

원 고   ○○○

피 고   (주)◇◇◇보험

위 사건에 관하여 피고는 주장사실을 입증하고자 다음과 같이 문서송부촉탁을 신청합니다.

## 다          음

### 1. 송부촉탁할 문서

사건번호 : 20○○형제○○○○○호

피 의 자 : ○○○

죄     명 : 교통사고처리특례법위반

범     위 : 위 수사기록 일체

### 2. 위 문서의 보관장소

○○지방법원 ○○○지청 기록보존계

20○○.   ○.   ○.

위 피고  (주)◇◇◇보험

대표이사 ◈◈◈ (서명 또는 날인)

**○○지방법원 제○○민사단독  귀중**

| 제출법원 | 수소법원 | 관련법규 | 민사소송법 제352조 |
|---|---|---|---|
| 제출부수 | 신청서 1부 | | |
| 문서송부<br>촉탁신청<br>의 제 한 | 당사자가 법령에 의하여 문서의 정본 또는 등본을 청구할 수 있는 경우에는<br>송부촉탁신청을 할 수 없음(민사소송법 제352조 단서). | | |

[서식] 문서송부촉탁신청

# 문 서 송 부 촉 탁 신 청

사 건   2015가소〇〇〇  손해배상

원 고   이〇〇

피 고   정〇〇

위 사건에 관하여 원고는 다음과 같이 문서송부촉탁을 신청합니다.

## 1. 입증 취지

원고에게 손해배상 채무를 지고 있는 피고가 사망하였으므로 그 상속인을 파악하여
피고의 표시를 정정하기 위함입니다.

## 2. 문서의 보관처

부천시청

주소 : (우편번호) 부천시 원미구 길주로 210(중동 1156)

연락처 : 032-320-3000

## 3. 송부촉탁할 문서의 표시

별지와 같음

2015.　.　.

위 원고　이○○

**인천지방법원 부천지원 민사과 민사○단독(소액)　귀 중**

[별지]

# 송부촉탁할 문서의 표시

### (부천시청)

1. 귀 관내에 주소지를 두고 있는 아래 사람은 인천지방법원 부천지원 2015가소○ ○○ 손해배상 사건의 피고이나 현재 사망하였습니다.

   성　　　명　　: 정○○
   주민등록번호　: 470707-*******
   주　　　소　　: 부천시 오정구 ○○○

2. 위 정○○의 상속인을 확인하고자 하오니 다음의 자료를 송부하여 주시기 바랍 니다.

   가. 위 사람의 **폐쇄가족관계증명서**
   나. 위 사람의 **배우자, 자녀의 각** 주민등록표 초본

   끝.

# 금융거래정보 제출명령 신청

사 건      20○○드단○○○○ 이혼등

원 고      ○○○

피 고      ○○○


위 사건에 관하여 원고는 다음과 같이 금융거래정보 제출명령을 신청합니다.

## 다 음

### 1. 입증취지

현재 원고는 피고의 정확한 재산규모를 확인할 수 없는 상황입니다. 따라서 본 건 금융거래내역조회신청을 통하여 피고의 재산 규모나 대상 등을 확정한 후 추후 재산분할청구권 등의 채권집행을 보전하고자 합니다.


### 2. 조회할 기관

가. 주식회사 ○○은행

　　○○시 ○○구 ○○로 ○○(우편번호 ○○○○○)

　　전화번호 ○○-○○○○-○○○○


나. ○○농업협동조합

　　○○시 ○○읍 ○○로 ○○(우편번호 ○○○○○)

전화번호 ○○-○○○○-○○○○

다. ○○새마을금고

○○시 ○○길 ○○ (우편번호 ○○○○○)

전화번호 ○○-○○○○-○○○○

## 3. 조회할 사항

별지 기재와 같음

20○○. ○. ○.

원고 ○○○ (서명 또는 날인)

○○○○법원 귀중

[별지]

### ○○은행에 대한 금융거래정보 제출명령 내용

원고 김○○(○○○○○○-○○○○○○○) 이 귀 은행에 개설한 모든 계좌의 계좌번호, 계좌의 종류나 성격, 2000. 00. 00.부터 현재까지의 거래내역, 입출금내역, 매매내역, 잔고내역 등의 전체 자료. 끝.

# 재 산 명 시 신 청

사 건    2000드단 000 이혼 등

원 고    000

피 고    000

## 신 청 취 지

원고는 재산상태를 명시한 재산목록을 제출하라.

라는 결정을 구합니다.

## 신 청 이 유

1. 피고 000은 원고의 재산을 파악하지 쉽지 아니하여 이 사건의 해결(**분할대상 재산 확정 및 재산분할 등**)을 위하여는 원고의 재산목록 제출이 특히 필요한 상황입니다.

2. 따라서 가사소송법 제482조의 2 제1항에 따라 원고의 재산에 대한 재산명시명령을 신청합니다.

2014. 5. .

신청인 0 0 0 (인)

**00가정법원 가사 제0단독    귀중**

# 증 인 신 청 서

사　건　　　　　20○○가단○○○○ 손해배상(기)

원　고　　　　　○○○

피　고　　　　　◇◇◇


위 사건에 관하여, 원고는 다음과 같이 증인신청을 합니다.


# 다　　　음

## 1. 증인의 표시

성 명 : ■■■

주 소 : ○○시 ○○구 ○○로 ○○ (우편번호 ○○○-○○○)

주민등록번호 : ○○○○○○-○○○○○○○

전화·휴대폰번호 :

직 업 : 농업


## 2. 증인이 이 사건에 관여하거나 그 내용을 알게 된 경위

증인은 원고의 아버지 소외 ◉◉◉와 잘 아는 사이로 소외 ◉◉◉가 만성질환으로 기도원에서 장기간 요양 중에 있었으므로 원고를 자주 찾아가 어려운 일이 있을 때 조언을 해주는 등 가까이 지내던 사이였으며, 원고가 피고의 부동산 중개사무실에서 주택을 임차하는 계약을 체결할 때 동행하여 부동산중개업자인 피고의 중개로 주택을 임차하는 과정에 입회하였고, 그 뒤로도 원고를 자주 방문하여 임차주택에 문제가 생겨 분쟁이 있는 것을 알고 여러 번 원고와 피고가 다투는 것을 목격하는 등 이 사건에 관하여 여러 사실을 알게 되었음.

3. 증인신문사항(별첨)

첨  부  서  류

    1. 증인신문사항                          4통

    1. 증인여비포기서                      1통

20○○.  ○.  ○.

위 원고  ○○○ (서명 또는 날인)

○○지방법원 제○○민사단독  귀중

# 증 인 여 비 청 구 포 기 서

사　건　20○○가단○○○○○ 손해배상(기)

원　고　○○○

피　고　◇◇◇


　위 사건에 관하여 아래 증인은 20○○. ○. ○. ○○:○○ 출석하는 증인으로 채택
되었는데, 증인은 출석여비의 청구를 포기합니다.



　　　　　20○○. ○. ○.



　　　　　증　인　■■■ (서명 또는 날인)



○○지방법원 제○○민사단독　귀중

| 제출법원 | 본안소송 계속법원 | 신청기간 | 증인신문신청을 하기 위해서는 기일 전에 미리 증인신청을 하여야 함. |
|---|---|---|---|
| 제출부수 | 신청서 1부<br><br>※ 증인신문이 채택된 때에는 신청한 당사자는 법원이 정한 기한까지 상대방의 수에 3(다만, 합의부에서는 상대방의 수에 4)을 더한 통수의 증인신문사항을 적은 서면을 제출하여야 함. 다만, 민사소송규칙 제79조의 규정에 따라 증인진술서를 제출하는 경우로서 법원이 증인신문사항을 제출할 필요가 없다고 인정하는 때에는 그러하지 아니함(민사소송규칙 제80조 제1항). | | |
| 증거조사<br>비용 | 법원이 증거조사의 결정을 한 때에는 바로 민사소송규칙 제19조 제1항 제3호 또는 같은 조 제2항의 규정에 따라 그 비용을 부담할 당사자에게 필요한 비용을 미리 내게 하여야 하고, 증거조사를 신청한 사람은 위 명령이 있기 전에도 필요한 비용을 미리 낼 수 있으며, 법원은 당사자가 위 명령에 따른 비용을 내지 아니하는 경우에는 증거조사결정을 취소할 수 있음(민사소송규칙 제77조). | | |
| 기 타 | 증인신문은 부득이한 사정이 없는 한 일괄하여 신청하여야 함(민사소송규칙 제75조 제1항 본문) | | |
| | 법률에 의하여 선서한 증인이 허위의 진술을 한 때에는 5년 이하의 징역 또는 1천만원 이하의 벌금에 처하고, 형사사건 또는 징계사건에 관하여 피고인, 피의자 또는 징계혐의자를 모해할 목적으로 위의 죄를 범한 때에는 10년 이하의 징역에 처함{형법 제152조(위증, 모해위증)}. | | |
| | 증인·감정인·통역인의 거짓 진술 또는 당사자신문에 따른 당사자나 법정대리인의 거짓 진술이 판결의 증거가 된 때 확정된 종국판결에 대하여 재심의 소를 제기할 수 있음. 다만, 당사자가 상소에 의하여 그 사유를 주장하였거나, 이를 알고도 주장하지 아니한 때에는 그러하지 아니함(민사소송법 제451조 제1항 7호). | | |
| | 증인신문과 당사자신문은 당사자의 주장과 증거를 정리한 뒤 집중적으로 하여야 함(민사소송법 제293조). | | |
| | 증인신문조서의 기재에 관하여 불복이 있으면 민사소송법 제164조의 규정에 의한 이의의 방법에 의하여야 함. 따라서 증인신문조서에 증인들의 증언내용과 현저히 다르게 기재되어 있고, 증언한 바 없는 내용도 기재되어 있어 잘못이라는 이유를 상고이유로 삼을 수는 없음(대법원 1981. 9. 8. 선고 81다86 판결). | | |

# 지 급 명 령 신 청

채권자  ○○○(주민등록번호)

○○시 ○○구 ○○길 ○○(우편번호 ○○○-○○○)

전화·휴대폰번호:

팩스번호, 전자우편(e-mail)주소:

채무자  ◇◇◇(주민등록번호)

○○시 ○○구 ○○길 ○○(우편번호 ○○○-○○○)

전화·휴대폰번호:

팩스번호, 전자우편(e-mail)주소:

## 대여금청구의 독촉사건

청구금액 : 금 5,000,000원

## 신 청 취 지

채무자는 채권자에게 금 5,000,000원 및 이에 대한 20○○. ○. ○.부터 이 사건 지급
명령결정정본을 송달 받는 날까지는 연 12%, 그 다음날부터 다 갚는 날까지는 연 12%
의 각 비율에 의한 금액 및 아래 독촉절차비용을 합한 금액을 지급하라는 지급명령을
구합니다.

## 아 래

금       원       독촉절차비용

## 내 역

금　　　원　　　인　지　대
금　　　원　　　송　달　료

## 신 청 이 유

1. 채권자는 채무자에게 20○○. ○. ○. 금 5,000,000원을 대여해주면서 변제기한은 같은 해 ○○. ○, 이자는 월 1%를 지급 받기로 한 사실이 있습니다.

2. 그런데 채무자는 위 변제기일이 지났음에도 불구하고 원금은 고사하고 약정한 이자까지도 채무이행을 하지 아니하므로 채권자는 채무자에게 위 원금 및 지연이자를 변제할 것을 여러 차례에 걸쳐 독촉하자 채무자는 원금 및 지연이자를 20○○. ○. ○○.까지 지급하겠다며 지불각서까지 작성하여 주고서도 이마저도 전혀 이행치 않고 있습니다.

3. 따라서 채권자는 채무자로부터 위 대여금 5,000,000원 및 이에 대한 20○○. ○. ○.부터 이 사건 지급명령결정정본을 송달 받는 날까지는 약정한 이자인 연 12%(계산의 편의상 월 1%를 연단위로 환산함), 그 다음날부터 다 갚는 날까지는 소송촉진등에관한특례법에서 정한 연 12%의 각 비율에 의한 이자, 지연손해금 및 독촉절차비용을 합한 금액의 지급을 받기 위하여 이 사건 신청을 하기에 이르게 된 것입니다.

## 첨 부 서 류

1. 지불각서　　　　　　　　　　　　　　　1통
1. 송달료납부서　　　　　　　　　　　　　1통

20○○.　○○.　○○.

위 채권자 ○○○ (서명 또는 날인)

**○○지방법원 귀중**

# 당 사 자 표 시

채 권 자 ○○○(주민등록번호)

○○시 ○○구 ○○길 ○○(우편번호 ○○○-○○○)

전화·휴대폰번호:

팩스번호, 전자우편(e-mail)주소:

채 무 자 ◇◇◇(주민등록번호)

○○시 ○○구 ○○길 ○○(우편번호 ○○○-○○○)

전화·휴대폰번호:

팩스번호, 전자우편(e-mail)주소:

**대여금청구의 독촉사건**

청구금액 : 금 5,000,000원

# 신 청 취 지

채무자는 채권자에게 금 5,000,000원 및 이에 대한 20○○. ○. ○.부터 이 사건 지급
명령결정정본을 송달 받는 날까지는 연 12%, 그 다음날부터 다 갚는 날까지는 연 12%
의 각 비율에 의한 금액 및 아래 독촉절차비용을 합한 금액을 지급하라는 지급명령을
구합니다.

아　래

금　　원　　　독촉절차비용

내　역

금　　원　　　인　지　대
금　　원　　　송　달　료

신　청　이　유

1. 채권자는 채무자에게 20○○. ○. ○. 금 5,000,000원을 대여해주면서 변제기한은 같은 해 ○○. ○. 이자는 월 1%를 지급 받기로 한 사실이 있습니다.

2. 그런데 채무자는 위 변제기일이 지났음에도 불구하고 원금은 고사하고 약정한 이자까지도 채무이행을 하지 아니하므로 채권자는 채무자에게 위 원금 및 지연이자를 변제할 것을 여러 차례에 걸쳐 독촉하자 채무자는 원금 및 지연이자를 20○○. ○. ○○.까지 지급하겠다며 지불각서까지 작성하여 주고서도 이마저도 전혀 이행치 않고 있습니다.

3. 따라서 채권자는 채무자로부터 위 대여금 5,000,000원 및 이에 대한 20○○. ○. ○.부터 이 사건 지급명령결정정본을 송달 받는 날까지는 약정한 이자인 연 12%(계산의 편의상 월 1%를 연단위로 환산함), 그 다음날부터 다 갚는 날까지는 소송촉진등에관한특례법에서 정한 연 12%의 각 비율에 의한 이자, 지연손해금 및 독촉절차비용을 합한 금액의 지급을 받기 위하여 이 사건 신청을 하기에 이르게 된 것입니다.

| 관할법원 | ※ 아래(1)참조 | 소 멸 시 효 기 간 | ○○년(☞소멸시효일람표) |
|---|---|---|---|
| 제출부수 | 신청서 1부 및 상대방 수만큼의 부본 제출 | 관 련 법 규 | 민사소송법 제462조 내지 제474조 |

| 불복절차 및 기 간 | {신청인(채권자)}<br>• 신청각하결정에 대하여는 불복하지 못함(민사소송법 제465조 제2항).<br>{피신청인(채무자)}<br>• 지급명령에 대하여 이의신청(민사소송법 제470조)<br>• 지급명령이 송달된 날부터 2주 이내(민사소송법 제470조) |
|---|---|
| 비 용 | • 인지액 : ○○○원(☞민사접수서류에 붙일 인지액 참조)<br>• 송달료 : ○○○원(☞적용대상사건 및 송달료 예납기준표 참조) |
| 의 의 | 금전, 그밖에 대체물(代替物)이나 유가증권의 일정한 수량의 지급을 목적으로 하는 청구에 대하여 법원은 채권자의 신청에 따라 지급명령을 할 수 있음. 다만, 대한민국에서 공시송달 외의 방법으로 송달할 수 있는 경우에 한함(민사소송법 제462조). |
| 지급명령과집행(민사집행법 제58조) | ① 확정된 지급명령에 기한 강제집행은 집행문을 부여받을 필요 없이 지급명령 정본에 의하여 행한다. 다만, 다음 각 호 가운데 어느 하나에 해당하는 경우에는 그러하지 아니하다.<br>1. 지급명령의 집행에 조건을 붙인 경우<br>2. 당사자의 승계인을 위하여 강제집행을 하는 경우<br>3. 당사자의 승계인에 대하여 강제집행을 하는 경우<br>② 채권자가 여러 통의 지급명령 정본을 신청하거나, 전에 내어준 지급명령 정본을 돌려주지 아니하고 다시 지급명령 정본을 신청한 때에는 법원사무관등이 이를 부여한다. 이 경우 그 사유를 원본과 정본에 적어야 한다.<br>③ 청구에 관한 이의의 주장에 대하여는 제44조제2항의 규정을 적용하지 아니한다.<br>④ 집행문부여의 소, 청구에 관한 이의의 소 또는 집행문부여에 대한 이의의 소는 지급명령을 내린 지방법원이 관할한다.<br>⑤ 제4항의 경우에 그 청구가 합의사건인 때에는 그 법원이 있는 곳을 관할하는 지방법원의 합의부에서 재판한다. |

## 저자약력

김동근 (행정사, 법학박사)

　　숭실대학교 법학과 졸업

　　숭실대학교 대학원 법학과 졸업(법학박사 -행정법)

　　**[대한민국법률전문도서 최다출간(KRI 한국기록원 공식인증)]**


현, 행정법률 사무소 청신호 대표행정사

　　숭실대학교 초빙교수(행정법 강의)

　　국가전문자격시험출제위원

　　행정심판학회 학회장

　　대한탐정협회 교육원장

　　대한행정사회 대의원

　　대한행정사회 중앙연수교육원 교수

　　YMCA병설 월남시민문화연구소 연구위원


전, 서울시장후보 법률특보단장

　　대통령후보 탐정위원회 부위원장

　　공인행정사협회 법제위원회 위원장

　　공인행정사협회 행정심판전문가과정 전임교수

　　공무원연금관리공단 행정사지원 양성과정 강사


저서, 핵심정리 행정법원론(법률출판사), 사건유형별 행정소송 이론 및 실무(법률출판사), 사건유형별 행정심판 이론 및 실무(진원사), 한권으로 끝내는 운전면허취소·정지구제 행정심판(법률출판사), 한권으로 끝내는 공무원·교원 소청심사청구(법률출판사), 한권으로 끝내는 영업정지·취소 구제행정심판(법률출판사), 비송사건절차법 이론 및 실무(법률출판사), 토지수용보상실무(법률출판사), 출입국관리법 이론 및 실무(법률출판사), 핵심재개발 · 재건축분쟁실무(진원사), 부동산소송(진원사), 건축분쟁실무(진원사), 건축법 이론 및 실무(진원사), 주택법 이론 및 실무(진원사), 국토계획법 이론 및 실무(진원사), 도시개발법 이론 및 실무(진원사), 민사소송준비부터 가압류 강제집행까지(법률출판사) 外

[개정4판]
고소장부터 고발장, 진정서, 탄원서, 합의서, 진술서, 사실확인서,
내용증명 작성까지

2024년 4월 10일 개정4판 2쇄 인쇄
2024년 4월 25일 개정4판 2쇄 발행

고소장, 고발장,
진정서, 탄원서,
합의서, 진술서,
사실확인서,
내용증명 작성법

저    자   김동근
발 행 인   김용성
발 행 처   법률출판사
           서울시 동대문구 휘경로 2길3. 4층
           ☎ 02) 962- 9154        팩스 02) 962- 9156
등 록 번 호  제1- 1982호
ISBN      978- 89- 5821- 424- 3    13360
e-mail :   lawnbook@hanmail.net

정 가 39,000원